高等职业教育"十二五"规划教材

全国高职高专道路与桥梁工程技术专业系列规划教材

公 路 导 论

王海春　主编

许云　颜川雄　副主编

科学出版社

北京

内 容 简 介

本书为全国高职高专道路与桥梁工程技术专业系列规划教材之一。本书结合专业发展，以公路设计文件为主线对公路及其各组成部分进行解剖，并贯穿公路建设的相关知识，通过图片、设计图纸、动手制作公路及其各组成部分模型等手段，培养学生初步的读图能力、查阅公路工程标准和规范的能力、确立专业学习目标的能力，最终达到课程的目标定位。本书共分为 10 个单元，内容包括公路建筑材料、公路路线、公路路基、路面工程、公路桥梁与涵洞通道、公路隧道、交通安全设施、工程管理与安全、公路交通环境保护等。

本书适用于道路与桥梁工程技术专业及相关专业，也可作为公路交通行业相关部门的培训教材。

图书在版编目 (CIP) 数据

公路导论/王海春主编. —北京：科学出版社，2011
（全国高职高专道路与桥梁工程技术专业系列规划教材）
ISBN 978-7-03-030901-3

Ⅰ. ①公…　Ⅱ. ①王…　Ⅲ. ①道路工程-工程施工-高等职业教育-教材
Ⅳ. ①U415

中国版本图书馆 CIP 数据核字（2011）第 074326 号

责任编辑：彭明兰　李太铼 / 责任校对：刘玉靖
责任印制：吕春珉 / 封面设计：曹来

科 学 出 版 社 出版
北京东黄城根北街 16 号
邮政编码：100717
http://www.sciencep.com

天津翔远印刷有限公司 印刷
科学出版社发行　各地新华书店经销

*

2011 年 6 月第　一　版　　开本：787×1092　1/16
2019 年 8 月第五次印刷　　印张：24
字数：550 000

定价：49.00 元
（如有印装质量问题，我社负责调换〈翔远〉）
销售部电话 010-62134988　编辑部电话 010-62135763-8220（VA03）

前言

为了深入贯彻落实《国务院关于大力发展职业教育的决定》和《教育部关于全面提高高等职业教育教学质量的若干意见》，进一步推动职业教育工作重心由"重视规模发展"向"注重提高质量"的转变，服务于职业教育的改革与发展，经中国科学院教材建设专家委员会立项批准，于2009年5月16日，在福建交通职业技术学院召开了由科学出版社和福建交通职业技术学院主办的"关于成立国家社会科学基金'以就业为导向的职业教育理论与实践研究'子课题课题组暨全国高职高专道路与桥梁工程技术专业系列规划教材编写工作会议"。会议围绕如何加强职业院校学生的实践能力和职业技能培养，推进精品教材的建设工作展开讨论，会议决定以"以就业为导向，以任务引领、项目主导，体现岗位技能要求、促进学生实践操作能力培养"作为基本指导思想，组织道路与桥梁工程技术专业的体现工学结合特色的系列规划教材的开发。本书即是该系列规划教材之一。

本书共10个单元，每个单元都有教学目标、小结、相关链接、实训、思考与练习，便于学生学习。本书建议学时为30课时，教师授课时可以以公路各结构组成部分认知为任务，公路设计图纸为载体进行，并进行2~4课时的认知实习。

本教材编写分工如下：青海交通职业技术学院王海春编写单元1公路交通行业有关的基本概念、单元3公路路线，青海交通职业技术学院许云编写单元8交通安全设施、单元10公路交通环境保护，昆明冶金高等专科学校颜川雄编写单元7公路隧道，黑龙江建筑职业技术学院李钧编写单元9工程管理与安全，青海交通职业技术学院雍海滨编写单元4公路路基，青海交通职业技术学院段国胜编写单元6公路桥梁与涵洞通道，青海交通职业技术学院尹萍编写单元2公路建筑材料，四川建筑职业技术学院曹洪梅编写单元5路面工程。

由于作者水平有限，书中难免有不足之处，恳请读者给予批评指正。

编者

2010.10

目录

单元 1

公路交通行业有关的基本概念

教学目标

1. 能说出专业培养目标定位、专业与行业的关系、行业发展动态、毕业时要考取的职业资格证书。
2. 能在实地识别公路的编号，并能正确解释其含义；能说出"五纵"、"七横"、"7918网"的含义。
3. 能说明公路工程标准、规范、规程的含义；能辨认公路工程标准、规范、规程体系编号，并能对常用的公路工程标准和规范有初步认识。
4. 能描述《公路工程技术标准》的相关规定；能说出公路的控制指标，并对各控制指标有初步认识；能说出公路的技术和行政分级。
5. 能在实地对公路的各组成部分有初步认识，并能用专业术语进行描述。
6. 能说出公路基本建设程序和公路建设的从业单位和从业人员。
7. 能够归纳总结公路建设从业人员职业道德。

1.1 道路与桥梁工程技术专业及专业群与行业的关系

1.1.1 土木工程的概念

土木工程在英语中称为"Civil Engineering",直译是民用工程。它的原意是与军事工程"Military Engineering"相对应的,即除了服务于战争的工程设施以外,所有服务于生活和生产的民用设施均属于土木工程,但是后来这个界限也不明确了。现在已经把军用的战壕、掩体、碉堡、浮桥、防空洞等防护工程也归入土木工程的范畴了。在我国历史上通常把大规模的工程建设活动称为"大兴土木",如秦始皇修长城、隋炀帝修运河便是人们所熟知的大兴土木的范例。因此,现在的土木工程的称谓既沿袭了我国的传统,又融入了国际公认的内涵。

国务院学位委员会在学科简介中对"土木工程"的定义为:"土木工程是建造各类工程设施的科学技术的总称,它既指工程建设的对象,即建在地上、地下、水中的各种工程设施,也指所应用的材料、设备和所进行的勘测、设计、施工、保养、维修等技术。"

由上述定义可以看出,土木工程包括了两个方面的内涵:

- 各类工程设施即工程建设的对象,包括了建筑工程、桥梁工程、公路与城市道路工程、铁路工程、隧道工程、水利工程、机场工程、地下工程、港口工程、海洋工程、给水排水工程、环境工程等。
- 利用适当的材料和设备建造及维护各类工程设施的工程技术活动,包括了勘测、设计、施工、鉴定加固等。

1.1.2 土木工程在国民经济中的作用

土木工程包含的内容及涉及的范围非常广泛,它和广大人民群众的"衣、食、住、行"息息相关,在国民经济中起着非常重要的作用。

要解决"衣、食、住、行"中"住"的问题,就需要建造各种类型的住宅;解决"行"的问题则需要建造铁道、公路、机场、码头等交通土建工程;"食"需要打井取水,筑渠灌溉,建水库蓄水,建生产农药、化肥及农业机械的工厂,建粮仓及粮食加工厂,建各类餐馆、饭店等;与"衣"相关的纺纱、织布、制衣等工作也必须在相应的工厂内进行。总之,"衣、食、住、行"都离不开土木工程。

此外,各种工业生产必须要建工业厂房,办公要建办公楼,看病要建医院,上学要建学校,体育要建比赛场馆,旅游、休闲要建宾馆、度假村等,即使是航天事业也必须要建发射塔架和航天基地。可以说,各行各业均离不开土木工程。

还应该看到,土木工程的建造需要大量的工程材料和工程机械,还需要大量的劳动力。因此，土木工程事业的发展能够有力地促进钢铁工业、建筑材料工业及机械制造工业等相关产业的发展，能够创造大量的就业机会，对推动整个国民经济的发展及保障社会稳定起着非常重要的作用。

正因为土木工程涵盖的内容如此广泛，作用如此重要，所以国家将工厂、矿井、铁道、公路、桥梁、农田水利、商店、住宅、医院、学校、给水排水、煤气输送等工程建设称为基本建设，大型项目由国家统一规划建设，中小型项目也由各级政府有关部门管理。

1.1.3　道路与桥梁工程技术专业及其专业群在行业、学科中的划分

道路与桥梁工程技术及其相关专业群的各专业在高职高专专业目录中主要是围绕公路工程设计、施工、监理、检测、测量、造价、养护、管理而开设的专业。由此可以看出，道路与桥梁工程技术及其相关专业群在专业目录中分别属于交通运输大类中的公路运输类、测绘类、工程管理类、市政工程类，在学科中属于土木工程学科，在国民经济行业分类中属于建筑业和交通运输仓储和邮政业。

1.1.4　道路的分类

道路是地面上供各种车辆（无轨）和行人等通行的工程设施，按性质和使用特点可分为公路和城市道路。不同的建设项目其资金来源及建设、管理和养护的模式也不相同。根据《道路交通安全法》第一百一十九条，"道路"是指公路、城市道路和虽在单位管辖范围但允许社会机动车通行的地方，包括广场、公共停车场等用于公众通行的场所。

1. 公路

公路是连接城市、乡村，主要供汽车行驶并具有一定技术条件和设施的道路。原交通部颁布的《中华人民共和国公路管理条例实施细则》第二条规定："本《细则》所称公路是指在中华人民共和国境内，按照国家规定的《公路工程技术标准》修建，并经公路主管部门验收认定的城间、城乡间、乡间可供汽车行驶的公共道路。"《公路法》第二条第二款规定："本法所称公路，包括公路桥梁、公路隧道和公路渡口。"《中华人民共和国公路管理条例实施细则》第四条规定："公路与城市道路的划分，应以是否形成街道或近期城市发展规划区域为界限，由省级公路主管部门与当地城建部门共同商定，并随城市建设区域的发展变化，进行合理调整。公路建设资金可以采取以下方式筹集：国家和地方投资、专用单位投资、中外合资、社会集资、贷款和车辆购置税。"

2. 城市道路

城市道路是指在城市范围内具有一定技术条件和设施的道路。根据道路在城市道路系统中的地位、作用、交通功能以及对沿线建筑物的服务功能，目前我国将城市道

路按照城市骨架分为四类即快速路、主干路、次干路及支路，按照功能分为交通性和生活性道路，按照交通目的分为疏通性道路和服务性道路。

实训1

调查本专业的人才培养目标定位，并举例说明本专业与土木工程的关系。

1.2 公路发展概况

1.2.1 公路发展简史

"公路"一词的出现始于 20 世纪初叶，它伴随汽车的出现而产生。在古代，"道路"名称始于周朝，原意为导路，秦朝时称"驿道"，元朝称"大道"。清朝由北京至各省会的道路称为"官道"。汽车出现后，则称为"公路"或"汽车路"。

1902 年在上海出现我国第一辆汽车。1904 年，清政府建立邮传部，全国主要城市均开设了电话、电报，使一些驿道不再担负传递文书政令的任务，而变为一般性交通的"官商路"或"官马大路"。1906 年，江苏省南通县修筑唐闸至天生港道路，长 6km。1909 年，兰州黄河大桥竣工，这是一座钢桁架桥，全长 243m，被称作"黄河第一桥"。1938 年，我国完成的滇湎公路沥青表面处治路面 100km，这是我国历史上最早修建的沥青路面。据 1949 年新中国成立时的统计，全国公路通车总里程为 8.07 万 km，缺桥少涵，路况极差，全国有三分之一的县不通公路，整个西藏地区的公路交通还是一片空白。

在 1949～1978 年的 30 年间，尽管我国国民经济发展道路曲折，但公路建设仍基本保持持续增长。到 1978 年底全国公路里程达到 89 万 km，平均每年增加近 3 万 km，公路密度达到 9.3km/100km^2，比建国之初增长了 10 倍，但高等级公路数量很少，仅有二级公路约 1 万 km。

改革开放 30 多年来，我国公路建设发展迅速。特别是 1998 年亚洲金融危机以后，交通作为投资拉动的重点领域，公路建设进入了一个跨越式发展时期。1999 年 11 月中央经济工作会议敲定对西部进行大开发的战略决策，推动了西部地区公路的发展；2003 年全国经济工作会议后原交通部提出加快公路交通基础设施建设决定，又为全国公路建设注入了活力。我国公路通车总里程由 89 万 km 增长到目前的 358 万 km，增长 3 倍多；2008 年底，全国公路总里程已达 373 万 km，是建国初期的 46 倍。其中，高速公路里程 60 302km，一级公路 54 216km，二级公路 285 226km，二级及以上公路占总里程的比例为 10.72%，而 1978 年二级及以上公路只有 1.2 万 km，比例只有 1.4%。

公路里程持续增长，村道所占比重进一步提高。2009 年底，全国公路总里程达386.08 万 km，比 2008 年末增加 13.07 万 km。其中，国道 15.85 万 km，省道 26.60 万km，县道 51.95 万 km，乡道 101.96 万 km，专用公路 6.72 万 km，村道 183.00 万 km，分别比 2008 年末增加 0.32 万 km、0.28 万 km、0.72 万 km、0.84 万 km，减少 39km 和增加 10.91 万 km。各行政等级公路里程占公路总里程的比重比 2008 年末分别下降 0.1 个、0.2 个、0.3 个、0.7 个、0.1 个百分点和提高 1.3 个百分点。

公路技术等级和路面状况进一步提升。全国等级公路里程 305.63 万 km，比 2008 年末增加 27.77 万 km，占公路总里程的 79.2%，比 2008 年末提高 4.7 个百分点。其中二级及以上高等级公路里程 42.52 万 km，比 2008 年末增加 2.55 万 km，占公路总里程的 11.0%，比 2008 年末提高 0.3 个百分点。按公路技术等级分，各等级公路里程分别为：高速公路 6.51 万 km，一级公路 5.95 万 km，二级公路 30.07 万 km，三级公路 37.90 万 km，四级公路 225.20 万 km，等外公路 80.46 万 km，分别比 2008 年末增加 0.48 万 km、0.52 万 km、1.55 万 km、0.48 万 km、24.75 万 km 和减少 14.71 万 km。全国有铺装路面和简易铺装路面公路里程 225.25 万 km，比 2008 年末增加 25.69 万 km，占总里程的 58.3%，比 2008 年末提高 4.8 个百分点。按公路路面类型分，各类型路面里程分别为：有铺装路面 172.00 万 km，其中沥青混凝土路面 48.89 万 km，水泥混凝土路面 123.10 万 km，比 2008 年末分别增加 25.51 万 km、4.78 万 km 和 20.73 万 km；简易铺装路面 53.25 万 km，比 2008 年末增加 0.17 万 km；未铺装路面 160.83 万 km，比 2008 年末减少 12.62 万 km。

公路密度继续增加，通达水平进一步提高。全国公路密度为 40.22km/100km^2，比 2008 年末提高 1.36km/100km^2。全国通公路的乡（镇）占全国乡（镇）总数的 99.60%，通公路的建制村占全国建制村总数的 95.77%，分别比 2008 年末提高 0.36 个和 2.91 个百分点。

农村公路、高速公路建设取得新进展。2009 年底，全国农村公路（含县道、乡道、村道）里程达到 336.91 万 km，比 2008 年末增加 12.47 万 km。农村公路里程超过 10 万 km 的省（区）为 17 个，分别是：四川（22.52 万 km）、河南（21.82 万 km）、山东（20.01 万 km）、湖北（17.89 万 km）、湖南（17.55 万 km）、云南（17.37 万 km）、广东（16.33 万 km）、安徽（13.59 万 km）、江苏（13.10 万 km）、贵州（13.08 万 km）、河北（13.08 万 km）、陕西（13.02 万 km）、内蒙古（12.61 万 km）、黑龙江（12.58 万 km）、江西（12.29 万 km）、新疆（11.52 万 km）和山西（11.24 万 km）。湖北、重庆、甘肃、陕西和安徽全年新增高速公路通车里程均超过 300km。高速公路突破 3000km 的省为 7 个，分别是：河南（4861km）、山东（4285km）、广东（4035km）、江苏（3755km）、河北（3303km）、浙江（3298km）和湖北（3283km）。

公路桥梁、隧道总量继续增加。2009 年底，全国公路桥梁达 62.19 万座、2726.06 万 m，比 2008 年末增加 2.73 万座、201.37 万 m。其中特大桥梁 1699 座、288.66 万 m，大桥 42 859 座、981.90 万 m。全国公路隧道为 6139 处、394.20 万 m，比 2008 年末增加 713 处、75.56 万 m。其中特长隧道 190 处、82.11 万 m，长隧道 905 处、150.07 万 m。

养护、绿化公路里程所占比重进一步提高。2009 年底，全国公路养护里程 368.83 万 km，占公路总里程的 95.5%，比 2008 年末提高 1.5 个百分点。全国公路绿化里程 177.29 万 km，占公路总里程的 45.9%，比 2008 年末提高 0.9 个百分点。

1.2.2　中国公路发展规划

2002 我国制定了《中国公路发展规划》，明确了我国公路、水路交通实现现代化的三个发展阶段目标：第一阶段，从"瓶颈"制约、全面紧张走向"两个明显"（即交通运输的紧张状况有明显缓解，对国民经济发展的制约状况有明显改善），这个目标将于近期达到；第二阶段，从"两个明显"到基本适应国民经济和社会发展的需要，这个目标将在 2020 年前后实现；第三阶段，从基本适应国民经济和社会发展需要到基本实现交通运输现代化，达到中等发达国家水平，这个目标将在 21 世纪中叶实现。具体目标如下。

1. 公路主骨架

公路主骨架是根据国家干线公路网规划（简称国道网，包括首都放射线、南北纵线和东西横线，见表 1.1～表 1.3）并考虑其他相关因素确定的。公路主骨架包括总长约 3.5 万 km、纵贯东西和横穿南北的"五纵七横"12 条（见表 1.4 和表 1.5）主要由高等级公路组成的国道主干线，其贯通首都和直辖市及各省（自治区）省会城市，将所有人口在 100 万以上的特大城市和 93％人口在 50 万以上的大城市连接在一起，使贯通和连接的城市总数超过 200 个，覆盖的人口约 6 亿，占全国总人口的 50％左右。

表 1.1　首都放射线

编　号	路线简称	主　控　点	里程/km
G101	京沈线	北京—承德—沈阳	858
G102	京哈线	北京—山海关—沈阳—长春—哈尔滨	1231
G103	京塘线	北京—天津—塘沽	142
G104	京福线	北京—南京—杭州—福州	2284
G105	京珠线	北京—南昌—广州—珠海	2361
G106	京广线	北京—兰考—黄冈—广州	2497
G107	京深线	北京—郑州—武汉—广州—深圳	2449
G108	京昆线	北京—太原—西安—成都—昆明	3356
G109	京拉线	北京—银川—兰州—西宁—拉萨	3763
G110	京银线	北京—呼和浩特—银川	1063
G111	京加线	北京—通辽—乌兰浩特—加格达奇	2034
G112	京环线	北京环线〔宣化—唐山（北）天津—涞源（南）〕	942

表 1.2　南北纵线

编　号	路线简称	主　控　点	里程/km
G201	鹤大线	鹤岗—牡丹江—大连	1822
G202	爱大线	爱辉—大连（原：黑河—哈尔滨—吉林—大连—旅顺）	1696
G203	明沈线	明水—扶余—沈阳	656
G204	烟沪线	烟台—连云港—上海	918
G205	山深线	山海关—淄博—南京—屯溪—深圳	2755
G206	烟汕线	烟台—徐州—合肥—景德镇—汕头	2324
G207	锡海线	锡林浩特—张家口—长治—襄樊—常德—梧州—海安	3566
G208	二长线	二连浩特—集宁—太原—长治	737
G209	呼北线	呼和浩特—三门峡—柳州—北海	3315
G210	包南线	包头—西安—重庆—贵阳—南宁	3005
G211	银陕线	银川—西安	604
G212	兰渝线	兰州—广元—重庆	1084
G213	兰磨线	兰州—成都—昆明—景洪—磨憨	2852
G214	西景线	西宁—昌都—景洪	3008
G215	红格线	红柳园—敦煌—格尔木	645
G216	阿巴线	阿勒泰—乌鲁木齐—巴仑台	826
G217	阿库线	阿勒泰—独山子—库车	1082
G218	伊若线	伊宁—若羌（原：清水河—伊宁—库尔勒—若羌）	1129
G219	叶孜线	叶城—狮泉河—拉孜	2139
G220	北郑线	北镇—郑州（原：东营—济南—郑州）	526
G221	哈同线	哈尔滨—同江	639
G222	伊哈线	哈尔滨—伊春	332
G223	海榆（东）线	海口—榆林（东）	322
G224	海榆（中）线	海口—榆林（中）	296
G225	海榆（西）线	海口—榆林（西）	431
G226	楚墨线	楚雄—墨江	调整后撤销
G227	西张线	西宁—张掖	345
G228	资料暂缺	台湾环线	

表 1.3　东西横线

编　号	路线简称	主　控　点	里程/km
G301	绥满线	绥芬河—哈尔滨—满洲里	1448
G302	珲乌线	珲春—图们—吉林—长春—乌兰浩特	1024
G303	集锡线	集安—四平—通辽—锡林浩特	1265
G304	丹霍线	丹东—通辽—霍林河	818
G305	庄林线	庄河—营口—敖汉旗—林东	561
G306	绥克线	绥中—克什克腾	689
G307	歧银线	歧口—银川（原：黄骅—石家庄—太原—银川）	1193

续表

编 号	路线简称	主 控 点	里程/km
G308	青石线	青岛—济南—石家庄	659
G309	荣兰线	荣城—济南—宜川—兰州	1961
G310	连天线	连云港—徐州—郑州—西安—天水	1153
G311	徐峡线	徐州—许昌—西峡	694
G312	沪霍线	上海—南京—合肥—西安—兰州—乌鲁木齐—霍尔果斯	4708
G313	安若线	安西—敦煌—若羌	调整后取消
G314	乌红线	乌鲁木齐—喀什—红其拉甫	2073
G315	西莎线	西宁—莎车（原：西宁—若羌—喀什）	2746
G316	福兰线	福州—南昌—武汉—兰州	1985
G317	成那线	成都—昌都—那曲	1917
G318	沪聂线	上海—武汉—成都—拉萨—聂拉木	4907
G319	厦成线	厦门—长沙—重庆—成都	2631
G320	沪瑞线	上海—南昌—昆明—畹町—瑞丽	3315
G321	广成线	广州—桂林—贵阳—成都	1749
G322	衡友线	衡阳—桂林—南宁—凭祥—友谊关	1045
G323	瑞临线	瑞金—韶关—柳州—临沧	2316
G324	福昆线	福州—广州—南宁—昆明	2201
G325	广南线	广州—湛江—南宁	771
G326	秀河线	秀山—毕节—个旧—河口	1239
G327	连荷线	连云港—济宁—荷泽	395
G328	宁海线	南京—海安（原：南京—扬州—南通）	243
G329	杭沈线	杭州—宁波—沈家门	190
G330	温寿线	温州—寿昌	318

表 1.4 "五纵"

编 号	路线简称	主 控 点	里程/km
G010	同三线	同江—哈尔滨（含珲春—长春支线）—长春—沈阳—大连—烟台—青岛—连云港—上海—宁波—福州—深圳—广州—湛江—海安—海口—三亚	5700
G020	京福线	北京—天津—（含天津—塘沽支线）—济南—徐州（含泰安—淮阴支线）—合肥—南昌—福州	2540
G030	京珠线	北京—石家庄—郑州—武汉—长沙—广州—珠海	2310
G040	二河线	二连浩特—集宁—大同—太原—西安—成都—昆明—河口	3610
G050	渝湛线	重庆—贵阳—南宁—湛江	1430

表 1.5　"七横"

编 号	路线简称	主 控 点	里程/km
G015	绥满线	绥芬河—哈尔滨—满洲里	1280
G025	丹拉线	丹东—沈阳—唐山（含唐山—天津支线）—北京—集宁—呼和浩特—银川—兰州—拉萨	4590
G035	青银线	青岛—济南—石家庄—太原—银川	1610
G045	连霍线	连云港—徐州—郑州—西安—兰州—乌鲁木齐—霍尔果斯	3980
G055	沪蓉线	上海—南京—合肥—武汉—重庆—成都（含万县—南充—成都支线）	2970
G065	沪瑞线	上海—杭州（含宁波—杭州—南京支线）—南昌—贵阳—昆明—瑞丽	4090
G075	衡昆线	衡阳—南宁（含南宁—友谊关支线）—昆明	1980

国道主干线按照规划的标准要求已基本建成，基本实现了大中城市间、省际间和区域间形成现代化快速公路运输网络的目标，公路运输运距在 400～500km 的可以当日往返，800～1000km 的可以当日到达。

2. 国家高速公路网规划

2004 年制定《国家高速公路网规划》是中国历史上第一个"终极"的高速公路骨架布局，同时也是中国公路网中最高层次的公路通道。《国家高速公路网规划》采用放射线与纵横网格相结合的布局方案，形成由中心城市向外放射以及横贯东西、纵贯南北的大通道，由 7 条首都放射线、9 条南北纵向线和 18 条东西横向线组成，简称为"7918 网"，总规模约 8.5 万 km，其中：主线 6.8 万 km，地区环线、联络线等其他路线约 1.7 万 km。

首都放射线 7 条：北京—上海、北京—台北、北京—港澳、北京—昆明、北京—拉萨、北京—乌鲁木齐、北京—哈尔滨。

南北纵向线 9 条：鹤岗—大连、沈阳—海口、长春—深圳、济南—广州、大庆—广州、二连浩特—广州、包头—茂名、兰州—海口、重庆—昆明。

东西横向线 18 条：绥芬河—满洲里、珲春—乌兰浩特、丹东—锡林浩特、荣成—乌海、青岛—银川、青岛—兰州、连云港—霍尔果斯、南京—洛阳、上海—西安、上海—成都、上海—重庆、杭州—瑞丽、上海—昆明、福州—银川、泉州—南宁、厦门—成都、汕头—昆明、广州—昆明。

此外，规划方案还包括：辽中环线、成渝环线、海南环线、珠三角环线、杭州湾环线共 5 条地区性环线，2 段并行线和 30 余段联络线。

要实现这个规划目标，预计需要 30 年的时间。前 10 年建设目标：到 2005 年末，建成 3.5 万 km，占总里程的 40% 以上；到 2007 年末，建成 4.2 万 km，完成"五纵七横"国道主干线系统中的高速公路；到 2010 年末，实现"东网、中联、西通"的目标，建成 5～5.5 万 km，完成西部开发八条公路干线中的高速公路，基本贯通"7918网"中的"五射两纵七横"14 条路，即北京—上海、北京—福州、北京—港澳、北京

—昆明、北京—哈尔滨,沈阳—海口、包头—茂名,青岛—银川、南京—洛阳、上海—西安、上海—重庆、上海—昆明、福州—银川、广州—昆明。后 20 年建设目标:完成全部国家高速公路网建设任务。

3. 农村公路建设规划

2005 年制定了《农村公路建设规划》建设目标,即 20 世纪前 20 年农村公路建设的总体目标是:具备条件的乡(镇)和建制村通沥青(水泥)路,基本形成较高服务水平的农村公路网络,使农民群众出行更便捷、更安全、更舒适,适应全面建设小康社会的总体要求。具体发展目标如下。

(1) 到"十一五"末

到"十一五"末,基本实现全国所有具备条件的乡(镇)通沥青(水泥)路(西藏自治区视建设条件确定);东、中部地区所有具备条件的建制村通沥青(水泥)路;西部地区基本实现具备条件的建制村通公路。到 2010 年,全国农村公路里程达到 310 万 km。

① 东部地区 实现所有具备条件的建制村通沥青(水泥)路。

② 中部地区 基本实现所有具备条件的建制村通沥青(水泥)路。

③ 西部地区 基本实现所有具备条件的乡(镇)通沥青(水泥)路、具备条件的建制村通公路(西藏自治区视建设条件确定)。

(2) 2011~2020 年建设目标

到 2020 年,具备条件的乡(镇)和建制村通沥青(水泥)路,全国农村公路里程达 370 万 km,全面提高农村公路的密度和服务水平,形成以县道为局域骨干、乡村公路为基础的干支相连、布局合理、具有较高服务水平的农村公路网,适应全面建设小康社会的要求。

2008 年 11 月我国政府提出的扩大内需加强公路等交通基础设施建设,预期政府预算内资金和国债资金将有较大增幅,同时地方政府配套资金也将有所扩大。交通运输部提出的 2009~2010 年万亿投资规模,不考虑资金来源方面的制约,规划目标将导致公路投资增速提升明显。今后一段时期,我国将重点加快国家高速公路网主骨架、"断头路"、扩容路段和农村公路建设,积极推进国省干线改造。

4. 历年来我国公路通车里程(表 1.6)

表 1.6 历年来我国公路通车里程

年份	总里程/万 km	高速公路/km	一级公路/km	二级公路/万 km	二级以下公路/万 km	三级公路/万 km	四级公路/万 km	等外公路/万 km	公路密度/(km/100km²)
1949	8								
1978	89								
1987	98								
1990	103	522							
1999	135	11 605	17 716	13.99	118.24				10

年份	总里程 /万 km	高速公路 /km	一级公路 /km	二级公路 /万 km	二级以下 公路/万 km	三级公路 /万 km	四级公路 /万 km	等外公路 /万 km	公路密度 /(km/100km²)
2000	140	16 314	20 088	15.82	121.36				18
2001	169.8	19 437	25 214	18.21	147.12				18
2002	176	25 130	27 468	19.71	282.29				18
2003	180.98	29 745	29 903	21.19	371.69				19
2004	187.06	34 288	33 522	23.17		33.53	88.09	35.48	19.05
2005	193.05	41 005	38 381	24.64		34.46	92.19	35.87	20.3
2006	347.07	40 530	45 300	26.26		35.47	157.48	117.41	36.0
2007	258.37	59 300	20 100	27.64		36.39	179.10	104.83	37.33
2008	373	60 302	54 216	28.52		37.42	200.46	95.16	38.86
2009	386.08	65 100	59 500	30.07		37.90	225.20	80.46	40.22

实训2

调查我国及本省、州（地）、市（县）、乡（村）公路发展历程及现状。

1.3 公路行业标准、规范、规程和技术指南

公路行业标准、规范、规程名词术语是来源于 2002 年制定的《公路工程标准体系》，本体系依据《公路法》、《标准化法》，参照《标准体系表编制原则和要求》（GB/T 13016—1991），结合我国公路工程标准化工作的实践制定而成。本体系范围包括公路工程从规划到养护管理全过程所需要制定的技术、管理与服务标准，也包括相关的安全、环保和经济评价等标准。

1.3.1 基本术语

公路行业标准、规范、规程和技术指南的基本术语如下。

（1）标准

对材料、产品、行为、概念或方法所做的分类或划分，并对这些分类或划分所要满足的一系列指标和要求作出的陈述和规定，也可以是标准、规范、导则、规程等名称的统称。

（2）规范

对某一阶段或某种结构的某项任务的目的、技术内容、方法、质量要求等作出的系列规定。

（3）导则

对完成某项任务的方法、内容及形式等的要求。

（4）规程

对材料、产品的某种特性的测定方法或完成某项任务的操作过程或程序所作出的

统一规定，包括对其仪器、试验、工艺或计算等操作步骤的规定。

（5）行政标准

由行政主管部门发布的标准。

（6）协会标准

由协会发布并自愿采用的标准。

1.3.2　体系的结构

1. 体系的组成单元

体系的组成单元是标准。内容最单一的标准是某一门类下的某专项标准。

2. 由行政部门发布的标准的体系结构层次

由行政部门发布的标准的体系结构层次为两层：一层为门类，包括综合、基础、勘测、设计、检测、施工、监理、养护管理等规范；另一层为专项内容，如设计类中桥涵部分的公路砖石与混凝土桥涵设计规范、公路钢筋混凝土与预应力混凝土桥涵设计规范、公路桥涵地基与基础设计规范等专项规范。

3. 体系编号定义

（1）由交通部发布的标准

由交通部发布的标准编号为 JTG ×××—××××。JTG 是"交"、"通"、"公"三字汉语拼音的第一个字母，后面的第一个字母为标准的分类。A、B 类标准后的数字为序号。C～H 类标准后的第一个数字为种类序号，第二个数字为该种标准的序号，如 JTG D54 表示交通部公路工程标准 D 类第 5 种的第 4 项标准。破折号后是发布年，如图 1.1 所示。交通部颁布的标准编号构成说明如下。

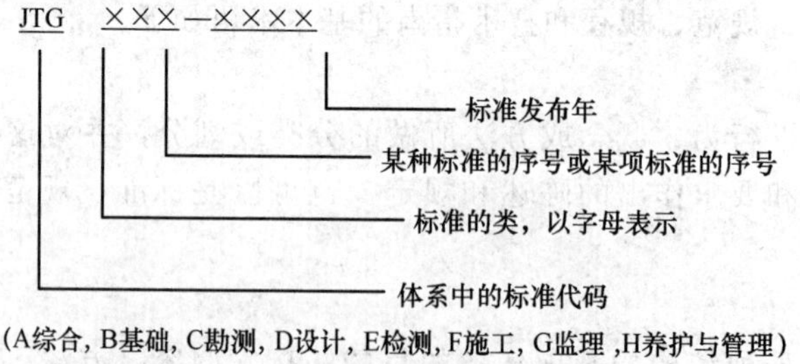

图 1.1　交通部颁布的标准编号构成说明

（2）由"中国工程建设标准化协会公路工程委员会"发布的标准

由"中国工程建设标准化协会公路工程委员会"发布的标准编号应为该委员会英文简称加空格加字母加数字，如 SHC D50—×××× 表示属于交通部发布的 JTG D50标准的细化或补充，破折号后是发布年。

（3）由各省交通厅发布的标准

由各省交通厅发布的标准可参照上述规则编号，即用各省的简称代表该省，G 代表公路，其后字母和数字的定义同协会标准，破折号后是发布年。

1.3.3　现行公路工程标准、规范、规程和技术指南（表 1.7）

表 1.7　现行公路工程标准、规范、规程和技术指南

类　别	序号	体系编号	标准号	名　　称
综合	1	JTG A01		公路工程标准体系
	2	JTG A02		公路工程标准编写导则
	3	JTG A03—2007		国家高速公路网命名和编号规则
基础	1	JTG 01	JTJ B01—2003	公路工程技术标准
	2		JTJ 002—1987	公路工程名词术语
	3		JTJ 003—1986	公路自然区划标准
	4	JTG 02	JTG/T B02—01—2008	公路桥梁抗震设计细则
	5	JTG B03	JTG B03—2006	公路建设项目环境影响评价规范
	6	JTG B04	JTJ/T 006—1998	公路环境保护设计规范
	7	JTG B05	JTG/T B05—2004	公路项目安全性评价指南
	8	JTG B06		公路工程概预算编制导则
	9		JTG/T B06—01—2007	公路工程概算定额
	10		JTG/T B06—02—2007	公路工程预算定额
	11		JTG/T B06—03—2007	公路工程机械台班费用定额
	12		JTG B06—2007	公路工程基本建设项目概算预算编制办法
	13		JTG/T B07—01—2006	公路工程混凝土结构防腐蚀技术规范
	14		JTJ/T 0901—1998	1∶1 000 000 数字交通图分类与图式规范
	15		GBJ 50162—1992	道路工程制图标准
	16		GB 5768—1999	道路交通标志和标线
	17		GBJ 124—1988	道路工程术语标准
	18			公路工程施工定额
勘测类	1	JTG C10	JTG C10—2007	公路路线勘测规程
	2		JTG/T C10—2007	公路勘测细则
	3	JTG C20	JTJ 064—1998	公路工程地质勘察规范
	4		JTG/T C21—01—2005	公路工程地质遥感勘察规范
	5		JTG/T C 22—2009	公路工程物探规程
	6	JTG C30	JTG C30—2003	公路工程水文勘测设计规范
	7		JTJ 065—1997	公路摄影测量规范
	8		JTJ/T 066—1998	公路全球卫星定位系统（GPS）测量规范
	9		JTJ 062—1991	公路桥位勘测设计规程
	10		JTJ 063—1985	公路隧道勘测规程

续表

类别	序号	体系编号	标准号	名　称
设计类	1	JTG D10	GB/T 50283—1999	公路工程结构可靠度设计统一标准
	2	JTJ D20	JTG D20—2006	公路路线设计规程
	3	JTJ D30	JTG D30—2004	公路路基设计规范
	4		JTG/TD31—2008	沙漠地区公路设计与施工指南
	5	JTJ0 D40	JTG D40—2002	公路水泥混凝土路面设计规范
	6	JTJ D50	JTG D50—2006	公路沥青路面设计规范
	7	JTJ D60	JTG D60—2004	公路桥涵设计通用规范
	8		JTG/T D60—01—2004	公路桥涵抗风设计规范
	9	JTJ D61	JTG D61—2005	公路圬工桥涵设计规范
	10	JTJ D62	JTGD62—2004	公路钢筋混凝土及预应力混凝土桥涵设计规范
	11	JTJ D63	JTG D63—2007	公路桥涵地基与基础设计规范
	12	JTJ D64	JTJ025—1986	公路桥涵钢结构及木结构设计规范
	13		JTG/T D65—04—2007	公路涵洞设计细则
	14	JTJ D70	JTG D70—2004	公路隧道设计规范
	15	JTJ D80	JTG D80—2006	高速公路交通工程及沿线设施设计通用规范
	16	JTJ D81	JTG D81—2006	公路交通安全设施设计技术规范
	17		JTJ 015—1991	公路加筋土工程设计规范
	18		JTJ 016—1993	公路粉煤灰路堤设计与施工规范
	19		JTJ 017—1996	公路软土地基路堤设计与施工技术规范
	20		JTJ 018—1997	公路排水设计规范
	21		JTJ 027—1996	公路斜拉桥设计规范（试行）
	22		JTJ 026.1—1999	公路隧道通风照明设计规范
	23		JTG/T D71—2004	公路隧道交通工程设计规范
	24		JTJ 074—1994	高速公路交通安全设施设计及施工技术规范
	25		GBJ 22—1987	厂矿道路设计规范
	26		JTG/T J22—2008	公路桥梁加固设计规范
	27		JTG/T J22—2008	公路桥梁加固设计规范
	28			公路工程基本建设项目设计文件编制办法（2007）
	29			公路工程基本建设项目设计文件图表示例（2007）
检测类	1	JTG E10		公路工程试验检测导则
	2	JTG E30—2005		公路工程水泥及水泥混凝土试验规程
	3	JTGE40—2007		公路土工试验规程
	4	JTG E41—2005		公路工程岩石试验规程
	5	JTG E42—2005		公路工程集料试验规程
	6	JTG E50—2006		公路土工合成材料试验规程
	7	JTG E60—2008		公路路基路面现场测试规程
	8		JTJ 052—2000	公路工程沥青及沥青混合料试验规程
	9		JTJ 055—1983	公路工程金属试验规程
	10		JTJ 056—1984	公路工程水质分析操作规程
	11		JTJ 057—1994	公路工程无机结合料稳定材料试验规程

类　别	序号	体系编号	标　准　号	名　　称
检测类	12		JTJ/T 019—1998	公路土工合成材料应用技术规范
	13		JT/T 480—2002	交通工程土工合成材料　土工格栅
	14		JT/T 513—2004	公路工程土工合成材料　土工网
	15		JT/T 514—2004	公路工程土工合成材料　有纺土工织物
	16		JT/T 515—2004	公路工程土工合成材料　土工模
	17		JT/T 516—2004	公路工程土工合成材料　土工格室
	18		JT/T 517—2004	公路工程土工合成材料　土工加筋带
	19		JT/T518—2004	公路工程土工合成材料　土工膜
	20		JT/T 519—2004	公路工程土工合成材料　长丝纺粘针刺非织造土工布
	21		JT/T 520—2004	公路工程土工合成材料　短纤针刺非织造土工布
	22		JT/T 521—2004	公路工程土工合成材料　塑料排水板
	23		JT/T 531—2004	桥梁结构用芳纶纤维复合材料
	24		JT/T 532—2004	桥梁结构用碳纤维片材
	25		JT/T 533—2004	沥青路面用木质素纤维
	26		JT/T 534—2004	沥青路面用聚合物纤维
	27		JT/T 535—2004	路桥用水性沥青基防水涂料
	28		JT/T 536—2004	路桥用塑性体（APP）沥青防水卷材
	29		JT/T 537—2004	钢筋混凝土阻锈剂
	30		JT/T 538—2004	公路工程保温隔热挤塑聚苯乙烯泡沫塑料板（XPS）
	31		JT/T 539—2004	水泥混凝土路面嵌缝密封材料
	32		ST/T 203—1995	公路水泥混凝土路面接缝材料
	33		JTJ/T 257—1996	塑料排水板质量检验标准
	34		CJJ 4—1997	粉煤灰石灰类道路基层施工及验收规程
	35			特种路面施工及验收技术规程
施工类	1	JTG F10	JTG F10—2006	公路路基施工技术规范
	2	JTG F20	JTJ 034—2000	公路路面基层施工技术规范
	3	JTG F30	JTG F30—2003	公路水泥混凝土路面施工技术规范
	4	JTG F40	JTG F40—2004	公路沥青路面施工技术规范
	5	JTG F50	JTJ 041—2001	公路桥涵施工技术规范
	6	JTG F60	JTG F60—2009	公路隧道施工技术规范
	7		JTG/T F60—2009	公路隧道施工技术细则
	8	JTG F70		公路附属设施安装规范
	9		JTG F71—2006	公路交通安全设施施工技术规范
	10	JTG F80	JTG F80/1—2004	公路工程质量检验评定标准（土建工程）
	11		JTG F80/2—2004	公路工程质量检验评定标准（机电工程）
	12		JTG/T F81—01—2004	公路工程基桩动测技术规程
	13		JTG/T F83—01—2004	高速公路护栏安全性能评价标准
	14		GBJ 97—1987	水泥混凝土路面施工及验收规程
	15		GB 50092—1996	沥青路面施工及验收规范
	16		JTJ 035—1991	公路加筋土工程施工技术规程

类别	序号	体系编号	标准号	名称
施工类	17		JTJ 036—1998	公路改性沥青路面施工技术规范
	18		JTJ 076—1995	公路工程施工安全技术规程
	19		JTJ/T 037.1—2000	公路水泥混凝土路面滑模施工技术规程
	20		JT/T 327—2004	公路桥梁橡胶伸缩装置
	21		JT 391—1999	公路桥梁盒式橡胶支座
	22		JT/T4—2004	公路桥梁板式橡胶支座
监理类		JTG G10	JTGG10—2006	公路工程施工监理规范
养护与管理类	1	JTG H10	JTG H10—2004	公路养护工程通用规范
	2	JTG H11	JTG H11—2004	公路桥涵养护规范
	3	TG H12	JTG H12—2003	公路隧道养护技术规范
	4	JTG H20	JTG H20—2007	公路技术状况评定标准
	5	JTG H30	JTG H30—2004	公路养护安全作业规程
	6	JTG H40		公路养护概预算编制导则（逐步废止）
	7	JTG H50		公路工程数据采集规范（逐步废止）
	8		JTG H10—2009	公路养护技术规程
	9		JTG H11—2004	公路桥涵养护规范
	10		JTG H12—2003	公路隧道养护技术规范
	11		JTG H30—2004	公路养护安全作业规程
	12			公路筑养路机械保修规程（1～8册）
	13			公路筑养路机械操作规程（与JTJ076—95配套）
	14		JTJ 073.1—2001	公路水泥路面养护技术规范
	15		JTJ 073.2—2001	公路沥青路面养护技术规范
技术指南	1		中建标公路【2002】1号	公路沥青玛琋脂碎石路面技术指南
	2		交公便字【2005】330号	公路机电系统维护技术指南
	3		交工便字【2006】02号	公路工程水泥混凝土外加剂与掺合料应用技术指南
	4		交公便字【2005】329号	微表处和稀浆封层技术指南
	5		交公便字【2005】329号	公路冲击碾压应用技术指南
	6		交公便字【2006】02号	公路工程抗冻设计与施工技术指南
	7		交公便字【2006】02号	公路土钉支护技术指南
	8		交公便字【2006】274号	公路钢箱梁桥面铺装设计与施工技术指南
	9		交公便字【2006】243号	盐渍土地区公路设计与施工指南
	10		厅公路字【2006】418号	公路安全保障工程实施技术指南
	11		交通部2007年第30号	国家高速公路网相关标志更换工作实施技术指南
	12		交通部2007年第35号	收费公路联网收费技术要求
	13			横张预应力混凝土桥梁设计施工指南
	14			汶川地震灾后公路恢复重建技术指南

注：JTG为2002年公路工程标准体系的编号，JTG/T为公路工程行业推荐标准体系，JTJ为仍在执行的公路工程原行业标准体系。

实训3

给出不同标准、规范、规程的编号，说出编号的含义。

1.4 公路的控制指标与分级

1.4.1 公路网

公路网是一定区域内相互联络、交织成网状分布的公路系统，它由不同道路功能和不同技术等级的公路组成，以适应该区域内城市和乡村之间，居民区、工业区、农业区和商业区之间，以及公路和其他运输方式（铁路、水运、航空、管道）之间，该区域与其他区域之间，其他区域经过本区域的过境交通等的公路交通运输的需要。

按区域范围大小，有国家公路网、省（市、区）公路网、地（市）级公路网、县乡公路网四级。按道路功能分类，公路网内的所有公路可分为干线公路、地方公路和集散公路三大类。干线公路一般提供城市与较大城镇、经济技术开发区、交通枢纽之间的直接交通服务，它生成并吸引大部分较远距离的出行；地方公路主要为县、乡镇或乡区的单独用地使用服务；中间性功能的集散公路主要将地方道路网与干线公路相连接。上述分类主要考虑的是进路和机动性两个因素，干线公路主要满足机动性要求，因而需对其进入作适当控制；而地方公路则服务于土地利用的进出方便，因而其机动性要求程度较弱；集散公路则处于上述二者之间。

1.4.2 公路控制要素

1. 公路设计所采用的车辆外廓尺寸

公路设计所采用的车辆外廓尺寸规定见表1.8，设计车辆外廓尺寸示意图如图1.2所示。

表1.8 公路设计所采用的车辆外廓尺寸规定

车辆类型	总长/m	总宽/m	总高/m	前悬/m	轴距/m	后悬/m
小客车	6	1.8	2	0.8	3.8	1.4
载重汽车	12	2.5	4	1.5	6.5	4
鞍式列车	16	2.5	4	1.2	4	2

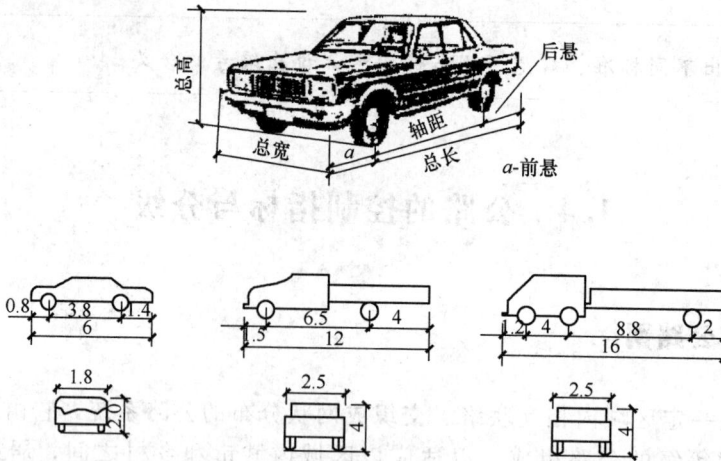

图 1.2　设计车辆外廓尺寸示意图

2. 交通量

交通量是指在指定时间内通过道路某地点或某段面的车辆、行人数量。交通量可分为机动车交通量、非机动车交通量及行人交通量等。不加说明时,交通量一般是指机动车交通量。交通量是道路与交通工程中的一个基本交通参数。交通量是随时变化的。为了表示代表性交通量,常用平均交通量指高峰小时交通量和设计小时交通量来说明。平均交通量指某期间交通量的平均值。常用的平均交通量有:年平均日交通量,即一年的交通量除以一年的总日数;月平均日交通量,一月的交通量除以该月的总日数;周平均日交通量,一周的交通量除以七;平均日交通量,某期间的交通量除以该期间总日数。年平均日交通量是一项重要的规划指标,用作道路、交通设施规划,确定道路等级以及论证道路、交通设施建设可行性等的依据。其他平均交通量用作把某一日交通量换算为年平均日交通量。

通行能力根据使用性质和要求通常定义为三种形式。一种形式是基本通行能力,其含义是"理想条件"下,公路设施在四级服务水平时所能通行的最大小时交通量,即理论上所能通行的最大小时交通量。第二种形式是设计通行能力,其含义是设计某一公路设施时,根据对交通运行质量的要求,即在一定服务水平要求下,公路设施所能通行的最大小时交通量。因此,设计通行能力与选取的服务水平级别有关。第三种形式是实际通行能力,其含义是设计或评价某一具体路段时,根据该设施具体的公路几何构造、交通条件以及交通管理水平,对不同服务水平下的服务交通量(如基本通行能力或设计通行能力)按实际公路条件、交通条件等进行相应修正后的小时交通量。以上三种通行能力并不能完全表达交通运行状况与通行能力的关系,但考虑到工程设计人员的多年习惯,并与《公路工程技术标准》(JTG B01—2003)中的适应交通量指标相对应,因此,仍沿用了这三种通行能力的定义。

交通量换算采用小客车为标准车型,确定公路等级的各汽车代表车型和车辆折算系数规定见表 1.9。

表 1.9 各汽车代表车型与车辆折算系数

汽车代表车型	车辆折算系数	说　明
小客车	1.0	≤19 座的客车和载质量≤2t 的货车
中型车	1.5	>19 座的客车和 2t<载质量≤7t 的货车
大型车	2.0	7t<载质量≤14t 的货车
拖挂车	3.0	载质量>14t 的货车

注：1）畜力车、人力车、自行车等非机动车在设计、交通量换算中按路侧干扰因素计。
　　2）一、二级公路上行驶的拖拉机按路侧干扰因素计，三、四级公路上行驶的拖拉机每辆折算为 4 辆小客车。
　　3）公路通行能力分析所要求的车辆折算系数应针对路段、交叉口等形式，按不同的地形条件和交通需求，采用相应的折算系数。

3. 公路服务水平

公路服务水平分为四级。各级公路设计采用的服务水平规定见表 1.10。

表 1.10 各级公路设计采用的服务水平

公路等级	高速公路	一级公路	二级公路	三级公路	四级公路
服务水平	二级	二级	三级	三级	—

注：1）一级公路作为集散公路时可采用三级服务水平设计。
　　2）互通式立体交叉的分和流区段、匝道以及交织区段可采用三级服务水平设计。

4. 各级公路设计速度规定

各级公路设计速度规定见表 1.11。

表 1.11 各级公路设计速度

公路等级	高速公路			一级公路			二级公路		三级公路		四级公路
设计速度/（km/h）	120	100	80	100	80	60	80	60	40	30	20

注：设计速度是公路设计时确定几何线形的基本要素。它是在气象条件良好，车辆行驶只受公路本身条件影响时，具有中等驾驶水平的驾驶员能够安全、舒适驾驶车辆的速度。设计速度选用方面，干线公路应该优先选用较高的设计速度，集散公路宜选用较低的速度。
　　1）高速公路特殊困难的局部路段，因新建工程可能诱发工程地质病害时，经论证，该局部路段的设计速度可采用 60km/h，但是长度不宜大于 15km，且仅限于相邻互通式立体交叉之间，与其相邻路段的设计速度不应大于 80km/h。
　　2）一级公路作为干线公路时，设计速度宜采用 100km/h 或 80km/h。一级公路作为集散公路时，根据混合交通量、平均交叉间距等因素，设计速度宜采用 60km/h 或 80km/h。
　　3）二级公路作为干线公路时，设计速度宜采用 80km/h；二级公路作为集散公路时，根据混合交通量、平均交叉间距等因素，设计速度宜采用 60km/h；二级公路位于地形、地质等自然条件复杂的山区，经论证该路段的设计速度可采用 40km/h。高速公路设计路段不宜小于 15km，一、二级公路时计路段不宜小于 10km，不同的设计路段必须设置过渡段。

5. 各级公路的建筑界限

各级公路的建筑界限应符合图 1.3 的规定。

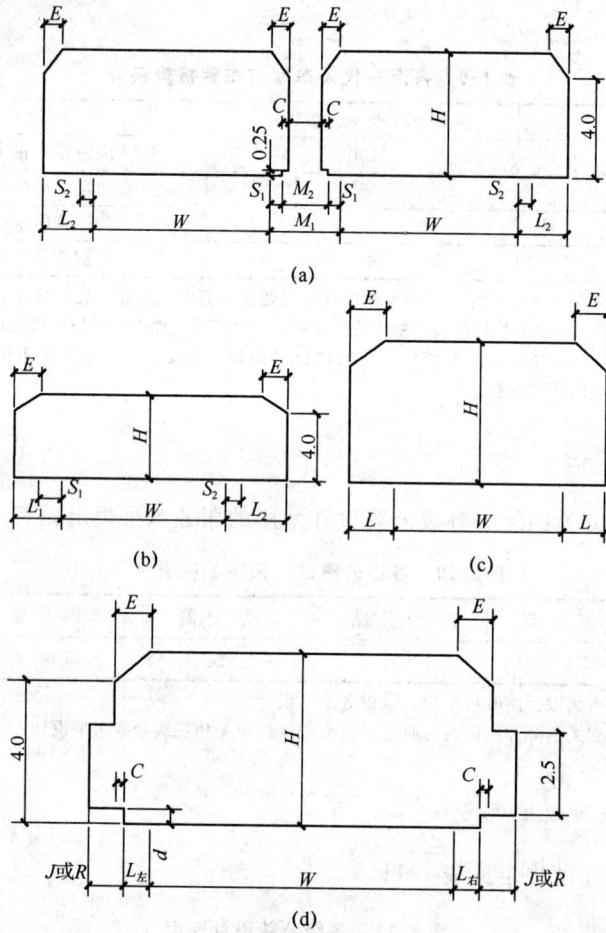

图 1.3 各种公路的建筑界限

（a）调整公路，一级公路（整体式）；（b）调整公路，一级公路（分离式）；（c）三、四级公路；（d）隧道

图中：

W—行车道宽度；L_1—左侧硬路肩宽度；L_2—右侧硬路肩宽度；S_1—左侧路缘带宽度；S_2—右侧路缘带宽度；L—侧向宽度，高速公路、一级公路的侧向宽度为硬路肩宽度（L_1 或 L_2），二、三、四级公路的侧向宽度为路肩宽度减去 0.25m，隧道内侧向宽度（$L_左$ 或 $L_右$）应符合公路工程技术标准 7.0.3 隧道最小侧向宽度的规定；

C—当设计速度大于 10km/h 时为 0.5m，等于或小于 10km/h 时为 0.25m；M_1—中间带宽度；M_2—中央分隔带宽度；J—隧道内检修道宽度；R—隧道内人行道宽度；d—隧道内检修道或人行道高度；E—建筑限界顶角宽度，当 $L \leqslant 1m$ 时 $E=L$，当 $L > 1m$ 时 $E=1m$；H—净空高度。

注：1）当设置有加（减）速车道、紧急停车带、爬坡车道、慢车道、错车道时，建筑限界应包括相应部分的宽度。

2）八车道及八车道以上的高速公路（整体式），设置左侧硬路肩时，建筑限界应包括相应部分的宽度，如图 1.3 中（b）所示。

3）桥梁、隧道设置检修道、人行道时，建筑限界应包括相应部分的宽度。

4）一条公路应采用同一净高。高速公路、一级公路、二级公路的净高应为 5.00m；三级公路、四级公路的净高应为 4.50m。

5）检修道、人行道与行车道分开设置时，其净高应为 2.50m。

6. 抗震设计应符合的规定

抗震设计应符合以下规定：
- 地震动峰值加速度系数小于或等于 0.05 地区的公路工程除有特殊要求外可采用简易设防。
- 地震动峰值加速度系数等于 0.10、0.15、0.20、0.30 地区的公路工程应进行抗震设计。
- 地震动峰值加速度系数大于或等于 0.40 地区的公路工程应进行专门的抗震研究和设计。
- 做过地震小区划地区的公路工程应按主管部门审批的地震动峰值加速度系数进行抗震设计。

1.4.3　公路分级

1. 公路的行政分级及公路编号规则

（1）公路的行政等级

根据原交通部颁发的《中华人民共和国公路管理条例实施细则》有关规定，我国公路管理工作实行"统一领导，分级管理"的原则，把公路分为国家干线公路（简称国道）、省干线公路（简称省道）、县公路（简称县道）、乡公路（简称乡道）和专用公路。国道、省道由省、自治区、直辖市公路主管部门负责修建、养护和管理。国道中跨省、自治区、直辖市的高速公路，由交通部批准的专门机构负责修建、养护和管理。县道由县（市）公路主管部门负责修建、养护和管理。乡道由乡（镇）人民政府负责修建、养护和管理。专用公路由专用单位负责修建、养护和管理。

（2）公路编号规则

国家质量技术监督局发布的国标《公路路线命名编号和编码规则命名和编号规则》（GB 917.1—1989）中对公路的命名、国道的编号规则做了说明。2007 年 10 月批准的《公路路线标识规则》（GB 917.1—917.2—2000）对前述标准做了修订，主要增补了国道主干线的编号规则。国道规划是以北京为中心，连接各省市重要大、中城市、港站枢纽和工农业基地等。

国道按首都放射、北南纵线、东西横线分别顺序编号，具体规定如下：
- 以首都为中心的放射线由一位标识码 "1" 和两位路线顺序号构成。
- 由北向南的纵线由一位标识码 "2" 和两位路线顺序号构成。
- 由东向西的横线由一位标识码 "3" 和两位路线序号构成。

编号结构说明：

G×××国道：G1××指首都放射线，G2××指北南纵线，G3××指东西横线

S×××省道：S1××指省会（省府）放射线，S2×××指北南纵线，S3××指东

西横线

　　X×××：县公路编号。

　　Y×××：乡公路编号。

　　Z×××：专用公路编号。

　　Q×××：其他公路编号。

　　国道网编号区间分别为 G101 至 G199、G201 至 G299、G301 至 G399。以北京为中心的放射线共计 12 条，全长 213 197km，编号从 G101～G112，如 G107 线为北京—深圳，G109 线为北京—拉萨。南北线共 28 条，全长 39 000km，编号从 G201～G228，如 G209 线为呼和浩特—北海，G212 线为兰州—重庆。东西线共 30 条，全长 53 000km，编号从 G301～G330，如 G310 线连云港—天水，G316 线为福州—兰州。

　　省道由我国各省（自治区、直辖市）根据国道网的总体规划，对全省具有重要政治、经济意义的干线公路加以规划，连接省内中心城市和主要经济区的公路，以及不属于国道的省际间的重要公路称之为省道。其编号方式在各省（自治区、直辖市）辖区内，以省会（首府）放射线、南北纵线、东西横线分别顺序编号，编号前加字母"S"，编号区间为 S101 至 S199、S201 至 S299、S301 至 S399。

　　县道是指具有全县政治、经济意义，联结县城和县内主要乡（镇）、主要商品生产和集散地的公路，以及不属于国道、省道的县际间的公路。其编号前加字母"X"，编号区间为 X001 至 X999。

　　乡道是指主要为乡（镇）内部经济、文化、行政服务的公路，以及不属于县道以上公路的乡与乡之间及乡与外部联络的公路。其编号前加字母"Y"，编号区间为 Y001 至 Y999。

　　村道是指直接为行政村群众生产、生活服务，以及不属于乡道以上公路的村与村之间及村与外部连接的公路。《国务院办公厅关于印发农村公路管理养护体制改革方案的通知》（国办发〔2005〕49 号）中规定的"农村公路"包括了县道、乡道和村道。"村道"在《公路法》中没有相应的法律规定，暂无编号规定。

　　专用公路是指专供或主要供工矿、林区、油田、农场、旅游区、军事要地等对外联系的公路。其编号前加字母"Z"，编号区间为 Z001 至 Z999。

2. 公路技术分级

　　公路等级是表示公路通行能力和技术水平的指标。一般来说，公路等级越高，公路的各项指标越高，汽车在公路上行驶速度越高，其交通用量和车辆荷载越大，服务水平越高，反之则低。

　　我国公路根据其使用任务、性质和适应的交通量，按照《标准》规定分为高速公路、一级公路、二级公路、三级公路和四级公路五个等级。

　　高速公路为专供汽车分向、分车道行驶并应全部控制出入的多车道公路，年平均日交通量为 25 000～100 000 辆/日。

　　一级公路为供汽车行驶的双向六车道或四车道公路，年平均日交通量为 15 000～

55 000 辆/日。

二级公路为供汽车行驶的双车道公路，年平均日交通量为 5000～15 000 辆/日。

三级公路为供汽车行驶的双车道公路，年平均日交通量为 2000～6000 辆/日。

四级公路为供汽车行驶的双车道或单车道公路，年平均日交通量分别在 2000 辆/日以下和 400 辆/日以下。

各级公路适应的交通量如图 1.4 所示。

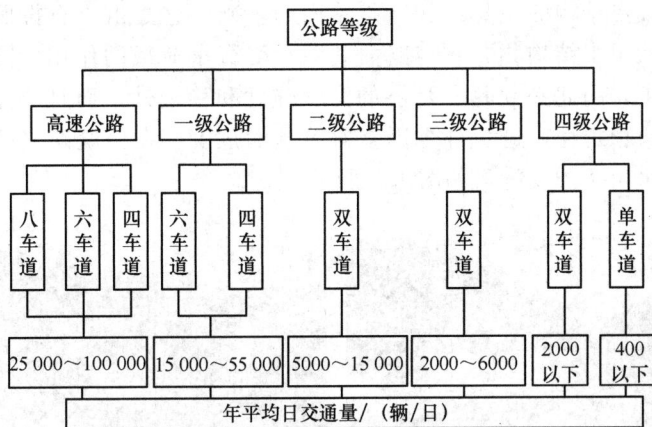

图 1.4　各级公路适应的交通量

实训4

请说出从家庭住址到学校乘坐汽车所行驶的路线（不含城市道路部分），写出路线的编号，并判断公路的行政和技术分级。如果家庭住址在市区，请自选一条旅游线路，完成以上内容。

1.5　公路的基本组成部分

公路是设置在大地上供各种车辆行驶的一种线形带状结构物，主要承受车轮荷载的反复作用，并经受各种自然因素的长期影响和破坏，因此公路不仅要有平顺的线形、合适的纵坡，还要有坚实稳定的路基，平整防滑耐磨的路面，牢固、耐用的桥涵和其他人工构造物以及不可缺少的附属工程设施（排水、防护、照明、绿化、标志标线等分别包括在公路基本组成部分里面），以满足交通的要求，因此公路是由线形和结构两部分组成的。

1.5.1　公路的线形组成

公路由于受自然条件或地面上地物的限制在平面上有转折、纵面有起伏，在转折点或起伏变化两侧相邻直线处，为了满足车辆行驶顺畅安全和速度要求，必须用一定半径的曲线连接，可见公路路线在平面和纵面上均是由直线和曲线构成。

1.5.2　公路的结构组成

（1）路基

路基是公路线形结构的主体结构，是路面的基础，它是由土石按照一定尺寸结构要求建筑成的带状土工结构物，它与路面共同承受行车荷载的作用，同时抵御各种自然因素造成的危害，因此必须具有足够的力学强度和稳定性，而且要经济合理。为了保证路基的强度与稳定性，避免外界因素对路基的危害，在修筑路基的同时根据需要还要修建路基排水及防护设施，如图1.5所示。

(a)　　　　　　　　(b)

图1.5　公路路基图

（a）正在施工的公路路基；（b）有排水和防护设施的路基

（2）路面

路面是用各种路面材料按照一定的比例经混合拌制、分层铺筑于路基顶面后形成的结构物，主要供车辆安全迅速和舒适地行驶，因此路面必须具有足够的强度、稳定性、平整度、抗滑性等，如图1.6所示。

(a)　　　　　　　　(b)

图1.6　公路路面图

（a）正在施工中的路面；（b）施工完的路面

（3）桥梁、涵洞

公路跨越河流沟谷以及其他线路时，为了保证公路的连续性，则需要修建桥梁或涵洞等结构物来跨越。当结构物的单孔跨径小于5m或多孔跨径之和小于8m时称为涵洞，当大于上述值时则称为桥梁。桥梁和涵洞如图1.7所示。

(a)　　　　　　　　　　　　　(b)

图 1.7　桥梁涵洞

（a）桥梁图；（b）涵洞图

（4）隧道

在修筑公路时经常有较高的山岭阻拦，如果选择绕过山岭方式，有可能造成里程大大增加，而且纵坡陡峻，线形迂回较多，使公路技术标准偏低，在这种情况下可以考虑在一个适当的高程和地形处打通一条山洞连接山岭两侧的公路，这样就可以避免上述路线的缺点而取得一条捷径，这类山洞就是公路隧道，如图1.8所示。还有一种情况，当公路需要穿越深水层或所跨越的江海湖泊不适宜修建桥梁时，也可以考虑修建隧道。

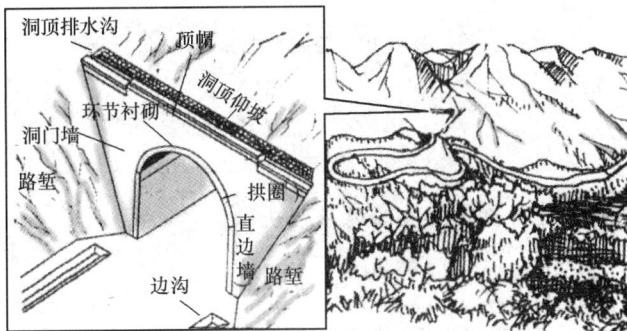

图 1.8　公路隧道

（5）路线交叉

当公路遇到公路、铁路、水利等设施的时候，经常不能避让，这种情况下要以交叉的形式通过，路线交叉的形式有平面交叉和立体交叉两种，如图1.9所示。

图 1.9　公路立体交叉图

（6）交通工程及沿线设施

在公路上，除上述各种基本设施以外，为了保证行车迅速、安全、舒适、美观，还需要交通工程及沿线设施，包括交通安全设施、服务设施和管理设施三种。图 1.10 所示为交通安全设施中的公路标志标线。

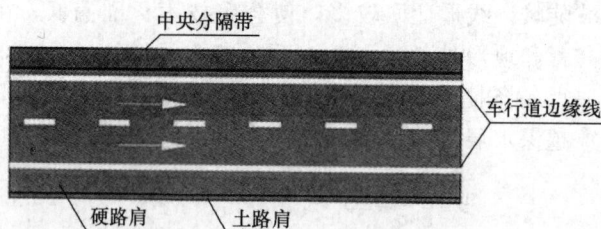

图 1.10　公路标志标线

🚶 实训5

请以自己的乘车经历说出对公路的感性认识。

1.6　公路基本建设项目程序及有关要求

任何事情都要按照一定的步骤、一定的程序去做，才能有条不紊、顺利地实现其目的，收到事半功倍的效果。所谓程序，就是进行工作的客观顺序，它是事物发展的客观规律的反映。基本建设程序是指基本建设全过程中各项工作必须遵循的先后顺序。这个顺序不是任意安排的，而是由固定资产的建设过程，即基本建设发展进程的客观规律性所决定的。搞建设坚持按科学程序办事，就是要求基本建设工作按照符合客观规律要求的一定顺序进行，正确地处理基本建设工作中制定建设规划、确定建设项目、勘察设计、组织施工、竣工验收等各阶段、各环节之间的关系。

1.6.1　公路建设形式内容

公路工程在长期使用过程中，由于行车和自然因素的作用，其组成部分必然不断损坏。为了保持固定资产的原有形态与功能以维持公路的原有运输生产能力，必须对公路工程进行小修保养。由于受材料、结构、设备的特性和功能等方面的制约，公路各组成部分具有不同的寿命期。因此，尽管经过小修、保养，也不能无限期使用下去，到了一定时期，某些组成部分就要丧失功能，这时就需要更新，即进行养路大中修。为了适应社会生产和经济发展的需要，必须对公路进行新建、改建、扩建和重建，以不断扩大公路的运输能力。

公路建设的主要形式包括公路养护、重建、改建、扩建和新建等，内容包括公路小修保养、养路大中修、公路基本建设等三个方面。

1.6.2　公路基本建设及程序

1. 公路基本建设

公路基本建设是指公路的新建、改建、扩建、重建的公路工程项目，可以是与生产过程直接相关的生产性公路工程基本建设，也可以是用于人民物质文化生活需要及政治、国防所需要的非生产性公路工程基本建设。

2. 公路基本建设的程序

公路基本建设程序是公路基本建设项目在整个建设过程中各项工作的先后顺序。公路基本建设受自然条件、技术条件、物资条件的制约，并且要按照既定的需要和科学的总体设计进行建设。建设过程中的任何计划不周或安排不当，都会给国家造成重大浪费和损失。所以，一切基本建设项目，都必须严格按照规定的程序办事。公路基本建设程序如下：

- 编制项目建议书。
- 编写工程可行性报告。
- 进行项目建设前评估。
- 审批工程可行性研究报告。
- 工程项目初步设计。

- 审批初步设计，列入基本建设计划。
- 技术设计和施工图设计。
- 施工招投标。
- 工程项目施工。
- 交工验收及运营使用。
- 缺陷责任与保修。
- 竣工验收。
- 工程项目完工后评价。

1.6.3 公路基本建设项目审批程序

《公路建设市场管理办法》、《公路建设市场准入规定》、《公路建设四项制度实施办法》和《公路建设监督管理办法》颁布后，根据有关精神和政府部门进一步转变职能的需要，明确审批责任，突出管理重点，强化监督检查，原交通部下发了关于简化公路建设项目审批程序的通知，内容如下：

- 公路建设项目必须执行基本建设程序，各级交通主管部门要严格按照职责权限审批公路建设项目。国道主干线、国家、部重点公路建设项目的初步设计、开工报告、竣工验收由交通部负责组织审批；其他项目，按项目管理权限由省级交通主管部门负责组织审批。
- 公路建设项目施工图设计，施工、监理招标文件和资格预审结果审批工作由省级交通主管部门负责，其中，国道主干线、国家、部重点公路建设项目施工、监理招标文件和资格预审结果由省级交通主管部门审批后，报交通部核备。
- 利用世界银行、亚洲开发银行、日本国际协力银行等国际金融组织贷款的公路建设项目，施工招标文件和资格预审、评标结果由省级交通主管部门负责审查后，报交通部审批。
- 取消项目报建制度。
- 各级交通主管部门应加强对基本建设程序执行情况的检查监督，落实审批责任，规范审批管理，提高审批工作效率和透明度。不得越权审批或擅自简化基本建设程序。
- 交通部发布的《公路建设市场管理办法》和《公路工程施工监理招标投标管理办法》中有关内容与本通知不一致的，以本通知为准。

1.6.4 招投标的规定

《公路建设四项制度实施办法》第十一条规定，公路建设项目除涉及国家安全、国家机密、抢险救灾或利用扶贫资金实行以工代赈、民工建勤、民办公助的项目不适宜招标外，达到下列规模标准之一的，必须进行招标：

- 建设项目总投资额在 3000 万元人民币以上的。
- 工程单项合同估算价在 200 万元人民币以上的。
- 重要设备、材料等货物的采购，单项合同估算价在 100 万元人民币以上的。
- 勘察、设计、监理等服务的采购，单项合同估算价在 50 万元人民币以上的。

1.6.5　公路建设管理的体制

《公路法》第 8 条对公路管理体制规定，国务院交通主管部门主管全国的公路工作，即在中华人民共和国境内，对公路的规划、建设、养护、经营、使用和管理行使行政监督与管理职权。《公路法》第 8 条还规定，我国公路工作的行政监督管理机构分中央和地方两个层次。在中央，国务院交通主管部门（即交通部）负责全国公路事业的监督与管理。在地方，县级以下地方人民政府的交通主管部门，负责本行政区域内的公路工作；县级以上地方人民政府交通主管部门对国道、省道的管理、监督职责，由省、自治区、直辖市人民政府交通主管部门确定。乡、民族乡、镇人民政府，负责本行政区域内的乡道建设和养护工作。县级以上地方人民政府交通主管部门，可以决定由公路管理机构依照本法规定行使公路行政管理职责。

1.6.6　公路建设从业单位和从业人员

《公路建设市场管理办法》规定：公路建设市场主体是指公路建设的从业单位和从业人员。从业单位是指从事公路建设的项目法人，如项目建设管理单位，咨询、勘察、设计、施工、监理、试验检测单位，提供相关服务的社会中介机构以及设备和材料的供应单位。从业人员是指从事公路建设活动的人员。

实训6
请调查本省公路建设的从业单位有哪些。

1.7　公路交通行业职业资格证

职业资格是对从事某一职业所必备的学识、技术和能力的基本要求。职业资格包括从业资格和执业资格。从业资格是指从事某一专业（职业）学识、技术和能力的起点标准。执业资格（注册）是指政府对某些责任较大，社会通用性强，关系公共利益的专业（职业）实行准入控制，是依法独立开业或从事某一特定专业（职业）学识、技术和能力的必备标准。职业资格也可分为强制性和非强制性两种：强制性的职业资格依法律法规的规定和职业的性质确定，实行准入控制，执业资格（注册）

是一种强制性的职业资格；非强制性的职业资格仅是对从事某一职业的水平能力的评价和认证。

1.7.1 职业资格的发展历程

我国的职业资格工作最早是分属国家人事部、劳动部两个部门管理，形成了不同的管理模式和划分标准。原人事部门负责专业技术人员职业资格工作，会同国务院业务主管部门建立的主要是从业资格和执业资格；原劳动部门负责技能型人员职业资格工作，把职业划分为行业特有职业和社会通用职业，实行职业技能鉴定制度，颁发职业资格证书。这两类制度统称为职业资格制度。为了规范专业技术人员职业资格和技能型人员职业资格的种类划分，2007 年 12 月，国务院办公厅印发了《关于清理规范各类职业资格相关活动的通知》，将职业资格划分为行政许可类和非行政许可类。行政许可类的职业资格也叫做职业准入类的职业资格（注册），非行政许可类的职业资格也叫做能力水平评价类的职业资格。《中华人民共和国行政许可法》、《劳动法》、《中华人民共和国建筑法》、《职业教育法》、《中华人民共和国注册建筑师条例实施细则》（建设部令第 52 号）、建设部令第 75 号《造价工程师注册管理办法》等法律和条例作为公路交通行业推行资格证制度的主要依据。

1.7.2 公路交通行业职业资格的分类

1998 年由国家职业分类大典和职业资格工作委员会负责对我国的职业进行了分类，编制了《中华人民共和国职业分类大典》（以下简称《大典》），将我国职业归为 8 个大类，66 个中类，413 个小类，1838 个细目（职业）。《大典》将专业技术人员和技术操作人员分为两个不同的类别。

1. 专业技术人员执业分类

对于公路交通行业的专业技术人员，《大典》只是将所有的专业人员归属到第二大类（专业技术人员）第二中类（工程技术人员）第二十一小类（建筑工程技术人员）的第五细类（道路与桥梁工程技术人员）。

2. 技术操作人员职业分类

《大典》对公路交通行业的技术操作人员的职业进行了较详细的分类，第六大类（生产、运输设备操作人员及有关人员）的第二十三中类（工程施工人员）中的各小类和细类基本包括了本系统的所有职业。技术操作人员的职业分类可套用《大典》中对公路建设技术操作人员的分类，见表 1.12。

表 1.12 技术操作人员职业分类

大 类	中 类	细 类	小 类	编 码
生产、运输设备操作人员	工程施工人员	土石方施工人员	凿岩工	6-23-01-01
			爆破工	6-23-01-02
			土石方机械操作工	6-23-01-03
			其他土石方施工人员	6-23-01-99
		砌筑人员	砌筑工	6-23-02-01
			石工	6-23-02-02
			其他砌筑人员	6-23-02-99
		混凝土配置及制品加工人员	混凝土工	6-23-03-01
			混凝土制品模具工	6-23-03-02
			混凝土搅拌机械操作工（包括沥青混凝土和稳定土拌和设备）	6-23-03-03
			其他混凝土配制及制品加工人员	6-23-03-99
		钢筋加工人员	钢筋工	6-23-04-01
			其他钢筋加工人员	6-23-04-99
		施工架子搭设人员	架子工	6-23-05-01
			其他施工架子搭设人员	6-23-05-99
		筑路、养护、维修人员	筑路机械操作工（沥青混凝土摊铺机操作工、管理项进工、公路重油沥青操作工、压路机操作工、路基工、水泥混凝土摊铺机操作工等）	6-23-09-01
			筑路、养护工（包括筑路工、道路养护工、道路巡视、公路养护工、桥梁养护工、隧道养护工，乳化沥青工、公路标线工、路基工、路面工、压路机操作工等）	6-23-09-02
			线桥专业机械操作工	6-23-09-03
			桥梁工	6-23-09-05
			隧道工	6-23-09-06
			其他筑路、养护、维修人员	6-23-09-99

1.7.3 交通行业职业资格证推行情况

1. 专业技术人员职业资格证

1993 年以来，党中央、国务院对建立和实施职业资格制度作出了一系列的决定，原人事部、劳动和社会保障部制定了一系列的配套文件，国务院各行业主管部门陆续建立和实施了职业资格制度。1995 年原交通部关于发布《公路工程造价人员资格认证管理办法》的通知，2002 年原交通部开展了《公路水路交通行业职业资格制度建设框架》研究。2003 年原交通部职业资格制度领导小组及办公室成立，正式启动交通行业职业资格工作。2004 年原交通部转发人事部、建设部《关于印发建造师执业资格考试实施办法和建造师执业资格考核认定办法的通知等文件的通知》，并印发了关于《建造师执业资格考试实施办法》和《建造师执业资格考核认定办法》的通知，发布了《关于组织公路水运工程监理工程师执业资格考试工作的通知》。同时，原交通部质量监督总站以质监公字［2004］60号文发布了《质量监督有关证书制发办法》，对监理单位、试验检测单位、监理工程师证书、试验检测人员证书四种资质证书的制作由协会负责，并对制作发放程序做出了明确规定。2005年印发了《交通部基本建设质量监督总站关于印发公路水运工程试验检测人员考试办法（试行）的通知》和《交通行业关键专业技术岗位职业资格制度建设实施方案（试行)》，初步明确了交通行业关键专业技术岗位职业资格制度建设总体框架，见表1.13。

表1.13　公路工程关键技术岗位执业资格证框架

大 典 分 类		执业资格分类
分 类 编 码	职 业 名 称	工程咨询（注册咨询工程师）
2-02-21-05	道路与桥梁工程技术人员	勘察设计（注册工程师）
		造价管理（造价工程师）
		项目管理（建造师）
		工程监理（监理工程师）
		试验检测（试验检测工程师）

　　2007年制定了《勘察设计注册土木工程师（道路工程）制度暂行规定》和《勘察设计注册土木工程师（道路工程）资格考试实施办法》，目前，交通运输部已经会同国务院有关部门出台了注册土木工程师（道路工程）国家职业资格制度，桥梁工程注册结构工程师制度建设的前期工作已经完成、注册安全工程师的有关工作已经开始启动。公路交通行业推行的专业技术人员主要资格证书见表1.14。

表1.14　公路交通行业主要职业资格证

职业资格证名称	考试、管理部门	从 业 范 围	备　注
注册咨询工程师（投资）	国家发改委、原人事部组织管理	规划咨询、项目建议书编制、项目可行性研究报告编制、评估咨询、工程设计、招投标咨询、工程监理和管理咨询，以及与这8项范围相关的工程咨询管理、投资建设管理、教育和培训业务	证书全国有效每三年注册一次
一级建造师	国家住房和城乡建设部、原人事部组织管理	一级注册建造师可以担任《建筑业企业资质等级标准》中规定的特级、一级建筑业企业资质的建设工程项目施工的项目经理	1）证书全国有效2）一级资质施工企业必须有15名一级建造师每三年注册一次
二级建造师	国家住房和城乡建设部、原人事部组织管理	二级注册建造师可以担任二级建筑业企业资质的建设工程项目施工的项目经理，投资额3000万以下	由各省建设厅自定分数线，证书上有省建设厅和人事厅公章，只在本省范围内有效
勘察设计注册土木工程师（道路工程）	国家住房和城乡建设部、原人事部组织管理	1）岩土工程勘察；2）岩土工程设计；3）岩土工程咨询与监理；4）岩土工程治理、检测与监测；5）环境岩土工程和与岩土工程有关的水文地质工程业务；6）国务院有关部门规定的其他业务	证书全国有效每三年注册一次

续表

职业资格证名称	考试、管理部门	从业范围	备　注
公路工程试验检测人员（试验检测员、试验检测工程师）	交通部质量监督总站	（包括公路、材料、桥梁、隧道、交通工程设施、机电分项）试验检测工程师；可担任试验室主任等管理岗位工作；可担任试验检测单位技术负责人工作；试验检测工程员可担任相关的试验检测工作	证书全国有效每三年认定一次
公路工程监理工程师	交通部质量监督总站	1）监理工程师在监理机构中可担任总监理工程师或驻地监理工程师 2）专业监理工程师只能担任其资格证书核准专业的专业监理工程师	证书全国有效每三年认定一次
公路工程造价工程师（甲级、乙级）	交通部定额站	甲级可从事高速公路及以下等级公路和独立特大桥梁、长大隧道建设项目的工程造价业务；乙级可从事二级公路及以下各等级公路和独立一般大桥建设项目的工程造价业务	证书全国有效每三年认定一次

2. 技术操作人员职业资格证

交通行业职业（工种）技能鉴定范围是 183 个（其中列入《大典》的有 120 个工种，有 63 个工种没列入，《大典》有 24 个职业、90 个工种为交通行业特有职业及工种），截至目前原劳动和社会保障部先后批复交通行业特有职业 24 个（含 74 个特有工种））交通行业工种。鉴定等级分为高级技师（一级）、技师（二级）、高级工（三级）、中级工（四级）、初级工（五级）5 个等级。在 183 个交通行业工种中有 54 个工种设有技师的鉴定等级，24 个工种设有高级技师的鉴定等级。交通行业职业（工种）技能鉴定的对象主要是：交通行业各类职业技术学院（校）、技工学校和培训机构特有职业（工种）的毕业生；交通行业特有职业（工种）的从业人员。公路交通行业技术操作人员主要职业（工种）资格证见表 1.15。

表 1.15　公路交通行业技术操作人员主要职业（工种）资格证

序　号	职业（工种）		鉴定范围
1		※公路养护工	初、中、高、技师、高级技师
2		※桥梁养护工	初、中、高
3		※隧道养护工	初、中、高
4		养路机械操作工	初、中、高
5		※公路（沥青）重油操作工	初、中、高
6		※乳化沥青工	初、中、高
7	公路养护	试验工（养护）	初、中、高
8		※公路监控设备操作工	初、中、高
9		※公路标志（标线）工	初、中、高
10		公路渡口渡工	初、中、高
11		公路绿化工	初、中、高
12		公路巡道工	中、高
13		※车辆通行费收费员（人工收费）	初、中
14		※公路交通量调查工	初、中

续表

序　号		职业（工种）	鉴定范围
1	公路工程	混凝土工	初、中、高、技师
2		钢筋工	初、中、高
3		模板工	初、中、高
4		砌筑工	初、中、高、技师
5		测量工（施工）	初、中、高
6		试验工（施工）	初、中、高
7		石工	初、中、高
8		※路基工	初、中、高
9		桥基钻孔工	初、中、高
10		爆破工	初、中、高
11		※路面工	初、中、高、技师
12		※平地机操作工	初、中、高、技师、高级技师
13		※压路机操作工	初、中、高、技师
14		铲运机操作工	初、中、高、技师
15		挖掘机操作工	初、中、高、技师
16		稳定土厂拌设备操作工	初、中、高、技师
17		吊车（机）操作工	初、中、高、技师
18		※中小型机械操作工	初、中、高、技师
19		※沥青混凝土拌和设备	初、中、高、技师、高级技师
20		稳定土拌和机操作工	初、中、高、技师
21		沥青混凝土摊铺机操作工	初、中、高、技师
22		水泥混凝土搅拌设备操作工	初、中、高、技师
23		※水泥混凝土摊铺机操作工	初、中、高、技师
24		筑路机械修理工	初、中、高、技师、高级技师
1	交通勘测	勘探工	初、中、高、技师
2		公路工程测量工（勘测）	初、中、高、技师、高级技师
3		公路工程试验工（勘测）	初、中、高、技师、高级技师

注：※表示原劳动和社会保障部批复的首批交通行业特有职业工种。

1.7.4　职业资格证书与职业技能鉴定

1. 职业资格证书作用

职业资格证书是表明劳动者具有从事某一职业所必备的学识和技能的证明。它是劳动者求职、任职、开业的资格凭证，是用人单位招聘、录用劳动者的主要依据，也是境外就业、对外劳务合作人员办理技能水平公证的有效证件。

2．就业准入制度

所谓就业准入制度是指根据《劳动法》和《职业教育法》的有关规定，对从事技术复杂，通用性广，涉及国家财产、人民生命安全和消费者利益的职业（工种）的劳动者，必须经过培训，并取得职业资格证书后，方可就业上岗。实行就业准入的职业范围由劳动和社会保障部确定并向社会公布。目前，劳动和社会保障部依据《中华人民共和国职业分类大典》确定了实行就业准入的 66 个职业目录，有关公路建设的工种有土石方机械操作工、砌筑工、混凝土工、钢筋工、架子工 5 个工种，但是还没有实行就业准入。

3．职业资格证书与学历证书的区别

职业资格证书反映了劳动者为适应职业劳动需要而运用特定的知识、技术和技能的能力。与学历文件不同，学历文凭主要反映学生学习的经历（学科性的教育），是文化理论知识水平的证明。职业资格与职业劳动的具体要求密切结合，更直接、更准确地反映了特定职业的实际工作标准和操作规范，以及劳动者从事该职业所达到的实际工作能力水平。

4．实施职业资格证书制度的法律依据

《劳动法》第八章第六十九条规定："国家确定职业分类，对规定的职业制定职业技能标准，实行职业资格证书制度，由经过政府批准的考核鉴定机构负责对劳动者实施职业技能考核鉴定。"《职业教育法》第一章第八条明确指出："实施职业教育应当根据实际需要，同国家制定的职业分类和职业等级标准相适应，实行学历文凭、培训证书和职业资格证书制度。"这些法律条款确定了国家推行职业资格证书制度和开展职业技能鉴定的法律依据。

5．国家推行职业资格证书制度意义

开展职业技能鉴定，推行职业资格证书制度，是落实党中央、国务院提出的"科教兴国"战略的重要举措，也是我国人力资源开发的一项战略措施。它对于提高劳动者素质，促进劳动力市场的建设以及深化国有企业改革，促进经济发展都具有重要意义。

6．技能鉴定

（1）职业技能鉴定

职业技能鉴定是一项基于职业技能水平要求而进行的标准参照的考核活动。在我国，职业技能鉴定是根据国家法律、法规，按照国家职业标准，由政府劳动保障行政部门批准考核鉴定机构，负责对劳动者实施职业技能考核鉴定。

（2）我国职业技能鉴定的实施

我国的职业技能鉴定实行政府指导下的社会化管理体制，即按照国家法律法规，

在劳动保障行政部门领导下，由职业技能鉴定指导中心组织实施，职业技能鉴定所（站）对劳动者技能水平实施鉴定。

（3）职业技能鉴定的方式

职业技能鉴定分为知识要求考试和操作技能考核两部分。知识要求考试一般采用笔试，技能要求考核一般采用现场操作加工典型工件、生产作业项目、模拟操作等方式进行。计分一般采用百分制，两部分成绩都在 60 分以上为合格，80 分以上为良好，95 分以上为优秀。

（4）职业技能鉴定的主要内容

职业技能鉴定的主要内容包括职业技能、相关知识和职业道德三个方面。这些内容是依据国家职业标准、职业技能鉴定规范（考试大纲）和相应教材来确定的，并通过统一命题来进行鉴定考核。

（5）职业技能鉴定申报资格

由于各职业工作要求等不同，参加不同级别鉴定的人员，其申报条件不尽相同，这在每个职标准里都有明确规定，考生要根据鉴定公告的要求，确定申报的级别。各等级的申报条件一般为：参加初级鉴定的人员必须是学徒期满的在职职工或职业学校的毕业生；参加中级鉴定的人员必须是取得初级职业资格证书并连续工作 5 年以上，或是经劳动保障行政部门认定的以中级技能为培养目标的技工作学校和职业学校毕业生；参加高级鉴定人员必须是取得中级职业资格证书 7 年以上，或是经过正规的高级技能培训并取得结业证书的人员；参加技师鉴定的人员必须取得高级职业资格证书连续从事本职业（工种）8 年以上，具有丰富的生产实践经验和操作技能特长、能解决本工种关键操作技术和生产工艺难题，具有传授技术能力和培养中级技能人员能力的人员；参加高级技师鉴定的人员必须是任技师 5 年以上，具有高超精湛技艺和综合操作技能，能解决本工种专业高难度生产工艺问题，在技术改造、技术革新以及排除事故隐患等方面有显著成绩，而且具有培养高级工和组织带领技师进行技术革新和技术攻关能力的人员。

1.7.5 职业资格证发展规划

到 2020 年，交通行业职业资格制度体系已经健全，并与一些发达国家开始互认，与交通行业从业准入制度、单位资质和信用体系评价制度、职业教育培训制度和企事业单位人事管理制度相衔接的机制逐步形成；交通行业职业资格工作体系更加完备，管理体制和运行机制更加科学、高效；交通行业职业资格工作在交通事业发展中的作用得到充分发挥，关键岗位从业人员的职业技能水平和职业道德水平明显提高，从业行为更加规范。

1. 建立健全交通行业专业技术人员职业资格制度

（1）行政许可类职业资格

行政许可类职业资格包括勘察设计注册土木工程师（港口与航道工程）职业资格、

勘察设计注册土木工程师（道路工程）职业资格、注册结构工程师（桥梁工程）职业资格、其他（随着交通行业职业资格法律法规的不断完善，逐步在交通行业中关系公众生命财产安全的关键岗位健全行政许可类职业资格）。

（2）能力水平评价制度

能力水平评价制度包括公路水运工程试验检测人员能力水平评价制度、其他（随着交通行业职业资格法律法规的不断完善，逐步在交通行业中关系公众利益的重要岗位建立健全能力水平评价制度）。

（3）理顺与有关部门的关系，建立国家职业资格制度

它包括注册造价工程师（公路与桥隧工程，港口与航道工程）、注册监理工程师（公路与桥隧工程，港口与航道工程）。

（4）配合有关部门健全以下职业资格制度

它包括注册咨询工程师（投资）（交通）、注册安全工程师（交通）、注册建造师（公路工程、港口与航道工程）。

（5）完成交通行业职业资格配套制度建设等工作

这些工作包括建立健全与交通行业职业资格相配套的注册管理或登记服务制度、执业管理制度、继续教育制度等；适时开展有关专业学历教育评估工作；开展与国（境）外职业资格的双边或多边互认工作。

2. 建立健全交通行业技能人员职业资格制度

加快建立交通行业 24 个职业（74 个工种）技能鉴定制度，加快交通行业新职业、新工种的调查研究，并争取国家职业资格主管部门把交通行业主要职业（工种）纳入交通行业特有职业（工种），逐步扩大交通行业特有职业技能鉴定领域，适应交通行业职业教育、培训和技能人才队伍建设整体性的要求。

实训7

请同学调查自己毕业时要考取哪些职业资格证书和相关职业资格证书报考的条件，并确定自己的职业生涯规划。

案例分析

1. 事故回顾

以下是一些事故的简单情况。

• 1999 年 1 月 4 日 18 时 50 分，重庆綦江彩虹大桥突然整体垮塌，过往于桥上的 32 名群众和 22 名列队训练的武警战士顿时坠入河中，其中 40 人死亡，14 人受伤，直接损失约 600 万元。该工程投资 368 万元。（摘自《交通报》）

- 昆禄公路是由云南省批准的地方二级公路，全长72km，投资3.77亿元，业主是昆明市交通局。1998年5月工程建成18天后，发现一些路段大范围填方路基沉陷，填挖结合部路基不均匀沉降，边缘坍塌，路面悬空，纵向开裂。由于石料偏少、支砌不规范、砂浆不饱满、水泥强度等级不够，造成有的地段护面墙等人工构造物因滑坡坍方造成倒塌、变形、开裂，不得不再投入1亿元进行返工修复，造成重大经济损失。（摘自《交通报》）
- 2002年在某县境内的209国道上，一段14.4km的路，共修了21座桥，工程完工后，经鉴定，20座有质量问题，其中垮了1座，有19座桥梁需拆除重建，直接经济损失350万元。垮塌桥梁造成11人死亡，14人受伤的重大事故。（摘自中国建设投标网）
- 2007年8月13日16时45分左右，湖南省凤凰县正在建设的堤溪沱江大桥发生特别重大坍塌事故，造成64人死亡，4人重伤，18人轻伤，直接经济损失3974.7万元。该工程投资1200万元。（摘自安研网）。

2. 有关公路建设质量的法律法规

公路交通行业特别重视公路建设质量，从以下法律、法规、条例的出台，可以看出公路交通行业公路建设质量所走过的历程：

- 全国人民代表大会常务委员会关于修改《中华人民共和国公路法》的决定。
- 1996年出台了《质量振兴纲要》（1996～2010年）。
- 2000年出台了中华人民共和国《建设工程质量管理条例》（国发［1996］51号。）
- 国务院办公厅关于加强建设项目管理确保工程建设质量的通知（国办发明电［1998］15号）。
- 国务院办公厅关于加强基础设施工程质量管理的通知（国办发［1999］16号）。
- 国家计委关于重申严格执行基本建设程序和审批规定的通知（计投资［1999］69号）。
- 关于加强建设项目管理确保工程建设质量的通知［1998］（215号）。
- 2000年出台《公路建设监督管理办法》（自2000年1月1日起施行）。
- 《公路建设市场准入规定》（交通部2000年第6号令）。自2000年10月1日起施行。
- 《公路建设四项制度实施办法》（交通部2000年第7号令）。自2000年10月1日起施行。
- 《公路建设监督管理办法》（交通部2000年第8号令）自2000年10月1日起施行。

- 《关于开展公路建设质量年活动的通知》（交公路发［1999］79 号）。
- 《公路工程质量管理办法》（交通部交公路发［1999］90 号）。
- 《交通部关于开展第三个公路建设质量年活动的通知》（交公路发［2001］20 号）。
- 《公路、水运工程　试验检测人员资质管理暂行办法》（交通部基质监字［1998］16 号）自 1998 年 5 月 1 日起施行。
- 《关于组织公路水运工程监理工程师执业资格考试工作的通知》（交通部交质监发［2004］125 号文）。
- 交通部质量监督总站以质监公字［2004］60 号文发布了《质量监督有关证书制发办法》，对监理单位、试验检测单位、监理工程师证书、试验检测人员证书四种资质证书的制作由协会负责，并对制作发放程序做出了明确规定。
- 2005 年印发了《交通部基本建设质量监督总站关于印发公路水运工程试验检测人员考试办法（试行）的通知》。
- 2006 年出台《公路建设监督管理办法》（自 2006 年 1 月 1 日起施行）。

实训8

请通过案例分析分组讨论公路交通行业从业人员所具备的职业道德。

小　结

本单元主要介绍了道路与桥梁工程技术专业与土木工程的关系，以及行业发展的动态；介绍了公路发展的概况、公路交通行业标准、规范和规程、公路的控制指标和公路的行政技术、分级，公路基本建设程序，公路交通行业职业资格证和公路建设的相关案例。通过学习，应能说出专业培养目标定位，专业与行业的关系，行业发展动态，毕业时要考取的职业资格证书；能识别公路的编号，并能正确解释其中含义，能说出"五纵"、"三横"、"7918 网"的含义；能说明公路工程标准、规范、规程的含义，能辨认公路工程标准、规范、规程体系编号，并能对常用的公路工程标准和规范有初步认识；能描述《公路工程技术标准》的相关规定，能说出公路的控制指标，并对各控制指标有初步认识；能说出公路的技术和行政分级；能在公路上对公路的各组成部分有初步认识，并能用专业术语进行描述；能说出公路基本建设程序和公路建设的从业单位和从业人员；能够归纳总结公路建设从业人员的职业道德，为了解专业和行业发展奠定基础。

相关链接

1. 国家职业资格考试网 www.zgks.org
2. 交通部基本建设质量监督总站 www.jtbzjz.net/cms/index home.php

思考与练习

1. 你所学的专业与土木工程有什么区别和联系？
2. 我国公路等级是如何划分的？
3. 公路建设的从业人员和从业单位有哪些？
4. 简述公路基本建设程序。
5. 公路交通行业要考取哪些职业资格证书？其报考的条件是什么？
6. 公路的控制指标有哪些？
7. 公路是如何编号的？请举例说明。
8. 说明公路工程标准、规范、规程的含义，并举例说明。

公路建筑材料

教学目标

1. 掌握公路桥梁中常用的道路建筑材料，简单了解建筑成品的组成材料及相应的试验方法。
2. 能够根据工程要求合理选用材料；熟悉有关国家标准或行业标准；了解材料用途及使用方法的要点。

道路与桥梁建筑中常见的有路基填筑材料、路面工程材料、桥梁涵洞等构造物工程材料及交通和沿线设施等工程材料。这些都离不开建筑材料。例如，路基填筑材料需要土、砂石材料等；路面工程材料需要砂石材料、水泥、石灰、沥青等材料，桥梁涵洞等构造物工程材料需要水泥、砂石材料、钢筋等；交通及沿线设施中所用水泥、砂石、钢筋等材料。

2.1 土

土是填筑公路路基的主要材料，由于天然成因的差异，不同的路基土表现出截然不同的工程特性。根据土颗粒组成特性、土的塑性指数、土中有机质存在的情况，将公路用土按不同的工程特性划分为巨粒土、粗粒土、细粒土和特殊土四大类，并细分为 12 种土，如图 2.1 所示。

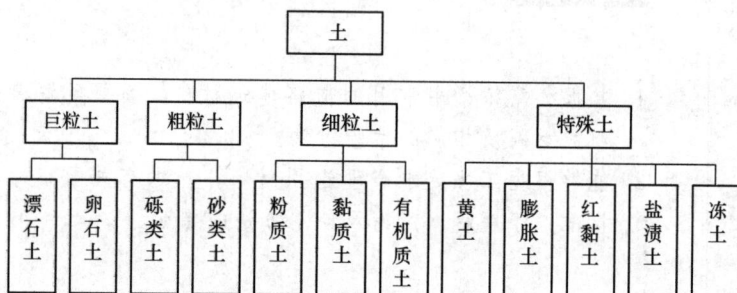

图 2.1 土的分类总体系

土的颗粒粒组划分范围：
- 巨粒组——粒径大于 60mm；
- 粗粒组——粒径在 0.075～60mm；
- 细粒组——粒径小于 0.002mm。

用于路基填筑的土有巨粒土［包括漂石（块石）和卵石（小块石）］、级配良好的砾石混合料、砂性土。

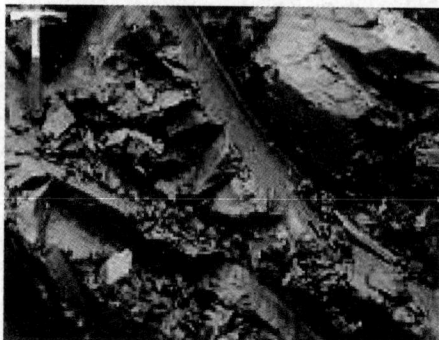

图 2.2 黏土

图 2.3 黄土

土作为路基建筑材料，砂性土最优，黏性土次之，粉性土属不良材料，最容易引起路基病害。此外，还有一些特殊土类，如有特殊结构的土（黄土）、含有机质的土（腐殖土）以及含易溶盐的土（盐渍土）等，用以填筑路基时必须采取相应的技术措施。图 2.2 和图 2.3 分别为黏土和黄土。

2.2　砂石材料

砂石材料是道路桥梁工程中应用的散粒石材和整形石材的统称。

整形石材主要是经人工加工成一定形状的石材，主要用于砌筑工程（基础、桥墩）、铺筑路面、桥面及路缘石等。如图 2.4 为浆砌片石挡土墙。

散粒石材是由天然岩石经风化或人工轧碎而成，主要包括砂、石屑、卵石、碎石等。散粒石材广泛用于水泥混凝土、砂浆、沥青混凝土的骨料以及路面基层、垫层和磨耗层，如图 2.5～图 2.9 所示。

道路桥梁常用石料有以下几种。

（1）片石

由打眼放炮采得石料，其形状不受限制，但薄片者不得使用。一般片石其最小边

图 2.4　浆砌片石挡土墙

图 2.5　片块石

图 2.6　碎石（规格 10～15mm）

图 2.7　碎石（规格 5～10mm）

 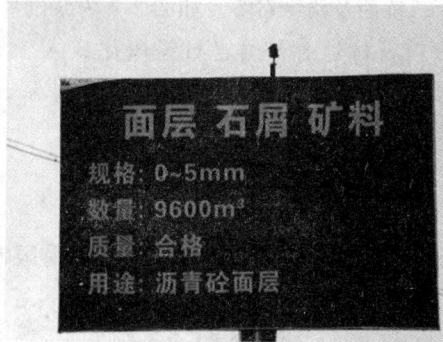

图 2.8　石屑

 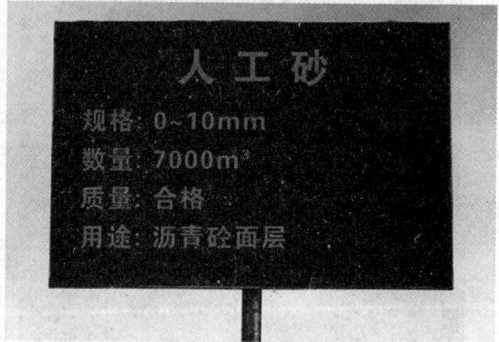

图 2.9　人工砂

长应不小于 15cm，常用于挡土墙、桥涵基础、防护工程等圬工砌体。

（2）块石

块石是由成层岩中打眼放炮开采获得，或用楔子打入成层岩的明缝或暗缝中劈出的石料。块石常用于挡土墙、桥梁下部结构及拱圈要求较高的圬工砌体。

（3）粗料石

料石分为粗料石和细料石。粗料石是指形状尺寸和极限抗压强度应符合设计文件规定，其表面凹凸不大于 10mm，砌缝宽度小于 20mm。细料石是指形状尺寸和极限抗压强度应符合设计文件规定，其表面凹凸不大于 5mm，砌缝宽度小于 15mm。料石主要用于砌筑拱桥的拱圈及挡土墙外皮等。

（4）碎石

指经开采并按一定尺寸加工而成的有棱角的粒料，是水泥混凝土、沥青混凝土、碎石路面常用的材料。

（5）石屑

经轧制或筛分碎石后所得的粒径为 3～10mm 的粒料，是沥青混凝土常用的材料。

2.3　石灰、水泥

石灰和水泥都属于胶凝材料。胶凝材料是指能以自身的物理化学作用将松散材料（如砂、石）胶结成为具有一定强度的整体结构的材料。

2.3.1　石灰

石灰是生石灰与熟石灰的总称。生石灰是由含碳酸钙的岩石经煅烧而获得的产品，主要成分是氧化钙。生石灰具有很强的吸水性，加水熟化即得到熟石灰（又称消石灰）。熟石灰的主要成分是氢氧化钙。

1. 石灰的技术性质

（1）有效氧化钙和氧化镁含量

石灰中产生黏结性的有效成分是活性氧化钙和氧化镁，它们的含量是评价石灰质量的主要指标。

（2）未消化残渣含量

未消化残渣含量是指石灰按标准方法消化后未能消化而存留在 5mm 圆孔筛上的残渣质量占试样总质量的百分率。

（3）含水量

消石灰粉含水量是指化学结合水以外的含水量。

（4）细度

细度是指消石灰粉颗粒的粗细程度。

2. 石灰的等级

生石灰按有效成分（CaO＋MgO）含量、产浆量、未消解残渣和 CO_2 含量等四个项目的指标分为优等品、一等品和合格品 3 个等级。生石灰粉按有效成分（CaO＋MgO）含量、CO_2 和细度等项目的指标分为优等品、一等品和合格品三个等级。消石灰粉按有效

（CaO＋MgO）含量、游离水和细度等三项指标分为优等品、一等品和合格品三个等级。

3. 石灰用途

在道路桥梁工程中，石灰与黏土或粉煤灰、碎石及水按比例配合，可制成三合土、粉煤灰石灰土、粉煤灰石灰碎石、粉煤灰石灰碎石土等，常用于路基填筑等，如图 2.10 所示。

图 2.10 石灰

2.3.2 水泥

在道路和桥梁工程中通常应用的水泥有硅酸盐水泥、普通硅酸盐水泥、矿渣硅酸盐水泥、火山灰硅酸盐水泥、粉煤灰硅酸盐水泥和复合硅酸盐水泥等六大通用水泥。由于道路路面对水泥的特殊要求，近年来已生产了道路水泥。此外，在某些特殊工程中，还使用铝酸盐水泥、膨胀水泥、快硬水泥等。随着水泥科学技术和生产的发展，水泥品种越来越多，但是在道路建筑中仍以硅酸盐水泥与普通硅酸盐水泥为主，如图 2.11～图 2.14 所示。

图 2.11 小型水泥厂

图 2.12 中型水泥厂

图 2.13 大型水泥厂

图 2.14 袋装水泥

1. 硅酸盐水泥的主要化学成分

硅酸盐水泥的主要化学成分是氧化钙、氧化硅、氧化铝和氧化铁。经过高温煅烧后，CaO、SiO_2、Al_2O_3、Fe_2O_3 四种成分化合为熟料中的主要矿物组成，其大致含量如表 2.1 所示。

表 2.1　水泥熟料主要矿物组成

矿物组成	化学组成	简式	大致含量/%
硅酸三钙	$3CaO \cdot SiO_2$	C3S	35~65
硅酸二钙	$2CaO \cdot SiO_2$	C2S	10~40
铝酸三钙	$3CaO \cdot Al_2O_3$	C3A	0~15
铁铝酸四钙	$4CaO \cdot Al_2O_3 \cdot Fe_2O_3$	C4AF	5~15

2. 硅酸盐水泥的技术性质和技术标准

（1）技术性质

1）细度。细度是指水泥颗粒的粗细程度，细度越大，凝结硬化速度越快，早期强度越高。一般认为，水泥颗粒粒径小于 $40\mu m$ 时才具有较大的活性，但水泥颗粒太细，在空气中的硬化收缩也较大，使混凝土发生裂缝的可能性增加。此外，水泥颗粒细度提高会导致粉磨能耗增加，生产成本提高。为充分发挥水泥熟料的活性，改善水泥性能，同时考虑能耗的节约，就要合理控制水泥细度。

2）标准稠度用水量。在测定水泥的凝结时间和安定性时，为使其测定结果具有可比性，必须采用标准稠度的水泥净浆进行测定。水泥净浆达到标准稠度时所需的拌和水量称为标准稠度用水量。

3）凝结时间。凝结时间是指水泥从加水至水泥浆失去可塑性所需的时间。凝结时间分初凝时间和终凝时间。初凝时间是从水泥加水至水泥浆开始失去可塑性所经历的时间；终凝时间是从水泥加水至水泥浆完全失去可塑性所经历的时间。水泥的凝结时间对水泥混凝土的施工具有十分重要的意义。水泥的初凝时间不宜过短，以便在施工过程中有足够的时间对混凝土进行搅拌、运输、浇筑和振捣等操作；终凝时间不宜过长，以使混凝土能尽快硬化，产生强度，提高模具周转率，加快施工进度。

4）体积安定性。水泥的体积安定性是指水泥在凝结硬化过程中体积变化的均匀程度。安定性不良的水泥在凝结硬化过程中或硬化后会产生不均匀的体积膨胀、开裂，甚至引起工程事故。

如果水泥的体积安定性不良，则该水泥必须作为废品处理，不得用于任何工程中。

5）强度。强度是水泥技术要求中最基本的指标，它直接反映了水泥的质量水平和使用价值。水泥的强度越高，其胶结能力也越强。

（2）技术标准

硅酸盐水泥强度等级分为 42.5、42.5R、52.5、52.5R、62.5 和 62.5R。

2.4　水泥混凝土及砂浆

2.4.1　水泥混凝土

水泥混凝土是以水泥为胶凝材料，将砂、石、水（外加剂）按设计比例配合，经搅拌、成型、养护而得的一种人造石材。水泥混凝土是由水泥、水、砂、石四种基本材料组成的。其中，水泥和水形成水泥浆，填充砂砾间的空隙并包裹在砂颗粒的表面，形成水泥砂浆，而水泥砂浆又填充石子间的空隙，并把石子包裹起来形成混凝土。

1. 水泥混凝土的分类

（1）按表观密度分类

1）普通混凝土（表观密度约为 2400kg/m³）。

2）轻混凝土（表观密度可以达到 1900kg/m³）。

3）重混凝土（表观密度可达 3200kg/m³）。

（2）按抗压强度

1）低强度混凝土（抗压强度小于 30MPa）。

2）中强度混凝土（抗压强度为 30～60MPa）。

3）高强度混凝土（抗压强度大于 60MPa）。

2. 水泥混凝土技术性质

普通水泥混凝土的主要技术性质包括：新拌混凝土的工作性，硬化后混凝土的力学性质和耐久性。

（1）新拌水泥混凝土的工作性（和易性）

水泥混凝土在尚未凝结硬化以前，称为新拌混凝土或混凝土拌和物。新拌混凝土具有良好的工艺性质，称为工作性（或和易性），如图 2.15 和图 2.16 所示。

图 2.15　新拌水泥混凝土

图 2.16　水泥混凝土试伴制作

混凝土拌和物的工作性是一项综合技术性质，包括流动性、黏聚性、保水性三个方面的含义。流动性是指混凝土拌和物在自身或机械振捣下，能产生流动并能均匀密实地填满模板的性能。黏聚性是指混凝土各组成材料之间有一定的黏聚力，不致产生分层和离析的现象。保水性是指混凝土拌和物在施工过程中具有一定保水能力，不致产生严重泌水现象。按照《公路工程水泥及混凝土试验规程》（JTG E30—2005）的规定，测定混凝土拌和物工作性的试验方法有坍落度法和维勃稠度法。

（2）硬化后混凝土的力学性质

强度是混凝土硬化后的主要力学性质，《公路工程水泥及水泥混凝土试验规程》（JTG E30—2005）规定，混凝土硬化后的主要力学性质有立方体抗压强度、轴心抗压强度、圆柱体抗压强度、劈裂抗拉强度、抗弯拉强度等。

（3）混凝土的变形

混凝土的变形主要有温度变形、收缩变形、干湿变形和荷载作用下的变形等。

（4）混凝土的耐久性

道路与桥梁用混凝土除了要满足工作性和强度要求外，还应具有优良的耐久性。

3. 强度等级

普通混凝土按立方体抗压强度标准值划分为 C15、C20、C25、C30、C35、C40、C45、C50、C55、C60、C65、C70、C75、C80 等 14 个等级。

4. 水泥混凝土的用途

水泥混凝土在道路桥梁工程中主要用于路面工程、桥涵等构造物工程，如图 2.17 和图 2.18 所示。

图 2.17 路缘石

图 2.18 防撞栏

2.4.2 砂浆

砂浆是由胶凝材料、细骨料和水按适当比例配制而得的混合材料，如图 2.19 和图 2.20 所示。

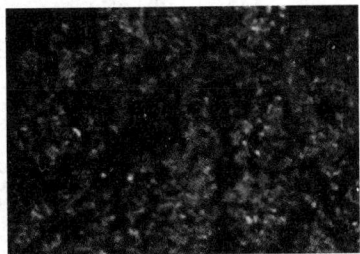

图 2.19 水泥砂浆

图 2.20 砂浆试件制作

1. 砂浆分类

- 砂浆按胶凝材料不同，可分为水泥砂浆、石灰砂浆、混合砂浆等。
- 砂浆按用途不同，可分为砌筑砂浆、抹面砂浆、特殊用途砂浆等。

2. 砂浆的技术性质

（1）新拌砂浆的和易性

1）流动性：指新拌砂浆在自重或外力作用下，易产生流动的性质，用稠度表示。

2）保水性：指新拌砂浆在运输和施工过程中保持水分不流失和各组分不分离的能力，用分层度表示。

（2）硬化后砂浆的强度

按《砌筑砂浆配合比设计规程》（JGJ 98—2000）规定，砌筑砂浆分为 M2.5、M5、M7.5、M10、M15、M20 等 6 个强度等级。

3. 砂浆的用途

道路桥梁工程中砂浆主要用于砌筑工程中，如浆砌片石（图 2.4）、浆砌块石、砂浆抹面等。

2.5 沥青及沥青混凝土

2.5.1 沥青

沥青是高分子碳氢化合物及其非金属（氧、氢硫等）衍生物组成的极其复杂的混合物。沥青是一种有机胶凝材料。它具有良好的渗水性、黏结性和塑性，而且耐酸碱、耐腐蚀，能抗冲击荷载的作用。沥青的缺点是温度稳定性和气候稳定性差。图 2.21 所示为袋装沥青。

图 2.21 袋装沥青

1. 沥青分类

沥青分类见表 2.2。

表 2.2 沥青分类

沥青	地沥青	天然沥青	石油在天然条件下，长时间地球物理作用下所形成的产物
		石油沥青	石油经炼制加工后所得到的产品
	焦油沥青	煤沥青	由煤干馏所得到的煤焦油再加工所得
		页岩沥青	由页岩炼油所得的工业副产品

2. 沥青的技术性质

（1）黏滞性

黏性是指沥青在外力作用下，抵抗变形的能力。对于黏稠或固体石油沥青的黏滞性，可用针入度仪测定并以针入度表示。液体沥青用黏度表示。

（2）塑性

塑性是指沥青在外力作用下发生变形而不被破坏的能力。沥青的塑性可用延度仪测定并以延度表示。

（3）温度稳定性

温度稳定性是指沥青的黏性和塑性随温度升降而变化的性能。沥青的高温稳定性可用环球法软化点仪测定并以软化点表示。低温抗裂性用脆点表示。

针入度、延度、软化点是评价黏稠石油沥青路用性能最常用的经验指标，所以通称"三大指标"。

我国现行使用的黏稠沥青技术标准中，针入度是划分沥青技术等级的主要指标。针入度值越大，表明沥青越软（稠度越小）。液体沥青是采用黏度划分技术等级的。

3. 道路石油沥青的标号

道路石油沥青按针入度划分为 160 号、130 号、110 号、90 号、70 号、50 号、30 号。

4. 沥青用途

在道路桥梁中沥青主要与矿料配合形成沥青混合料，是主要的路面材料。图 2.22 所示为沥青加热池。

2.5.2　沥青混合料

沥青混合料是指将级配合适的矿质混合料与沥青材料拌和均匀所组成的一种优质高级路面材料，称为沥青混合料。它经铺筑碾压成型后记为沥青混凝土。

图 2.22　沥青加热池

1. 沥青混合料的分类

如表 2.3 为热拌沥青混合料类型汇总表。

2. 沥青混合料的技术性质

（1）高温稳定性

沥青混合料的高温稳定性是指混合料在夏季高温（通常为 60℃）的条件下，经车辆荷载长期重复作用后，不产生车辙和波浪等病害的性能。

表 2.3 热拌沥青混合料类型汇总

混合料类型	密 级 配			开 级 配		半开级配	公称最大粒径/mm	最大粒径/mm
	连续级配		间断级配	间断级配		沥青碎石		
	沥青混凝土	沥青稳定碎石	沥青玛蹄脂碎石	排水式沥青磨耗层	排水式沥青基层			
特粗式	—	ATB-40	—	—	ATPB-40	—	37.5	53.0
粗粒式	—	ATB-30	—	—	ATPB-30	—	31.5	37.5
	AC-25	ATB-25	—	—	ATPB-25	—	26.5	31.5
中粒式	AC-20	—	SMA-20	—	—	AM-20	19.0	26.5
	AC-16	—	SMA-16	OGFC-16	—	AM-16	16.0	19.0
细粒式	AC-13	—	SMA-13	OGFC-13	—	AM-13	13.2	16.0
	AC-10	—	SMA-10	OGFC-10	—	AM-10	9.5	13.2
砂粒式	AC-5	—	—	—	—	AM-5	4.75	9.5
设计空隙率/%	3~5	3~6	3~4	>18	>18	6~12	—	—

高温稳定性的评价方法及评价指标。我国现行行标《公路沥青路面施工技术规范》（JTG F40—2004）规定：采用马歇尔稳定度试验来评价沥青混合料高温稳定性；对于高速公路、一级公路、城市快速路、主干路用沥青混合料，还应通过车辙试验检验其抗车辙能力。

（2）低温抗裂性

沥青混合料的低温抗裂性是指沥青混合料在低温下抵抗断裂破坏的能力。我国现行行标《公路沥青路面施工技术规范》（JTG F40—2004）规定：采用低温弯曲试验的破坏应变指标作为评价改性沥青混合料的低温抗裂性的指标。

（3）耐久性

沥青混合料的耐久性，是指其在长期使用过程中抵抗环境因素及行车荷载反复作用下保持正常使用状态而不出现剥落和松散等损坏的能力。我国现行行标《公路沥青路面施工技术规范》（JTG F40—2004）规定：采用空隙率、饱和度和残留稳定度等指标来表征沥青混合料的耐久性。

（4）抗滑性

沥青路面的抗滑性对于保障道路交通安全至关重要，沥青路面的抗滑性与所用矿料的表面性质、颗粒形状与尺寸、混合料的级配组成以及沥青用量等因素有关。我国现行规范采用磨光值、磨耗值、冲击值三指标来控制沥青路面的抗滑性。

（5）施工和易性

沥青混合料应具备良好的和易性，能够在拌和、摊铺与碾压过程中使集料颗粒保持分布均匀，表面被沥青膜完整地包裹，并被压实到规定的密度，这是保证沥青路面使用质量的必要条件。

3. 沥青混合料的用途

在道路桥梁中，沥青混合料是主要的路面材料，如图 2.24～图 2.27 所示。

图 2.24　沥青混合料拌和厂

图 2.25　沥青混合料摊铺

图 2.26　沥青路面碾压

图 2.27　沥青路面

2.6　钢　　材

建筑钢材是建筑业的三大用材之一，是指用于建筑工程的各种钢材。道路桥梁工程常用的钢材包括型钢、钢筋、钢丝、钢板等。

1. 钢筋的分类

1）钢筋按直径可以分为：

• 钢丝——直径 3～5mm；

• 细钢丝——直径 6～10mm；

• 中粗钢筋——直径 12～20mm；

• 粗钢筋——直径大于 20mm。

2）按供应形式可分为直条钢筋（6～12mm）（如图 2.28 为焊接钢筋，图 2.29 为螺纹钢筋）和盘圆钢筋（6～10mm）（如图 2.30 为细钢筋）。

图 2.28　焊接钢筋

图 2.29　螺纹钢筋

图 2.30　细钢筋

3）按钢筋的轧制外形可以分为光面圆钢筋（图 2.30 的细钢筋）、变形钢筋和刻痕钢筋（图 2.28 焊接钢筋和图 2.29 螺纹钢筋）。

2. 钢材的技术性质

道路桥梁用钢材的基本性质包括屈服强度、抗拉强度、伸长率、断面收缩率、冲击韧性、冷弯和硬度等。

（1）屈服强度

屈服强度是钢材开始丧失对变形的抵抗能力，并开始产生大量塑性变形所对应的应力。

（2）抗拉强度

抗拉强度是钢材所能承受的最大拉应力，即当拉应力达到强度极限时，钢材完全丧失了对变形的抵抗能力而断裂。

（3）伸长率

伸长率是指钢材发生断裂时标距长度的增加量与原标距长度的百分比。

（4）断面收缩率

断面收缩率是指钢材试件拉断后，断面缩小面积与原横截面积的百分比。

（5）冲击韧性

冲击韧性是指钢材抵抗冲击荷载作用的能力。

（6）冷弯性能

冷弯性能是钢材在常温条件下承受规定弯曲程度的弯曲变形的能力。

（7）硬度

钢材抵抗硬物压入表面的能力。钢材硬度值越大，表示它抵抗局部塑性变形的能力越强。

3. 钢材的用途

钢材的主要用途如下：用于桥梁的承重骨架的型钢（图 2.31）；用于桥梁涵洞等工程的桁架等钢结构中的钢管；用于挡土墙、桥梁涵洞等的钢模板；用于钢筋混凝土结构中的光圆钢筋和变形钢筋；预应力混凝土用钢丝、钢绞线等。如图 2.32 为挡土墙施工现场，图 2.33 为桥墩施工。

图 2.31 型钢

图 2.32 挡土墙施工现场

图 2.33 桥墩施工

实训

在实验室识别常用的建筑材料。

小　　结

本章介绍了道路桥梁工程中常用的道路建筑材料，并简单介绍了材料的分类和技术性质，在学习完本章后应能认识道路桥梁工程中常用的建筑材料。

相关链接

1. 高职高专网 http：//www.tech.net.cn/
2. 中国交通资料网 http：//data.c-cc.cn/

思考与练习

1. 道路桥梁工程中常用的石料有哪些?
2. 水泥的主要技术性质有哪些?
3. 简述石灰的主要用途。
4. 砂石材料在道路桥梁工程中主要有哪些用途?
5. 水泥在道路桥梁工程中主要有哪些用途?
6. 简述水泥混凝土的应用范围。
7. 简述沥青混合料的组成材料及应用范围。
8. 简述砂浆的用途。

单元 3

公 路 路 线

3.1 公路平面线形

一条公路有转弯,有上、下坡,为了确定公路的位置,我们用公路的中心线来代表公路,叫路线。一条公路的路线一经确定,公路的位置就确定下来了。线形是指公路中线在空间的几何形状和尺寸。公路(路线)是一条带状的空间曲线,为了便于研究路线的几何形状和尺寸,常采用投影的方法。路线(公路中线)在水平面的投影称作路线的平面;沿中线竖直剖切再进行展开,在立面上的投影则是路线的纵断面;中线上任意点的法向切面是道路在该点的横断面,如图3.1所示。平面和纵断面是路线的基本线形组成部分,路线的平面、纵断面和横断面是公路的几何组成部分。

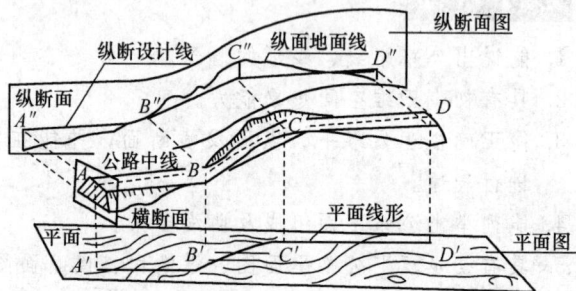

图 3.1 路线投影图

3.1.1 平面线形的组成、组合形式及平曲线几何要素

1. 平面线形的组成

当一条公路起、终点确定后,选择路线的方向应尽可能地使两点的距离最短,以缩短里程。两点之间距离最短的应该是直线,但是实际路线设计时,往往受到地物、地形地貌、地质水文等条件的限制而需要转折绕道通过;或因在起、终点必须通过大桥桥位、城镇等而必须转折,所以公路从起点到终点在平面上不可能是一条直线,而是由许多直线和曲线(圆曲线和缓和曲线)组合而成。公路平面设计的任务就是在满足行车安全、舒适、经济的前提下,结合自然条件,正确合理地确定公路的平面位置,如图3.2所示。

公路路线由一个方向偏转至另一个方向时,偏转后的方向与原方向的夹角称为偏角,用 α 表示。沿线前进的方向,路线右转称为右偏角,路线左偏称为左偏角,相邻两直线的转折点称为交点,用 JD 表示,如图3.3所示 $JD_{25} \sim JD_{29}$。

(1)直线

直线是路线方向不变的线形,直线上任意一点的曲率为零,如图3.4所示。

路线，即公路的中线，路中线代表了公路的具体走向和位置，它是公路的"纲"

图 3.2 路线示意图

图 3.3 路线交点图

直线特点：

1. 路线顺、里程短；
2. 车速快、易排水；
3. 线形简、测设易；
4. 线形呆板、行车单调。

图 3.4 公路直线示意图

（2）曲线

1）圆曲线：是路线方向不断变化而曲率不变的线形，如图 3.5 所示。

圆曲线特点:
1. 半径不变，测设较易;
2. 内侧视距较差;
3. 有超高和加宽问题;
4. 农村公路弯道常用。

图 3.5 设有圆曲线的公路示意图

2）缓和曲线（回旋线）：路线方向不断改变，且曲率也随之增大或减小的线形，如图 3.6 所示。

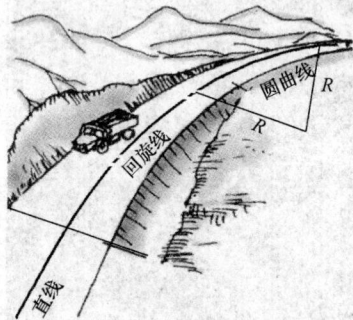

回旋线特点:
1. 曲率渐变，行车舒适;
2. 线形顺适，外形美观;
3. 适宜直线向圆曲线过渡;
4. 线性复杂，测设较难。

图 3.6 设有缓和曲线的公路示意图

2. 线形组合的基本形式

不论一条公路有多长，向哪里偏转，但是在一个交点上其中线常由直线和圆曲线组成（四级公路），或由直线和缓和曲线（回旋线）以及圆曲线组成（四级以上公路），这两种基本形式如图 3.7 所示。

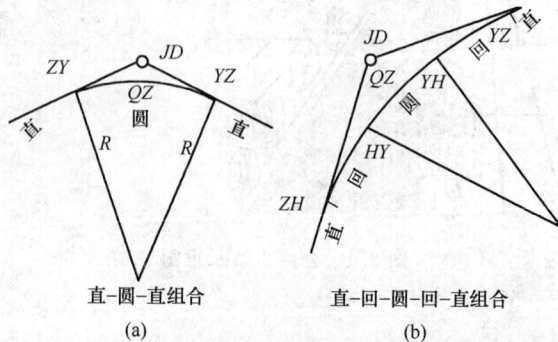

直-圆-直组合
(a)

直-回-圆-回-直组合
(b)

图 3.7 线形组合的基本形式
（a）单元曲线；（b）基本型曲线

3. 平曲线几何要素

(1) 圆曲线的几何元素

圆曲线以转角 α 及半径 R 表示，右转角为 α_y，左转角为 α_z。对于确定了转角及半径的圆曲线，当不设缓和曲线时几何要素（图 3.8）计算公式为

$$T = R\tan\frac{\alpha}{2}$$

$$L = \frac{\pi}{180}\alpha R = 0.017\ 45\alpha R \quad E = R\left(\sec\frac{\alpha}{2} - 1\right)$$

$$D = 2T - L$$

式中：T——切线长（m）；

$\qquad L$——曲线长（m）；

$\qquad E$——外距（m）；

$\qquad D$——校和数或超距（m）；

$\qquad \alpha$——转角（°）；

$\qquad R$——圆曲线半径（m）。

圆曲线是用转角 α 和曲线半径 R 表示的，测出转角，设计出半径后可计算出其他各元素如 T，L，E，J。

各级公路圆曲线最小半径应符合表 3.1 的规定。

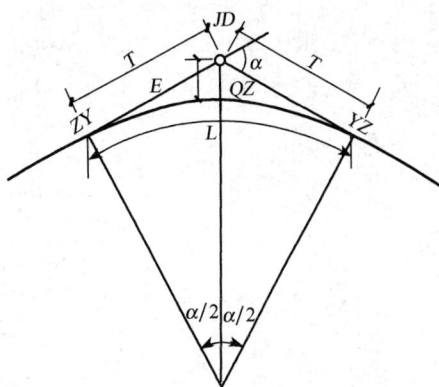

图 3.8 圆曲线几何要素图

图中，JD——转折点（交点）；

$\qquad \alpha$——偏转角；

$\qquad R$——圆曲线半径，半径越大，曲线拐弯得越平缓；半径越小，拐弯越急；

$\qquad ZY$——圆曲线起始点；

$\qquad QZ$——圆曲线中点；

$\qquad YZ$——圆曲线终止点。

表 3.1 各级公路圆曲线最小半径

设计速度 / (km/h)		120	100	80	60	40	30	20
一般值 /m		1000	700	400	200	100	65	30
极限值 /m		650	400	250	125	60	30	15
不设超高最小半径 /m	路拱≤2.0%	5500	4000	2500	1500	600	350	150
	路拱＞2.0%	7500	5250	3350	1900	800	450	200

注：1）直线与小于表不设超高的圆曲线最小半径衔接处，应设置回旋线。回旋线的参数及其长度应根据线形设计以及安全、视角、景观等的要求，选用较大的数值。

2）四级公路的直线与不设超高的圆曲线最小半径衔接处，可不设回旋线，用超高、加宽缓和段径相连接。

(2) 缓和曲线（回旋线）

道路平面线形的基本组合为直线—缓和曲线—圆曲线—缓和曲线—直线，如图 3.9 所示。其几何元素的计算公式为

$$q = x_0 - R\sin\beta_0 = \frac{L_s}{2} - \frac{L_s^3}{240R^2}$$

$$p = y_0 - R + R\cos\beta_0 = \frac{L_s^2}{24R}$$

$$\beta_0 = \frac{L_s}{2R}$$

$$T = (R+p)\tan\frac{\alpha}{2} + q$$

$$L = (\alpha - 2\beta_0)\frac{\pi}{180}R + 2L_s$$

$$E = (R+p)\sec\frac{\alpha}{2} - R$$

$$D = 2T - L$$

式中：q——缓和曲线起点到圆曲线原起点的距离，也称为切线增值（m）；

   p——设缓和曲线后圆曲线内移值（m）；

   β_0——缓和曲线终点缓和曲线角（rad）；

   L_s——缓和曲线长（m）；

   R——圆曲线半径（m）；

   α——偏角（°）；

   T——切线长（m）；

   L——曲线长（m）；

   E——外距（m）；

   D——超距（m）。

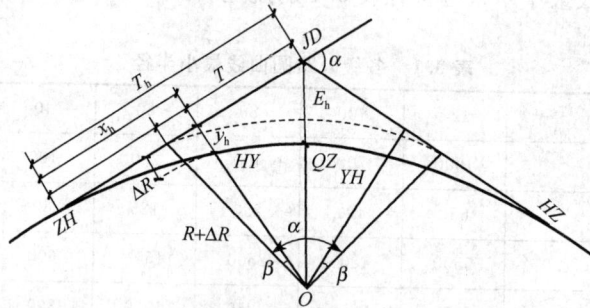

图 3.9　设有缓和曲线的平曲线要素计算图

3.1.2　平曲线超高

当汽车在弯道上行驶时，要受到离心力的作用，所以在平曲线设计时，常将弯道外侧车道抬高，构成与内侧车道同坡度的单向坡，如图 3.10 所示。这种设置称为平曲线超高，其作用是使汽车在平曲线上行驶时获得一个指向内侧的横向分力，用于克服离心力，减少横向力，从而保证汽车行驶的稳定性及乘客的舒适性，如图 3.11 所示。

各级公路圆曲线部分的最大超高值应符合表 3.2 和表 3.3 的规定。

图 3.10 公路平曲线超高

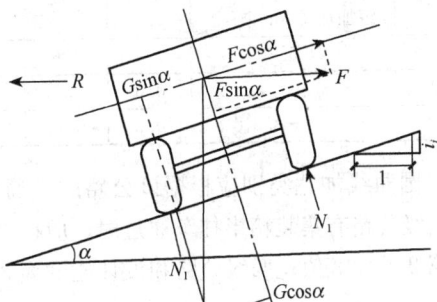

图 3.11 汽车在曲线上行驶受力分析

表 3.2 各级公路圆曲线部分的最大超高值

公 路 等 级	高速公路、一级公路	二、三、四级公路
一般地区/%	8 或 10	8
积雪冰冻地区/%	6	6

表 3.3 车速受限制时最大超高

设计速度/(km/h)	80	60	40、30、20
超高值/%	6	4	2

3.1.3 平曲线加宽

汽车在曲线上行驶时，其四个车轮轨迹半径不同，其中前轴外轮半径最大，后轴内轮半径最小，因而需要比直线上更大的宽度。此外，汽车在曲线上行驶，其行驶轨迹并不完全与理论行驶轨迹相吻合，而是有一定的摆动偏移，故需要加宽路面来弥补，以策安全，这种在曲线上适当拓宽路面的形式称为平曲线加宽，如图 3.12 所示。

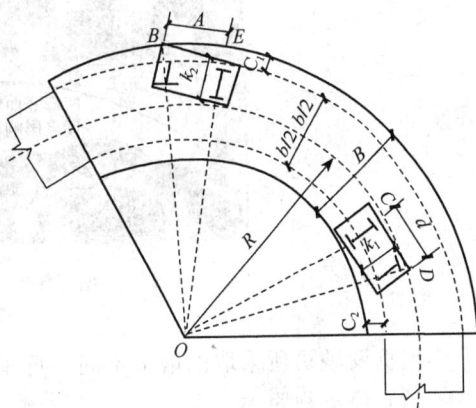

图 3.12 平曲线加宽示意图

二、三、四级公路的圆曲线半径小于等于 250m 时应设置加宽，双车道公路路面加宽值应符合表 3.4 规定。

表 3.4 双车道公路路面加宽值

加宽类别	加宽值 汽车轴距加前悬/m \ 圆曲线半径/m	250~200	<200~150	<150~100	<100~70	<70~50	<50~30	<30~25	<25~20	20~15
1	5	0.4	0.6	0.8	1.0	1.2	1.4	1.8	2.2	2.5
2	8	0.6	0.7	0.9	1.2	1.5	2.0	—	—	—
3	5.2+8.8	0.8	1.0	1.5	2.0	2.5	—	—	—	—

圆曲线加宽类别应根据该公路的交通组成确定。二级公路以及行车速度小于 40km/h 的三级公路有集装箱半挂车通过时，应根据 3 类加宽值；不经常通行集装箱半挂车时，可采用第 2 类加宽值；四级公路和设计速度为 30km/h（km/h）的三级公路采用第 1 类加宽值。

3.1.4 行车视距及视距保证

1. 行车视距

为了行车安全，驾驶员需要能及时看到前方相当一段距离，以便发现前方障碍物或来车，能及时采取措施，保证交通安全，我们把这一距离称为行车视距，如图 3.13 所示。行车视距是道路使用质量的重要指标之一，行车视距是否充分将直接关系到行车的安全和行车的速度。

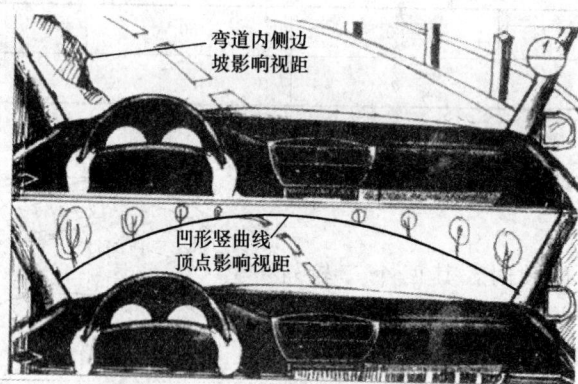

图 3.13 行车视距示意图

根据驾驶员所采取的措施不同，行车视距分为如下几种。

（1）停车视距

汽车行驶时，从驾驶员发现前方障碍物时起，至障碍物前能安全制动停车，所需的最短距离，如图 3.14 所示。

（2）会车视距

在同一车道上，两对向行驶的汽车在发现对方后，采取刹车措施安全停车，防止碰撞所需的最短距离，如图 3.15 所示。

图 3.14　停车视距示意图

图 3.15　会车视距示意图

（3）错车视距

在无明确分道线的双车道道路上，两对向行驶的汽车在发现对方后，采取措施避让安全错车所需的最短距离。

（4）超车视距

在双向行驶的双车道道路上，后面的快车超越慢车时，从开始驶离原车道，到完成超车回到自己的车道所需要的距离，如图 3.16 所示。

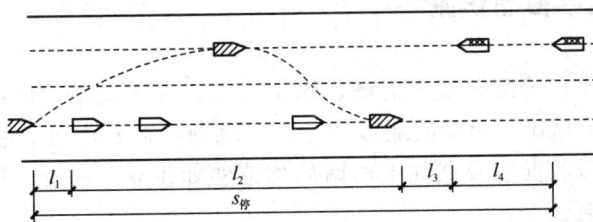

图 3.16　超车视距示意图

（5）视距的有关规定

《公路工程技术标准》中规定高速公路、一级公路应满足停车视距的要求，见表 3.5；其他各级公路一般应满足会车视距的要求见表 3.6。根据计算分析得知，会车视距约是停车视距的两倍，也就是只要计算出停车视距就可以了。

表 3.5　高速公路、一级公路停车视距

设计速度/(km/h)	120	100	80	60
停车视距/m	210	160	110	75

表 3.6　二、三、四级公路停车视距、会车视距与超车视距

设计速度/(km/h)	80	60	40	30	20
停车视距/m	110	75	40	30	20
会车视距/m	220	150	80	60	40
超车视距/m	550	350	200	150	100

2. 视距保证

为了确保公路视距标准，设计时应对公路上不良视距路段进行检查，采用拆除或做视距台的方法来保证视距，如图 3.17 所示。

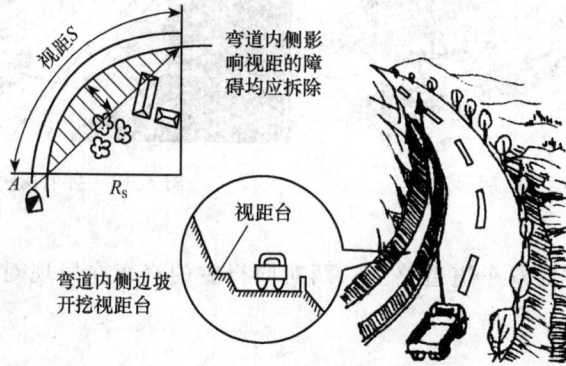

图 3.17 视距保证示意图

3.1.5 路线平面图识别

路线工程图主要指公路路线平面图、纵断面图、横断面图。它是用来说明公路路线的平面位置、线形状况、沿线的地形和地物、纵断标高和坡度、路基宽度和边坡坡度、路面结构、地质状况以及路线上的附属构造物如桥涵、通道、隧道、挡土墙的位置及其与路线的关系。

路线平面图是公路平面设计的成果之一，要求标示出地形、地物、平面控制点、高程控制点、道路中心线位置及平曲线交点，公路桩、百米桩及平曲线主要桩位，断链位置及前后桩号，各种构造物的位置及县以上境界等；示出指北针，列出平曲线要素。比例尺：高速公路、一级公路采用 1：2000，其他公路可采用 1：1000，1：2000 或 1：5000。

路线工程平面图的图示方法和一般工程详图不完全相同，它是以地形图作为平面图，并在其上绘制道路中心线。其作用是表达路线的方位、平面线形、沿线两侧一定范围内的地形地物情况和沿线构造物的平面位置。图 3.18 为某公路 K3＋000～K5＋000 段路线平面图，识图时应按如下的步骤和要点进行。

1. 比例尺的识别

为了反映路线全貌，又使图形清晰，通常根据地形起伏的不同选用不同的比例。山岭重丘区一般采用 1：2000，平原微丘区一般采用 1：5000。明确了地形图的比例，才能更进一步的读懂路线的线型和路线所经过地区的地形和地貌，也可以按图解法确定图上两点的距离，或将实地距离换算成图上距离。

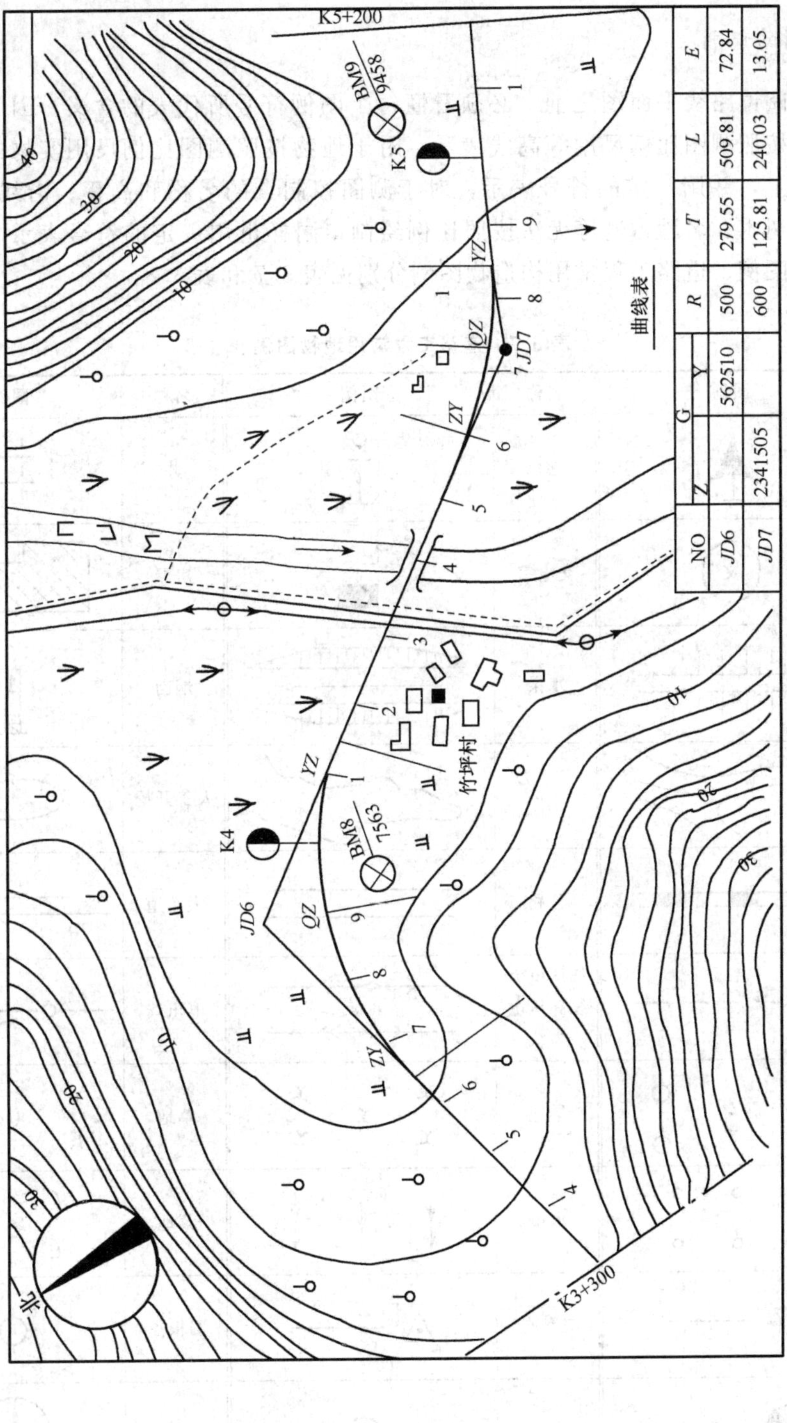

NO	Z	Y	R	T	L	E
JD6	2341505	562510	500	279.55	509.81	72.84
JD7			600	125.81	240.03	13.05

曲线表

图 3.18　K3+000～K5+000 段路线平面图

2. 图例的识别

在详细阅读路线平面图之前，必须看懂每个图例符号所代表的含义。因为对于地形地貌可以按照测图比例尺用等高线表示；对于地物按照测图比例尺用实物的形状缩绘在平面图上，并用一定的符号表示；对于测图控制点的名称和高程、沿线构造物、水井、独立树木、名胜古迹等无法按照比例绘制，同样也用一定的符号表示。道路工程常用地物图例、道路工程常用构造物图例分别见表 3.7 和表 3.8。

表 3.7　道路工程常用地物图例

名称	图例	名称	图例	名称	图例
机场		港口		井	
学校		交电室		房屋	
上堤		水渠		烟囱	
河流		冲沟		人工开挖	
铁路		公路		大车道	
小路		低压电力线高压电力线		电讯线	
果园		旱地		草地	
林地		水田		菜地	
导线点		三角点		图根点	
水准点		切线交点		指北针	

表 3.8 道路工程常用构造物图例

项目	名称	图例	项目	名称	图例
平 面	涵洞		平 面	分离式立交 (a) 主线上跨 (b) 主线下穿	(a) (b)
	桥梁 (大、中桥按 实际长度绘制)				
	隧道			互通式立交 (采用型式绘)	
	养护机构			管理机构	
	隔离墩			防护栏	
纵 断	箱涵		纵 断	桥梁	
	盖板涵			箱形通道	
	拱涵			管涵	
	分离式立交 (a) 主线上跨 (b) 主线下穿	(a) (b)		互通式立交 (a) 主线上跨 (b) 主线下穿	(a) (b)

3. 地物的识别

地面上的河流、森林、企事业单位、桥梁、路线及其构造物等用图例表示，识别地物时首先按照地物符号（图例）找出大的居民点、主要道路及其构造物、桥梁等，再进一步识别各种道路、居民点、植被和水文等情况。

4. 地貌的识别

在地形图上地面的高低起伏和各种不同形态的地貌用等高线来表示，识别地貌时应根据等高线的性质和基本等高距来进行。有的地形图上等高线比较稠密，尤其山区等高线更为复杂，不易识别地貌。一般方法是，首先根据河流找出主要谷线，再在其两侧找出一级谷线,各谷线就像树杈一样。然后在相邻谷线间找出各级的脊线,它们连接起来也好像树杈一样。找到谷线和脊线,则该地区的基本地貌就掌握了。再由等高线的疏密程度及其变化情况来分辨斜坡的缓急,根据等高线的形状识别山头、盆地和鞍部等,从而详细了解地貌,如图 3.19 所示。

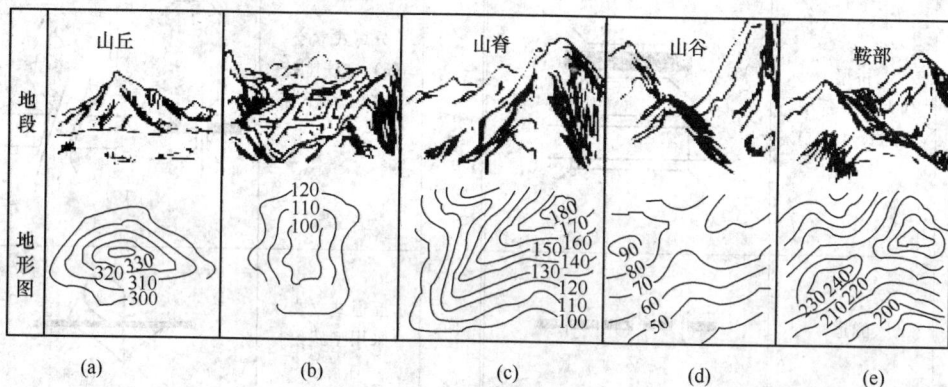

图 3.19　典型地貌在地形图上的特征

(a) 山丘;(b) 盆地;(c) 山脊;(d) 山谷;(e) 鞍部

5. 方位的识别

图上的指北针,可以指出公路所在地区的方位与走向,同时指北针在拼接图纸时又可用作核对之用,箭头所指为正北方向。在图的右上角可以看出第几张、共几张。

6. 里程桩号的识别

图上以一条加粗的实线表示道路的中线(设计线),一般在道路中线上从路线的起点到终点沿路线前进的方向在中线上编写里程桩和百米桩。图 3.18 中百米桩用垂直于中线的短线表示。同时,在截图线上可以看出该张图上路线的长度。另外,在图上可以看出水准点的位置和高程。

7. 平曲线要素的识别

道路路线转折处,在平面图上标有转折号即交点号标记为 JD,并沿路线前进的方向按顺序编号,在每个交点处根据道路等级分别设有圆曲线或缓和曲线,分别用 HY、QZ、YZ 或 ZH、HY、QZ、YH、HZ 表示。同时,在曲线要素表上可以看出左右偏角 (α)、曲线半径 (R)、切线长 (T)、曲线长 (L)、外距 (E),如图 3.18 所示。

实训1

识读公路工程平面图。

3.2 公路纵断面线形

　　沿公路中线作一条垂直于水平面的剖面，称为沿线纵断面图。纵断面图上主要反映两条线：一是地面线，是根据道路中线上各桩的高程而点绘成的一条不规则的折线，反映了原地面的起伏变化情况；二是设计线，它是经过技术上、经济上以及美学上等多方面进行比较及研究后确定出来的一条具有规则形状的几何线形，反映了道路路线的起伏变化情况。

3.2.1 纵断面线形组成

　　公路路线由上坡、下坡组成，上、下坡之间交点为了便于行车设置竖曲线。因此，纵断面线形包括直坡段（图 3.20）和竖曲线（图 3.21）。

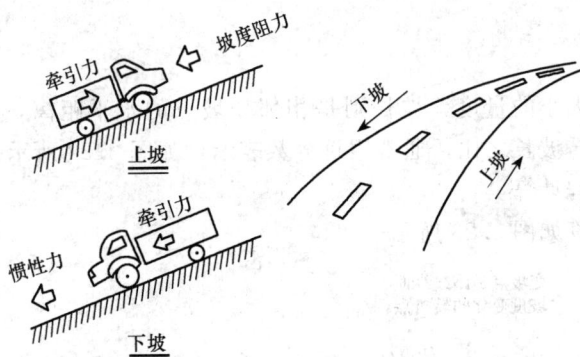

图 3.20 直坡段

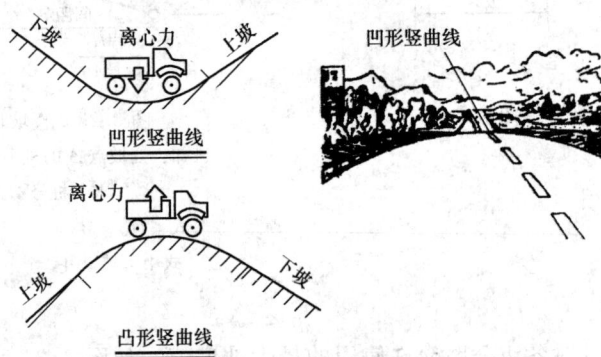

图 3.21 竖曲线

1. 直坡段

纵断面设计线是由直坡段及曲线段组成的，直坡段有上坡、下坡之分，上坡为正坡，下坡为负坡，用坡度 i（%）及坡长 L（m）表示，坡长为直坡段的水平投影长。直坡段坡度的大小直接影响车辆的行驶速度、行驶安全及运输效率，其极限值的确定，是受汽车类型及行驶动力制约的。

2. 竖曲线

在两直坡的变坡点处为平顺行车及必要的视距，设置曲线进行过渡，称为竖曲线。竖曲线分凹、凸，以半径大小及水平投影长度表示。

3.2.2 坡度与坡长

纵断面线形设计主要解决路线在纵断面上的位置、形状和尺寸，具体内容包括纵坡设计和竖曲线设计。

1. 坡度和坡长

坡度是直坡段大小的量度，坡长则是相邻变坡点的水平距离，一个坡段的坡度则是相邻变坡点高差与坡长之比，通常用百分数表示，如图 3.22 所示。

（1）直坡段高程计算

直坡段高程计算如图 3.23 所示。

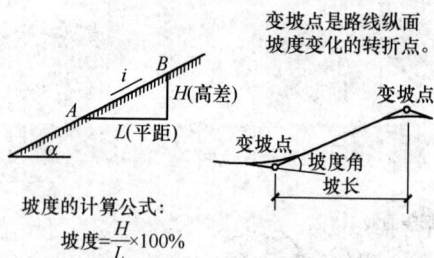

图 3.22 坡度计算图

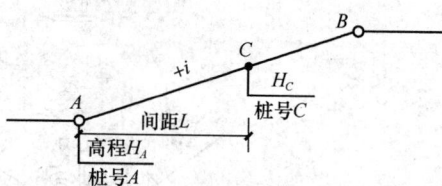

图 3.23 直坡段高程计算图

已知：变坡点 A 的桩号、高程 H_A，纵坡为 i

求：桩号 C 的高程 H_C

公式：$H_C = H_A + iL$ $L=$ 桩号 C−桩号 A

注：式中上坡 i 用"＋"号、下坡 i 用"−"号

（2）最大纵坡

是指在纵坡设计时各级公路允许使用的最大坡度值，如图 3.24 所示。各级公路的最大纵坡见表 3.9。它是道路纵断面设计的重要控制指标，在地形起伏较大地区，直接影响路线的长短、使用质量、运输成本及造价。

表 3.9 各级公路最大纵坡

设计速度/(km/h)	最大纵坡/%
120	3
100	4
80	5
60	6
40	7
30	8
20	9

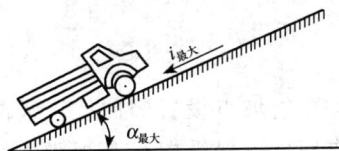

最大纵坡是直接影响路线长短、使用质量，行车安全的重要指标。

图 3.24 最大纵坡示意图

（3）最大坡长

坡长是指两变坡点之间的长度，如图 3.25 所示。过长的纵坡对车辆行驶不利，应控制其最大长度。各级公路最大坡长应符合表 3.10 规定。

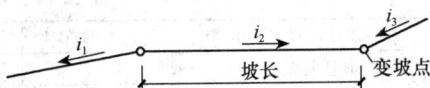

图 3.25 最大坡长示意图

表 3.10 各级公路最大坡长

设计速度/(km/h) 纵坡最大值/%	120	100	80	60	40	30	20
3	900	1000	1100	1200			
4	700	800	900	1000	1100	1100	1200
5		600	700	800	900	900	1000
6			500	600	700	700	800
7					500	500	600
8					300	300	400
9						200	300
10							200

（4）最小坡长

是指对纵坡最小长度的限制，如图 3.26 所示。一条公路坡长过短，使纵断面边坡频繁，行车起伏颠簸较大，视距差，影响行车安全和舒适。最小坡长规定见表 3.11。

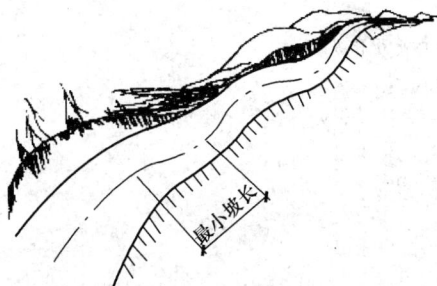

图 3.26 最小坡长示意图

表 3.11 各级公路最小坡长

设计速度/(km/h)	120	100	80	60	40	30	20
最小坡长/m	300	250	200	150	120	100	60

2. 竖曲线半径及计算要素

(1) 竖曲线半径

为了保证行车平顺和安全、舒适以及视距要求，在边坡点设置竖曲线。竖曲线的作用是缓和纵向变坡处行车动量变化而产生的冲击作用，确保纵向行车视距。将竖曲线与平曲线恰当组合，有利于路面排水和改善行车的视线诱导和舒适感。竖曲线指标主要有竖曲线长度和数曲线半径。对于凸形竖曲线，如半径过小，就会阻挡驾驶员视线，视距条件差；对于凹形竖曲线，如半径过小，夜间行车时车灯照射距离过短，影响行车速度和安全。竖曲线最小半径和最小长度见表 3.12。

表 3.12 竖曲线最小半径和最小长度

设计速度/（km/h）		120	100	80	60	40	30	20
凸形竖曲线半径/m	一般值	17 000	10 000	4500	2000	700	400	200
	极限值	11 000	6500	3000	1400	450	250	100
凹形竖曲线半径/m	一般值	6000	4500	3000	1500	700	400	200
	极限值	4000	3000	2000	1000	450	250	100
竖曲线最小长度/m		100	85	70	50	35	25	20

(2) 竖曲线要素计算

竖曲线要素是指确定竖曲线上主点的几何要素，主要包括竖曲线坡度角（ω）、切线长（T）、曲线长（L）、纵距（E）等计算公式及方法，如图 3.27 所示。

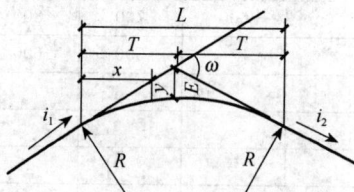

图 3.27 竖曲线要素计算图

公式及图中符号：

ω——坡度角；

L——竖曲线长；

T——竖曲线切线长；

E——竖曲线中点纵距；

x、y——竖曲线上任意点平距和纵距。

已知：纵坡 i_1、i_2 半径 R

求：竖曲线要素 ω、L、T、E、x、y

公式：$\omega = i_1 - i_2$

$L = R \cdot \omega$

$T = L/2$

$E = \dfrac{T\omega}{4}$

$y = \dfrac{x^2}{2R}$

3. 填挖高度

填挖高度是指路基挖方高度与填方高度的总称，填挖高度由设计高度减去地面高度求得，其值为正值时路基中心为填，为负时路基中心为挖，如图 3.28 所示。

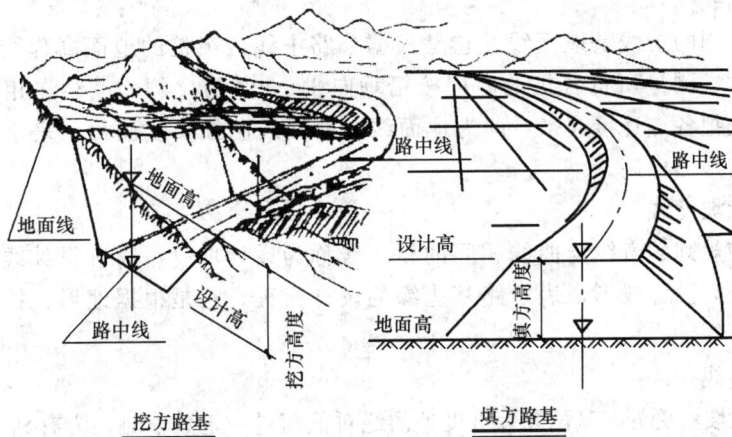

图 3.28 路基填挖图

4. 直坡段填挖高度计算

填挖高度是指中线点地面高程与设计高程之差，计算公式及方法如图 3.29 所示。

3.2.3 路线纵断面图识别

路线纵断面图是公路纵断面设计的成果之一，要求示出网格线、地面线、设计线、断链、竖曲线及其要素，桥涵和立体交叉的位置及其

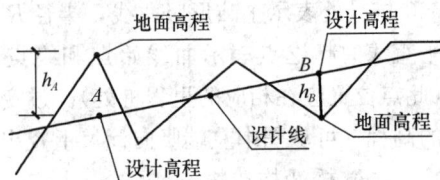

图 3.29 直坡段路基填挖计算图

已知：A、B 两点的地面高和设计高程
求：A、B 两点的填挖高度
公式：h_A = 设计高程 - 地面高程（负数为挖方）
　　　h_B = 设计高程 - 地面高程（正数为填方）

结构形式、孔数及跨径、设计水位、隧道位置等。水平比例尺与平面图一致，垂直比例尺是地形起伏情况可采用 1∶100、1∶200、1∶400 或 1∶500。

1. 图样部分的识别

（1）比例

路线纵断面图水平向表示路线的长度，铅垂向表示地面及设计路基边缘的标高。由于地面线和设计线的高差比起路线的长度要小得多，如果铅垂向与水平向用同一种比例画，很难把高差明显地表达出来，所以规定铅垂向的比例比水平向的比例放大 10 倍，这种画法，图上路线坡度虽与实际不符，但能清楚地显示了铅垂向坡度的变化。一般在山岭区水平向采用 1∶2000 铅垂向采用 1∶200；在丘陵区和平原区因地形起伏变化较小，

所以水平向采用1：5000，铅垂向采用1：500。一条公路纵断面图有若干张，应在第一张图的适当位置（在图纸右下角图标内或左侧竖向标尺处）注明铅垂、水平向所用比例。图3.30中的铅垂向比例采用1：200；水平向比例采用1：2000。在图纸的右上角注出第几页、共几页，从图3.30可知，纵断面图纸共有25张，本张图纸序号为6。

（2）地面线

图上不规则的折线是地面线。它是根据公路中线各个桩的地面高程绘制出的。具体画法是将水准测量所得各桩的高程按铅垂向1：200的比例，点绘在相应的里程桩上，然后顺次把各点连接起来，即为地面线。地面线用细实线画出。表示地面线上各点的标高称为地面标高。

（3）设计坡度线

图上比较规则的直线与曲线相间的粗实线称为设计坡度，简称设计线，它是道路设计中线的纵向设计线形，表示路基边缘的设计高程。它是根据地形、技术标准等设计出来的。

（4）竖曲线

设计线纵坡变更处，其两相邻坡度差的绝对值超过一定数值时，为有利于汽车行驶，在变坡处需设置圆形竖曲线。竖曲线分凸形曲线（┬）与凹形曲线（凵）。如图中K6+600桩号处表示了凸形竖曲线，半径R为2000m，切线长T为40m，外距E为0.14m。水平直线的起讫点表示曲线始点和终点，直线段的中点为两纵坡线的交点，称为变坡点（此点位置应在相应的里程桩处）。过变坡点画一铅垂直线，直线旁的数字80.50为变坡点的高程（可从图中左端竖向标尺上查出）。又如在K6+980处设置一凹形竖曲线。

（5）桥涵构造物

当路线上有桥涵时，在设计线上方桥涵的中心位置标出桥涵的名称、种类、大小及中心里程桩号。并采用"0"符号来表示。如图3.30中 $\dfrac{1\text{-}100\text{ 圆管涵}}{K6+080}$ 表示在里程桩K6+080处设有一道圆管涵，圆管孔径ϕ为1.0m。在新建的大、中桥梁处还应标出水位标高。

（6）水准点

沿线设置的水准点都应按所在里程的位置标出，并标出其编号、高程和路线的相对位置。如图上表示在里程桩K6+220右侧6m的岩石上，水准点编号为BM15，其高程为63.14m。

2. 资料表部分的识别

资料表包括地质说明，设计标高，地面标高，纵坡、坡长，挖、填，里程桩号和平曲线等。

（1）地质说明

标出沿路线的地质情况，为设计、施工提供资料。

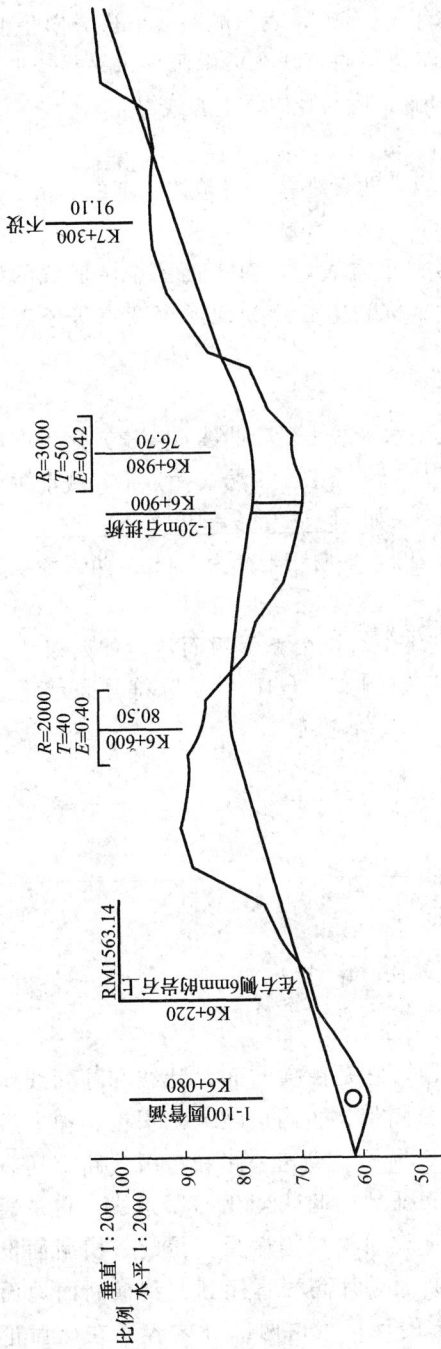

图3.30 路线纵断面图

比例 垂直 1:200 水平 1:2000

（高程刻度：100、90、80、70、60、50）

RM1563.14

K6+080 1-100圆管涵

K6+220 在右侧6mm的碎石上

K6+600 R=2000 T=40 E=0.40 80.50

K6+900 1-20m石拱桥

K6+980 R=3000 T=50 E=0.42 76.70

K7+300 水准 91.10

纵断面图表：

里程桩号	地面高程	设计高程	挖深/填高	坡度/%	地质概况	平曲线
6+000.00	62.50	61.20	1.30	600	普通黏土	JD9 α=40°15' R=300
6+000.00	58.65	64.90	6.25			
6+100.00	60.10	65.50	5.40			
6+200.00	68.50	67.02	1.48			
6+220.00	69.10	67.60	1.50			
6+234.73	68.74	70.14	1.40			
6+300.00	73.15	71.50	1.65			
6+350.00	79.56	73.00	6.56			
6+400.00	86.80	74.50	12.30		坚石	
6+455.47	88.26	76.16	12.10			
6+500.00	86.91	77.50	9.41			
6+560.00	86.80	79.30	7.50			
6+600.00	85.30	80.10	5.20			
6+640.00	83.16	80.10	3.06			
6+700.00	75.60	79.70	1.80	380		JD10 α=3°27'
6+740.00	75.60	79.10	3.50			
6+800.00	71.69	78.50	6.81	1.0	普通黏土	
6+900.00	68.66	77.50	8.84			
6+930.00	69.40	77.20	7.80			
6+980.00	70.10	77.12	7.02			
7+000.00	70.65	77.75	7.10			
7+030.00	74.69	78.95	4.26			
7+100.00	82.10	80.75	1.35	4.5		
7+114.04	83.98	82.73	1.24			
7+200.00	91.50	86.60	4.90	320		R=500
7+285.96	93.65	90.47	3.18			JD11 α=19°42'
7+300.00	93.68	91.10	2.58			
7+400.00	93.26	94.60	1.34	3.5	坚石	JD12 α=4°10'
7+450.00	96.12	96.35	0.23			
7+500.00	101.34	98.10	3.24	300		
7+600.00	103.25	101.60	1.65			

（2）坡度、坡长

是指设计线的纵向坡度和其长度，第二栏中每一分格表示一坡度。对角线表示坡度的方向，先低后高表示上坡，先高后低表示下坡。对角线上方数字表示坡度，下方数字表示坡长，坡长以 m 为单位。如第一分格内注有 3.0/600，表示顺路线前进方向是上坡，坡度为 3.0%，坡长 600m。如在不设坡度的平路范围内，则在格中画一水平线，上方注数字"0"，下方注坡长。各分格线为变坡点的位置，应与竖曲线中心线对齐。

（3）标高

分设计标高和地面标高，它们和图样相对应，两者之差，就是挖、填的数值。

（4）桩号

按测量所得数字，以公里、百米定一桩号并填入表内，对平面图中圆曲线的始点（ZY）、中点（QZ）和终点（YZ）与及水准点、桥涵中心点和地形突变点等还需设置加桩。

（5）平曲线

平曲线一栏是路线平面图的示意图。直线段用水平线表示，曲线（弯道）用下凹或上凸图线表示。如图 3.30 所示，$\underline{JD9\ \alpha=40°15'\ R=300}$ 表示 9 号交角点沿路线前进方向左转弯，转折角 $\alpha=40°15'$，平曲线半径 $R=300$m。又如 $\overline{JD11\ \ \alpha=19°42'\ R=500}$ 表示 11 号交角点沿路线前进方向右转弯，转折角为 19°42′，平曲线半径为 500m。两铅垂线间的距离为曲线长度。

当转折角小于某一定值时，不设平曲线，"定值"随公路等级而定。如四级公路的转折角≤5°时，不设平曲线，但需画出转折方向。例如，$JD10$ "∨" 符号表示路线向右转弯，$JD12$ "∧" 符号表示向左转弯。

实训2

识读公路工程纵断面图。

3.3　公路横断面

公路的横断面，是指中线上各点的法向切面，它是由横断面设计线和地面线所构成的。其中横断面设计线包括行车道、路肩、分隔带、边沟边坡、截水沟、护坡道以及取土坑、弃土堆、环境保护等设施，如图 3.31 所示。高速公路和一级公路上还有变速车道、爬坡车道等。而横断面中的地面线是表征地面起伏变化的那条线，它是通过现场实测或由大比例尺地形图、航测像片、数字地面模型等途径获得的。横断面设计首先确定公路路幅，然后把选定的路幅依据纵断面设计高程直接套用到横断面地面线上，即"戴帽子"，再进行边坡的确定和土石方的计算（这两部分内容不在此讨论）。对于特殊路基应单独进行设计。

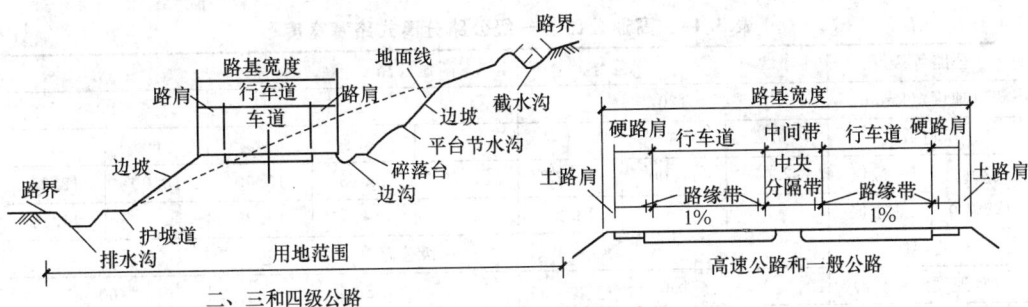

图 3.31 公路横断面图

3.3.1 公路路幅

1. 公路路幅构成

路幅是指公路路基顶面两路肩外侧边缘之间的部分。路幅宽度即指路肩两侧外边缘之间的水平距离,即路基宽度。路基宽度包括行车道和路肩的宽度,当设有中间带、加(减)速车道、爬坡车道、紧急停车带、错车道时,应计入这部分宽度。一般路幅布置包括行车道和路肩,除四级公路可设置单车道以外,公路幅的主要布置形式有单幅双车道和双幅多车道,等级高、交通量大的公路(如高速公路,一级公路)需设置中间带,把对向行驶的车辆分隔成两部分(即两幅),分隔的方式有两种:一种是用中间带分隔,另一种是将上、下行车道放在不同的平面上加以分隔。前者称作整体式断面,后者称作分离式断面。整体式断面包括行车道、中间带、路肩以及紧急停车带、爬坡车道等组成部分。不设中间带的整体式断面(如二、三和四级公路)包括行车道、路肩以及错车道等组成部分。路基宽的规定见表 3.13 和表 3.14。

表 3.13　整体式路基宽度

公路等级	高速公路							
设计速度/(km/h)	120			100			80	
车道数	8	6	4	8	6	4	6	4
路基宽度/m 一般值	42.00	34.50	28.00	41.00	33.50	26.00	32.00	24.50
最小值	40.00		25.00	38.50		23.50		21.50
公路等级	一级公路							
设计速度/(km/h)	100		80			60		
车道数	6	4		6	4		4	
路基宽度/m 一般值	33.50	26.00		32.00	24.50		23.00	
最小值		23.50			21.50		22.00	
公路等级	二级公路		三级公路		四级公路			
设计速度/(km/h)	80	60	40	30	20			
车道数	2	2	2	2	2 或 1			
路基宽度/m 一般值	12.00	10.00	8.50	7.50	6.5(双车道)	4.5(单车道)		
最小值	10.00	8.500						

注:一般值为正常情况下采用的值,最小值为条件受限制时所采用的值。

表 3.14 高速公路、一级公路分离式路基宽度

公路等级	高速公路							
设计速度/(km/h)	120			100			80	
车道数	8	6	4	8	6	4	6	4
路基宽度/m 一般值	22.00	17.00	13.75	21.75	16.75	13.00	16.00	12.25
最小值			13.25			12.25		11.25
公路等级	一级公路							
设计速度/(km/h)	100		80		60			
车道数	6	4	6	4	4			
路基宽度/m 一般值	16.75	13.00	16.00	11.25	11.25			
最小值		11.25		21.50	10.25			

2. 公路路基标准横断面图

(1) 公路路基标准横断面图构成（图 3.32）

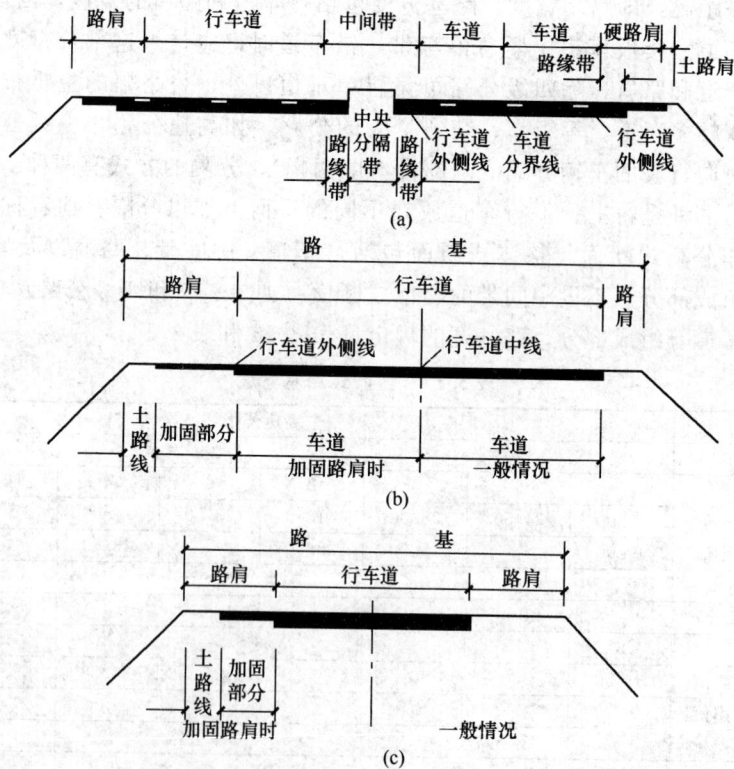

图 3.32　公路路基标准横断面图

（a）高速公路、一级公路路基的标准横断面；（b）二、三级公路路基的标准横断面；
（c）四级公路路基标准横断面

1）高速公路、一级公路的路基标准横断面分为整体式路基和分离式路基两类。

整体式路基的标准横断面应由车道、中间带（中央分隔带、左侧路缘带）、路肩（右侧硬路肩、土路肩）等部分组成。分离式路基的标准横断面应由车道、路肩（右侧硬路肩、左侧硬路肩、土路肩）等部分组成。

2）二级公路路基的标准横断面应由车道、路肩（右侧硬路肩、土路肩）等部分组成。

3）三级公路、四级公路路基的标准横断面应由车道、路肩等部分组成。

（2）公路路基标准横断面图包含的具体内容

1）行车道与车道数。行车道是指供各种车辆纵向排列、安全舒适地行驶的公路带状部分。行车道由车道组成，车道就是供单一纵列车辆行驶的部分，包括车辆宽度和富余宽度。高速公路和一级公路车道数应根据交通量预测和服务水平确定。其车道数超过四个车道的以上可按双数增加；二级和三级公路基本上应为双车道；四级公路宜设计为双车道，交通量小且工程量艰巨的路段可采用单车道。

2）路肩及其宽度。路肩是位于行车道外缘至路基边缘、具有一定宽度的带状结构部分，包括硬路肩和土路肩。路肩的主要作用如下。

- 保护行车道等主要结构的稳定。
- 为发生机械故障或遇到紧急情况的车辆需要临时停车提供位置。
- 提供侧向余宽，有利于安全，增加舒适感。
- 可供行人、自行车通行。
- 为设置路上设施提供位置。
- 作为养护操作的工作场地。
- 在不损坏公路构造的前提下，也可作为埋设地下设施的位置。

路肩宽度应符合表 3.15 规定。

表 3.15　路肩宽度

设计速度/(km/h)		高速公路			一级公路			二级公路		三级公路		四级公路
		120	100	80	100	80	60	80	60	40	30	20
右侧硬路肩宽度/m	一般值	3.00 或 2.50	3.00	2.50	3.00	2.50	2.50	1.50	0.75	—	—	—
	最小值	3.00	2.50	1.50	2.50	1.50	1.50	0.75	0.25			
土路肩宽度/m	一般值	0.75	0.75	0.75	0.75	0.75	0.50	0.75	0.75	0.75	0.50	0.25（双车道） 0.50（单车道）
	最小值	0.75	0.75	0.75	0.75	0.50	0.50	0.50	0.50			

注：表中所列"一般值"为正常情况下的采用值；"最小值"为条件受限制时可采用的值。

3）左侧路肩的宽度。高速公路、一级公路的分离式路基，应设置左侧路肩，其宽度应符合表 3.16 规定，左侧硬路肩内含左侧路缘带，左侧路缘带的宽度为 0.5m。

表 3.16　分离式断面高速公路、一级公路左侧路肩宽度

设计速度/（km/h）	120	100	80	60
左侧硬路肩宽度/m	1.25	1.00	0.75	0.75
左侧土路肩宽度/m	0.75	0.75	0.75	0.75

4）中间带。整体式路基的中间带宽度：高速公路、一级公路整体式路基必须设置中间带，中间带由两条左侧路缘带和中央分隔带组成；中间带宽度规定见表3.17。分离式路基间的最小间距：整体式路基过渡到分离式路基后，行车道左侧应设置左路肩（包括硬路肩及土路肩），分离式路基间的最小间距不应小于表3.17规定；分离式路基两幅间的间距不必等宽，也不必等高，可随地形变化而变化，与周围景观相配合；分离式路基间中的一幅以桥梁的形式叠于另一幅之上时，其间距可不受此限制。

表 3.17　中间带宽度

设计速度/(km/h)		120	100	80	60
中央分隔带宽度/m	一般值	3.00	2.00	2.00	2.00
	最小值	1.00	1.00	1.00	1.00
左侧路缘带宽度/m	一般值	0.75	0.75	0.50	0.50
	最小值	0.75	0.50	0.50	0.50
中间带宽度/m	一般值	4.50	3.50	3.00	3.00
	最小值	2.50	2.00	2.00	2.00

5）爬坡车道。指的是设置在高速公路的上坡路段，供慢速上坡车辆行驶用的车道。高速公路、一级公路及双车道二级公路在连续上坡路段，设置爬坡车道时，其宽度应为3.5m；高速公路、一级公路的爬坡车道应紧靠车道的外侧设置，可利用硬路肩宽度，爬坡车道的外侧可应设置路缘带和土路肩；二级公路的爬坡车道紧靠车道的外侧设置，可利用硬路肩宽度。当需保留原来供非汽车交通行驶的硬路肩时，该部分应移至爬坡车道的外侧。

6）加速车道、减速车道。高速公路、一级公路的互通式立体交叉、服务区、停车区、公共汽车停靠站、管理与养护设施等与主线衔接处，应设置加速车道和减速车道，加（减）速车道宽度应为3.5m。

7）错车道。对交通量小、地形复杂、工程艰巨的山区公路或地方性道路，可采用单车道，我国规定的山区四级公路路基宽度为4.50m，路面宽度为3.50m者就是属于此类，如图3.33所示。此类公路虽然交通量很小，但仍然会出现错车和超车。为此，应在不大于300m的距离内选择有利地点设置错车道，使驾驶人员能够看到相邻两错车道驶来的车辆。错车道处的路基宽度不小于6.5m，有效长度不小于20m。错车道的尺寸规定如图3.33所示。

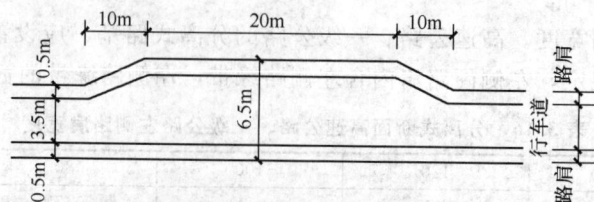

图 3.33　错车道设计图

8）避险车道。避险车道是公路上为失控车辆设置的紧急避险通道，一般设置在较易发生事故的路段。连续长、陡下坡路段，为减轻失控车辆或危及第三方安全，宜在连续长、陡下坡地段的右侧视距良好的适当位置设置避险车道，其宽度不小于4.5m。

3.3.2　戴帽子

路线平面设计解决路线走向和转弯半径的大小的问题，路线纵断面设计解决了竖曲线设置和公路中线的填挖的问题。有了平、纵这两条线还不能表达公路实体的形状，同时也不能给出交付施工所用的设计文件，因此，还得结合横断面来反映道路的实体形状。所谓"戴帽子"，就是按照纵断面计算的设计高程，将标准横断面套用在各个桩位的横断面地面线上，俗称"戴帽子"。如图3.34为路基横断面示意图，图3.35为路基横断面对照图，图3.36为路基横断面形成过程示意图。

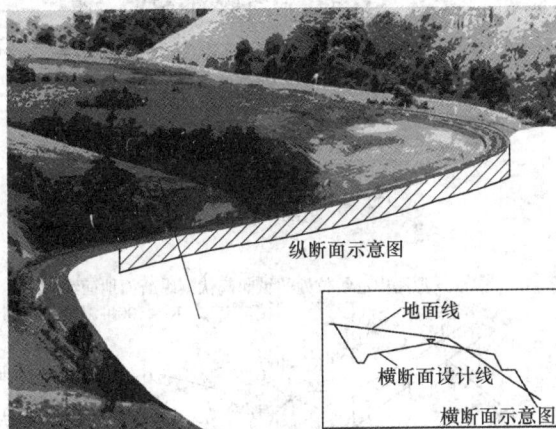

图3.34　路基横断面示意图

图3.35　路基横断面对照图

(a)

(b)

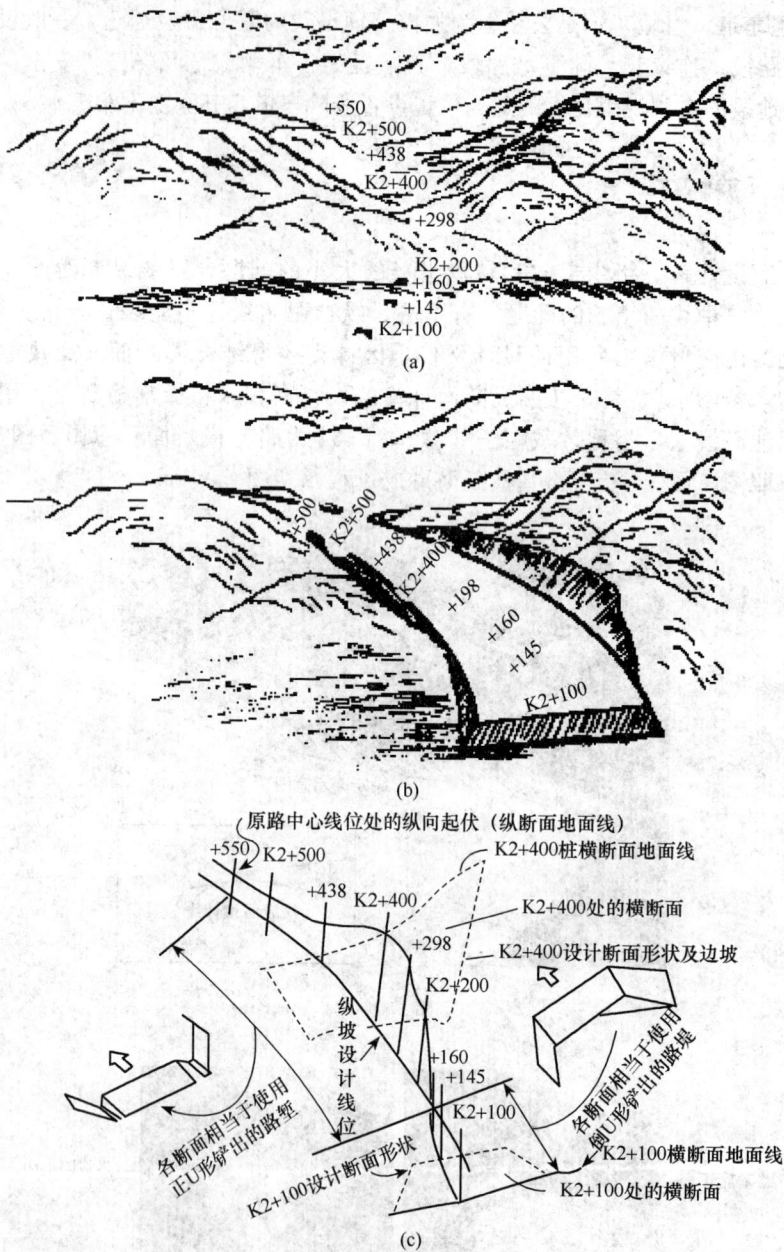

图 3.36　路基横断面形成示意图

（a）原地面上布置公路中心线；（b）公路形成后的情形；（c）横断面形成过程示意图

3.3.3　横断面设计图（一般路基设计图）

横断面设计图也是公路横断面设计的成果之一，要求绘出一般路基、低填路基、路堑、半填半挖路基、陡坡路基、填石路基、半山桥路基、悬出路台或半山洞路基、水田内路堤及沿河（江）或水塘（库）等不同形式的代表性路基设计图（典型路基横断面图）。并应分别示出路基、边沟、碎落台、截水沟、护坡道、排水沟边坡坡率、护肩墙、护脚墙、护肩、护坡挡土墙等结构及防护加固的主要形式且标注主要的尺寸。比例 1∶200。横断面设计图如图 3.37 所示。

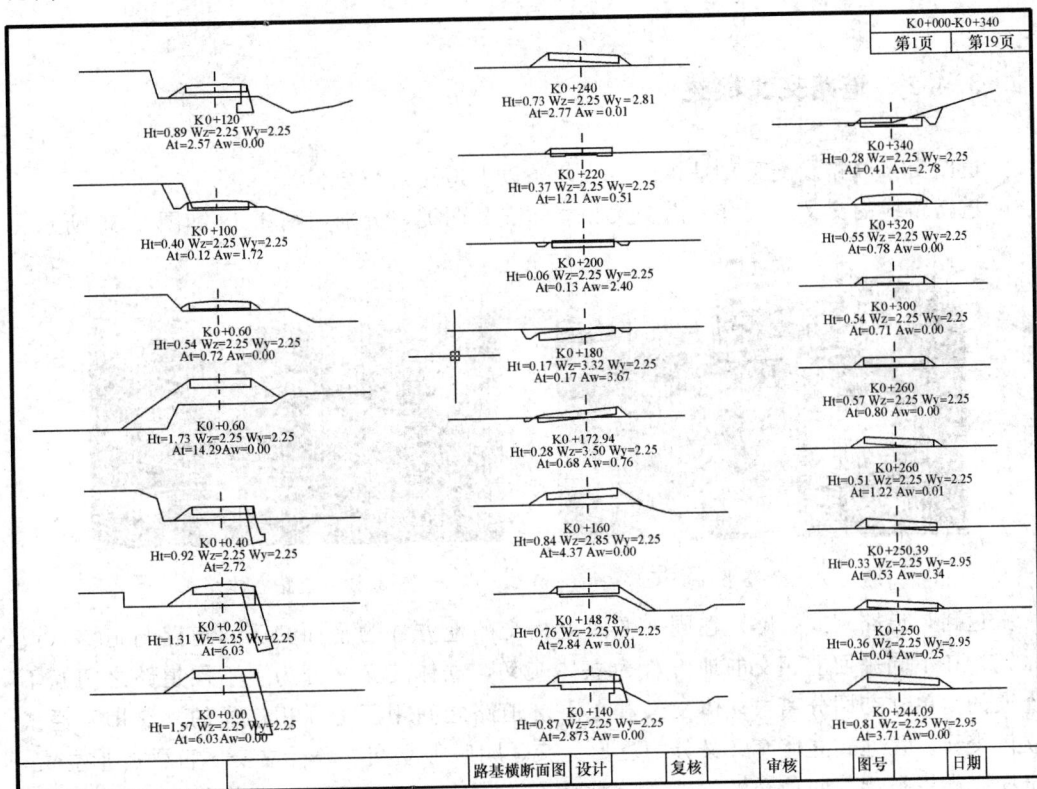

图 3.37　横断面设计图

3.3.4 公路用地范围

公路路堤两侧排水沟外边缘（无排水沟时为路堤或护坡道坡脚）以外，或路堑坡顶截水沟外边缘（无截水沟为坡顶）以外不小于 1m 范围内的土地，在有条件的地段，高速公路和一级公路不小于 3m、二级公路不小于 2m 范围内的土地为公路路基范围。

在风沙、雪害等特殊地质地带，需设置防护林，种植固沙植物。安装防沙或防雪栅栏以及设置反压护道等设施时，应根据实际需要确定其用地范围。

桥梁、隧道、互通式立体交叉、分离式立体交叉、平面交叉、交通安全设施、服务设施、管理设施、绿化以及料场、苗圃等，应根据实际需要确定其用地范围。

有条件或环境保护要求种植多行林带的路段，应根据实际情况确定用地范围。

改建公路可参照新建公路用地范围的规定执行。

识读公路横断面设计图。

3.4 路线交叉

3.4.1 道路交叉概述

道路交叉（路线交叉）是指两条或两条以上道路的交会。

道路路线的交叉通常有平面交叉和立体交叉两类，分别如图 3.38 和图 3.39 所示。

图 3.38　道路平面交叉　　　　　　图 3.39　道路立体交叉

　　道路与道路（或铁路）在同一平面上相交的地方称为平面交叉，道路与道路（或铁路）在不同平面上相交的地方称为立体交叉，立体交叉又分为上下层道路之间互不连通的简单立交即分离式立体交叉和上下层道路之间用匝道互相连通的立交即互通式立体交叉。互通式立体交叉又分为菱形立交、喇叭形立交、环行立交、苜蓿叶形立交、定向立交等类型。两种交叉的地方统称为交叉口。交叉口是道路系统的一个重要组成部分，由于道路经过不同的地点和产生交叉的地方环境条件都不尽相同，会有不同的交叉情况，一般有公路与公路的平面交叉、公路与公路的立体交叉，公路与铁路、乡村道路、管线的交叉等情况。

　　路线交叉的类型，首先根据交通路线的性质、路线运行的要求和交通量大小及交叉口地形等情况选定。在进行交叉口设计时，选用平面交叉或立体交叉需要谨慎，通常选定一种交叉方式要根据路线的性质要求、交通分析、交通环境、工程经济等多方面调查分析综合而定。

3.4.2 公路与公路平面交叉

1. 概述

公路交叉口是公路的一个重要组成部分，因为公路的使用效率、安全情况、行车速度、营运费用和通行能力都与公路的交叉设计有关。所以，出入交叉口的各向交通流是十分复杂的，交叉口的设计必须在研究其交通流运行特性的基础上，按照交通量、车速、流向的具体情况以及安全畅通等要求，对不同运行状态采用不同的交叉形式和控制方法进行合理的解决。

平面交叉口的车流将会产生交叉冲突点、分流冲突点及合流冲突点，这些冲突点的存在是影响交叉口的行车速度和交通安全的主要因素。当在无交通管制时，三路、四路和五路相交平面交叉口的交错点分布情况如图 3.40 所示。

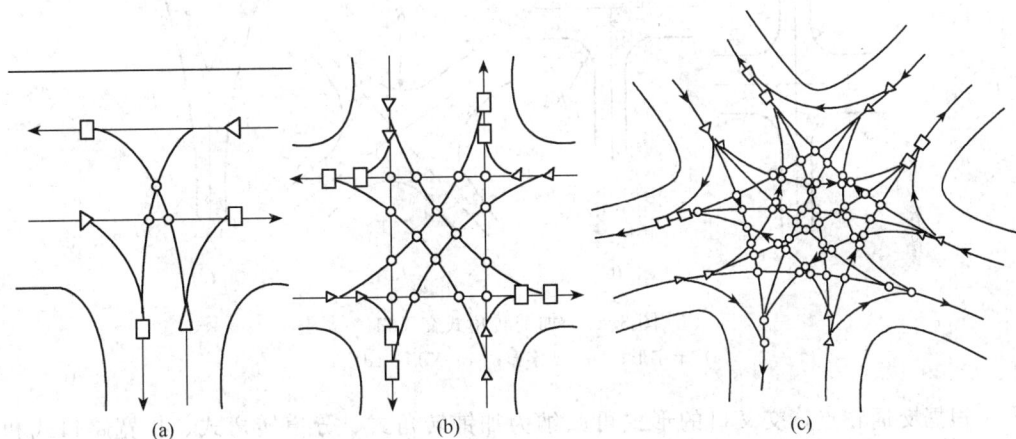

图 3.40　平面交叉口交错点示意图

○——冲突点　△——分流点　□——合流点

(a) 三路交叉口；(b) 四路交叉口；(c) 五路交叉口

交错点的分流点是指同一行驶方向的车辆向不同方向分离行驶的地点；合流点是指来自不同行驶方向的车辆以较小的角度，向同一方向汇合行驶的地点；冲突点是指来自不同行驶方向的车辆以较大的角度相互交叉的地点。

因此，在交叉设计中，通常采用根据流量和流向，分别采取不同的交叉形式，或采用渠化、分隔等控制方法，减少和消灭这些危险点。在具体确定公路与公路平面交叉的形式时，根据上述原则及交叉口地形等情况选定。

平面交叉路线多为直线并正交。有些条件限制必须斜交，交叉角一般大于 45°。在设计时平面交叉点前后各交叉公路的停车视距长度所构成的三角形范围内，应保证通视。当条件受限制时，这两个停车视距均可减少 30%，并应在适当位置设置限制车速的标志。

平面交叉范围内的纵坡宜设置为平坡。紧接该段的纵坡，一般不应大于 3%，困难地段不应大于 5%。

一级、二级公路的平面交叉，根据需要应设转弯车道、变速车道、交通岛或加铺平缓的转角。转弯车道的宽度一般为 3m，并根据各交叉路的等级设置适当的缓和段。

2. 平面交叉口的类型及其适用范围

平面交叉口的形式取决于具体的道路网规划和周围建筑的情况，以及交通量、交通性质和交通组织。常见的几何形式有十字形、T字形及其演变而来的X形、Y形、错位、多路交叉等，如图3.41所示。

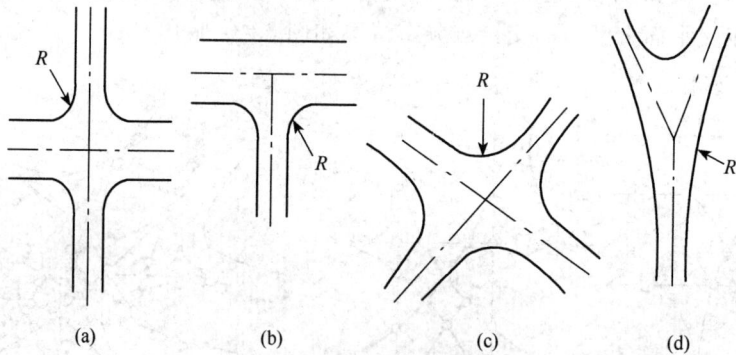

图 3.41 加铺转角式交叉口

(a) 十字形；(b) T字形；(c) X形；(d) Y形

根据交通特点，交叉口的形式可归纳为加铺转角式、分道转弯式、扩宽路口式和环形交叉四类。

（1）加铺转角式

这种方式是交叉口用适当半径的圆曲线平顺连接相交道路的路基和路面，如图3.41所示。

此类交叉口形式简单，占地少，造价低，设计方便，但行车速度低，通行能力小。适用于转弯交通量较小、车速低、转弯车辆少的低等级公路或城市道路。设计时主要解决合适的转弯曲线半径和足够的视距等问题。

（2）分道转弯式

这种方式是通过设置导流岛、划分车道等措施，使单向右转或双向左、右转车流以较大半径分道行驶的平面交叉，如图3.42所示。

此类交叉门转弯车辆，尤其是右转弯车辆行驶速度和通行能力都较高，适用于车速较高，转弯车辆较多的一般道路。设计时主要解决分道转弯曲线半径和足够的视距以及导流岛端部半径等问题。

（3）扩宽路口式

这种方式是为使转弯车辆不影响其他车辆的正常行驶，在交叉口连接部增设变速车道和转弯车道，如图3.43所示。此类交叉口可减少转弯交通对直行交通的干扰，车速较高，事故率低，通行能力大，但占地多，投资较大。适用于交通量较大、转弯车辆较多的一、二级公路和城市主干路。设计时主要解决扩宽的车道数，同时也要满足视距和转角曲线半径的要求。

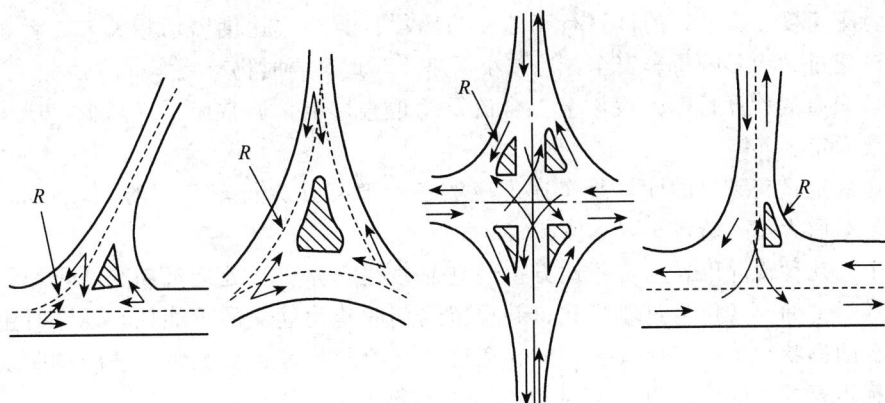

图 3.42　分道转弯式交叉口

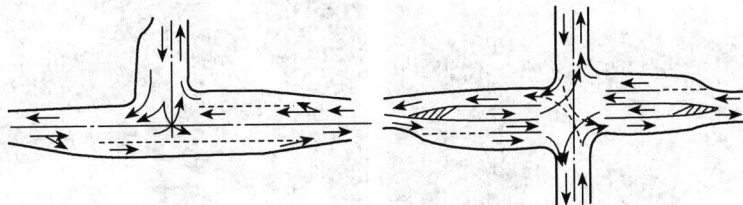

图 3.43　扩宽路口式交叉口

（4）环形交叉

这种方式是在交叉口中央设置中心岛，用环道组织渠化交通，使进入的所有车辆一律按逆时针方向绕岛单向行驶，直至所要去的路口离岛驶出的平面交叉，俗称转盘，如图 3.44 所示。

环形交叉口的优点：驶入交叉口的各种车辆可连续不断地单向运行，减少了车辆在交叉口的延误时间；环道上行车只有分流与合流，消灭了冲突点，提高了行车的安全性；交通组织简便，不需信号管制；对多路交叉和畸形交叉，用环道组织渠化交通更为有效；中心岛绿

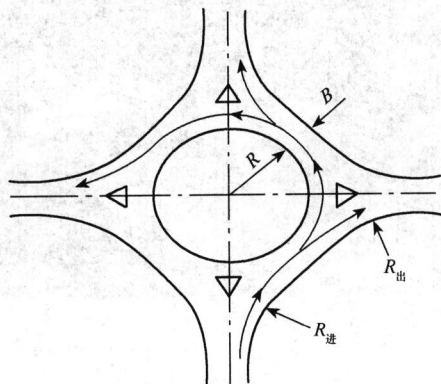

图 3.44　环形交叉口

化可美化环境。缺点：占地面积大，城市改建困难；增加了车辆绕行距离，特别是左转弯车辆；一般造价高于其他平面交叉。此类交叉适用多条道路相交，通过交叉口的交通量总数为 500～3000 辆/h，左右转弯车辆较多，且地形较平坦的情况。设计时主要解决环岛的半径和布置问题。

在具体设计中，交叉口的交通岛、附加车道和转弯曲线等各部分几何要素均取决

于计算行车速度。交叉口的计算行车速度与路段计算行车速度密切相关,二者速差大时会因减速过大而影响行车安全,速差小而路段车速又高时仍有行车危险。

转弯交通的计算行车速度因分、合流及用地等影响,通常应适当降低,或按变速行驶需要而定。

我国规定:交叉口的计算行车速度应按各级道路计算行车速度的 $0.5 \sim 0.7$ 倍计算,直行车取大值,转弯车取小值。

除上述几种情况以外,有些地方按规划需修建立体交叉处但近期交通量小,近期可采用环形平面交叉作为过渡形式,并预留远期改建为立交的可能性。设计时主要解决中心岛的形状和半径、环道的布置和宽度、交织段长度、交织角、进出口曲线半径有利于视距要求等问题。图 3.45 为几个平交实例图片。

图 3.45 平交实例图片

3.4.3 公路与公路立体交叉

1. 概述

道路立体交叉(简称立交)是利用跨线构造物使道路与道路(或铁路)在不同标高相互交叉的连接方式,如图 3.46 所示。道路工程一般划分为三大类型,即公路、城市道路、特殊道路（包括厂矿道路、林业道路、机场道路、港口道路等）。公路和城市道路的建设规模最大、运营里程最长。公路的建设与管理隶属交通部门，城市道路则隶属于城市建设和城市管理部门。由于这两类道路各有其功能特点，在设计和施工方面不可能完全相同，因此，我国实行公路和城市道路两套设计及其相关的施工技术规范。同时城市车面交叉最复杂、影响最广，设计要求考虑的因素很多。其设计包含结构设计和线形设计两部分；结构设计属于桥梁工程的范畴，线形设计属于道路设计的范畴。

图 3.46　立体交叉

立交是高速道路（高速公路和城市快速路的统称）必不可少的组成部分。道路交叉时采用立交可使各方向车流在不同标高的平面上行驶，消除或减少了冲突点，车流可连续运行，提高了道路的通行能力，节约了运行时间和燃料消耗，控制了相交道路车辆的出入，减少了对高速道路的干扰。

公路立体交叉口非常复杂，高速公路或城市主干道立体交叉的规划布局合理与否，对交叉口通行能力的提高、交通的安全、行驶时间的节省和道路功能的发挥有很大影响。它不仅关系到道路所在地区的整体规划，还关系到道路的整体使用效果、经济价值和环境影响等。因此，在规划和布设公路的立体交叉时，应从全局出发，充分考虑整个公路网络系统的功能和要求，综合交通条件、自然条件及社会状况，经全面调查分析论证后确定。

2. 立体交叉的组成

立体交叉的主要组成部分如图 3.47 所示。

（1）跨线性构造物

它是立交实现车流空间分离的主体构造物，包括设于地面以上的跨线桥以及设于地面以下的地道（下穿式）。

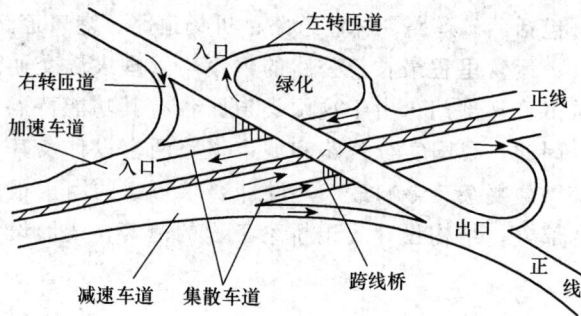

图 3.47　立体交叉的组成

（2）正线

它是组成立交的主体，指相交道路的直行车行道，主要包括连接跨线构筑物两端到地坪标高的引道和交叉范围内引道以外的直行路段。

（3）匝道

它是立交的重要组成部分，是指供上、下相交道路转弯车辆行驶的连接道，有时包括匝道与正线以及匝道与匝道之间的跨线桥（或地道）。

（4）出口与入口

由正线驶出进入匝道的道口为出口，由匝道驶入正线的道口为入口。

（5）变速车道

为适应车辆变速行驶的需要，而在正线右侧的出入口附近设置的附加车道称为变速车道。出口端为减速车道，入口端为加速车道。

立体交叉的范围一般是指各相交道路出入口变速车道渐变段顶点以内包含的正线和匝道的全部区域。

3. 立体交叉的类型和适用条件

（1）按结构物形式分类

立体交叉按相交道路结构物形式划分上跨式和下穿式两类。

1）上跨式：用跨线桥从相交道路上方跨过的交叉方式。这种立交施工方便，造价较低，排水易处理，但占地大，引道较长，高架桥影响视线和市容，宜用于市区以外或周围有高大建筑物处。

2）下穿式：用地道（或隧道）从相交道路下方穿过的交叉方式。这种立交占地较少，立面易处理，对视线和市容影响小，但施工期较长，造价较高，排水困难，多用于市区。

（2）按交通功能分类

可划分为分离式立交互通式立交两类。

1）分离式立交：仅设跨线构造物一座，使相交道路空间分离，上、下道路无匝道连接的交叉方式，如图 3.48 所示。这种类型立交结构简单，占地少，造价低，但相交道路的车辆不能转弯行驶，适用于高速道路与铁路或次要道路之间的交叉。

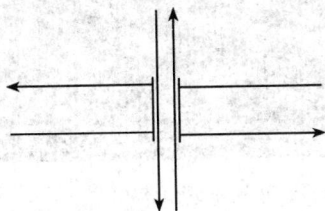

图 3.48　分离式立交

2）互通式立交：设跨线构造物使相交道路空间分离，且上、下道路有匝道连接，以供转弯车辆行驶的交叉方式。这种立交车辆可转弯行驶，全部或部分消灭了冲突点，各方向行车干扰较小，但立交结构复杂，占地多，造价高。

互通式立体交叉根据交叉处车流轨迹线的交错方式和几何形状的不同，又可分为部分互通式、完全互通式和环形立交三种类型。

① 部分互通式立交　是相交道路的车流轨迹线之间至少有一个平面冲突点的交叉。当个别方向的交通量很小或分期修建时，高速道路与次要道路相交或用地和地形等限制时可采用这种类型立交。部分互通式立交的代表形式有菱形立交和部分苜蓿叶式立交等。

a. 菱形立交（图 3.49）。这种形式立交能保证主线直行车辆快速通畅，转弯车辆绕行距离较短，主线上具有高标准的单一进出口，交通标志简单；主线下穿时匝道坡度便于驶出车辆减速和驶入车辆加速，形式简单，仅需一座桥，用地和工程费用小，但次线与匝道连接处为平面交叉，影响了通行能力和行车安全。

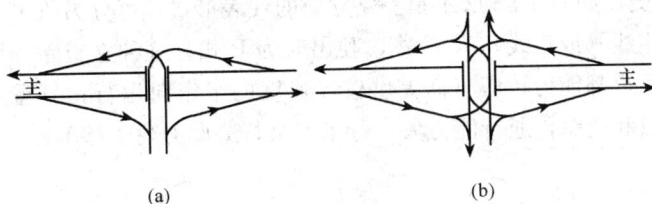

图 3.49　菱形立交
(a) 三路立交；(b) 四路立交

布设时应将平面交叉设在次线上，主线上跨或下穿应视地形和排水条件而定，一般以下穿为宜。次线上可通过渠化或设置交通信号等措施组织交通，见图 3.50。

b. 部分苜蓿叶式立交。如图 3.51 所示，可根据转弯交通量的大小或场地的限制，采用图示任一种形式或其他变形形式。

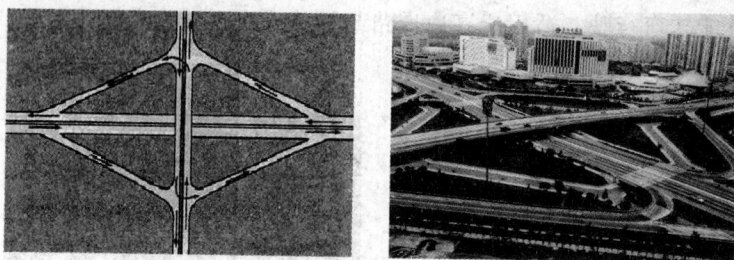

图 3.50　部分互通菱形立交及其实例图

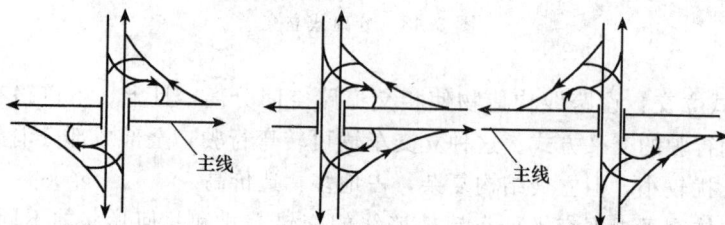

图 3.51　部分苜蓿叶式立交

这三种形式立交的主线直行车快速通畅，单一驶出方式简化了主线上的标志，仅需一座桥，用地和工程费用较小；远期可扩建为全苜蓿叶式立交。但次线上存在平面交叉，有停车等待和错路运行可能。

布设时应使转弯车辆的出入尽可能少妨碍主线的交通，最好使每一转弯运行均为右转弯出入，不得已时应优先考虑右转出口。另外，平面交叉口应布置在次线上。

② 完全互通式立交　是相交道路的车流轨迹线全部在空间分离的交叉。匝道数与转弯方向数相等，各转向都有专用匝道。适用于高速道路之间及高速道路与其他高等级道路相交，其代表形式有喇叭形、苜蓿叶形、Y 形、X 形等。

a. 喇叭形立交。如图 3.52 所示是三路立交的代表形式，可分为 A 式和 B 式。经环圈式左转匝道驶入主线（或正线）为 A 式，驶出时为 B 式。这种立交除环圈式匝道适应车速较低外，其他匝道都能为转弯车辆提供较高速度的半定向运行；只需一座构造物，投资较省；无冲突点和交织，通行能力大，行车安全；造型美观，行车方向容易辨别。

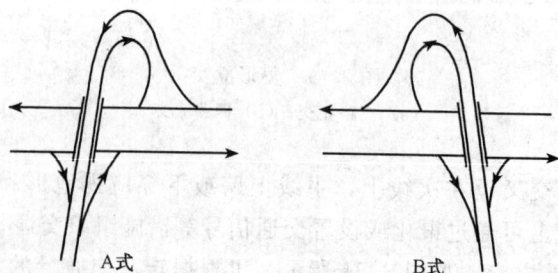

图 3.52　喇叭形立交

布设时应将环圈式匝道设在交通量较小的方向上，主线交通量大时宜采用 A 式，次线上跨对转弯交通视野有利，下穿时宜斜交或弯穿。图 3.53 为喇叭形立交实图。

图 3.53 喇叭形立交实图

b. 苜蓿叶式立交（图 3.54）。该立交平面形似苜蓿叶，交通运行连续而自然，无冲突点，可分期修建，仅需一座构造物。但这种立交占地面积大，左转绕行距离较长，环圈式匝道适应车速较低，且桥上、下存在交织，多用于高速道路之间的立交，而在城市内因受用地限制很难采用。因其形式美观，如果在城市外围的环路上采用，加之适当地绿化，也是较为合适的。

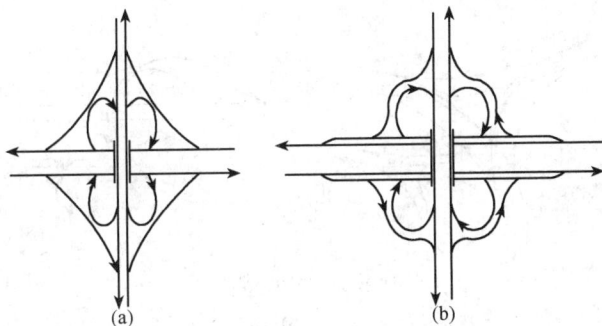

图 3.54 苜蓿叶式立交
（a）标准形；（b）带集散车道形

布设时为消除主线上的交织，避免双重出口、使标志简化以及提高立交的通行能力和行车安全，可加设集散车道。图 3.55 为两个苜蓿叶式立交实图。

c. 叶式立交（图 3.56）。叶式立交只需一座构造物，造价较低，造型美观。但交通运行条件不如喇叭式好，正线存在交织，多用于苜蓿叶式立交的前期工程。布设时以使正线下穿为宜。

图 3.55 苜蓿叶式立交实图

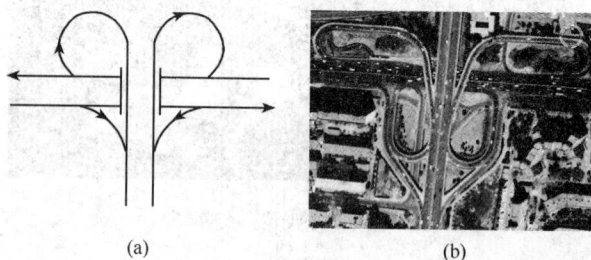

(a)　　　　　　　　　(b)

图 3.56 叶式立交
(a) 叶式立交；(b) 叶式立交实图

d. Y 形立交（图 3.57）。Y 形立交能为转弯车辆提供高速的定向或半定向运行，无交织、无冲突点、行车安全；方向明确、路径短捷、通行能力大；正线外侧占地宽度较小，但需要构造物多，造价较高。

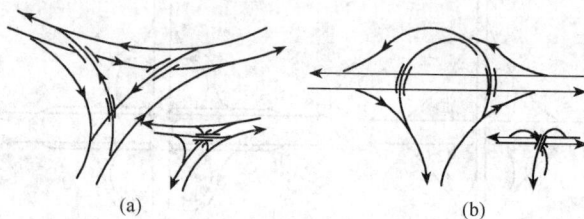

(a)　　　　　　　　　(b)

图 3.57 Y 形立交
(a) 定向 Y 形；(b) 半定向 Y 形

图 3.58 为 Y 形立交实例图片。

e. X 形立交。X 形立交又称半定向式立交，图 3.59 所示为定向半直接匝道的四层立交。X 形立交各方向运行都有专用匝道，自由流畅，转向明确，无冲突点，无交织，通行能力大，适应车速高，但占地面积大、层多桥长、造价高，在城区很难实现。图 3.60 为 X 形立交实例图片。

f. 环形立交。相交道路的车流轨迹线因匝道数不足而共同使用，且有交织路段的交叉，如图 3.61 所示。

图 3.58 Y 形立交实例图片

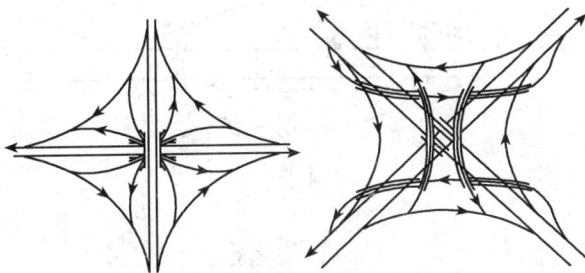

图 3.59 X 形立交实例图片

图 3.60 X 形立交实例图片

环形立交适用于主要道路与一般道路交叉，以用于五条以上道路相交为宜。这种立交能保证主线直通，交通组织方便，无冲突点，占地较少。但次要道路的通行能力受到环道交织能力的限制，车速受到中心岛直径的影响，构造物较多，左转车辆绕行距离长。

当采用环形立交时，必须根据相交道路的性质进行比较研究，看环道的最大通行能力和所采用的中心岛尺寸是否满足远期交通量和车速的要求。布设时应让主线直通，中心岛可采用圆形、椭圆形或其他形状。图 3.62 为环形立交实例图片。

在立交的类型中，除了上述的形式外，还有一些复合型的立交形式，这在高速公路与城市主干道交叉的地方应用较多，如图 3.63 所示。

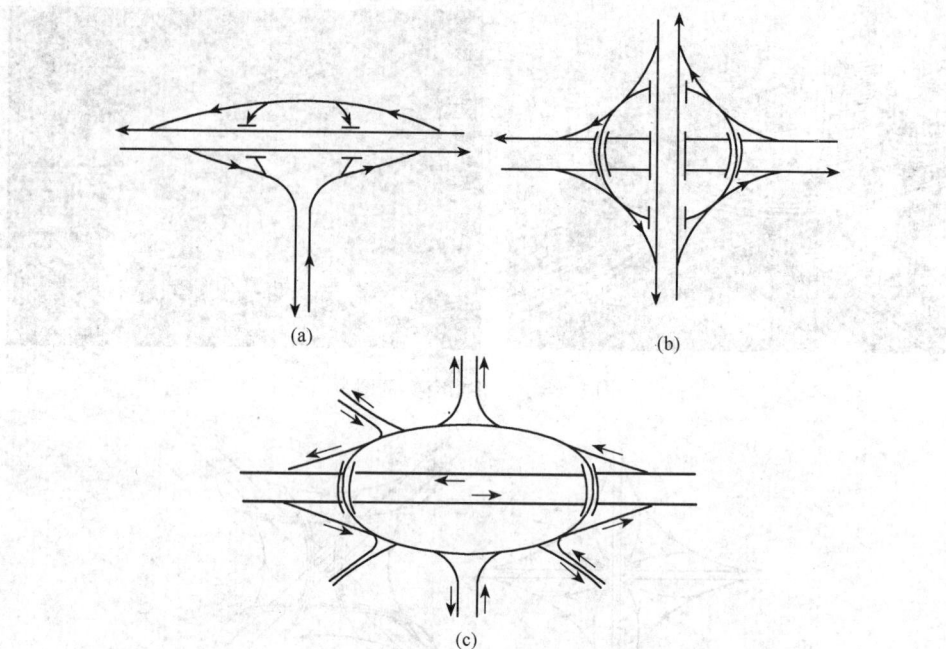

图 3.61　环形立交

(a) 三路立交；(b) 四路立交；(c) 多路立交

图 3.62　环形立交实例图片

图 3.63　立交实例图片

4. 立体交叉的采用

(1) 立交的采用

立体交叉的采用依据是多方面的，主要是考虑交叉口所在地的道路、交通、环境、自然等条件确定的，立体交叉的设置条件如下。

1）立体交叉应按规划道路网设置。

2）高速公路与城市各级道路交叉时，必须采用立体交叉。

3）快速路与快速路交叉，必须采用立体交叉；快速路与主干路交叉，应采用立体交叉。

4）进入主干路与主干路交叉口的现有交通量较大，相交道路为四条车道以上，且对平面交叉口采取改善措施、调整交通组织均难收效时，可设置立体交叉，并妥善解决设置立体交叉后对邻近平面交叉口的影响。

5）两条主干路交叉或主干路与其他道路交叉，当地形适宜修建立体交叉，经技术经济比较确为合理时，可设置立体交叉。

6）道路跨河或跨铁路的端部可利用桥梁边孔，修建道路与道路的立体交叉。

7）高速公路同其他各级公路交叉，必须采用立体交叉。除在控制出入的地点设互通式立体交叉外，均采用分离式立体交叉。

8）一级公路同其他公路交叉，应尽量采用立体交叉。交叉类型可根据具体情况采用互通式立体交叉或分离式立体交叉。

9）一般公路间的交叉，在交通条件需要或有条件的地点，可采用立体交叉。

（2）宜采用互通式立体交叉的情况

在立体交叉口中，互通式立体交叉采用较普遍。互通式立体交叉位置的选定所要考虑的主要因素中首先是交通条件，要考虑的设置位置是路网系统的主要节点，即主线与沿线主要公路的相交点和主要交通发生源连接线的相交点，且要求被交叉公路应具有与互通式立体交叉出入交通量相适应的通行能力，并能为交通发生源提供近便的连接。其次是地质和地形条件等。此外，还应考虑用地、文物、当地规划和防污染等社会和环境因素。

在拟定互通式立体交叉的形式时，交叉公路的功能、总出入交通量以及是否合并设置收费设施等决定了互通式立体交叉的基本类型。地形、地物、地质、用地规划和施工期间维持临时通车等现场条件、直行和转弯交通量的分布以及是否需分期修建等决定了匝道的具体布局，在构形的同时还要考虑其安全、环境和经济等因素。

在选择互通式立体交叉的具体位置时，同时还要考虑到互通式立体交叉范围内主线的最低技术指标，以满足其安全的需要。在互通式立体交叉范围内，主线上影响安全的主要部位是连接部。其一是乡区高速公路的出口端部和城市高速公路的入口端部的视距，应该比一般路段要大；其二是互通式立体交叉范围内的主线横坡，应考虑与匝道连接的顺适性，以提供安全的行车条件。基于以上原则，下列情况通常应设为互通式立体交叉。

1）相交道路的性质、任务。高速、一级公路之间及其与通往市（县）级及其以上城市或其他重要政治、经济中心、重要港口、机场、车站和游览胜地的道路相交处应设置互通式立交。

2）相交道路的交通量。公路上采用平面交叉冲突交通量较大，通过渠化或信号控制仍不能满足通行能力要求时。城市道路规定进入交叉口的交通量达 4000 辆/h～6000 辆/h，相交道路为四车道以上。

3）经济条件。经对投资成本、运营费用和安全性分析，设置互通式立体交叉的效益投资比和社会效益等大。

3.4.4 公路与铁路、乡村道路、管线的交叉

公路与铁路交叉不存在互通的问题，所以无需设置匝道连接，形式简单。公路与铁路交叉分为平面交叉（又称道口）和立体交叉两种。

公路与铁路的交叉选择何种交叉方式应根据条件设置，一般根据公路等级与性质、公路与铁路的交通量以及道口封闭延误损失等因素确定是平交还是立交。

1. 公路与铁路平面交叉

公路与铁路平面交叉时，交叉路线两侧应各有不小于 50m 的直线路段，并尽量正交；当必须斜交时，交叉角应大于 45°，以缩短道口的长度与宽度，并避免小型机动车和非机动车的车轮陷入铁轨轮缘槽内。

在平交道口处，对于汽车，应保证汽车距离交叉道口相当于各该级公路停车视距并不小于 50m 的范围内，能看到两侧各不小于表 3.18 规定的距离以外的火车。当受条件限制，不能保证上述规定的要求时，应按有关规定设置看守。

表 3.18 道口汽车侧向视距

铁路设计最高行车速度/(km/h)	120	100	80	60	40
汽车侧向视距/m	400	340	270	200	140

对于火车，火车司机相对应的最小瞭望视距见表 3.19。

表 3.19 最小瞭望视距

路段旅客列车设计行车速度/（km/h）	火车司机最小瞭望视距/m	汽车驾驶者侧向最小瞭望视距/m
140	1200	470
120	900	400
100	850	340
80	850	270

公路在平交道口两端钢轨的外侧，应有不小于 16m 的水平路段，该水平路段不包括竖曲线在内。紧接水平路段的纵坡，一般不应大于 3%，困难地段不应大于 5%，如图 3.64 所示。

平交道口应设置易于翻修的铺砌层，如钢筋混凝土预制块等，其长度应延至钢轨以外 2m。平交道口垂直于公路的宽度，不应小于平交公路路基宽度。

图 3.64 公路与铁路平交实例图片

2. 公路与铁路立体交叉

公路与铁路立交形式有公路上跨和下穿两种，如图 3.65 所示。

(a)

(b)

(c)

图 3.65 公路与铁路立交实例图片

(a) 公路上跨铁路；(b)、(c) 公路下穿铁路

公路与铁路立交选择应根据总体规划，并考虑瞭望条件、地下设施、地形、地质、水文、环境、施工等因素综合比较后确定。

公路与铁路交叉，在下列情况下应采用立体交叉：

1) 高速公路、一级公路与铁路交叉时，必须设置立体交叉。

2) 当地形条件困难，采用平面交叉危及行车安全。

3) 与有大量调车作业的铁路线路交叉。

4) 其他具有重要意义的或交通繁忙的公路与铁路交叉。

5）当地形条件适宜，经过技术经济比较确为合理。

6）行驶有轨电车或无轨电车的道路与铁路交叉，应设置立体交叉。

7）中、小城市被铁路分割，道口交通量虽较小，但考虑城市整体的需要，可设置一、二处立体交叉。

8）确有特殊需要。

在交叉位置选择时，交叉位置应按以下原则选定：

• 应选在铁路轨线最少的路段。

• 公路、铁路路线以直线为宜，并尽量正交，必须斜交时，交角不应小于45°。

• 尽量利用高路堤或深路堑条件。

• 不应设在铁路站场、道岔等范围内。

在具体设置公路与铁路立交时还应满足标准的基本要求：

（1）平面要求

立交范围平面线形及与桥头直线距离应分别符合公路和铁路路线设计的要求，并以直线为宜；可不考虑公路超车视距的要求；公路引道范围内不得另有平面交叉。

（2）纵断面要求

公路上跨时，跨线桥上和引道纵坡应符合公路有关规定。公路下穿铁路时，纵坡不宜大于4%；当有大量非机动车行驶时不得大于3%；当机动车与非机动车分离行驶时，二者可布置在不同标高上；公路最低点应设在洞口外适当位置，并与铁路的桥墩或桥台保持足够距离。

（3）横断面要求

无论公路上跨或下穿，行车道宽度都不应缩减；有行人时人行道宽度可视人流量确定，但每侧不应小于1.5m。各组成部分宽度发生变更时应在引道上设置过渡段，其外侧边缘渐变率为1/15～1/30。

（4）净空要求

公路上跨时，跨线桥下净空宽度和净空高度应满足铁路建筑限界的规定。公路下穿时，铁路跨线桥下净空宽度应包括该公路横断面的所有组成部分，净空高度应符合公路有关规定，并预留路面改建高度，行车道部分的净高，一般为5.0m。当公路通行特种车辆时，桥下净空高度可视具体情况确定。桥下的距离应符合各级公路停车视距和识别距离要求。

（5）路基路面要求

公路路面应铺筑次高级以上路面。公路下穿时应考虑地面水、地下水和冰冻作用对路基强度和稳定性的影响，并采取相应措施。

（6）排水要求

分离式立交范围内的排水设计，应对铁路的排水系统和公路的排水系统进行综合考虑，合理设置。新建桥的墩、台、柱等不得妨碍既有排水系统的功能。当公路下穿时，其引道起点应设计成分水点，下穿的公路两侧，应采取截流措施；下穿的公路最低点，应设置雨水口集中排水。

3. 公路与乡村道路交叉

乡村道路泛指乡村、城镇之间不属等级公路之列，用于机动车、非机动车及行人通行的道路。乡村道路分为通行机动车道路和仅通行非机动车及行人道路两类。通行机动车道路又分为通行汽车道路和不通行汽车的机耕道路两种。

各级公路与乡村道路交叉，其规模、间隔应对地方道路现状和规划以及经济发展进行认真调查后确定。其设置位置，一般应以现有道路系统为基础，除合并者外，一般不宜改移过远。

公路与乡村道路平面交叉时，乡村道路的纵面指标及视距要求应满足现行标准要求。

公路与乡村道路立体交叉，其交叉方式应根据地形及公路纵断面设计情况而定。一般情况，在平原地区，多以乡村道路下穿主要公路；在丘陵和山区，较多地利用有利地形，合理地上跨或下穿主要公路，如图 3.66 所示。

图 3.66 乡村道路与公路立交实例图片
(a) 乡村道路从公路上跨越；(b) 乡村道路从公路下穿越

乡村道路从公路上面跨越时，跨线桥的桥下净空应符合标准的规定。

乡村道路从公路下面穿过时，应做好通道排水设计，保持畅通。其净空可根据当地通行的车辆组成和交叉情况确定，一般人行通道的净高不小于 2.2m；畜力车及拖拉机通道的净高不小于 2.7m；净宽不小于 4.0m。

设置公路与乡村道路交叉时通常应注意以下两个方面。

1) 高速公路与乡村道路交叉必须设置立体交叉；一级公路与乡村道路交叉宜设置立体交叉，即通道或天桥。二级公路与乡村道路的平面交叉应作渠化设计。地形条件有利或公路交通量大时也可设置立体交叉。二级及其以上公路位于城镇或人口稠密的村落或学校附近时，宜设置专供行人通行的人行通道或人行天桥。其余各级公路与乡村道路交叉时，可采用平面交叉。平面交叉应选在视距良好的地点，乡村道路应设置一段水平路段并加铺与交叉公路相同的路面。

2) 公路与乡村道路的交叉设计应纳入公路交叉设计部分的总体设计，统筹规划，合理布局。公路与乡村道路交叉的形式、位置、间隔等应根据县级和乡（镇）土地利用总体规划中农业耕作机械需求布设。高速公路、一级、二级公路与乡村道路交叉的数量，应予以控制。在乡村道路密集地区，当交叉点过密影响行车安全时，应结合公路网建设规划，对农业机耕道作以调整或合并交叉点，以控制建设用地指标。

4. 公路与管线等交叉

公路与各种管线的交叉比较常见，但交叉形式不及道路与道路交叉复杂，通常也采用上跨或下穿形式通过。上跨一般用简易的梁或钢结构跨越，下穿一般采用设置各种管线沟或利用公路的涵洞和桥梁穿越。城市道路与管线的交叉很多，也很复杂，但一般采用地下沟道或管道的形式交叉穿越，这在城市道路设计中介绍较详细，此处不再详解。

各种管线工程设施与公路交叉或接近时，应符合各种与之有关的相应行业规范的要求。各种管线如电信线、电力线、电缆、管道、渠道等均不得侵入公路建筑限界，也不得妨害公路交通安全，并不得损害公路的构造和设施。

为保证公路的正常养护和交通的安全、畅通与公路发展的需要，新建或改建公路通过已有管线地区时，设计时应根据公路的使用要求，事先与有关部门协调，以便妥善处理因修建公路所引起的干扰问题。当需沿现有公路两侧敷设管线时，有关部门也应根据上述原则，事先与交通部门协调。图3.67为公路与管线交叉的实例。

图 3.67 公路与管线交叉实例图片

(a) 管道上跨道路；(b) 管道横穿公路埋设；(c)、(d) 管道沿道路两侧敷设

实训4

调查本地区公路交叉情况并说明交叉的类型。

小　结

本单元主要介绍了公路平、纵、横的概念和公路平面图、纵断面图、横断面图的组成和与其相关的基本知识，并且依据《公路工程技术标准》、《公路路线设计规范》给出了平曲线半径、加宽、超高、视距、路肩、中间带、路基宽度、竖曲线半径、坡度等的规定值，要求学生学完后具有初步三维空间想象能力；能正确描述公路平、纵面及横断面，并能在实地用专业术语进行表述；能列举出公路平面组成及曲线要素；具有初步识别公路平面图、纵断面、横断面图的能力；能根据两点的高程和距离计算出公路纵坡坡度；能根据《公路工程技术标准》、《公路路线设计规范》确定公路路线的各级指标；能说出公路超高与加宽原因，并能根据《公路工程技术标准》、《公路路线设计规范》确定超高和加宽值；能正确理解公路视距的概念，并能根据《公路工程技术标准》确定各类视距的值；能利用公路交叉的知识在实地判别公路交叉的类型；在实地能用专业术语说出公路路幅、公路横断面的组成和公路用地范围。

相关链接

1. 道路勘测设计精品课程网站 http：//202.117.64.98/ec/C105/Course/Index.htm
2. 土木工程概论精品课程网站 http：//elearning.shu.edu.en/tmgegl/

思考与练习

1. 公路路线平面包括哪些内容？
2. 公路路线纵断面图包括哪些内容？
3. 公路路线横断面图包括哪些内容？
4. 某三级公路设计行车速度30km/h，试确定该公路平曲线最小半径及其与之相对应的路线加宽和超高值、竖曲线最小半径、最大纵坡值、停车视距、超车视距值，确定路基宽度（写出计算式）。
5. 四级公路设计行车速度20km/h，试确定该公路平曲线最小半径及其与之相对应的路线加宽和超高值、竖曲线最小半径、最大纵坡值、停车视距、超车视距值，确定路基宽度（写出计算式）。
6. 某二级公路设计行车速度60km/h，试确定该公路平曲线最小半径及其与之相对应的路线加宽和超高值、竖曲线最小半径、最大纵坡值、停车视距、超车视距值，确定路基宽度（写出计算式）。

7. 某一级公路设计行车速度 80km/h，试确定该公路平曲线最小半径及其与之相对应的路线加宽和超高值、竖曲线最小半径、最大纵坡值、停车视距、超车视距值，确定路基宽度（写出计算式）。

8. 某高速公路采用整体式路基设计行车速度 100km/h，试确定该公路平曲线最小半径及其与之相对应的路线加宽和超高值、竖曲线最小半径、最大纵坡值、停车视距、超车视值，确定路基宽度（写出计算式）。

9. 某高速公路采用分离式路基，公路设计行车速度 120km/h，试确定该公路平曲线最小半径及其与之相对应的路线加宽和超高值、竖曲线最小半径、最大纵坡值、停车视距、超车视值，确定路基宽度（写出计算式）。

10. 公路路线与线形有何区别？

11. 已知某路线长 480m，起点、终点的高程分别为 2895.38m、2899.42m，试计算该路线的纵坡。

12. 说出公路平面线形组成。平曲线的几何要素有哪些？

13. 公路路幅和路基有何区别？

14. 公路路肩有何作用？

15. 公路与公路的平面交叉常见的有哪几种形式？其适用于什么情况？

16. 公路立体交叉有哪些类型？

单元 4

公 路 路 基

教学目标

1. 通过本单元的学习，使学生能够看懂公路路基标准横断面。
2. 能够正确理解边坡的含义并能用比例绘出。
3. 能够识别公路地面排水的设施并能看懂图纸，正确理解地下排水设施功能。
4. 能识别坡面防护（植物、矿料、砌石）、冲刷防护（抛石、石笼）。
5. 识别挡土墙及其构造，并能看懂图纸，制作边沟、挡土墙等模型。

4.1　路基的功能及要求

4.1.1　路基的功能

路基是按照路线位置和一定的技术要求修筑的带状构造物。它是路面的基础、公路的主体，承受由路面传递下来的行车荷载。它贯穿公路全线，与桥梁、隧道相连，构成公路的整体，是公路与自然地面接触最基本的部分。

路基是一种线形结构物，具有路线长、与大自然接触面广的特点，其稳定性在很大程度上由当地自然条件所决定。合理选择线位，可以避开地质不良地段和工程艰巨路段，保证路基稳定，减少工程数量，节约工程投资。

路基工程的特点是：工艺较简单，工程数量大，耗费劳力多，涉及面较广，耗资也较多。路基施工改变了沿线原有自然状态，挖填借弃土石方涉及当地生态平衡、水土保持和农田水利。土石方相对集中或条件比较复杂的路段，路基工程往往是施工期限的关键之一。

4.1.2　路基的要求

公路路基是路面的基础，是公路工程的主要组成部分，路面损坏往往与路基填料不当、路基排水不畅、压实度不够、强度低等有直接关系，因此路基必须具有足够的强度、稳定性和。

（1）路基必须具有足够的强度

路基和路面的自重以及由路面传下的行车荷载会对路基产生压力，路基会产生一定的变形。因此，路基要有一定的抵抗变形的能力，即在其本身静力作用下地基不应发生过大沉陷；在车辆动力作用下不应发生过大的弹性和塑性变形。

（2）路基必须具有足够的水温稳定性

路基的水温稳定性是指路基在湿度及温度变化的作用下，其强度和刚度会发生变化的性质，称为路基水温稳定性。路基的水温状况，即地表土层和路基本身的温度和含水量情况，与大气的温度和湿度密切相关。这包含两方面：一是地区的水温情况；二是具体路段的路基水温情况。对于冰冻地区，由于水温的变化，路基发生周期性冻融作用，形成冻胀与翻浆，路基强度和刚度急剧下降。因此，为确保路基在不利的水温状况下强度和刚度不致下降太多，就要求路基具有足够的水温稳定性。

（3）路基必须具有足够的耐久性

路基是直接在地面上填筑或挖去一部分地面建成的。路基施工改变了地面的天然平衡状态。在某些地形、地质条件下，挖方边坡可能坍塌，陡坡路堤可能沿地表整体下滑，软土路基可能整体滑坍等。为使路基具有抵抗自然因素侵蚀的能力，路基设计时必须采取技术措施，例如排水、边坡加固或设置挡土墙等，以确保路基的整体耐久性。

4.2 路基的一般知识及有关规定

4.2.1 路基横断面形式

为满足行车要求，适应天然地面的起伏，有些路段的路基设计标高高于地面标高，则需要在地面上进行填筑；有些路段的路基设计标高低于地面标高，则需要进行挖掘。由于填挖情况的不同，路基横断面形式可分为路堤、路堑、半填半挖和不填不挖等四种形式。

1. 路堤

全部用土、（石）分层填筑，经过压实后形成的路基为路堤。

路堤按高度可分为矮路堤、一般路堤和高路堤三种。填土高度低于 1.0m，水稻田或长年积水地带的路堤，称为矮路堤。用细粒土填筑路基高度在 6.0m 以上，或其他地带填土高度大于 18m（土质）或 20m（石质）的路堤，称为高路堤。填土高度介于两者之间的路堤为一般路堤。根据所处的条件和加固类型不同，还有软土路基、沿河路堤、护脚路堤等。当地面横坡较陡时，须将原地面开挖成台阶形状，以防止路基下滑。图 4.1 给出了四种路堤的横断面。

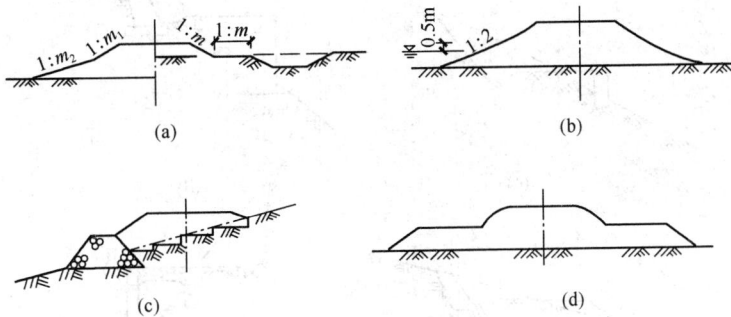

图 4.1 路堤
（a）一般路堤；（b）沿河路堤；（c）护脚路堤；（d）软土路堤

2. 路堑

挖掘高坡或山体土石后形成的路基为路堑，如图 4.2 所示。

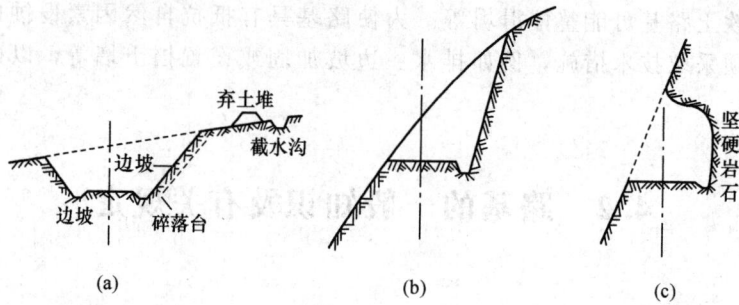

图 4.2 路堑

（a）路堑；（b）台口式路基；（c）半山洞路基

路堑两侧应设排水边沟，在陡峭的山坡上，可挖成台口式路基。在整体坚硬的岩层上，为减少工程量有时可采用半山洞路基。

3. 半填半挖路基

当原地面横坡较大，一边要开挖，另一边要填筑形成的路基为半填半挖路基，如图 4.3 所示。

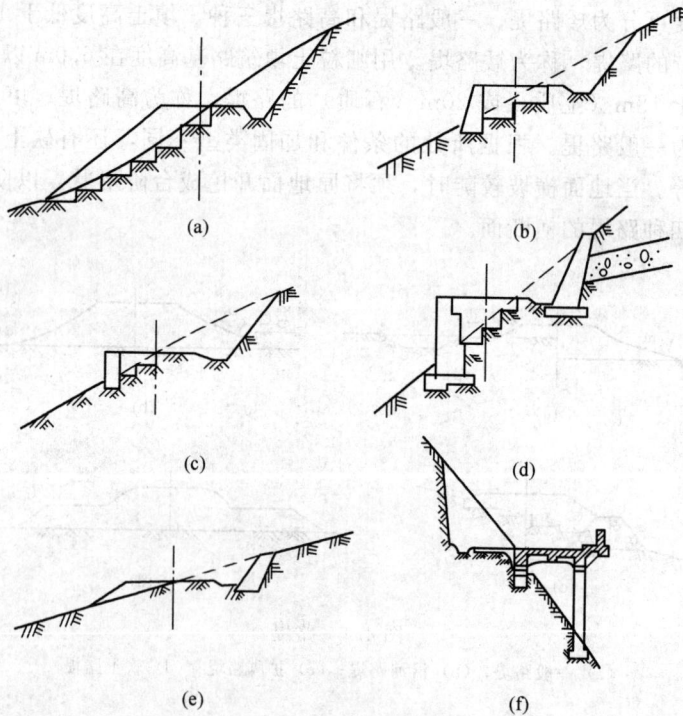

图 4.3 半挖半填路基

（a）半挖半填路基；（b）砌石路基；（c）护肩路基；（d）挡土墙路基；（e）矮墙路基；（f）半山桥路基

半填半挖路基兼有路堤和路堑两者的特点。填方部分的局部路段，如遇原地面的短缺口，可采用砌石护肩。如果填方量较大，也可就近利用废石方砌筑护坡或护墙。石砌护坡和护墙相当于简易式挡土墙，承受一定的侧向压力。有时填方部分需要设置路肩（或路堤）式挡土墙，确保路基稳定，进一步压缩用地宽度。如果填方部分悬空，而纵向又有适当的基岩时，则可以沿路基纵向建成半山桥路基。

4．不挖不填路基

不需填挖土，在原地面上两侧挖边沟后形成的路基为不挖不填路基，如图 4.4 所示。

图 4.4 不挖不填路基

4.2.2 路基的宽度及高度

1．路基宽度

为满足汽车、行人以及其他车辆在公路上正常通行的要求，路基必须有一定的宽度。公路路基的宽度为行车道路面及其两侧路肩宽度之和。当设有中间带、紧急停车带、爬坡车道、变速车道、错车道时，还包括这些部分的宽度，如图 4.5 所示。

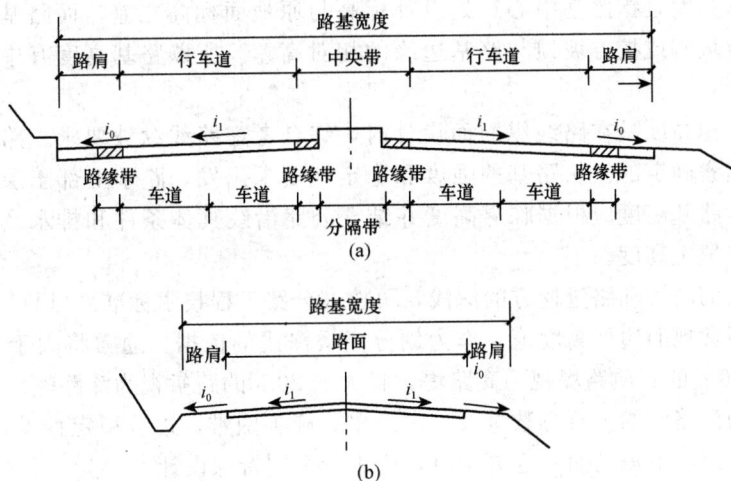

图 4.5 路基宽度图
（a）高速公路、一级公路；（b）二、三、四级公路

《公路工程技术标准》中对路基宽度有明确的规定，参见表 4.1。

表 4.1 各级公路路基宽度

公路等级		高速公路、一级公路								
设计速度/(km/h)		120			100			80		60
车道数		8	6	4	8	6	4	6	4	4
路基宽度/m	一般值	45.00	34.50	28.00	44.00	33.50	26.00	32.00	24.50	23.00
	最小值	42.00	—	26.00	41.00	—	24.50	—	21.50	20.00
公路等级		二级公路、三级公路、四级公路								
设计速度/(km/h)		80		60		40		30	20	
车道数		2		2		2		2	2 或 1	
路基宽度/m	一般值	12.00		10.00		8.50		7.50	6.50（双车道）	4.50（双车道）
	最小值	10.00		8.50		—		—	—	—

注：1)"一般值"为正常情况下采用值；"最小值"为条件受限制时，经技术经济论证后可采用的值。

2)八车道高速公路路基宽度"一般值"为设置左侧硬路肩、内侧车道采用 3.50m 时的宽度；"最小值"为不设置左侧硬路肩，内侧车道采用 3.75m 时的宽度。

2. 路基高度

路基高度是指路堤的填筑高度和路堑的开挖深度，是路基设计标高和地面标高之差。由于原地面沿横断面方向往往是倾斜的，因此在路基宽度范围内，两侧的高差常有差别。路基高度是指路基中心线处设计标高与原地面标高之差，而路基两侧边坡的高度是指填方坡脚或挖方坡顶与路基边缘的相对高差。所以路基高度有中心高度与边坡高度之分。

路基的填挖高度是在路线纵断面设计时，综合考虑路线纵坡要求、路基稳定性和工程经济等因素确定的。从路基的强度和稳定性要求出发，路基上部土层应处于干燥或中湿状态，路基高度应根据临界高度并结合公路沿线具体条件和排水及防护措施确定路堤的最小填土高度。

路堤填土的高矮和路堑挖方的深浅，可按《公路工程技术标准》(JTG B01—2003)的规定，使用常规的边坡高度值，作为划分高矮深浅的依据。通常将大于 18m 的土质路堤和大于 20m 的石质路堤视为高路堤，将大于 20m 的路堑视为深路堑。

高路堤和深路堑的土石方数量大，占地多，施工困难，边坡稳定性差，行车不利，应尽量避免使用，不得已而一定要用时，应进行个别特殊设计。

为保证路基稳定，应尽量满足路基临界高度的要求，若路基高度低于按地下水位或地面积水位计算的临界高度，可视为矮路堤。矮路堤通常处于行车荷载应力作用区范围内，同时经受着地面和地下水不利水温状况的影响。有时为了增强路基路面的综合强度与稳定性，需要另外增加投资加强路面结构或增设地下排水设施。究竟如何合理确定路基的高度，需要进行综合比较后才可择优取用。

沿河及受水浸淹的路基，其高度应根据技术标准所规定的设计洪水频率（表 4.2），求得设计水位，再增加 0.5m 的余量。如果河道因设置路堤而压缩过水面积，致使上游有壅水，或河面宽阔而有风浪，就应增加壅水高度和波浪冲上路堤的高度（即波浪侵袭高度）。所以沿河浸水路堤的高度，应高出上述各值之和，以保证路基不致淹没，并据此进行路基的防护与加固。

表 4.2　路基设计洪水频率

公路分类	高速公路	一级公路	二级公路	三级公路	四级公路
设计洪水频率	1/100	1/100	1/50	1/25	按具体情况确定

4.2.3　路基的基本组成

路基由路幅、边坡、排水设施、路基防护四部分组成，上述四部分形成一个使公路连续的带状构造物。各部分组成如图 4.6 所示。

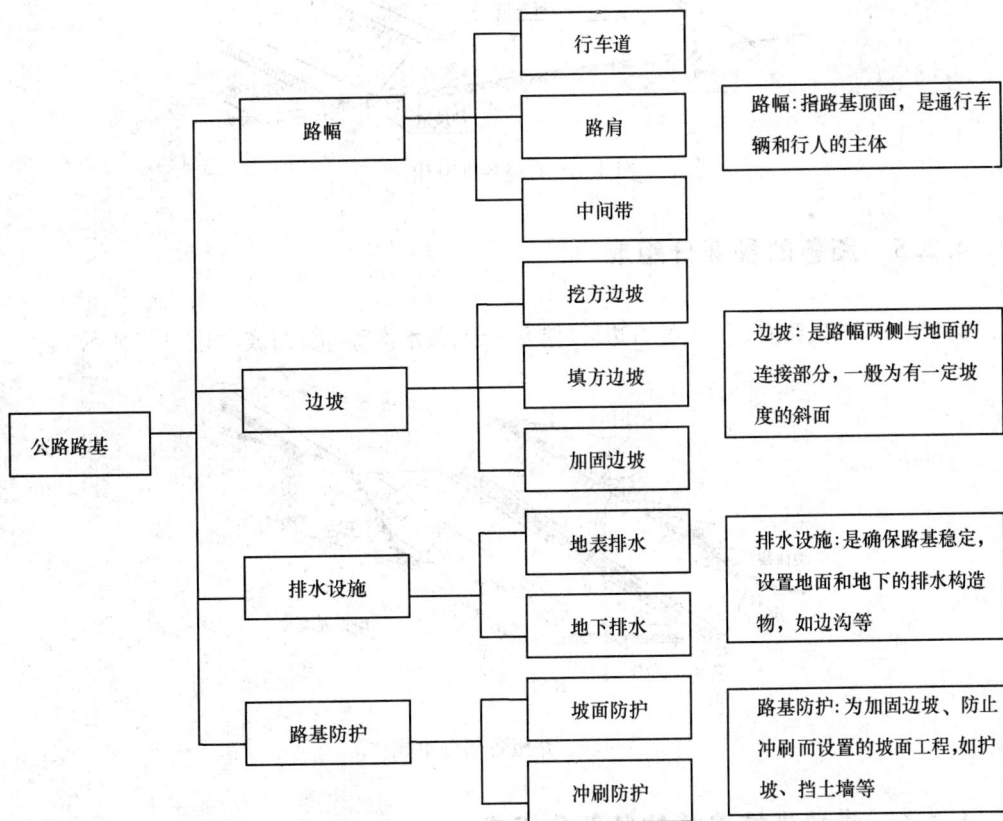

图 4.6　路基各部分组成

路槽底部一定深度的部分称路床。土质路床又称土基。

路床是路面的基础，是指路面底面以下 80cm 范围内的路基部分。

路床分上、下两层：路面底面以下深度 0～30cm 范围内的路基称为上路床；路面底面以下深度 30～80cm 范围内的路基称为下路床。

路床将承受从路面传递下来的较大的荷载应力，因而要求它均匀、密实，达到规定的强度。

4.2.4 路堤的各部分组成

路堤由行车道、路肩、填方边坡、平台、护坡道以及取土坑等部分组成，如图 4.7 所示。

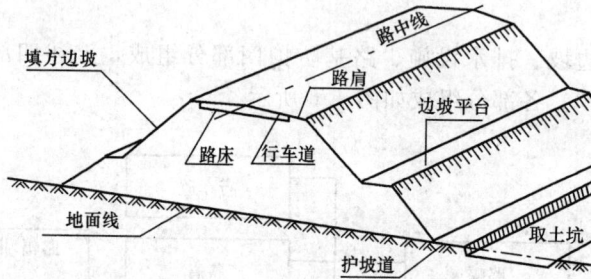

图 4.7 路堤各部分组成

4.2.5 路堑的各部分组成

路堑由行车道、路肩、边沟、挖方边坡、挖方平台、截水沟等部分组成，如图 4.8 所示。

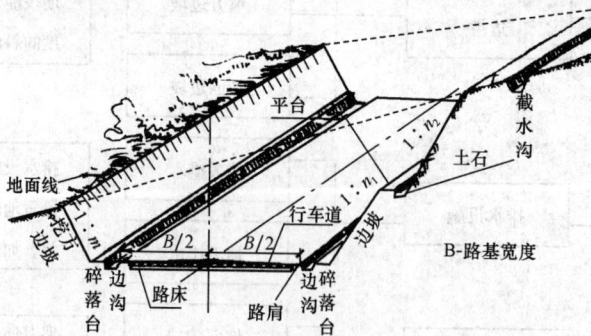

图 4.8 路堑各部分组成

4.2.6 半填半挖路基的各部分组成

半填半挖路基由行车道、路肩、边沟、挖方边坡、填方边坡、土质台阶等部分组成，如图 4.9 所示。

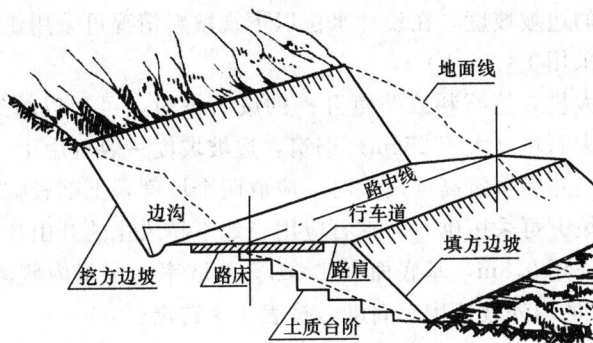

图 4.9　半填半挖路基各部分组成

4.2.7　路基的边坡

路基两侧的土（或石）坡叫边坡。路基边坡坡度对路基稳定十分重要，确定路基边坡坡度是路基设计的重要任务。公路路基的边坡坡度可用边坡高度 H 与边坡宽度 b 之比值表示，并取 $H=1$，如图 4.10 所示，$H:b=1:0.5$（路堑边坡）或 $1:1.5$（路堤边坡），通常用 $1:n$（路堑）或 $1:m$（路堤）表示其坡率，称为边坡坡率。

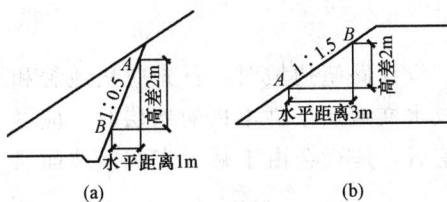

图 4.10　路基边坡
（a）路堑；（b）路堤

路基边坡坡度的大小，取决于边坡的土质、岩石的性质及水文地质条件等自然因素和边坡的高度。在陡坡或填挖较大的路段，边坡稳定不仅影响到土石方工程量和施工的难易，而且是路基整体稳定性的关键。因此，确定边坡坡度对于路基的稳定性和工程的经济合理性至关重要。一般路基的边坡坡度可根据多年工程实践经验和设计规范推荐的数值采用。

1. 路堤边坡

一般路堤边坡坡度可根据填料种类和边坡高度按表 4.3 所列的坡度选用。

表 4.3　路堤边坡坡度

填料类别	边坡最大高度/m			边坡坡度		
	全部高度	上部高度	下部高度	全部坡度	上部坡度	下部坡度
一般黏性土	20	8	12	—	1:1.5	1:1.75
砾石土、粗砂、中砂	12	—	—	1:1.5	—	—
碎石土、卵石土	20	12	8	—	1:1.5	1:1.75
不易风化石块	8	—	—	1:1.3	—	—
	20	—	—	1:1.5	—	—

路堤边坡高度超过表4.3列数值时，属高路堤，应进行单独设计。

沿河浸水路堤的边坡坡度，在设计水位以下视填料情况可采用1：1.75～1：2，在常水位以下部分可采用1：2～1：3。

当公路沿线有大量天然石料或路堑开挖的废石方时，可用以填筑路堤。填石路堤应由不易风化的较大石块（大于25cm）砌筑，边坡坡度一般可用1：1。

一般情况下，当路堤填筑高度过大时，应取两个坡度，上部较陡，下部较缓。

陡坡上的路基填方可采用砌石，砌石应用当地不易风化的开山片石砌筑。

砌石顶宽一律采用0.8m，基底面以1：1.5的坡率向路基内侧倾斜，砌石高度 H 一般为2～15m，墙的内外坡依砌石高度，按表4.4选定。

表4.4　砌石边坡坡度表

序　号	高　度	内坡坡度	外坡坡度
1	≤5	1：0.3	1：0.5
2	≤10	1：0.5	1：0.67
3	≤15	1：0.6	1：0.75

2. 路堑边坡

路堑是从天然地层中开挖出来的路基结构物。设计路堑边坡时，首先应从地貌和地质构造上判断其整体稳定性。在遇到工程地质或水文地质条件不良的地层时，应尽量使路线避绕；而对于稳定的地层，则应考虑开挖后，是否会由于减少支撑，坡面风化加剧而引起失稳。

影响路堑边坡稳定的因素较为复杂，除了路堑深度和坡体土石的性质之外，地质构造特征、岩石的风化和破碎程度、土层的成因类型、地面水和地下水的影响、坡面的朝向以及当地的气候条件等都会影响路堑边坡的稳定性，在边坡设计时必须综合考虑之（参见表4.5）。

表4.5　路堑边坡坡度

土石类别		边坡最大高度/m	边坡坡度
一般土		20	1：0.5～1：1.5
黄土及类黄土		20	1：0.1～1：1.25
碎石土、卵石土、砾石土	胶结和密实	20	1：0.5～1：1.0
	中密	20	1：1.0～1：1.5
风化岩石		20	1：0.5～1：1.5
一般岩石		—	1：0.1～1：0.5
坚石		—	直立～1：0.1

注：非均质土层，路堑边坡可采用适应各土层稳定的折线形状。

4.2.8　路基的其他组成部分

为了确保路基的强度，稳定性和行车安全，与一般路基工程有关的附属设施有取土坑、弃土堆、护坡道、碎石落台、堆料坪及错车道等。这些设施是路基设计的组成部分，正确合理地设置是十分重要的。

1. 取土坑与弃土堆

路基土石方的挖填平衡是公路路线设计的基本原则，但往往难以做到完全平衡。土石方数量经过合理调配后，仍然会有部分借方和弃方（又称废方）。路基土石方的借弃，首先要合理选择地点，即确定取土坑或弃土堆的位置。选点时要兼顾土质、数量、用地及运输条件等因素，还必须结合沿线区域规划、因地制宜，综合考虑，维护自然平衡，防止水土流失，做到借之有利、弃之无害。借弃所形成的坑或堆，要求尽量结合当地地形，充分加以利用，并注意外形规整，弃堆稳固。对高等级公路或位于城郊附近的干线公路，尤应注意。

平坦地区如果用土量较少，可以沿路两侧设置取土坑，与路基排水和农田灌溉相结合。路旁取土坑大致如图 4.11 所示，深度约 1.0m 或稍大一些，宽度依用土数量和用地允许而定。为防止坑内积水危害路基，当堤顶与坑底高差不足 2.0m 时，在路基坡脚与坑之间需设宽度 1～2m 宽的护坡平台，坑底设纵横排水坡及相应设施。

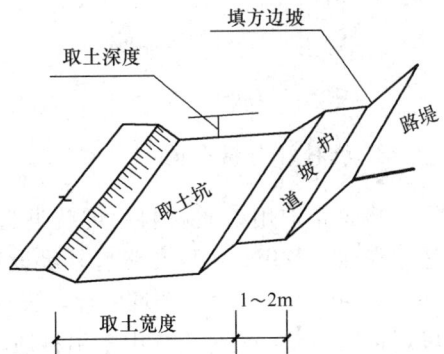

图 4.11　取土坑示意图

河水淹没地段的桥头引道近旁，一般不设取土坑，如设取土坑要距河流中水位边界 10m 以外，并与导治结构物位置相适应。此类取土坑要求水流畅通，不得长期积水危及路基或构造物的稳定。

路基开挖的废方，应尽量加以利用，如用以加宽路基或加固路堤，填补坑洞或路旁洼地，也可兼顾农田水利或基建等所需，做到变废为用，弃而不乱。

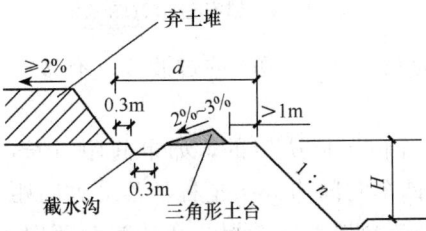

图 4.12　弃土堆示意图

废方一般选择路旁低洼地，就近弃堆。原地面倾斜坡度小于 1:5 时，路旁两侧均可设弃土堆，地面较陡时，宜设在路基下方。沿河路基爆破后的废石方，往往难以远运，条件许可时可以部分占用河道，但要注意河道压缩后，不致壅水危及上游路基及附近农田等。

如图 4.12 所示为路旁弃土堆一例，要求堆弃整平,顶面具有适当横坡,并设平台、三角土块及排水沟。积砂或积雪地段的弃土堆,宜有利于防砂防雪,可设在迎面一侧,并具有足够距离。

2. 护坡道与碎落台

护坡道是保护路基边坡稳定性的措施之一,设置的目的是加宽边坡横向距离,减小边坡平均坡度。护坡越宽,越有利于边坡稳定,但最少为 1.0m。宽度大,则工程数量越随之增加,要兼顾边坡稳定性与经济合理性。通常护坡道宽度 d 视边坡高度 h 而定,$h \geqslant 3.0m$ 时,$d=1.0m$;$h=3 \sim 6m$ 时,$d=2m$;$h=6 \sim 12m$ 时,$d=2 \sim 4m$。

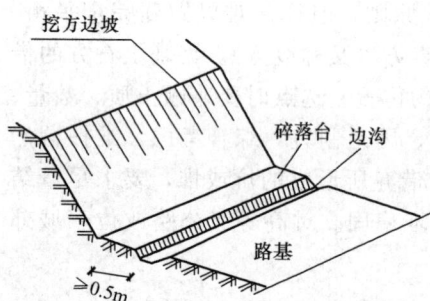

图 4.13 碎落台示意图

护坡道一般设在挖方坡脚处,边坡较高时也可设在边坡上方及挖方边坡的变坡处。浸水路基的护坡道,可设在浸水线以上的边坡上,如图 4.11 所示。

碎落台设于土质或石质土的挖方边坡坡脚处,主要供零星土石碎块下落时临时堆积,以保护边沟不致阻塞,也有护坡道的作用。碎落台宽度一般为 1.0 ~ 1.5m,如兼有护坡作用,可适当放宽。碎落台上的堆积物应定期清理。碎石台如图 4.13 所示。

3. 堆料坪与错车道

路面养护用矿质材料,可就近选择路旁合适地点堆置备用。也可在路肩外缘设堆料坪,其面积可结合地形与材料数量而定,例如每隔 50 ~ 100m 设一个堆料坪,长约 5 ~ 8m,宽 2m。高级路面或采用机械化养路的路段,可以不设,或另设集中备用料场,以维护公路外形的视觉平顺和景观优美。

错车道是四级公路采用 4.5m 单车道路基时,为错车而在适当距离内设置的加宽车道。如图 4.14 所示。

错车道应设在有利地点,并使驾驶员能看到相邻两错车道间驶来的车辆。设置错车道路段的路基宽度不小于 6.5m,有效长度不小于

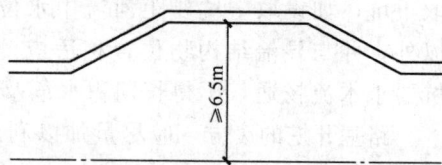

图 4.14 错车道示意图

20m。为了便于错车车辆的驶入,在错车道的两端应设不小于 10m 的过渡段。有效长度至少能容纳一辆全挂车的长度。

错车道的间距是根据错车时间、视距、交通量等情况而决定的,如果间距过长,错车时间长,通行能力就会下降。国外有的规定,错车时间为 30s 左右,其最大间距应不大于 300m。我国标准未做硬性规定,只规定要结合地形等情况,在适当距离内,即能看到相邻两个错车道的有利地点设置。

4.3　路基排水

4.3.1　排水的目的与要求

路基的强度与稳定性同水的关系十分密切。路基的病害有多种，形成病害的因素也很多，但水的作用是主要因素之一，因此在路基设计、施工和养护中，必须十分重视路基排水工程。

根据水源的不同，影响路基的水流可分为地面水和地下水两大类，与此相适应的路基排水工程，则分为地面排水和地下排水。

地面水包括大气降水（雨和雪）以及海、河、湖、水渠、水库水。地面水对路基产生冲刷和渗透，冲刷可能导致路基整体稳定性受损害，形成水毁现象。渗入路基土体的水分，使土体过湿而降低路基强度。

地下水包括上层滞水、潜水、层间水等，它们对路基的危害程度，因条件不同而异。轻者能使路基湿软，降低路基强度；重者会引起冻胀、翻浆或边坡滑坍，甚至整个路基沿倾斜基底滑动。水还可能造成掺有膨胀土的路基工程毁灭性的破坏。

水对路面的危害可以表现为：降低路面材料的强度，在水泥混凝土路面的接缝和路肩处造成唧泥；移动荷载作用下引起的唧泥和高压水冲刷，造成路面基层承载能力下降；在冻胀地区，融冻季节水会引起路面承载能力的普遍下降。

路基排水的任务，就是将路基范围内的土基湿度降低到一定的限度以内，保持路基常年处于干燥状态，确保路基、路面具有足够的强度与稳定性。

路基设计时，必须考虑将影响路基稳定性的地面水，排除和拦截于路基用地范围以外，并防止地面水漫流、滞积或下渗。对于影响路基稳定性的地下水，则应予以隔断、疏干、降低，并引导至路基范围以外的适当地点。

路基施工中，首先应校核全线路基排水系统的设计是否完备和妥善，必要时应予以补充或修改，应重视排水工程的质量和使用效果。此外，应根据实际情况与需要，设置施工现场的临时性排水措施，以保证路基土石方及附属结构物在正常条件下进行施工作业，消除路基基底和土体内与水有关的隐患，保证路基工程质量，提高施工效率。

路基养护中，对排水设施应定期检查与维修，以保证排水设施正常使用，水流畅通，并根据实际情况不断改善路基排水条件。

路界地表排水的目的是把降落在路界范围内的表面水有效地汇集并迅速排除出路界，同时把路界外可能流入的地表水拦截在路界范围外，以减少地表水对路基和路面的危害以及对行车安全的不利。通常地表排水可以划分为路面表面排水、中央分隔带排水和坡面排水三部分。中央分隔带排水，视其宽度和表面横向坡度倾向，可以包括中央分隔带和左侧边缘带，或者仅为中央分隔带，而在设超高路段，它还包括上侧半幅路面的表面水。坡面排水包括路堤坡面、路堑坡面和倾向路界的自然坡面的排水。

路面工程的实践证明了路面内部排水的重要性。新建的刚性路面需设置各种接缝，而路面在使用期间又会出现各种裂缝、松散、坑槽等病害。降落在路面表面的排水，会通过路面接缝或裂缝、松散等病害处或者沥青路面面层孔隙下渗入路面结构内部。此外，道路两侧有滞水时，水分也可能侧向渗入路面结构内部。路面内部排水系统的设计通常需满足三方面的要求，一是各项设施应具有足够的泄水能力，排除渗入路面结构内的自由水；二是自由水在路面结构内的渗流时间不能太长，渗流路径不能太长；三是排水设施要有较好的耐久性。

4.3.2　地面排水设施

常用的路基地面排水设备，包括边沟、截水沟、排水沟、跌水与急流槽等，必要时还有渡槽、倒虹吸及积水池等。这些排水设备，分别设在路基的不同部位，各自的排水功能、布置要求或构造形式均有所差异。路基地表排水设施的概流量计算，对高速公路一级公路应采用 15 年，其他等级公路应采用 10 年的重现期内任意 30 分钟的最大降雨强度。各类地表水沟沟顶应高出设计水位 0.2m 以上。

1. 边沟

边沟（图 4.15）是设置在挖方路基的路肩外侧或低路堤的坡脚外侧，多与路中线平行，用以汇集和排除路基范围内和流向路基的少量地面水。平坦地面填方路段的路旁取土坑，常与路基排水设计综合考虑，使之起到边沟的排水作用。

图 4.15　边沟

边沟的横断面形式，有梯形、矩形、三角形及碟形，见表 4.6。边沟横断面一般采用梯形，梯形边沟内侧边坡为 1∶1.0～1∶1.5，外侧边坡坡度与挖方边坡坡度相同。石方路段的边沟宜采用矩形横断面，其内侧边坡直立，坡面应采用浆砌片石防护，外侧边坡坡度与挖方边坡坡度相同。少雨浅挖地段的土质边沟可采用三角形横断面，其内侧边坡宜采用 1∶2～1∶3，外侧边坡坡度与挖方边坡坡度相同。三角形边坡的水流条件较差，流量较大时沟深宜适当加大。

梯形边沟的底宽与深度约 0.4～0.6m，水流少的地区或路段，取低限或更小，但不宜小于 0.3m；降水量集中或地势偏低的路段，取高限或更大一些。碟形边沟，是将路堤横断面的边角整修圆滑，可以防止路基旁侧积沙或堆雪。

表 4.6　边沟类型及适用条件

名称	图　式	适用条件	名称	图　式	适用条件
填方梯形边沟	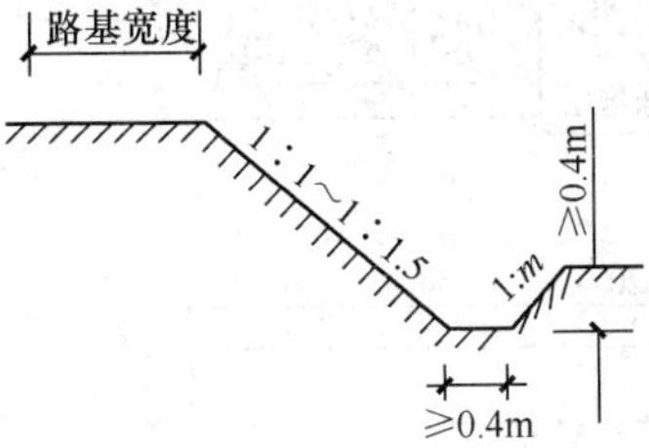	二级及二级以下公路的低填方路段	挖方梯形边沟	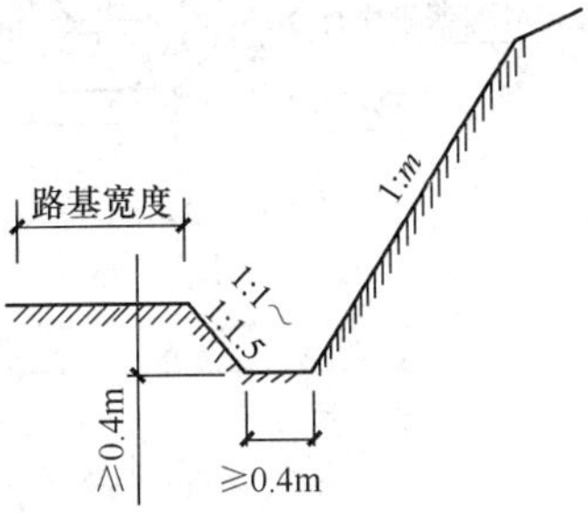	二级及二级以下的土质挖方路段
三角形边沟	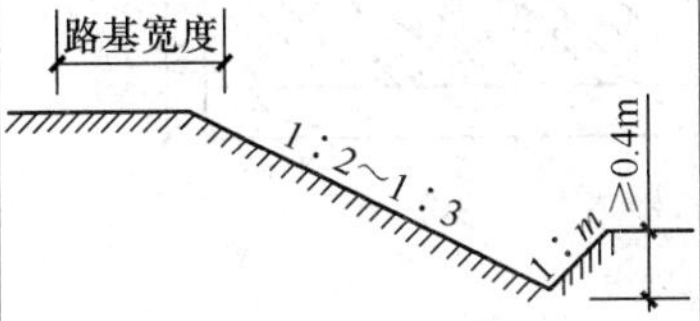	高速公路及一级公路	碟形边沟	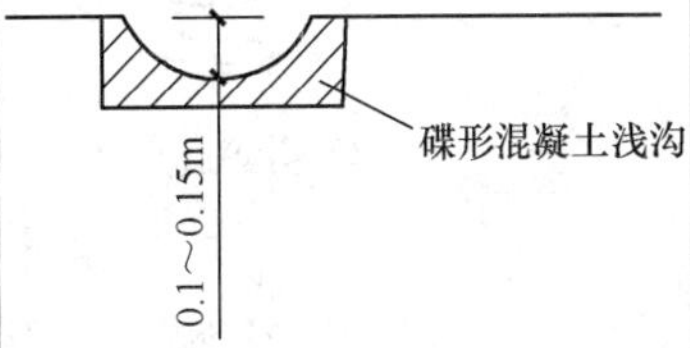	高速及一级公路
矩形边沟	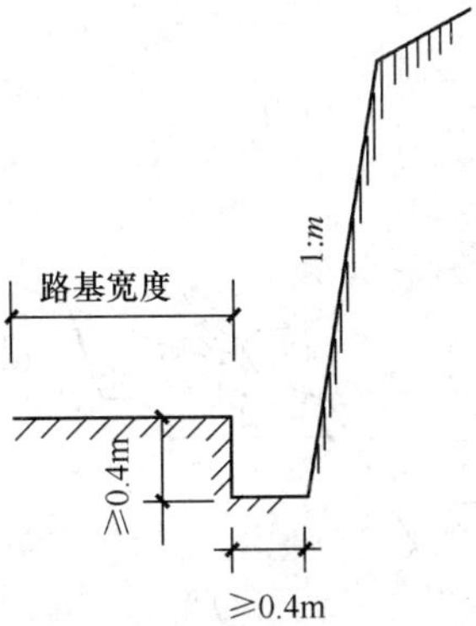	二级及二级以下公路的岩石路段	涵盖板的矩形边沟	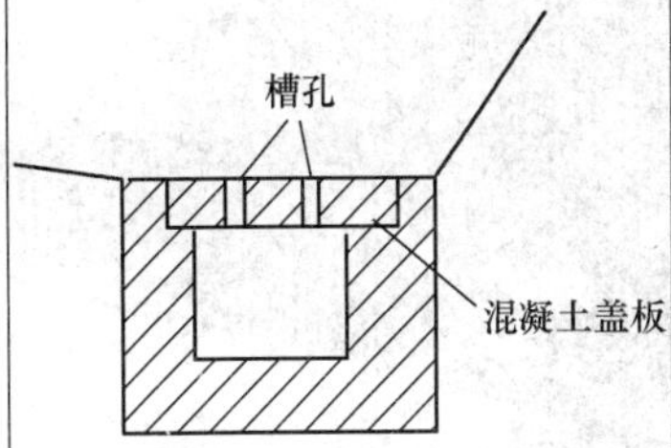	受条件限制的高速及一级公路

边沟可采用浆砌片（块）石、浆砌卵石、水泥混凝土预制块防护，如图 4.16 所示。

2. 截水沟

又称天沟，一般设置在挖方路基边坡坡顶以外，或山坡路堤上方的适当地点（图 4.17），用以拦截并排除路基上方流向路基的地面径流，减轻边沟的水流负担，保证挖方边坡和填方坡脚不受流水冲刷。降水量较少或坡面坚硬和边坡较低以致冲刷影响不大的路段，可以不设截水沟；反之，如果降水量较多，且暴雨频率较高，山坡覆盖层比较松软，坡面较高，水土流失比较严重的地段，必要时可设置两道或多道截水沟。挖方和填方路段的截水沟分别如图 4.18～图 4.20 所示。

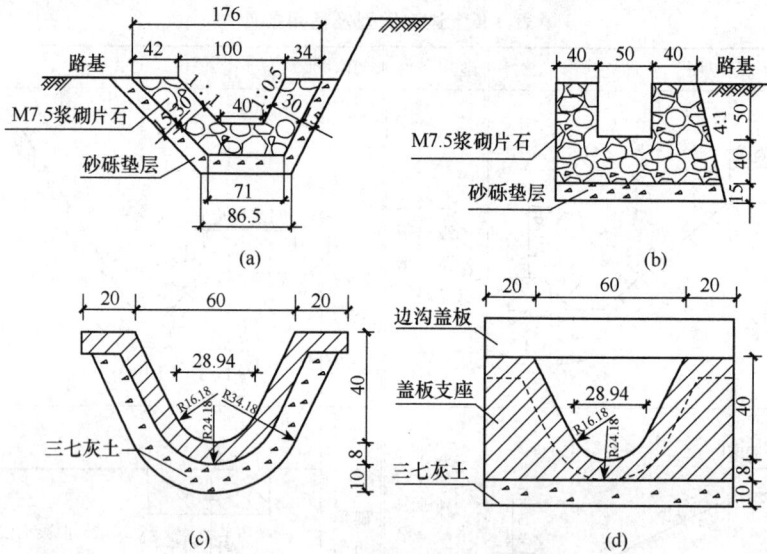

图 4.16 浆砌片石边沟
(a) 浆砌片石梯形边沟；(b) 浆砌片石矩形边沟
(c) A 型-U 形混凝土排水边沟；(d) B 型-U 形混凝土排水边沟

图 4.17 截水沟

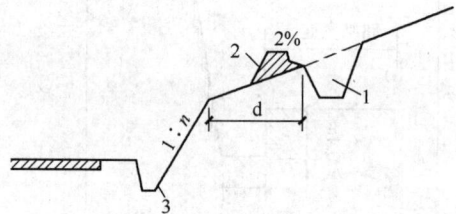

图 4.18 挖方路段截水沟示意图
1—截水沟；2—土台；3—边沟

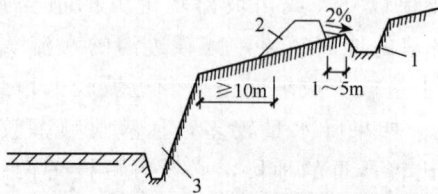

图 4.19 挖方路段弃土堆与截水沟的关系
1—截水沟；2—弃土堆；3—边沟

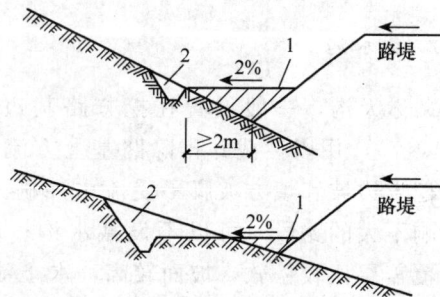

图 4.20 填方路段上截水沟示意图
1—土台；2—截水沟

截水沟的横断面形式，一般为梯形（图 4.21），沟的边坡坡度，因岩土条件而定，一般采用 1∶1.0～1∶1.5，如图 4.21 所示。沟底宽度 b 不小于 0.5m，沟深 h 按设计流量而定，也不应小于 0.5m。

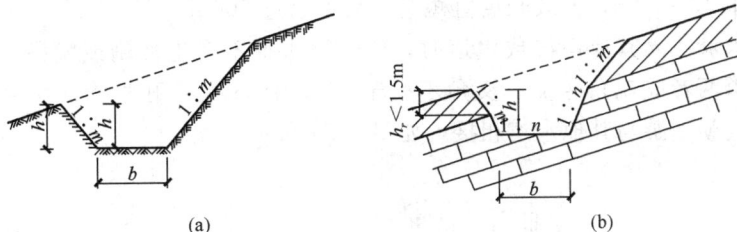

图 4.21　截水沟横断面图例

（a）土沟；（b）石沟

截水沟的位置，应尽量与绝大多数地面水流方向垂直，以提高截水效能和缩短沟的长度。截水沟应保证水流畅通，就近引入自然沟内排出，必要时配以急流槽或涵洞等泄水结构物将水流引入指定地点。截水沟水流不应引入边沟，当必须引入时，应增大边沟横断面，并进行防护。沟底应具有 0.5% 以上的纵坡，沟底和沟壁要求平整密实、不滞流、不渗水，必要时予以加固和铺砌。截水沟的长度以 200～500m 为宜。

3. 排水沟

排水沟的主要用途在于引水，将路基范围内各种水源的水流（如边沟、截水沟、取土坑、边坡和路基附近积水），引至桥涵或路基范围以外的指定地点，如图 4.22 所示。当路线受到多段沟渠或水道影响时，为保护路基不受水害，可以设置排水沟或改移渠道，以调节水流，整治水道。

排水沟的横断面，一般采用梯形（图 4.23），尺寸大小应经过水力水文计算选定。用于边沟、截水沟及取土坑出水口的排水沟，横断面尺寸根

图 4.22　排水沟

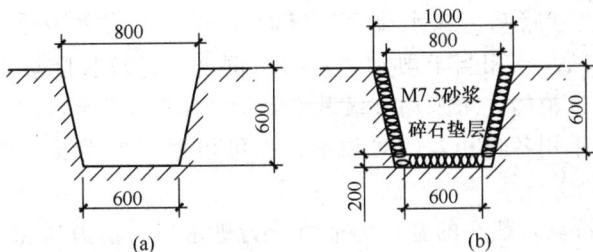

图 4.23　排水沟横断面图例

（a）普通排水沟横断面图；（b）浆砌块石排水沟横断面图

据设计流量确定，底宽与深度不宜小于 0.5m，土沟的边坡坡度约为 1∶1～1∶1.5。

排水沟的位置，可根据需要并结合当地地形等条件而定，离路基尽可能远些，距路基坡脚不宜小于 2m。平面上应力求直捷，需要转弯时也应尽量圆顺，做成弧形，其半径不宜小于 10～20m，连续长度宜短，一般不超过 500m。

排水沟水流注入其他沟渠或水道时，应使原水道不产生冲刷或淤积。通常应使排水沟与原水道两者成锐角相交，交角不大于 45°，有条件可用半径 $R=10b$（b 为沟顶宽）的圆曲线朝下游与其他水道相接，如图 4.24 所示。

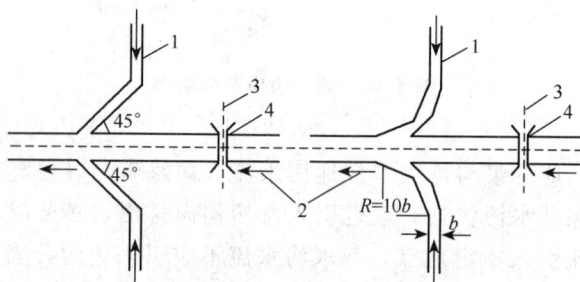

图 4.24　排水沟与水道衔接示意图
1—排水沟；2—其他渠道；3—路基中心线；4—桥涵

4. 跌水与急流槽

跌水（图 4.25）与急流槽是路基地面排水沟渠的特殊形式，用于陡坡地段，沟底纵坡可达 45°。由于纵坡陡、水流速度快、冲刷力大，要求跌水与急流槽的结构必须稳固耐久，通常应采用浆砌块石或水泥混凝土预制块砌筑，并具有相应的防护加固措施。

跌水的构造，有单级和多级之分，沟底有等宽和变宽之别。单级跌水适用于排水沟渠连接处，由于水位落差较大，需要消能或改变水流方向，图 4.26 表示路基边沟水流通过涵洞排泄时，采用单级跌水（相当于雨水井）的示例之一。较长陡坡地段的沟渠，为减缓水流速度，并予以消能，可采用多级跌水，图 4.27 即为示例之一。多级跌水底宽和每级长度，可以采用各自相等的对称形，也可根据实地需要，做成变宽或不等长度与高度。

图 4.25　跌水

按照水力计算特点，跌水的基本构造可分为进水口、消力池和出水口三个组成部分，如图 4.28 所示。各个组成部分的尺寸，由水力计算而定。

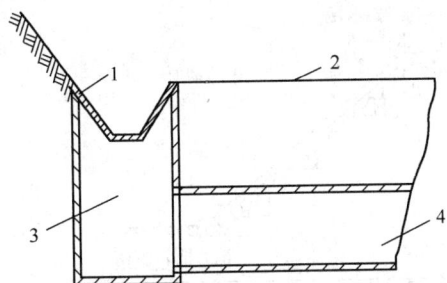

图 4.26　边沟下涵洞单级跌水连接图

1—边沟；2—路基；3—跌水井；4—涵洞

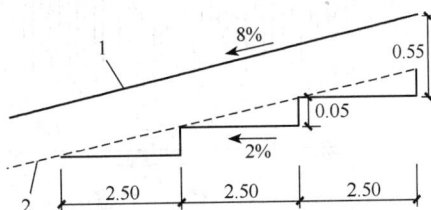

图 4.27　多级跌水纵剖面图（单位：m）

1—沟顶线；2—沟底线

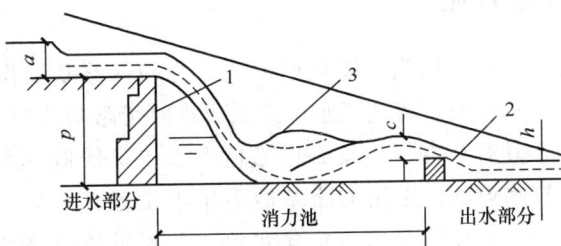

图 4.28　跌水构造示意图

1—护墙；2—消力槛；3—墙身

a—上游水深；p—护墙高；c—消力槛高；h—下游水深

急流槽的纵坡，比跌水的平均纵坡更陡，结构的坚固稳定性要求更高，是山区公路回头展线，沟通上下线路基排水及沟渠出水口的一种常见排水设施。急流槽主体部分的纵坡，依地形而定，一般可达 67％（1∶1.5），如果地质条件良好，需要时还可更陡，但结构要求更严，造价也相应提高，设计时应通过比较而定。

急流槽多用砌石（抹面）和水泥混凝土结构，也可利用岩石坡面挖槽，如图 4.29 所示。如临时急需时，可就近取材，采用竹木结构。

急流槽的构造如图 4.30 所示。按水力计算特点，也由进口、主槽（槽身）和出口三部分组成。

急流槽的进出口与主槽连接处，因沟槽横断面不同，为了能平顺衔接，可设过渡段，出口部分设有消力池。各个部分的尺寸，依水力计算而定。急流槽的基础必须稳固，端部及槽身每隔 2～5m，在槽底设耳墙埋入地面以下。槽身较长时，宜分段砌筑，每段长约 5～10m，预留伸缩缝，并用防水材料填缝。

图 4.29　急流槽

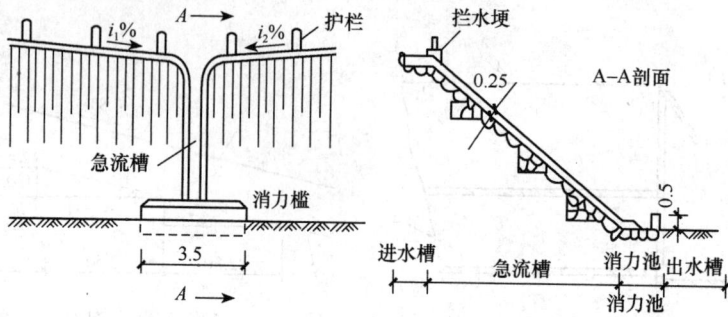

图 4.30　高路堤地段边坡急流槽示意图

4.3.3　地下排水设施

当地下水位较高，而路基标高又受到限制时，为确保路基工作区内的土基强度与稳定性，应采用地下排水设备，将地下水位降低或排除于路基范围以外。

建筑在地面以下，具有拦截、汇集、排除地下水或降低地下水位，或能兼排地面水的结构物，称地下排水设施。常用的路基地下排水设备有盲沟、渗沟和渗井等，其特点是排水量不大，主要是以渗流方式汇集水流，并就近排出路基范围以外。对于流量较大的地下水，应设置专用地下管道予以排除。

由于地下排水设备埋置地面以下，不易维修，在路基建成后又难以查明失效情况，因此要求地下排水设备能牢固有效。

1. 暗沟

相对于地面排水的明沟而言，暗沟又称盲沟，具有隐蔽工程的含义。从盲沟的构造特点出发，由于沟内分层填以大小不同的颗粒材料，利用渗水材料透水性将地下水汇集于沟内，并沿沟排泄至指定地点。此种构造相对于管道流水而言，习惯上称之为盲沟，在水力特性上属于紊流。

当路基范围内遇有个别泉眼，泉水外涌，路线不能绕避时，为将泉水引至填方坡脚以外或挖方边沟，加以排除，可在泉眼与出口之间开挖沟槽，修建暗沟。

图 4.31 为一侧边沟下面所设的盲沟，用以拦截流向路基的层间水，防止路基边坡滑坍和毛细水上升危及路基的强度与稳定性。

图 4.32 是路基两侧边沟下面均设盲沟，用以降低地下水位，防止毛细水上升至路基工作区范围内，形成水分积聚而造成冻胀和翻浆，或土基过湿而降低强度等。

以上所述的盲沟，沟槽内全部填满颗粒材料，可以理解为简易盲沟，其构造比较简单，横断面成矩形，也可做成上宽下窄的梯形，沟壁倾斜度约 $1:0.2$，底宽 b 与深度 h 大致为 $1:3$，深约 $1.0\sim1.5\mathrm{m}$，则底宽约 $0.3\sim0.5\mathrm{m}$。盲沟的底部中间填以粒径较大（$3\sim5\mathrm{cm}$）的碎石，其空隙较大，水可在空隙中流动。粗粒碎石两侧和上部，按一定比例分层（层厚约 $10\mathrm{cm}$）填以较细粒径的粒料，逐层粒径比例大致按

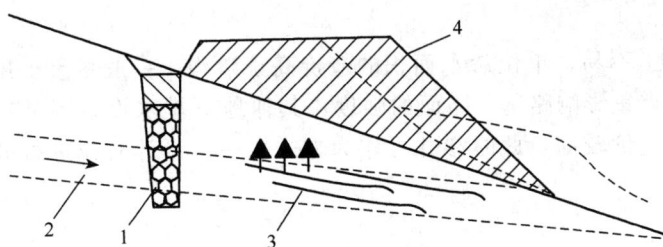

图 4.31 一侧边沟下设盲沟
1—盲沟；2—层间水；3—毛细水；4—可能滑坡线

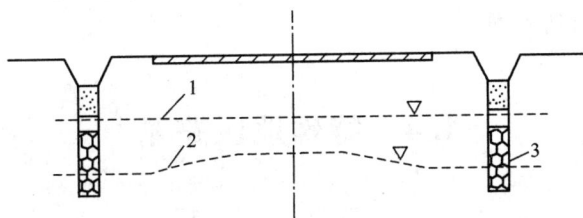

图 4.32 两侧边沟下设盲沟
1—原地下水位；2—降低后地下水位线；3—盲沟

6 倍递减。盲沟顶部和底面，一般设有厚 30cm 以上的不透水层，或顶部设有双层反铺草皮。

简易盲沟的排水能力较小，不宜过长，沟底具有 1‰～2‰ 的纵坡，出水口底面标高应高出沟外最高水位 20cm，以防水流倒渗。

寒冷地区的暗沟，应做防冻保温处理或将暗沟设在冻结深度以下。

2. 渗井

渗井属于水平方向的地下排水设备，当地下存在多层含水层，其中影响路基的上部含水层较薄，排水量不大，且平式渗沟难以布置，采用立式（竖向）排水，设置渗井，穿过不透水层，将路基范围内的上层地下水，引入更深的含水层中去，以降低上层的地下水位或全部予以排除。

渗井的平面布置以及孔径与渗水量，按水力计算而定，一般为直径 1.0～1.5m 的圆柱形。也可是边长为 1.0～1.5m 的方形。井深视地层构造情况而定，井内由中心向四周按层次，分别填入由粗而细的砂石材料，粗料渗水，细料反滤。填充料要求筛分冲洗，施工时需用铁皮套筒分隔填入不同粒径的材料，要求层次分明，不得粗细材料混杂，以保证渗井达到预期排水效果。图 4.33 为渗井结构

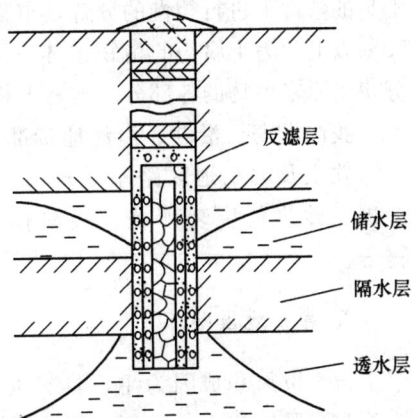

反滤层
储水层
隔水层
透水层

图 4.33 渗井结构示意图

示意图。

鉴于渗井施工不易，单位渗水面积的造价高于渗沟，一般尽量少用。有时，因土基含水量较大，严重影响路基、路面的强度，其他地下排水设备不易布置，其他技术措施如隔离层的造价较高，此时渗井可作为方式之一，设计时应进行分析比较，有条件地选用。

3. 渗沟

采用渗透方式将地下水汇集于沟内，并通过沟底通道将水排至指定地点，此种地下排水设备统称为渗沟。它的作用是降低地下水位或拦截地下水，其水力特性是紊流，但在构造上与暗沟有所不同。

4.4 特殊地区路基

地处特殊气候或特殊地质条件下的路基，主要有山坡变形地区路基、软土地区路基、风沙地区路基、雪害地区路基、多年冻土地区路基、盐渍土地区路基、水库地区路基等。特殊地区路基若设计和施工不当，会发生路基变形或破坏，影响公路的正常运营。特殊地区路基主要有以下几种情况。

1. 软土及泥沼地区路基

所谓软土是指以近代水下沉积的饱和软黏土。与泥沼相比，其形成年代一般比较老，近代地貌多为宽阔的平原，或丘陵边缘平坦的谷地，其地表已不再为地表水所浸漫，表面常具有可塑硬壳层，地下水位接近地表，沉积厚度一般较深。

泥沼，一般是指湖盆地或河滩衰亡后的遗迹。泥沼表面多呈现洼地，被水所浸漫。其成因是在浅水湖泊或流速很慢的河流沿岸生长的喜水植物，死去后沉落水底并在氧气不足的条件下进行缓慢的分解，植物年复一年的堆积，便形成泥炭层。其有机质含量在50%以上，为半腐朽的植物遗体，结构是粗糙的，其中可以用肉眼和普通显微镜清楚地分辨出原来植物的各部分。与软土相比，沉积厚度较薄，颜色为棕褐色、褐色或黑色。

我国沿海、沿湖、沿河地带都有广泛的软土分布。

软土及泥沼地区路基处理方法主要有开挖换填、抛石挤淤、反压护道、排水砂垫层、砂井及袋装砂井、塑料排水板、爆破排淤、侧向约束、石灰砂桩、土工植物等。

2. 黄土地区路基

黄土以风积成因为主，具有大孔性，垂直节理和架空孔隙均较发育，含有大量可溶盐和膨胀性黏土矿物等，因此具有湿陷性和较低的承载力，极易引发各种各样的工程质量事故。而作为带状工程的公路，黄土所具有的不良工程地质特性造成的危害尤其严重，主要表现为公路边坡剥落、冲刷、滑坍、崩坍、流泥；路堤沉陷、表面滑溜、局部滑坍以及路面裂缝等。

黄土作为干旱半干旱地区的沉积物，由于其特定的生成环境，使得它具有独特的结构特性，这种独特的结构特性直接影响着黄土的力学性状和工程特性。

黄土具有多孔性，以粉土颗粒为主，富含碳酸盐，颜色以黄色为主；同时，黄土具有渗透性、湿陷性、易崩解等特点，在外荷载和自重作用下受水浸湿后容易产生湿陷变形。

我国黄土地区广泛分布于黄河中游的河南西部，山西、陕西和甘肃的大部分地区，以及青海、宁夏、内蒙古部分地区。

黄土路堑坡面防护的类型主要有植物防护和工程防护（包括四合土捶面和四合土砖防护、浆砌片石骨架内捶面、预制混凝土骨架内捶面、混凝土块板、喷射混凝土、浆砌片（块）石护坡和浆砌片石护墙）。

3. 盐渍土地区路基

盐渍土是在深 1m 的地表土层内，易溶盐含量大于 0.3% 的土地。盐渍土有滨海盐渍土与内陆盐渍土之分。前者分布于沿海一带，其生成与海水浸渍有关；后者分布于内陆，其生成多与气候干旱和地下水位高有关。

中国盐渍土以内陆盐渍土为主。内陆盐渍土主要分布于新疆、内蒙古、青海、甘肃、宁夏；滨海盐渍土主要分布于辽宁、河北、山东、江苏等沿海地区。

盐渍土地区路基病害防治措施主要有：控制填料的含盐量及压实度、控制路基高度、设置毛细水隔断层、基底处理、加强排水降低地下水位、路基加固等。

4. 沙漠地区路基

沙漠地区的特征是气候干燥，雨量稀少，植被稀疏矮小，风大沙多，面积辽阔，地表形态复杂多变，工程材料和水源缺乏等。在这些地区修筑道路，要根据地区特点，充分考虑施工、养护、运营中因气候、材料可能造成的困难，及路基建成后因风沙流和沙丘移动所造成的风蚀和沙埋现象，因地制宜地选定路线走向，采取有效措施，避免或最大限度地消除风沙隐患，达到路基稳定，行车安全顺畅的效果。

中国沙漠分布于北纬 35°～50°，东经 75°～125°，绵亘新疆、甘肃、青海、宁夏、陕西、内蒙古等省、自治区，总面积包括戈壁在内有 128 万 km。

5. 泥石流地区的路基

泥石流是一种携带有大量泥沙、石块等固体物质的特殊洪流。它的侵蚀、冲刷、搬运和沉积过程均十分迅速，往往在很短时间内流出数十万至数百万立方米的固体物质，能将数十吨、数百吨甚至上千吨的巨石，从山谷中冲到山口外，对桥梁、路基等均有巨大的破坏性和危害性。形成泥石流的基本条件和自然特征，与地形、地理、地质条件、气候条件和水文条件等方面都有密切的关系。

泥石流地区路防治措施如图 4.34 所示。

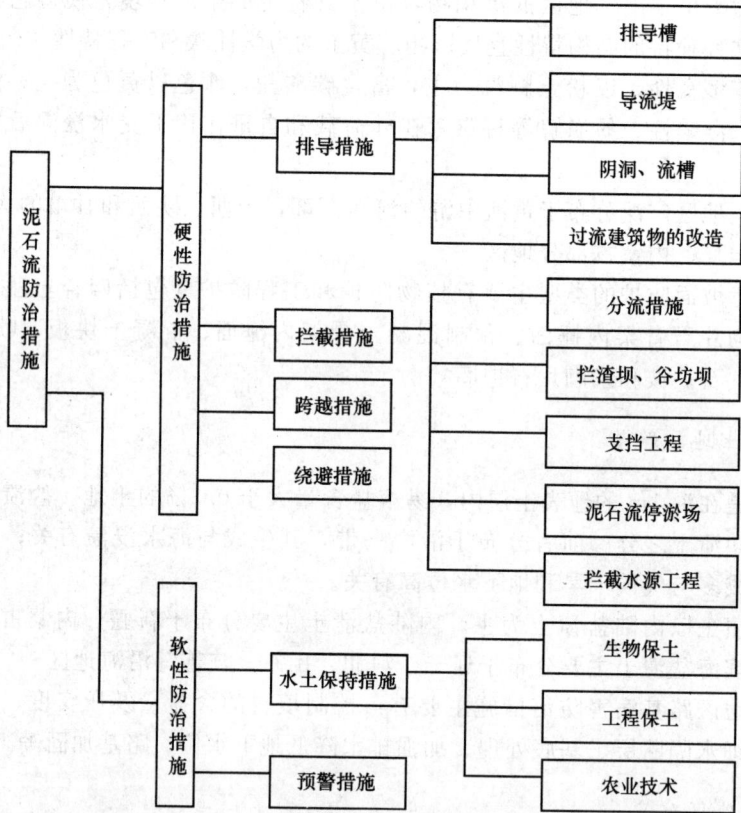

图 4.34 泥石流地区路防治措施

6. 多年冻土地区路堤

在高纬度或高海拔地层中，温度等于或低于零度，土中固态水终年不化且连续三年以上者，称为多年冻土。其表面层则常为季节融化层。多年冻土层中存在冰锥、冰丘、热融湖和沼泽，都会影响路堤的稳定。路堤的修筑可能改变或破坏土层的地温条件，从而引起冻土冰层的变化和路堤的变形。

中国多年冻土区面积约 215 万 km^2，占全国面积的 22.3%。主要分布在青藏高原，东北大、小兴安岭及西部高山等地。

冻土地区的路基应有足够的填土高度，并仔细搞好取土、排水的设计与施工，以避免冻胀、翻浆、热融滑坍、热融沉陷和冻胀丘、冰锥等病害。在有厚地下冰的地段，应尽量避免挖方、低填和不填不挖断面，否则应采取专门的隔热防融、基地换填等措施；在铺筑沥青路面时，应注意采取措施以防黑色面层吸热而产生新的热融沉陷。

7. 岩溶、坑洞地区路基

在石灰岩地区，由于地面水和地下水的溶蚀作用，在地层中存在大小不等的溶洞和暗河；在矿区则在地下有正在使用的坑道，或已废弃的矿穴。路基经过这种地区，必须查明这些空洞的分布位置和对路基的危害程度，并尽量少挖少填。对溶岩地区主要是要查明其是否还在继续发展和岩溶顶板的安全厚度，必要时将岩溶空洞回填。地下矿体开采会引起地表大面积下沉，一般重要铁路干线下一定宽度内不允许开挖；废弃的矿穴坑道上部覆盖常为土层，因而对地面路基稳定的影响更为严重。有些老煤矿上的老路基，由于废弃坑道大量抽水，地下水位下降会引起路基沉陷。

岩溶水的处理措施主要有截流、排导、围隔、防渗封闭、结构物跨越和地面下加固处理。而洞穴处理措施有跨越和洞内加固两种。

8. 崩坍滑坡地区路基

滑坡是大量土体或岩体在重力作用下，沿一定的滑动面缓慢而长期地下滑，有些则在到达一定程度后出现比较急剧的倾倒崩塌。这些现象往往造成重大灾害。公路选线需要尽可能地绕避崩坍滑坡地段。无法绕避时，应对可能发生崩坍滑坡的地段进行详细的工程地质调查研究，并采取必要的防治措施。

滑坡的防治措施主要有消除水的有害作用、改变滑体重心位置增加稳定因素、修建支挡建筑物、改善滑带土的性质提高力学强度。

9. 雪害地区路基

主要分布在寒冷地区和高原。中国雪害多见于东北地区和青藏高原。在雪害地区，应根据积雪和风向，在路基单侧或双侧设置一定宽度的防护林带。在不宜种植防护林地段，可设置固定式或移动式防雪栅栏。

10. 风沙地区路基

中国主要分布在青海、新疆、甘肃、宁夏和内蒙古等省、自治区。风沙地区筑路应充分掌握地区的风和沙丘移动规律，首先在选线上尽可能避免沙害。防治沙害的根本措施是植树造林，但非短期可收成效。此外，风沙地区路基本体也是沙粒筑成，在风力作用下易被吹蚀破坏，因而在造固沙林的同时，路基附近还修建机械式防沙措施，如铺面、喷注沥青，或设置各种沙障。

11. 河滩及水库地区路堤

浸水路堤是指被设计水位浸淹的滨河路堤、河滩路堤和穿越注淀、池塘等地段的路堤。路堤填料应尽可能选用渗水性能好、水稳定性较高的材料，如岩块或中砂以上的粗粒土。浸水路堤的坡面防护，通常采用干砌片石护坡、挡墙、堆石等措施。海滩路堤的防护也可采用导流措施，以减弱海水对路堤的冲刷。水库路堤还要考虑水库水位涨落所引起的库岸地下水位的变化，以及波浪所引起的坍岸。这些变化和坍岸有时会影响沿岸路堤的稳定。

12. 裂隙黏土地区路基

裂隙黏土指多裂隙超固结为膨胀性黏土矿物所组成的一种硬黏土，国际上也称为超（预）固结黏土。地基工程则称为膨胀土。裂隙黏土是在地质年代中曾经在地层深处受过很大压力和挤压剪切作用，后来经过地壳运动出露地面的黏土层。这种黏土的特点是孔隙比很小，密度大而坚硬，但其中有大量微小不规则的剪裂面。这种地区的路堑在开挖时可以维持较陡的边坡，但这种边坡往往在经过几个雨季后逐渐丧失其原有的强度而发生坍滑。有些裂隙硬黏土边坡的坍滑可以延续很多年，甚至边坡放缓至1∶2和1∶3仍不能稳定。因此，在裂隙硬黏土地层中，路基设计应尽量避免深挖和高填，并注意坡面防水。

裂隙黏土路堑边坡防护加固类型主要有植被防护、三合土抹面、混凝土预制块封闭、骨架护坡、片石护坡和挡土墙。

特殊条件下路基除上述几种外，尚有坠石、沼泽、盐湖、雪崩、水库坍岸等。它们对路基稳定性都有影响，要充分调查研究加以考虑。

4.5　路基防护与加固

由岩土所筑成的路基，大多暴露于空间，长期受自然因素的作用。岩土在不利水温条件作用下，物理、力学性质将发生变化。浸水后湿度增大，土的强度降低；岩性差的岩体，在水温变化条件下，加剧风化；路基表面在温差作用下形成胀缩循环，在湿差作用下形成干湿循环，可导致强度衰减和剥蚀；地表水流冲刷，地下水源浸入，使岩土表层失稳，易造成和加剧路基的水毁病害；沿河路堤在水流冲击、淘刷和侵蚀作用下，易遭破坏；湿软地基承载力不足，易导致路基沉陷。所有这些，均取决于岩土的物理力学性质及自然因素，且与路基承受行车荷载的情况密切相关。

合理的路基设计，应在路基位置、横断面尺寸、岩土组成等方面综合考虑。为确保路基的强度与稳定性，路基的防护与加固，也是不可缺少的工程技术措施。随着公路等级的提高，为维护正常的汽车运输，减少公路灾害，确保行车安全，保持公路与自然环境协调，路基的防护与加固更具有重要意义。实践经验证明，在高等级公路建设中，防护工程对保证公路使用品质、提高投资效益均具有重要的意义。

4.5.1　路基防护

路基防护，主要有边坡坡面防护、沿河路堤河岸冲刷防护两类，如图4.35所示。

路基防护
- 坡面防护
  - 植物防护
    - 植草
    - 铺草皮
    - 植树
  - 灰浆防护
    - 抹面、捶面
    - 喷浆
    - 勾缝与灌浆
- 冲刷防护
  - 直接防护
    - 护面墙、挡土墙
    - 砌石护坡、混凝土预制板、土工织物
    - 抛石、梢料和石笼
  - 间接防护
    - 导流构造物（丁坝、顺坝、格坝等）
    - 河道整理（疏浚、理顺、改道等）

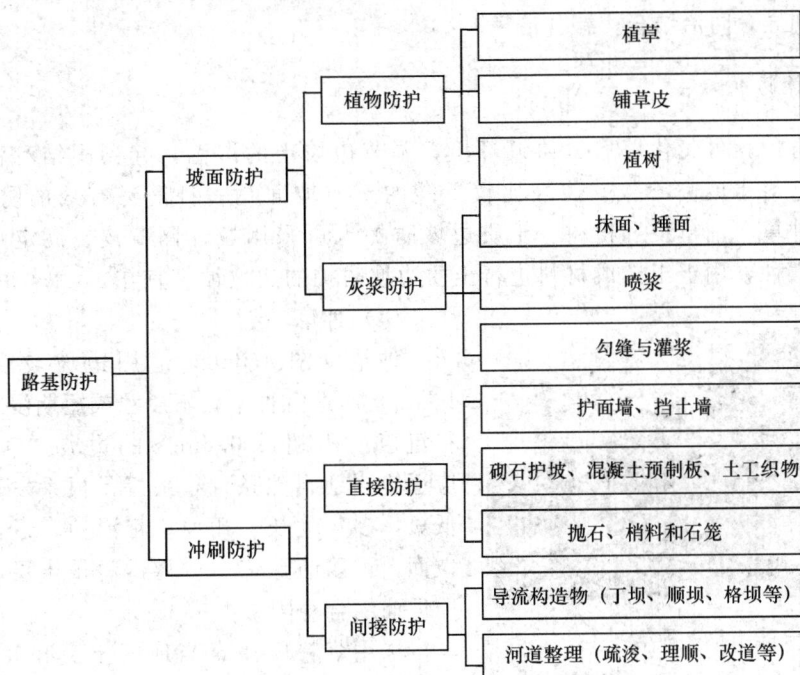

图 4.35　路基防护各种措施

坡面防护，主要是保护路基边坡表面免受雨水冲刷，减缓温差及湿度变化的影响，防止和延缓软弱岩土表面的风化、碎裂、剥蚀演变进程，从而保护路基边坡的整体稳定性，在一定程度上还可兼顾路基美化和协调自然环境。坡面防护设施，不承受外力作用，必须要求坡面岩土整体稳定牢固。

常用的坡面防护设施有植物防护（种草、铺草皮、植树等）和矿料防护（抹面、喷浆、勾缝、石砌护面等）。前者可视为有"生命"（成活）防护，后者属无机物防护。有"生命"防护以土质边坡为主，无机物防护以石质路堑边坡为主。在一定程度上，有"生命"防护在边坡稳定和改善路容方面优于无机物防护。

堤岸防护与加固主要对沿河滨海路堤、河滩路堤及水泽区路堤，也包括桥头引道，以及路基边旁的防护堤岸等。此类堤岸常年或季节性浸水，受流水冲刷、拍击和淘洗，造成路基浸湿、坡脚淘空，或水位骤降时路基内细粒填料流失，致使路基失稳，边坡崩坍。所以堤岸防护与加固，主要针对水流的破坏作用而设，起防水治害和加固堤岸双重功效。

堤岸防护与加固设施，有直接和间接两类。直接防护与加固设施中包括植物防护和石砌防护与加固两种，常用的有植树、铺石、抛石或石笼等。间接防护主要指导治结构物，如丁坝、顺坝、防洪堤、拦水坝等，必要时进行疏浚河床、改变河道，目的是改变流水方向，避免或缓和水流对路基的直接破坏作用。改变水流流速、流向和原来状态，可能导致堤岸对面及路基附近上下游遭害，必须慎重对待，掌握流水运动规律，因势利导，防治结合，综合治理。

1. 植物防护

植物防护，可美化路容，协调环境，调节边坡土的湿温，起到固结和稳定边坡的作用。它对于坡高不大、边坡比较平缓的土质坡面是一种简易有效的防护设施，其方法有种草、铺草皮和植树。土质边坡防护也可采用拉伸网草皮、固定草种布或网格固定撒种，用土工合成材料进行土质边坡防护的边坡坡度宜在 1：1.0～1：2.0。

图 4.36　种草

（1）种草

种草（图 4.36），适用边坡坡度不陡于 1：1，土质适宜种草，不浸水或短期浸水但地面径流速度不超过 0.6m/s 的边坡。草的品种，应适应当地自然条件，最好是根系发达，中茎低矮，多年生长，几种草籽混种。不宜种草的坡面，可以铺 5～10cm 厚的种植土层，土层与原坡面结合稳固。

选用草籽应注意当地的土壤和气候条件，通常应以容易生长、根部发达、叶茎低矮、枝叶茂密或有匍匐茎的多年生草种为宜，最好采用几种草籽混合播种，使之生成一个良好的覆盖层。种植时草籽宜掺砂或与土粒拌和，使之播种均匀。播种时间以气候温暖、湿度较大的季节为宜。

（2）铺草皮

路基坡面上铺草皮防护（图 4.37），其作用与种草防护相同，铺草皮更适合于当地有足供挖取使用的草皮地段路基防护。但在边坡较高陡和坡面冲刷较重的地方，铺草皮较种草防护收效快。

图 4.37　铺草皮

块状草皮的尺寸，一般为 20m×25m、20m×40m 及 30m×50m 几种；带状草皮一般宽 25cm，长 200～300cm；草皮厚度根据草根的深度而定，一般为 6～10cm，干旱和炎热地区可增加到 15cm。铺草皮的方法，常用的有以下四种形式。

1）平铺草皮。如图 4.38 所示，在整个坡面上平铺草皮，草皮应与坡面密贴，用木桩将草皮的斜边拍平。铺设时由坡脚向上，块与块之间的竖缝应错接。

2）平铺叠植草皮。如图 4.39 所示，可用于边坡坡度等于或大于 1：1 的坡面上。用作冲刷防护时，容许流速可达 1.2～1.8m/s。

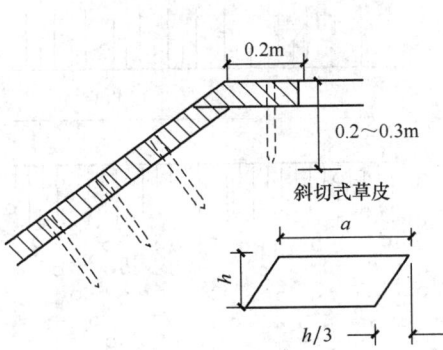

图 4.38 平铺草皮

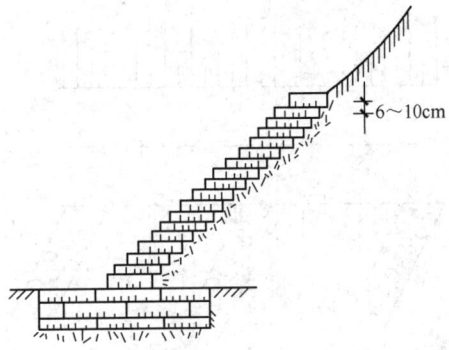

图 4.39 平铺叠植草皮

3) 方格式草皮。如图 4.40 所示，在边坡上把草皮作成 45°斜角的带状铺砌，组成 1.0m×1.0m 或 1.5m×1.5m 的方格形，在路肩边缘以下和坡脚部分用几条水平的带状草皮铺设，在方格内种草。这种铺砌方法最为经济，但其坚固程度低于前述两种形式。

4) 卵（片）石方格草皮。如图 4.41 所示，在边坡表层易发生溜坍的路段，为免草皮脱落，宜采用卵石方格作骨架铺草皮。缺卵石的地区，可用片石代替。

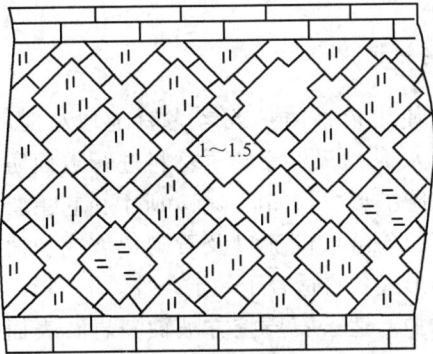

图 4.40 方格式草皮

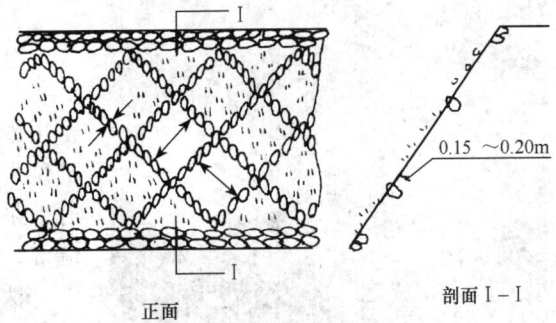

图 4.41 卵石方格草皮

(3) 植树

植树（图 4.42），主要用在堤岸边的河滩上，用来降低流速，促使泥沙淤积，防水直接冲刷路堤。多排林堤岸与水流方向斜交，还可起挑水改变水流方向的作用。沙漠与雪害地区，防护林带还起阻沙防雪作用。

植树的形式，可以是带状或条形（图 4.43），也可以栽成连续式，即栽满防护的全部区域（图 4.44）。

图 4.42 植树

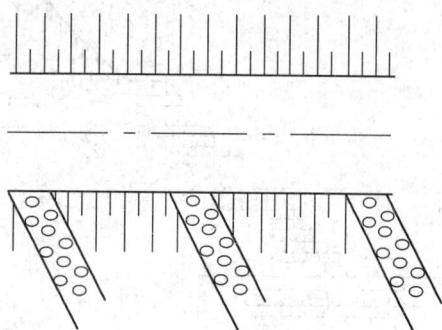

图 4.43 带式植树

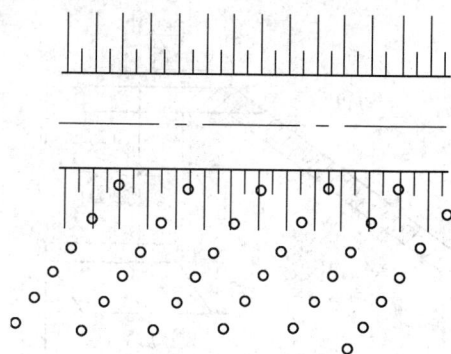

图 4.44 连续式植树

防护林带由多行树木组成，需密植，乔、灌木间种，间距可参考表4.7。

表 4.7 防护林植树间距参考表

种植方法	树的种类	行距/m	株距/m	种植方法	树的种类	行距/m	株距/m
单株种植	柳树类	1.5	0.8	一窝一窝种植	乔木类	1.0	1.0
	杨树类	1.0	0.6				
	灌木类	0.8	0.5		灌木类	0.8	0.5

图 4.45 灰浆防护

2. 灰浆防护

当不宜使用植物防护或考虑就地取材时，采用砂石、水泥、石灰等矿质材料进行坡面防护是常用的防护形式，如图 4.45 所示。它主要有砂浆抹面、勾缝或喷涂以及石砌护坡或护面墙等。这些形式各自适合于一定条件。

抹面防护，适于石质挖方坡面，岩石表面易风化，但比较完整，尚未剥落，如页岩、泥砂岩、千枚岩的新坡面。对此应及时予以封面，以预防风化成害。常用的抹面材料有石灰浆等，其中石灰为胶结料，要求精选。混合料如加纸筋或竹筋，可提高强度，防止开裂；如掺加适量制盐副产品卤水，因含有氯化钙与氯化镁，可使抹面加速硬化和预防开裂。抹面用料的配合比与用量，参见有关手册。抹面厚度视材料与坡面状况而定，一般 2～10cm。操作前，应清理坡面风化层、浮土与松动碎块、填坑补洞，洒水润湿。抹面后，应拍浆、抹平和养护。

喷浆施工简便，效果较好，适用于易风化而坡面不平整的岩石挖方边坡，厚度一般为 5～10cm。喷浆的水泥用量较大，重点工程可选用。比较经济的砂浆是用水泥、石灰、河砂及水，按质量比 1：1：6：3 配合。喷浆前后的处治，与抹面相同。对坡面较陡或易风化的坡面，可以在喷浆前先铺设加筋材料，加筋材料可以用铁丝网或土工格栅，喷浆坡面应设置排水孔。

比较坚硬的岩石坡面，为防水渗入缝隙成害，视缝隙深浅与大小，分别予以灌浆、勾缝或嵌补等。

上述防护方法，可以局部处治，综合使用，并与放缓边坡等方法加以比较，力求实用和经济。如果在坡面防护时着色或修饰，还有助于改善路容。

3. 直接防护

（1）护面墙

为了覆盖各种软质岩层和较破碎岩石的挖方边坡以及坡面易受侵蚀的土质边坡，免受大气影响而修建的墙，称为护面墙，如图 4.46 所示。

护面墙多用于易风化的云母片岩、绿泥片岩、泥质灰岩、千枚岩及其他风化严重的软质岩层和较破碎的岩石地段，以防止继续风化。护面墙可以有效地防止边坡冲刷，防止滑动型、流动型及落石型边坡崩坍，是上边坡最常见的一种防护型式。

护面墙除自重外，不担负其他荷载，也不承受墙后土压力，因此护面墙所防护的挖方边坡坡度应符合极限稳定边坡的要求。

图 4.46　护面墙

护面墙有实体护面墙、孔窗式护面墙、拱式护面墙等。实体护面墙用于一般土质及破碎岩石边坡；孔窗式护面墙用于坡度缓于 1∶0.75 的边坡，孔窗内可捶面（坡面干燥时）或干砌片石；拱式护面墙用于边坡下部岩层较完整而需要防护上部边坡者。用护面墙防护的挖方边坡不宜陡于 1∶0.5。护面墙结构如图 4.47 所示。

为增强护面墙的稳定性，在护面墙较高时应分级砌筑，视断面上基岩的好坏，每 6～10m 高作为一级，并在墙顶设不小于 1m 的平台；墙背每 4～6m 高设一耳墙，耳墙宽 0.5～1m。

护面墙顶部应用原土夯实或铺砌，以免边坡水流冲刷，渗入墙后引起破坏。修筑护面墙前，对所防护的边坡应清除松动岩石、松散土层。对风化迅速的岩层如云母岩、绿泥片岩等边坡，清挖出新鲜岩面后，应立即修筑护面墙。

在我国山区高等级公路的防护设施中，护面墙是上边坡采用较多的防护形式，而且多是实体护面墙，一般根据边坡的高度、岩石的风化程度及岩土的工程地质特性采取半防护或全防护措施。在半防护措施中，有时采用坡脚护面墙，由于路堑的开挖，

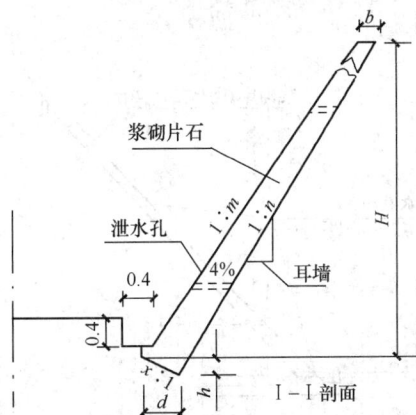

图 4.47　护面墙示意图

改变了空气的流向，在路堑内形成旋转气流，雨雪天气，该气流携带着雨雪对坡脚的冲刷破坏能力最大，同时汽车高速行驶溅起的雨雪水也直接冲刷坡脚；自然降水自坡顶沿坡面向下流，流至坡脚时，速度最大，冲刷最严重，因此在坡脚处设置矮墙是最起码的防护措施。从另一方面讲，在坡脚设置护面墙还起到诱导行车视线的作用。对于土质边坡，技术、经济条件允许时，还可以搞绿化，种植一些藤本植物，美化环境。

图 4.48　干砌石护坡

（2）砌石护坡

路基坡面为防止地面水流或河水冲刷，可以使用干砌片石护面（图 4.48），图 4.49 所示为浸水路堤单层护面示意图。重要路段或暴雨集中地区的土质高边坡，以及桥涵附近坡面与岩坡、地面排水沟渠等，也可干砌片石加固。片石护面，要求坡面稳固，先垫以砂层，然后自下而上平整地铺砌片石，片石应逐块嵌紧且错缝，护面厚度一般不小于 20cm，干砌要勾缝，必要时改用浆砌，如图 4.50 所示，护面顶部封闭，以防渗水。

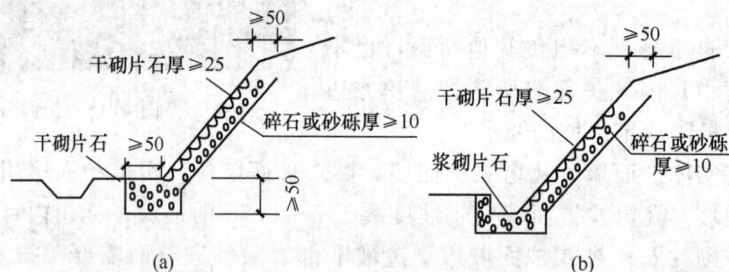

图 4.49　单层干砌片石护坡（尺寸单位：m）

（a）干砌片石基础；（b）浆砌片石基础

（3）混凝土预制块护坡

在缺乏石料的地区或城郊及互通立交等需要公路美化的路段，采用水泥混凝土预制块护坡具有一定的优越性。水泥混凝土预制块护坡，如图 4.51 所示，其造价较高，但混凝土预制块护坡具有施工方便（混凝土块可标准化、工厂化预制）的特点，施工所需人工较少，而且可以根据美化要求，拼成各种图案，它比浆砌片（块）石护坡更能较强地抵抗较大的流速水流和波浪的冲击。混凝土预制块护坡断面示意图如图 4.52 所示。

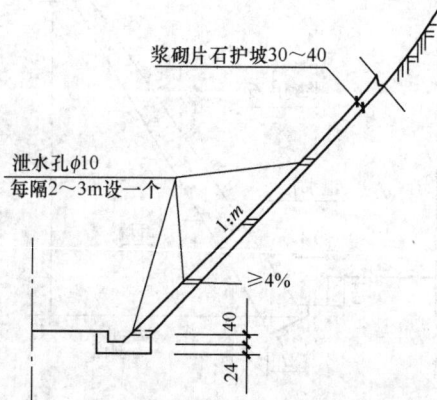

图 4.50　浆砌片石护坡（尺寸单位：m）

图 4.51 混凝土预制块护坡

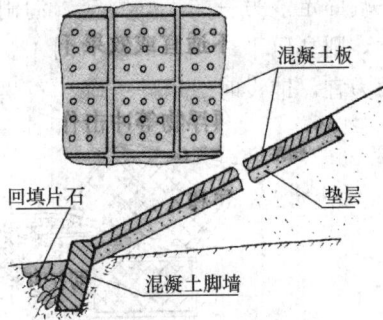

图 4.52 混凝土预制块护坡断面示意图

（4）抛石防护

抛石防护（图 4.53），类似在坡脚处设置护脚，也称抛石垛，其断面图如图 4.54 所示。抛石不受气候条件限制，路基沉实以前均可施工，季节性浸水或长期浸水也均可用。抛石垛的边坡坡度，不应陡于抛石浸水后的天然休止角，边坡率 m_1 一般为 1.5～2.0，m_2 为 1.25～2.0；石料粒径视水深与流速而定，一般为15～50cm。

图 4.53 抛石防护

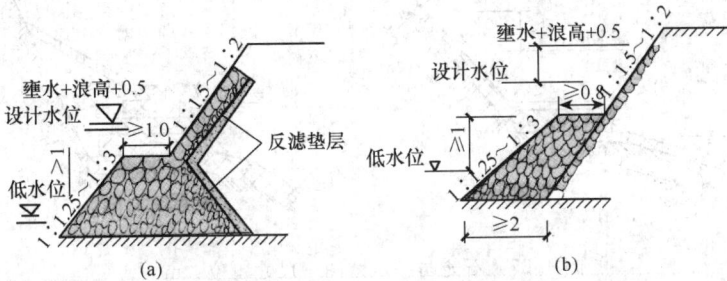

图 4.54 抛石防护（尺寸单位：m）
（a）适用于新筑路堤的抛石垛；（b）适用于旧路堤的抛石垛

图 4.55 石笼防护

（5）石笼防护

石笼是用铁丝编织成框架，内填石料，设在坡脚处，以防急流和大风浪破坏堤岸，也可用来加固河床，防止淘刷，如图 4.55 所示。铁丝框架可以箱形或圆形，如图 4.56 所示。笼内填石的粒径，最小不小于 4cm，一般为 5～20cm，外层应用大且棱角突出石料，内层可用较小石块填充。石笼在坡脚处排列，用于防止冲刷淘底时，应平铺并与坡脚线垂直，而且堤岸一端固定，另一端不必固定，淘刷后可以向下沉落贴于底面；用于防止堤岸边坡冲刷时，则垒码平铺成梯形，如图 4.57 所示。单个石笼的大小，以不被相应速度的水流冲动为宜，铺设时须用碎（砾）石垫层铺平，底层各角，可用铁棒固定于基底。

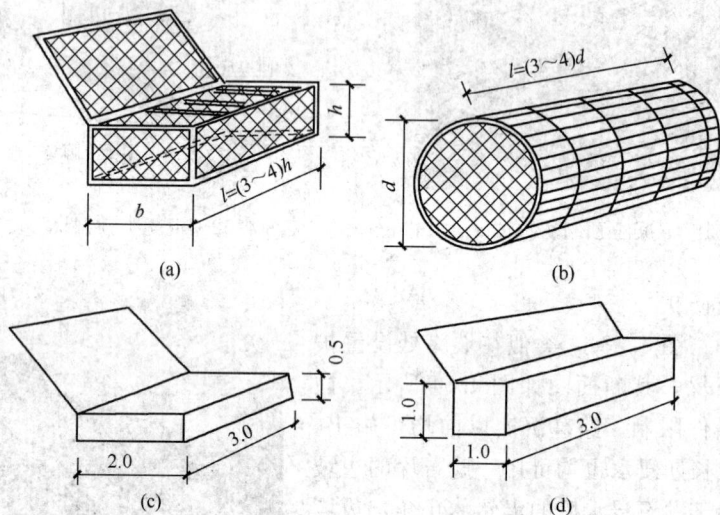

图 4.56　石笼的形式（尺寸单位：m）
(a) 箱形；(b) 圆柱形；(c) 扁形；(d) 柱形

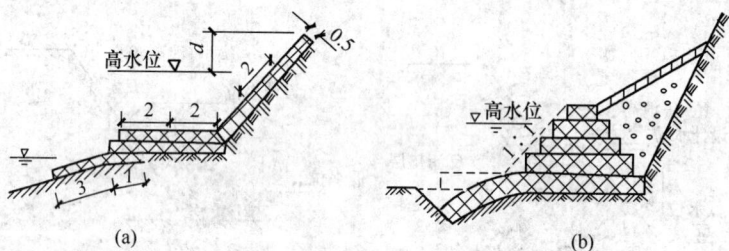

图 4.57　石笼防护示意图（尺寸单位：m）
（a）防止淘底；（b）防护岸坡

4. 间接防护

主要包括导流构造物与河道整治两种方式。

设置导流构造物可改变水流方向，消除和减缓水流对堤岸直接破坏，同时可减轻堤岸近旁淤积，彻底解除水流对局部堤岸的损害作用，起安全保护作用。导治结构物是桥涵和路基的重要附属工程，由于涉及水流改向，影响范围较大，工程费用也较高，务必慎重。用于防护堤岸的改河工程，一般限于小型工程，如裁弯取直，挖滩改道，清除孤石等，可在小河的局部段落上进行。

导流构造物主要是设坝，按其与河道的相对位置，一般可分为丁坝、顺坝或格坝。导治结构物的布置，应综合考虑河道宽窄、水流方向、地质条件、防护要求、材料来源、施工条件和工程经济等，要综合考虑，全面治理，要避免河床更多压缩，或因水位提高和水流改向，而危害河对岸或附近地段的农田水利、地面建筑及堤岸等。

顺坝大致与堤岸平行，主要作用为导流、束水、调整流水曲度、改善流态。格坝在平面上成网格状，设于顺坝与堤岸之间，防止高水位时水流溢入冲刷坝内岸坡和坡脚，并促进格间的淤积。丁坝大致与堤岸垂直或斜交，将水流挑离堤岸，束河归槽，改善流态。顺坝也称导流坝，丁坝也称挑水坝。

导流构造物的布置是工程成败的关键。布置恰当能收到预期效果；布置不当反而恶化水流，造成水毁。关键在于合理设计导治线，符合预定的河轴线和河岸线要求，也取决于选择导治水位，不致出现不利的冲刷情况。导治线与导治水位，应依据对于水流和河岸、河床地形、地质情况、水流对上下游对岸的影响等因素，综合分析和设计计算而定。

顺坝与丁坝均用石块修建成梯形横断面，坝体分为坝头、坝身和坝根三个组成部分，横断面尺寸依构造要求、施工条件和使用需要而定，并应进行稳定性计算。

公路工程中的改河主要目的是：将直接冲刷路基的水流引向旁处；路基占用河槽后，需要拓宽河道；挖滩改河，清除孤石，改移河道，以保护路基；裁弯取直，有利布置路线或桥涵。这些措施，如经过论证可行，确有必要且效益高时，方可通过设计计算，最后实施。

4.5.2 路基加固

1. 挡土墙概述

挡土墙是路基加固的主要设施，它是用来支承路基填土或山坡土体，防止填土或土体变形失稳的一种构造物，如图4.58所示。在路基工程中，挡土墙可用以稳定路堤各路堑边坡，减少土石方工程量和占地面积，防止水流冲刷路基，此外，挡土墙还经常用于整治坍方、滑坡等路基病害。在山区公路中，挡土墙的应用更为广泛。

路基在遇到下列情况时可考虑修建挡土墙：

图4.58 挡土墙

- 陡坡地段。
- 岩石风化的路堑边坡地段。
- 为避免大量挖方及降低边坡高度的路堑地段。
- 可能产生坍方、滑坡的不良地质地段。
- 高填方地段。
- 水流冲刷严重或长期受水浸泡的沿河路基地段。
- 桥梁或隧道与路基连接地段。
- 为节约用地、减少拆迁或少占农田的地段。

• 为保护重要建筑物、生态环境或其他特殊需要的地段。

根据挡土墙在路基横断面上的位置，可分为路肩墙、路堤墙及路堑墙。当墙顶置于路肩时，称为路肩式挡土墙，如图 4.59 （a）所示；若挡土墙支撑路堤边坡，墙顶以上尚有一定的填土高度，刚称为路堤式挡土墙，如图 4.59 （b）所示；如果挡土墙用于稳定路堑边坡，称为路堑式挡土墙，如图 4.59 （c）所示。

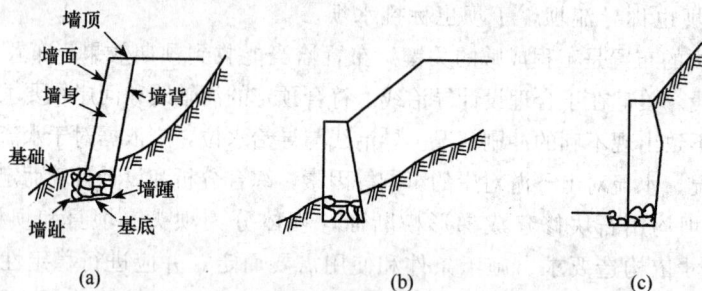

图 4.59　挡土墙的设置位置
（a）路肩墙；（b）路堤式；（c）路堑式

2. 挡土墙类型及适用范围

挡土墙按其结构特点，可分为重力式挡土墙、半重力式挡土墙、衡重式挡土墙、悬臂式挡土墙、扶壁式挡土墙、锚杆挡土墙、锚定板挡土墙、加筋土挡土墙、桩板式挡土墙等。各类挡土墙结构类型及适用范围，如表 4.8 所示。

表 4.8　各类挡土墙结构类型及适用范围

类　型	结构示意图	特点及适用范围
重力式		主要依靠墙身自重保持稳定。它取材容易，形式简单，施工简便，适用范围广泛。多用浆砌片（块）石，墙高较低（≤6m）时也可用干砌；在缺乏石料的地区可用混凝土砌块或混凝土浇筑。其断面尺寸较大，墙身较重，对地基承载力的要求较高
半重力式		一般采用片石混凝土浇筑，墙背拉应力较大时，需设置钢筋，由于整体强度较高，墙身截面和自重相对较小（与重力式比较），因而圬工数量较少；墙趾较宽，以保证基底宽度，减小基底应力，必要时也可在墙趾处设置少量钢筋；此外常在基底设凸榫。适用范围与重力式挡土墙相似，常用于不宜采用重力式挡土墙的地下水位较高和软弱地基上，以及缺乏石料的地区，一般多用于低墙

类 型	结构示意图	特点及适用范围
衡重式		上下墙背间有衡重台，利用衡重台上填土重力和墙身自重共同作用维持其稳定。其断面尺寸较重力式小，且因墙面陡直、下墙墙背仰斜，可降低墙高和减少基础开挖量，但地基承载力要求较高。多用在地面横坡陡峻的路肩墙，也可作路堤或路堑墙。由于衡重台以上有较大的容纳空间，上墙墙背加缓冲墙后，可作为拦截崩坠石之用
悬臂式		属钢筋混凝土结构，由立壁、墙趾板和墙踵板三个悬臂部分组成，墙身稳定主要依靠墙踵板上的填土重力以及墙身自重来保证。断面尺寸较小，但墙较高时，立壁下部的弯矩大，钢筋与混凝土用量大，经济性差。多用于墙高≤6m的路肩墙，适用于缺乏石料的地区和禄载能力较低的地基
扶壁式		属钢筋混凝土结构，由墙面板（立壁）、墙趾板、墙踵板和扶肋（扶壁）组成，即沿悬臂式挡土墙的墙长，每隔一定距离增设扶肋，把墙面板与墙踵板连接起来。适用于缺乏石料的地区和地基承载力较低的地段，墙较高（>6m）时较悬臂式挡土墙经济
加筋土式		由墙面板、拉筋和填土三部分组成，借助于拉筋与填土间的摩擦作用，把土的侧压力传给拉筋，从而稳定土体。既是柔性结构，可承受地基较大的变形；又是重力式结构，可承受荷载的冲击、振动作用。施工简便，外形美观，占地面积少，而且对地基的适应性强。适用于缺乏石料的地区和大型填方工程

续表

类型	结构示意图	特点及适用范围
锚杆式	挡土板 锚杆 肋柱	由锚杆和钢筋混凝土墙面组成。锚杆一端锚固在稳定的地层中，另一端与墙面连接，依靠锚杆与地层之间的锚固力承受土压力，维持挡土墙的平衡。土石方和圬工量都较少，施工安全，较为经济。适用于墙高较大，缺乏石料的地区或挖基困难的地段，具有锚固条件的路堑墙，对地基承载力要求不高
锚定板式	肋柱 拉杆 锚定板 挡土板	由锚定板、拉杆、钢筋混凝土墙面和填土组成。锚定板埋置于墙后的稳定土层内，利用锚定板产生的抗拔力抵抗侧向土压力，维持挡土墙的稳定。基底应力小，圬工数量少不受地基承载力的限制，构件轻简，可预制拼装、机械化施工。适用于缺乏石料的路堤墙和路肩墙，墙高时可分级修建
桩板式	挡土板 钢筋混凝土锚固桩	由钢筋混凝土锚固桩和挡土板组成。利用深埋的锚固段的锚固作用和被动抗力抵抗侧向土压力，从而维护挡土墙的稳定。适用于土压力较大、要求基础深埋的地段，多用于岩石地基，墙高一般不受限制。开挖面小，施工较为安全

类型	结构示意图	特点及适用范围
柱板式		由钢筋混凝土立柱、挡土板、底梁、底板（卸荷板）、基座和钢拉杆组成。借助于底板上部填土的重力作用平衡全墙，并可减少立柱下部所受的土压力。柱板式结构构件轻便，可预制拼装，施工快速，基础开挖量较悬臂式和扶壁式少，适用于支挡土质路堑高边坡和处治边坡坍滑，也可作路堤墙使用

3. 重力式挡土墙的构造

重力式挡土墙是我国目前最常用的一种挡土墙形式。重力式挡土墙多用浆砌片（块）石砌筑，缺乏石料地区，有时可用混凝土预制块作为砌体，也可直接用混凝土浇筑，一般不配钢筋或只在局部范围配置少量钢筋。这种挡土墙形式简单、施工方便，可就地取材、适应性强，因而应用广泛。

但重力式挡土墙墙身截面大，圬工数量也大，在软弱地基上修建往往受到承载力的限制。如果墙过高，材料耗费多，因而也不经济。当地基较好、墙高不大且当地又有石料时，一般优先选用重力式挡土墙。

常用的重力式挡土墙，一般由墙身、基础、排水设施和沉降缝伸缩缝组成。其组成如图 4.60 所示。

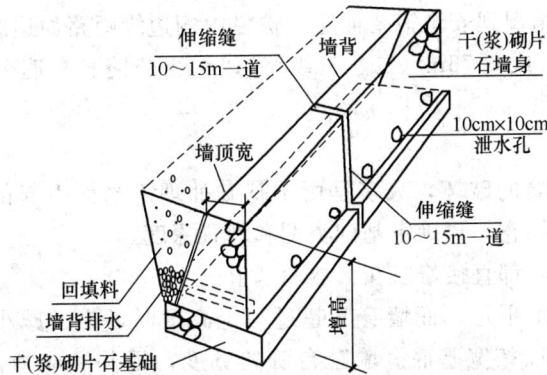

图 4.60　挡土墙的组成部分

（1）墙身

根据挡土墙墙背不同的倾斜方向，墙身的断面形式可分为仰斜、垂直、俯斜、凸形折线式和衡重式等几种，如图 4.61 所示。

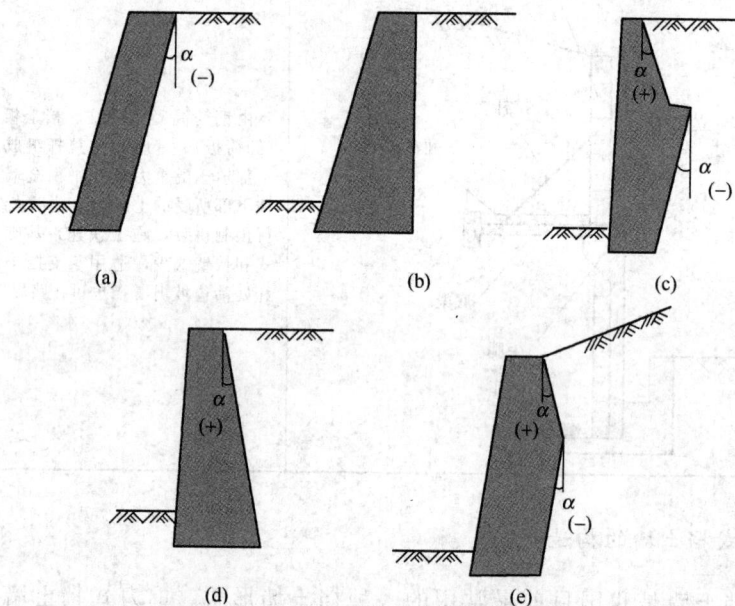

图 4.61　挡土墙的不同形式
(a) 仰斜式；(b) 垂直式；(c) 衡重式；(d) 俯斜式；(e) 凸形折线式

挡土墙的墙面一般为直线形，其坡度除应与墙背坡度相协调外，还应考虑墙趾处的地面横坡，在地面横向倾斜时，墙面坡度会影响挡土墙的高度，横向坡度越大影响也越大。地面横坡较陡时，墙面可采用 1∶0.05～1∶0.2，也可采用直立（低墙时）；地面横坡平缓时，墙面可缓些，但一般不缓于 1∶0.3，以免过多增加墙高。

墙顶的最小宽度，浆砌片（块）石时，不应小于 0.5m；干砌时不应小于 0.6m。墙顶高出地面 6m 以上，或连续长度大于 20m 的路肩挡土墙，墙顶需设置护栏。墙高小于 6m 时，按具体情况视安全需要而定。护栏内侧边缘距路面边缘的距离，一般不应小于 0.5m（四级路）或 0.75m（二、三级路）；一级公路、高速公路防撞护栏设在土路肩宽度内。

（2）基础

实践表明，挡土墙的破坏，大多是由于基础处理不当而引起的。因此，设计时应对基底条件作充分的调查，再确定基础类型和埋置深度。

绝大部分挡土墙，都直接修筑在天然地基上。

当地基较弱，地形平坦，而墙身又超过一定高度时，为了减小基底压应力，可在墙趾处伸出一台阶，以拓宽基底。墙趾台阶的宽度，视基底应力需减小的程度而定，但不得小于 20cm，如图 4.62 所示。

若基底应力超出地基容许承载力过多而需加宽很多时，为避免台阶过高，可采用钢筋混凝土底板，如图 4.63 所示。

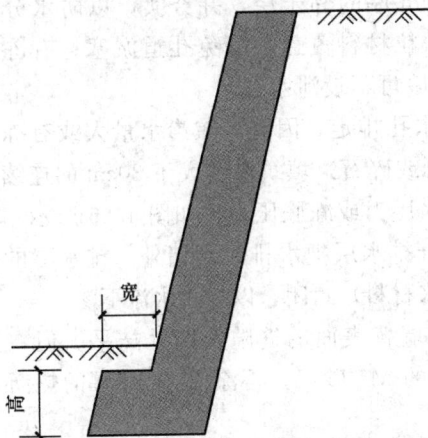

图 4.62 墙趾台阶

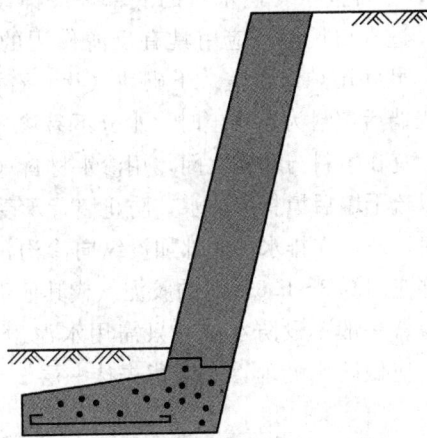

图 4.63 钢筋混凝土底板

地基为软弱土层（如淤泥质土、杂填土等）时，可用砂砾、碎石、矿渣或灰土等质量较好的材料换填，以扩散基底压应力。

墙趾处地面横坡较陡，而地基为较完整坚硬的岩层时，基础可做成台阶形，以减少基坑开挖和节省圬工，如图 4.64 所示。台阶的尺寸，按具体的地形地质条件确定，使基础不受侧压力的作用。台阶的高宽比一般不应大于 2∶1，台宽不宜小于 50cm。

基础的埋设深度应按地基的性质、承载力的要求、冻胀的影响、地形和水文地质等条件确定。

（3）排水设施

挡土墙应设置排水设备，以疏干墙后填料中的水分，防止墙后积水致使墙身承受额外的静水压力；减少季节性冰冻地区填料的冻胀压力；清除黏土填料浸水后的膨胀压力。

路堑墙墙后地面应做好排水处理，设置排水沟，必要时夯实地表松土，以减少雨水和地面水下渗。而墙趾前的边沟则应予铺砌加固，以防边沟水渗入基础。

浆砌片（块）石墙身，应在墙前地面以上设一排泄水孔。墙高时，可在墙上部加设泄水孔，如图 4.65 所示。泄水孔尺寸可视泄水量的大小而定，一般为 5cm×10cm、10cm×10cm、15cm×20cm 等的方孔或直径为 5～10cm 的圆孔。孔眼间距一般为 2～3m，干旱地区，可予

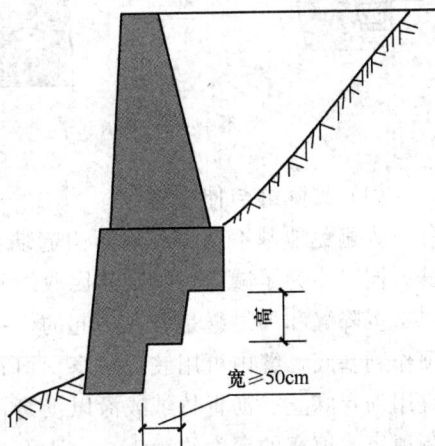

图 4.64 台阶基础

147

增大；多雨地区则可减小。上下排泄水孔宜错开设置，下排泄水孔的出口应高出地面；若为路堑墙，出水口应高出边沟水位 0.3m；若为浸水挡土墙，则应设于常水位以上 0.3m。下排泄水孔逆水口的底部，应铺设 30cm 厚的黏土层，并夯实，以防水分渗入基础。进水口周围还应用具有反滤作用的粗颗粒材料覆盖，以免孔道淤塞；有冻胀可能时，最好用炉渣覆盖。干砌块（片）石挡土墙可不设泄水孔。

当墙后填料为黏性土时，水分不易渗入泄水孔排走。因此，在渗水量大或有冻胀可能时，宜在填料与墙背之间，用渗水材料（砂砾或碎石）填筑厚度大于 30cm 的连续排水层，以疏干墙后填料中的水，防止墙背承受静水压力或冻胀压力，如图 4.66 所示。泄水量大时，还可在排水层底部加设纵向渗沟，配合排水层把水排泄到墙外。排水层的顶部和底部应用 0.3~0.5m 厚的胶泥（或其他不透水材料）封闭，以防止水流下渗。

墙背一般不设防水层，只需用水泥砂浆把墙背表面的缝隙及凹处抹平。但在严寒地区，应做防水处理，在墙背先抹一层 2cm 厚的 M5 砂浆，再涂以 2mm 厚的热沥青。

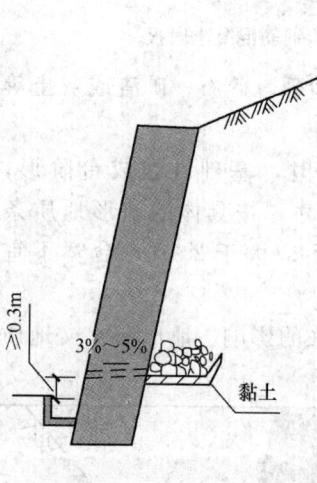

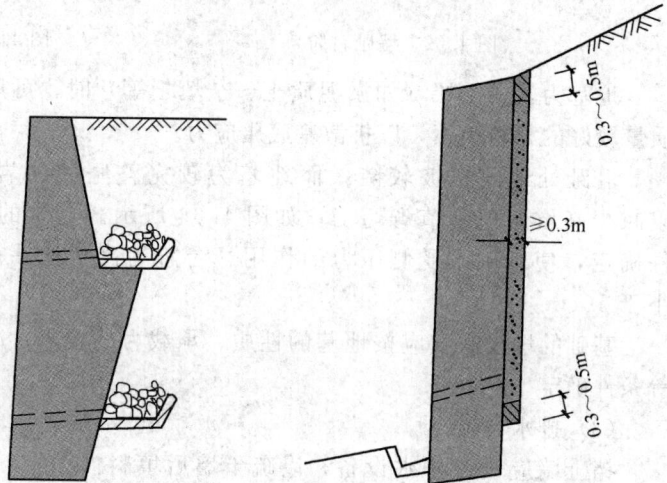

图 4.65　泄水孔图　　　　　　　图 4.66　连续排水层

（4）沉降缝与伸缩缝

为避免地基不均匀沉陷而引起墙身开裂，需按墙高和地基性质的变异，设置沉降缝。同时，为了减少圬工砌体因收缩硬化和温度变化作用而产生裂缝，需设置伸缩缝。

沉降缝和伸缩缝是设在一起的，一般每隔 10~15m 设置一道。缝宽 2~3cm，自墙顶作到基底，缝内可用胶泥填塞。但在渗水量大、填料易于流失或冻害严重地区，则宜用沥青麻丝、沥青竹绒或涂以沥青的木板等具有弹性的材料，沿墙的内、外、顶三侧填塞，填塞的深度约为 15cm 即可。当墙背为填石，且冻害不严重的地区，也可不嵌填料，仅留空缝。

干砌挡土墙可不设沉降缝与伸缩缝。

重力式挡土墙的图式及尺寸表如图 4.67 所示，可供参考使用。

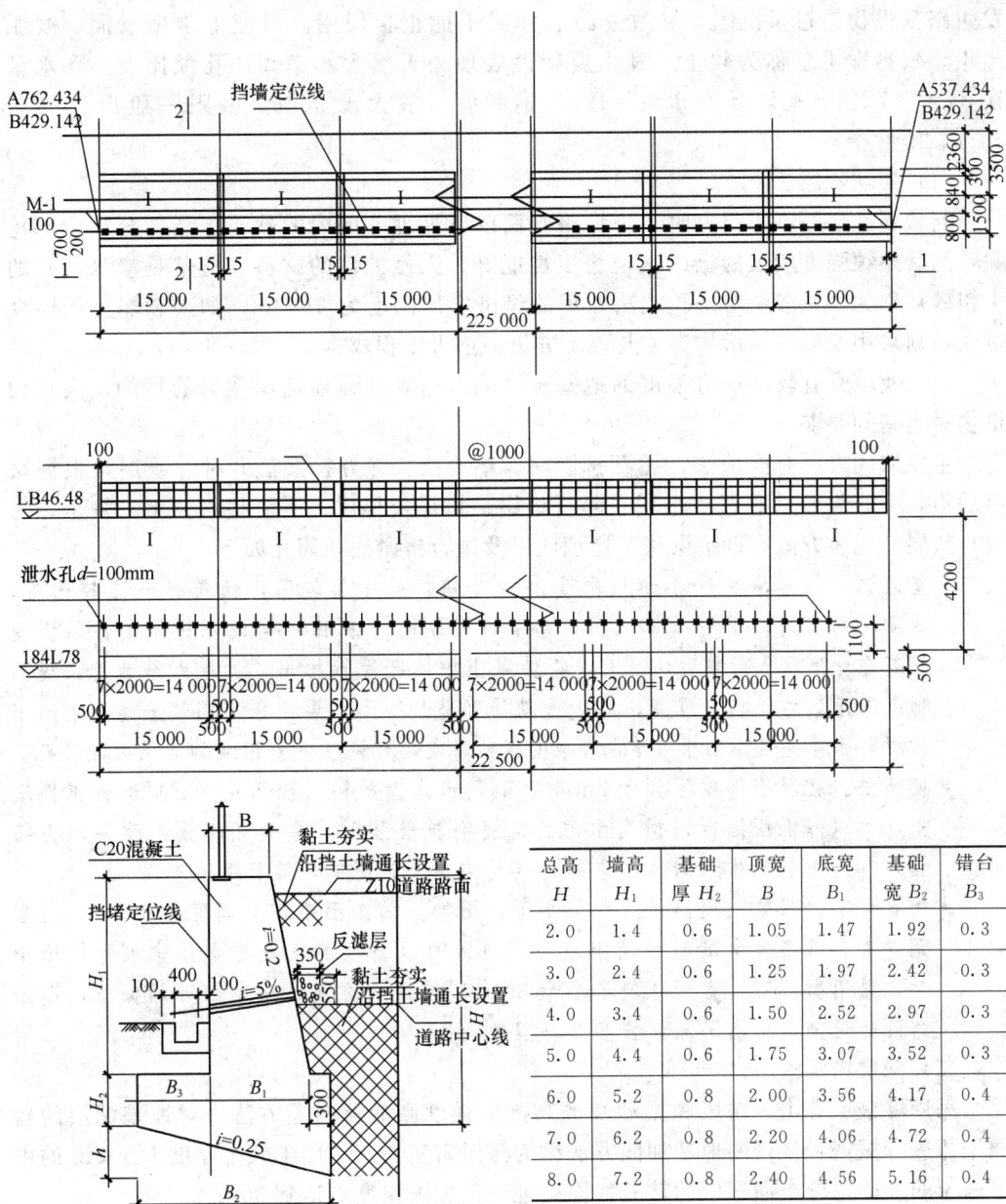

总高 H	墙高 H₁	基础厚 H₂	顶宽 B	底宽 B₁	基础宽 B₂	错台 B₃
2.0	1.4	0.6	1.05	1.47	1.92	0.3
3.0	2.4	0.6	1.25	1.97	2.42	0.3
4.0	3.4	0.6	1.50	2.52	2.97	0.3
5.0	4.4	0.6	1.75	3.07	3.52	0.3
6.0	5.2	0.8	2.00	3.56	4.17	0.4
7.0	6.2	0.8	2.20	4.06	4.72	0.4
8.0	7.2	0.8	2.40	4.56	5.16	0.4

图 4.67　重力式挡土墙尺寸（单位：m）

4. 软土地区路基加固

所谓软土，一般是指处于软塑或者流塑状态下的黏性土，其特点是天然含水量大、孔隙比大、压缩系数高、强度低，并具有蠕变性、触变性等特殊的工程地质性质，工程地质条件较差。在软土地基上修筑路基，若不加处理或处理不当，往往会发生路基失稳或过量沉陷，导致公路破坏或不能正常使用。习惯上常把淤泥、淤泥质土、软黏性土总称为软土。其主要特性表现为天然含水率高、孔隙比大。含水量在 $34\% \sim 72\%$，孔隙比在 $1.0 \sim 1.9$，饱和度一般大于 95%，液限一般为 $35\% \sim 60\%$，塑性指数为 $13 \sim 30$。

（1）换填垫层法

当软弱土层厚度不很大时，可将路基面以下处理范围内的软弱土层部分或全部挖除，然后换填强度较大的土或其他稳定性能好、无侵蚀性的材料（通常是渗水性好的中粗砂）称为换填或垫层法。此法处理的经济实用高度为 $2 \sim 3\mathrm{m}$，如果软弱土层厚度过大，则采用换填法会增加弃方与取土方量而增大工程成本。

通过换填具有较高抗剪强度的地基土，从而达到增强地基承载力的目的，满足构筑物对地基的要求。

主要加固方法有换填法、抛石挤淤法、垫层法、强夯挤淤法几种。垫层法根据材料的不同可分为砂（砾石）垫层、碎石垫层、粉煤灰垫层、干渣垫层、土（灰土、二灰）垫层。代表方法有砂垫层法、换填法以及抛石挤淤法，简介如下。

- 垫层法：当路堤高度小于极限高度的 2 倍，软土层较薄，填筑材料比较困难，或雨期施工时，采用砂砾（砂）垫层，在填土与基底之间设一排水面，从而使地基在受到填土荷载后，迅速地将地基土中的孔隙水排出，加快固结速度，提高地基的承载力，减少沉降，防止地基局部剪切变形。要注意控制填土速度，所用的材料为含泥量不大于 5% 的洁净中粗砂，或最大粒径小于 $5\mathrm{cm}$ 的天然级配砂砾。

- 换填法：在软土厚度不大于 $2\mathrm{m}$ 时，利用渗水性材料（砂砾或碎石）进行置换填土，可以降低压缩性，提高承载力，提高抗剪强度，减少沉降量，改善动力特性，加速土层的排水固结。它的特点是施工工艺简单，但费用比较高。

- 抛石挤淤：当软土或沼泽土位于水下，更换土施工困难，且厚度小于 $3\mathrm{m}$，表层无硬壳、基底含水量超过液限、路堤自重可以挤出的软土之上，排水比较困难时，采用抛片石（直径一般不小于 $30\mathrm{cm}$）挤淤的方法。从中部开始抛石，逐渐向两边延伸，挤出淤泥，提高路基强度。

（2）深层密实法

采用爆破、夯击、挤压和振动及加入抗剪强度高的材料等方法，对地基深层的软弱土体进行振密和挤密的地基加固方法称为深层密实法。适用于软土厚度大于 $3\mathrm{m}$ 的中厚软土的加固，分布面积广的软基加固处理，其加固深度可达到 $30\mathrm{m}$。

通过振动、挤压使地基中土体密实、固结，并利用加入的具有高抗剪强度的桩体材料置换部分软弱土体中的三相（气相、液相与固相）部分，形成复合地基，达到提高抗剪强度的目的。

主要加固方法：强夯法、土（或灰土、粉煤灰加石灰）桩法、砂桩法、爆破法、碎石桩法（振冲置换法）、石灰桩法、水泥粉煤灰碎石桩法（CFG 桩法）、粉喷桩法、旋喷桩法。代表方法有碎石桩法、强夯法、水泥粉煤灰碎石桩法、粉喷桩法。其中，简介以下两种。

- 强夯法：对于砂土地基及含水量在一定范围内的软弱黏性土地基，可采用重锤夯实或强夯。它的基本原理是：土层在巨大的冲击能作用下，土中产生很大的压力和冲击波，致使土体局部压缩，夯击点周围一定深度内产生裂隙良好的排水通道，使土中的孔隙水（气）顺利排出，土体迅速固结。强夯后地基承载力可提高3~4倍，压缩性可降低200%~1000%。

- 挤密砂桩、碎石桩加固法：属于复合地基的一种，当软土层较厚，换填处理比较困难，地基土属于非饱和黏性土或砂土时，采用挤密砂桩或碎石桩加固法，可以使地基土密实，容重增加，孔隙比减少，防止砂土在地震或受震动时液化，提高地基土的抗剪强度和水平抵抗力，减少固结沉降，使地基变均匀，起到置换、挤密、排水作用，防止地基产生滑动破坏，提前完成沉降，减少沉降差。

（3）置换法

由于深层密实法中的几种方法都有加入高抗剪强度的材料，置换软土中部分成分的加固机理，与原有的土体共同组成复合地基，达到加固地基的目的，深层密实法有时也称为置换法。

（4）排水固结法

在软土地基上加压并配合内部排水，加速软土地基的排水，加快软土固结的处理方法称为排水固结法，其适用于处理各类淤泥、淤泥质黏土及冲填等饱和黏性土地基。

软土地基在附加荷载的作用下，逐渐排出孔隙水，使孔隙比减小，产生固结变形。在这个过程中，随着土体超静孔隙水压力的逐渐扩散，土的有效应力增加，并使沉降提前完成或提高沉降速度。

主要加固方法：堆载预压法、砂井法、袋装砂井、真空预压法、电渗排水法、降低地下水位法、塑料排水板法。其中，简介以下三种。

- 堆载预压法：分为超载预压、等载预压和欠载预压等，其施工工艺简单，但工期较长，超载预压的时间一般为6个月，通常与排水处理地基相结合使用。

- 袋装砂井法：对于软土厚度大、路堤稳定、填土高的软土路基，采用袋装砂井，可增加软土竖直方向的排水能力，缩短水平方向的排水距离，加速软土的强度。砂袋灌入砂后，砂井可采用锤击法或振动法施工。它的施工工艺复杂，费用相对较高，所用的时间较长，可采用矩形或梅花形布桩。

- 塑料排水板法：排水原理与袋装砂井相同，由于是工厂制作，它的质量稳定、重量轻、运输保管方便，施工工艺比较简单，投入劳力少，费用相对较低，并且渗滤吸水性好，具有一定的强度和延伸率，对土的扰动小，预压时间较长，在工程中得到广泛应用，但对于提高土层的抗剪能力不如袋装砂井。

（5）化学加固法

通过在软土地基中加入水泥或其他化学材料，进行软土地基处理的方法称为化学加固法，其适用于处理砂土、粉土、淤泥质黏土、粉质黏土、黏土和一般人工填土，也可以在处理裂隙岩体及已有构筑物地基加强中。

水泥或其他化学材料注入土体后，与土体发生化学反应，吸收和挤出土中部分水与空气形成具有较高承载力的复合地基。

主要加固方法：硅化法、粉喷桩法、旋喷桩法、注浆法、水泥土搅拌法。其中，简介以下两种。

- 硅化法：用水玻璃为主的混合溶液对软土进行化学加固的方法称为硅化法，借助于电的作用进行加固称为电硅化法。它的特点是加固作用快，工期短，但造价较高，不适用于渗透系数太小的土。
- 旋喷桩法：旋喷桩法可分为粉体喷射桩法、高压喷射注浆法等。对于强度低、压缩性高、排水性能较差的软土，采用灰土桩（水泥土桩、石灰土桩、二灰土桩等）与地基组成复合地基，大部分荷载由桩体承受，从而提高地基承载力，减少工后沉降。它的施工工艺比较复杂，需要配置专门的旋喷设备。利用粉喷桩施工造价较高，处理效果可靠，适用土层范围广。

（6）加固路基法

通过在路基中埋入高强度、大韧性的土工聚合物、拉筋、受力杆件或柴（木）梢排等方法加强路基的自身强度，增加抵抗地基变形沉降的能力，适用于软弱岩体、土体中的路堤与路堑。

主要加固方法：加筋土路基、土工聚合物、土钉墙、土层锚杆、土钉、树根桩法、柴（木）梢排法。其中，简介以下两种。

- 加筋土路基法（土工布或土工格栅法）：对于沉降量不大的路堤，高路堤填土适当采用土工布垫隔，限制了软基和路基的侧向位移，增加了侧向约束，从而降低应力水平，加强了路基刚度与稳定性，提高了路基的水平横向排水，使荷载均布。采用土工布覆盖摊铺，既提高路基刚度，也使边坡受到维护，有利于排水，增加地基稳定性。
- 桩架支挡法（柴木梢排法）：用柴木梢扎排，铺于路基底面，以扩大其承载作用，保持路基稳定，适用于交通量不大，且柴木梢丰富的地区，高等级公路中不宜采用。

（7）其他加固方法

除了上述软土路基处理方法外，比较常用的还有桩基法、沉井法、侧向约束法、反压护道法。桩基法与沉井法常用于在软土地基中建设重要构筑物（桥梁、大型涵洞等）的基础中，根据软弱土层的厚度其下承层土质情况，桩基设计可分为柱桩与摩擦桩两种。常用的桩基有钻孔桩、挖孔桩、管桩、木桩。

- 反压护道法：当软土和沼泽较厚，路堤高度不超过极限高度的2倍时，路堤两侧填筑适当厚度和宽度的护道，在护道附加荷载的作用下，保持地基的平衡，增加抗滑力矩，防止路堤的滑动破坏。施工时，护道尽量与路堤同时填筑，且压实度要达到90%以上。它的特点是施工工艺简单、费用较低，但施工用地增大。
- 侧向约束与反压护道的加固机理均是限制软弱土体向旁挤出，以增加路堤的抗剪能力。侧向约束法适合软土层厚度较小，软土体面积较大的软土地基的加固。反压护道法适合软土体分布面狭窄而软土体厚度较大的软土地基的处理。

小　结

本单元介绍了公路路基的一般知识及有关规定，与一般路基工程有关的附属设施，路基地面排水和地下排水设施与特殊地区路基的特点及处理措施，路基的防护与加固方法，重点介绍了挡土墙的类型及适用范围和重力式挡土墙的构造。

相关链接

1. 道路工程施工国家精品课程资源网站 http：//www. jingpinke. com/xpe/por-tal/270863e5-1189-1000-8dc9-ac9dee625938？ uuid＝3b083148-124e-1000-90b0-144ee02f1e73

2. 重庆交通大学路基路面工程精品课程网站 http：//courses. cqjtu. edu. cn/jpkc/ljlmkc/

思考与练习

1. 为什么要对路基进行特别重视？其稳定过程受哪些因素影响？

2. 一般路基的设计包含哪些主要内容？

3. 我国公路用土是如何进行类型划分的？

4. 一般路基工程的附属设施包括哪些内容？

5. 路基地下排水设备有哪些？

6. 何谓截水沟（又称天沟）？有何作用？请绘图表示出它的设置位置。

7. 路基的防护与加固的设施主要有哪些？

8. 边坡坡面植物防护有哪些主要方法？边坡坡面工程防护有哪些主要形式？

9. 冲刷的间接防护有哪些种类？如何应用？

10. 挡土墙设置排水措施的主要目的及其作用？

11. 挡土墙泄水孔设置要考虑什么要求？为什么干砌挡土墙不设泄水孔？

路 面 工 程

1. 认知路面分级及各级路面的特点。
2. 认知路面各结构层的划分及其作用。
3. 了解沥青路面、水泥混凝土路面的特点及构造。

5.1 路面基本概念

各级公路的行车道、路缘带、变速车道、爬坡车道、紧急停车带和慢行道等均应铺筑路面。公路路面应根据交通量及其组成情况和公路等级、使用任务、性质、当地材料及自然条件，结合路基进行综合设计。路面应具有良好的稳定性和足够的强度，其表面应达到平整、密实和粗糙度适当的要求。

5.1.1 路面的基本要求

路面是在路基顶面的行车部分用各种混合料铺筑而成的层状结构物。路面结构层的存在保护了路基，使之避免了直接经受车辆和大气的破坏作用，长久处于稳定状态。为了保证道路最大限度地满足车辆运行的要求，提高车速、增强安全性和舒适性，降低运输成本和延长道路使用年限，所以路面应满足以下基本要求。

1. 具有足够的强度与刚度

行驶在路面上的车辆，通过车轮把荷载传给路面，由路面传给路基，在路基路面结构内部产生应力、应变及位移。如果路基路面结构整体或某一组成部分的强度或抗变形能力不足以抵抗这些应力、应变及位移，则路面会出现断裂、沉陷，路面表面会出现波浪或车辙，使路况恶化，服务水平下降。因此，路面结构应具有足够的强度以抵抗车轮荷载引起的各个部位的各种应力，如压应力、拉应力、剪应力等，保证不发生压碎、拉断、剪切等各种破坏，保证不发生车辙、沉陷或波浪等各种病害。

2. 具有足够的稳定性

新建的路面结构袒露在大气之中，经常受到大气温度、降水与湿度变化的影响。

(1) 湿度变化对路面的影响

大气降水使得路基路面结构内部的湿度状态发生变化。水泥混凝土路面如果不能及时将水分排出结构层，会发生唧泥现象，冲刷基层，导致结构层提前破坏；沥青混凝土路面中水分的侵蚀会引起沥青结构层剥落，结构松散；砂石路面在雨季时，会因雨水冲刷和渗入结构层而导致强度下降，产生沉陷，松散等病害。因此防水、排水是确保路基路面稳定的重要方面。

(2) 气温变化对路面的影响

大气温度周期性的变化对路面结构的稳定性有重要影响。高温季节沥青路面软化，在车轮荷载作用下产生永久性变形；水泥混凝土结构在高温季节因结构变形产生过大内应力，导致路面压曲破坏。北方冰冻地区，在低温冰冻季节，水泥混凝土路面、沥青路面、半刚性基层由于低温收缩产生大量裂缝，最终失去承载能力。在严重冰冻地区，低温引起路基的不稳定是多方面的，低温会引起路基收缩裂缝，地下水源丰富的地区，低温会引起冻胀，路基上面的路面结构也随之发生断裂。春天融冻季节，在交通繁重的路段，有时会引发翻浆，路基路面发生严重的破坏。

所以路面应具备足够的稳定性，能承受冷热、干湿、冻融和荷载的长期反复作用。

3. 具有足够的耐久性

路面结构要长期承受行车荷载和冷热、干湿等气候因素的多次重复作用，因而会逐渐出现疲劳破坏和塑性变形累积，路面材料也可能会由于老化衰变而导致破坏。因而，到一定使用年限后，路面就会出现各种病害，进而影响路面的使用性能。如果路面的耐久性不足，就会缩短使用时间，增加养护工作量和费用，而且会干扰正常的交通运输。

4. 具有足够的平整度

路面平整度对行车影响很大。路面平整度差时，行车颠簸，行车阻力和振动冲击力都大，从而导致行车的速度、安全性和舒适性迅速降低，机件损坏和轮胎磨损严重，油耗增加，同时不平整的路面也会积水，加速路面的损坏，所有这些都使路面使用的经济效益降低。因此越是高等级的路面，它对平整度的要求也越高。

5. 具有足够的抗滑性

光滑的路面使车轮与路面之间缺乏足够的附着力和摩阻力。在雨天高速行车、转弯和紧急制动时容易打滑，爬坡和突然启动时容易空转，致使行车速度降低，也容易发生交通事故，特别是在雨雪天。因此，路面表面应具备有足够的抗滑性能，以保证行车安全和运输的经济效益。

6. 具有尽可能低的扬尘性和噪声

路面应与周围环境协调，一般应洁净少尘，有时根据道路所在地区的环境要求，还有低振动、低噪声要求以及质地、亮度和色彩等要求。

5.1.2　路面结构及其层次划分

1. 路面横断面

在路基顶面铺筑面层结构，沿横断面方向由行车道和路肩所组成。路面横断面形式分为槽式和全铺式两类，如图 5.1 所示。

（1）槽式横断面

一般公路路面都采用槽式横断面，也就是在路基上按路面设计宽度范围将路基挖成与路面厚度相同的浅槽，在槽内铺筑路面。也可采用培槽方法（即在路基两侧用材料培槽）或半填半挖的方法培槽。

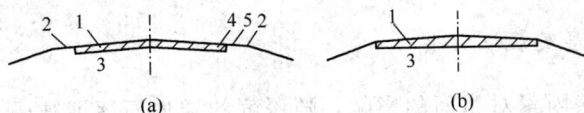

图 5.1 路面横断面形式

(a) 槽式；(b) 全铺式

1—路面；2—土路肩；3—路基；4—路缘石（侧石）；5—加固（硬）路肩

（2）全铺式横断面

在路基全部宽度内都铺筑路面。在高等级公路建设中，有时为了将路面结构内部的水分迅速排出，在全宽范围内铺筑基层材料保证水分由横向排入边沟。有时考虑到道路交通的迅速增长，适应扩建的需要，将硬路肩及土路肩的位置全部按行车道标准铺筑面层。在盛产石料的山区或较窄的路基上铺筑中、低等级路面也可以采用全铺式横断面，在沙漠地区为固定路肩土砂，也宜采用这种形式。即在路基全部宽度内都铺筑路面，这种路面中部较厚，两边逐渐减薄。

2. 路拱及路拱横坡度

为了使路面上的雨水能及时排除，路面的表面通常做成中间高、两边低的形状，称为路拱。常用的路拱形式如图 5.2 所示。从路中心到路面边缘的平均坡度叫路拱横坡度。等级高的路面，平整度和水稳定性较好，透水性也小，通常采用直线型路拱和较小的路拱横坡度。等级低的路面，为了有利于迅速排除路表积水，一般采用抛物线型路拱和较大的路拱横坡度。表 5.1 列出了各种不同类型路面的路拱平均横坡度。

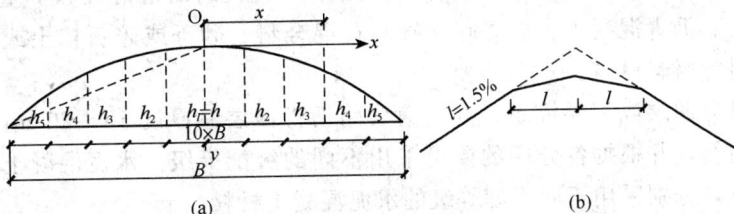

图 5.2 路拱形式

(a) 抛物线型路拱；(b) 直线型路拱

表 5.1 各类路面的路拱平均横坡度

路面类型	路拱平均横坡度/%
沥青混凝土、水泥混凝土	1～2
厂拌沥青碎石、路拌沥青碎（砾）石、沥青贯入碎（砾）石、沥青表面处治、整齐石块	1.5～2.5
半整齐石块、不整齐石块	2～3
碎石、砾石等粒料路面	2.5～3.5
炉渣土、砾石土、砂砾土等低级路面	3～4

路肩横坡度一般较路面横坡大 1%。但是高速公路和一级公路的硬路肩采用与路面行车道相同的结构时，应采用与路面行车道相同的路面横坡度。

3. 路面结构分层及层位功能

行车荷载和自然因素对路面的影响，随深度的增加而逐渐减弱。因此，对路面材料的强度、抗变形能力和稳定性的要求也随深度的增加而逐渐降低。为了适应这一特点，路面结构通常是分层铺筑的，按照使用要求、受力状况、土基支承条件和自然因素影响程度的不同，分成若干层次。通常按照各个层位功能的不同，划分为三个层次，即面层、基层和垫层，如图 5.3 所示。

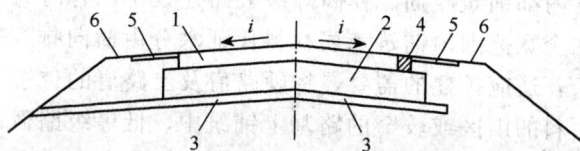

图 5.3　路面结构层次示意图

i—路拱横坡度；1—面层；2—基层（有时包括底基层）；

3—垫层；4—路缘石；5—加固路肩；6—土路肩

注：为了保护路面面层的边缘，一般公路的基层宽度应比面层每边至少宽出 25cm，

垫层宽度应比基层每边至少宽出 25cm，或与路基同宽以利排水

（1）面层

面层是路面结构最上面的一个层次。面层直接承受行车荷载的垂直力、水平力和震动冲击力的作用，同时还受到降水的侵蚀和气温变化的影响。因此，面层应具备较高的力学强度和稳定性、较好的耐磨性和不透水性、较高的抗滑性和平整度。面层可由水泥混凝土、沥青混凝土、沥青碎（砾）石混合料、砂砾或碎石掺土或不掺土的混合料以及块料等材料修筑。

面层有时分两层或三层铺筑，如高速公路沥青面层总厚度 18～20cm，可分为上、中、下三层铺筑，并根据各分层的要求采用不同的级配等级。水泥混凝土路面也有分上下两层铺筑，分别采用不同强度等级的水泥混凝土材料。

（2）基层

基层是面层的下卧层，主要承受由面层传来的车辆荷载的垂直力，并将其扩散到下面的垫层和土基中去，实际上基层是路面结构中的承重层，它应具有足够的强度和刚度，并应具有良好的扩散应力的能力。虽然基层位于面层之下，遭受大气因素的影响比面层小，但是仍然有可能经受地下水和通过面层渗入雨水的侵蚀，所以基层结构应具有足够的水稳定性。基层表面虽不直接供车辆行驶，但仍然要求有较好的平整度，这是保证面层平整性的基本条件。

底基层是设置在基层之下，并与面层、基层一起承受车轮荷载反复作用，起次要承重作用。

修筑基层的材料主要有各种结合料（如石灰、水泥或沥青等）、稳定土或稳定碎（砾）石、贫水泥混凝土、天然砂砾、各种碎石或砾石、片石、块石或圆石，各种工业

废渣（如煤渣、粉煤灰、矿渣、石灰渣等）和土、砂、石所组成的混合料等。

(3) 垫层

它是介于基层和土基之间的层次，其功能是改善土基的湿度和温度状况，以保证面层和基层的强度、刚度和稳定性不受土基水温状况变化所造成的不良影响。垫层往往是为蓄水、排水、隔热、防冻等目的而设置的，所以通常设在路基处于潮湿和过湿以及有冻胀翻浆的路段。在地下水位较高地区铺设的能起隔水作用的垫层称隔离层；在冰冻较深地区铺设的能起防冻作用的垫层称防冻层。此外，垫层还能扩散由基层传下来的应力，以减小土基的应力和变形；而且它也能阻止路基土挤入基层中，从而保证了基层的结构性能。

修筑垫层所用的材料，强度不一定很高，但水稳性和隔热性要好，常用材料有两类：一类是用松散粒料，如砂、砾石和炉渣等组成的透水性垫层；另一类是用整体性材料，如石灰土或炉渣石灰土等组成的稳定性垫层。

图 5.4 为水泥混凝土路面结构图实例。

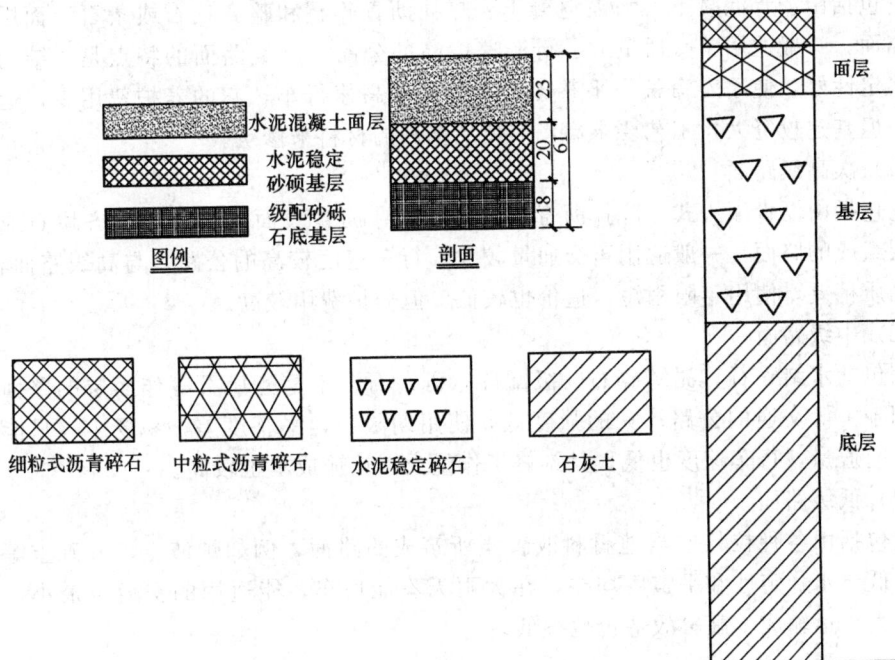

图 5.4　路面结构图实例

5.1.3　路面等级与分类

1. 路面等级

路面的技术等级主要是与标准轴次有关。目前我国的路面分为四个等级。各等级路面所具有的面层类型及其所适用的公路等级，见表5.2。

表5.2 路面等级面层类型所适用的公路等级

路面等级	面层类型	所适用的公路等级	累计标准轴次/万次；设计年限
高级	水泥混凝土、沥青混凝土、厂拌沥青碎石、整齐石块或条石	高速、一级、二级	>400；15年 >200；12年
次高级	沥青贯入碎（砾）石、路拌沥青碎（砾）石、沥青表面处治、半整齐石块	二级、三级	100~200；10年 10~100；8年
中级	泥结或级配碎（砾）石、水结碎石、不整齐石块、其他粒料	三级、四级	10~100；8年 ≤10；5年
低级	各种粒料或当地材料改善土，如炉渣土、砾石土和砂砾土等	四级	≤10；5年

（1）高级路面

它包括由沥青混凝土、水泥混凝土、热拌沥青碎石和整齐块石或条石等面层所组成的路面，一般适用于交通量大、行车速度高的公路。这类路面的特点是：结构强度高，稳定性好，使用寿命长，平整无尘，能保证高速行车，它的养护费用少，运输成本低，但基建投资大，工艺要求高，需要质量高的材料来修筑。

（2）次高级路面

它包括由沥青灌入式、冷拌沥青碎（砾）石、沥青表面处治和半整齐块石或条石等面层组成的路面，一般适用于交通量较大、行车速度较高的公路。与高级路面相比，使用品质稍差，使用年限稍短，造价也较低，但养护费用较高。

（3）中级路面

它包括水结碎石、泥结碎石、级配碎（砾）石、不整齐块石等作面层的路面，一般适用于中等交通的公路。它的强度低，使用期限短，平整度差，易扬尘，只能适应较小的交通量，行车速度也低，且维修工作量大，运输成本也较高。

（4）低级路面

它包括由各种粒料或当地材料改善土所筑成的路面，例如炉渣土、砂砾土等。它的强度低，水稳定性和平整度均差，在大雨天不能通车，能适用的交通量最小，养护工作量大，运输成本高，故造价也很低。

2.路面分类

路面是用各种材料按不同配制方法和施工方法修筑而成，在力学性质上也互有异同。根据不同的实用目的，可将路面做不同的分类。

（1）按材料和施工方法可分为五大类

1）碎（砾）石类路面。用碎（砾）石按嵌挤原理或最佳级配原理配料铺压而成的路面。一般用作基层。

2）结合料稳定路面。掺加各种结合料，使各种土、碎（砾）石混合料或工业废渣的工程性质改善，成为具有较高强度和稳定性的材料，经铺压而成的路面。可用做基层、垫层。

3）沥青路面。在矿质材料中，以各种方式掺入沥青材料修筑而成的路面。可用做面层或基层。

4）水泥混凝土路面。以水泥与水合成水泥浆为结合料，碎（砾）石为骨料，砂为填充料，经拌和、摊铺、振捣和养护而成的路面。通常作高级路面的面层。

5）块料路面。用整齐、半整齐块石或须制水泥混凝土块铺砌，并用砂嵌缝后碾压而成的路面。可用做高级或次高级路面面层。

（2）按路面力学特性分类

1）柔性路面。主要用于各种基层（水泥混凝土除外）和各类沥青面层、碎（砾）石面层、块料面层所组成的路面结构。柔性路面在荷载作用下所产生的弯沉变形较大，路面结构本身抗弯拉强度较低，车轮荷载通过各结构层向下传递到地基，使土基受到较大的单位压力，因此土的强度、刚度和稳定性对路面结构整体强度有较大影响。

2）刚性路面。主要是指用水泥混凝土作面层或基层的路面结构。水泥混凝土的强度比其他各种路面材料要高得多，它的弹性模量也较其他各种路面材料大，故呈现出较大的刚性。水泥混凝土路面板在车轮荷载作用下的垂直变形极小，荷载通过混凝土板体的扩散分布作用传递到地基上的单位压力，要较柔性路面小得多。

3）半刚性路面。用水泥、石灰、粉煤灰等无机结合料处治的土或碎（砾）石及含有水硬性结合料的工业废渣修筑的基层，在前期具有柔性路面的力学性质，后期的强度和刚度均有较大幅度的增长，但是最终的强度和刚度仍远小于水泥混凝土。由于这种材料的刚性处于柔性路面与刚性路面之间，因此把这种基层和铺筑在它上面的沥青面层统称为半刚性路面。这种基层称为半刚性基层。

实训1

在学校附近做一个路面类型调查。

5.2　路面基层

基层是直接位于面层下的结构层次，是路面结构中的重要组成部分。其主要承受由面层传递的车辆荷载，并将荷载进一步传递给垫层或土基上。当基层分为多层时，最下面的一层称为底基层。碎（砾）石、块料、稳定土类和无机结合料稳定类常用作路面的基层材料。

碎石类基层属柔性基层，按强度构成可分为嵌锁型与级配型。无机结合料稳定类基层的刚度介于柔性路面材料和刚性路面材料之间，因此称为半刚性基层，是指以石灰、水泥掺入土（集料）中或与工业废渣等共同或分别掺入土（集料）中，通过加水拌和，碾压成型的基层。由于材料性质各异，在路面设计中，要因地制宜，合理地选用材料。

5.2.1　碎（砾）石类基层

1. 填隙碎石

填隙碎石是用单一尺寸的粗碎石作主骨料，形成嵌锁，用石屑填满碎石间的空隙，增加其密度和稳定性。

填隙碎石可用于各等级公路的底基层和二级以下公路的基层。一般每层压实厚度为碎石最大粒径的 1.5～2.0 倍，即 10～12cm。缺乏石屑时，可以添加细粒砂或粗砂等细集料，但是其技术性能不如石屑。

用单一粒径的粗碎石和石屑组成的填隙碎石可用干法施工，也可以用湿法施工。干法施工的填隙碎石特别适合于干旱缺水地区。

2. 泥结碎石基层

泥结碎石基层是以碎石作为骨料，黏土作为填充料和黏结料，经压实修筑成的一种结构。

泥结碎石水稳定性较差，当用在沥青类面层的基层时，一般只适用于干燥路段。其基层主层矿料粒径不应小于 40mm，并不大于层厚的 0.7 倍，石料等级不应低于Ⅳ级，长条、扁平状颗粒含量不应超过 20%。泥结碎石中的黏土，塑性指数取 12～15 为宜，黏土内不得含腐殖质或其他杂质，黏土用量一般小于混合料总重的 15%～18%。

3. 泥灰结碎石基层

泥灰结碎石层是以碎石为骨料，用一定数量的石灰和土作粘结填缝料的结构层。

由于掺入了石灰，泥灰结碎石的水稳定性优于泥结碎石，因此，泥灰结碎石多用于潮湿与中湿路段作为沥青路面的基层，也可以作为中级路面的面层。

泥灰结碎石对黏土质量的要求与泥结碎石相同，对于石灰的质量，石灰的质量不低于 III 级。石灰与土的用量不应大于混合料总重的 20%，其中石灰剂量为土重的 15%。

4. 级配碎石基层

采用颗粒大小不同的矿料按一定的比例配合，并掺入一定数量的结合料，拌制成混合料，经过摊铺碾压而形成的。级配碎石可用于各级公路的基层和底基层，也可以用作较薄沥青层与半刚性基层之间的中间层。

级配碎石基层强度主要来源于碎石本身强度及碎石颗粒之间的嵌挤力。用于二级和二级以上公路基层和底基层的级配碎石应用预先筛分成几组不同粒径的碎石（如

37.5～19mm，19～9.5mm，9.5～4.75mm 的碎石）及 4.75mm 以下的石屑组配而成。在其他等级公路上，级配碎石可用未筛分碎石和石屑组配而成。缺乏石屑时，可以添加细砂砾或粗砂。也可以用颗粒组成合适的含细集料较多的砂砾与未筛分碎石组配成级配碎砾石。当级配碎石用作二级和二级以下公路的基层时，其最大粒径应控制在37.5mm 以内；当级配碎石用作高速公路和一级公路的基层以及半刚性路面的中间层时，其最大粒径宜控制在 31.5mm 以下。

5.2.2　无机结合料稳定类基层

在粉碎的或原状松散的土中掺入一定量的无机结合料（包括水泥、石灰或工业废渣等）和水，经拌和得到的混合料在压实与养护后，其抗压强度符合规定要求的材料称为无机结合料稳定材料。

由于无机结合料稳定材料的刚度介于柔性路面材料和刚性路面材料之间，常称此为半刚性材料，以此修筑的基层或底基层也称为半刚性基层（底基层）。

1. 水泥稳定类基层

在粉碎的或原状松散的土（包括各种粗、中、细粒土）中，掺入适当水泥和水，按照技术要求，经拌和摊铺，在最佳含水量时压实及养护成型，其抗压强度符合规定要求，以此修建的路面基层称水泥稳定类基层，此类基层属半刚性基层。当用水泥稳定细粒土（砂性土、粉性土或黏性土）时，简称水泥土。

近年来，在我国一些路面工程中，水泥稳定土可用于路面结构的基层和底基层。但水泥土一般不作为高速公路或一级公路路面的基层，只能用做底基层。在高等级公路的水泥混凝土路面板下，水泥土也不应做基层。水泥稳定土需湿法养护，以满足水泥水化形成强度的需要。养护温度越高，强度增长得越快。因此，要保证水泥稳定土养护的温度和湿度条件。

2. 石灰稳定类基层（底基层）

在粉碎的土和原状松散的土（包括各种粗、中、细粒土）中，掺入适量的石灰和水，按照一定技术要求，经拌和，在最佳含水量下摊铺、压实及养护，其抗压强度符合规定要求的路面基层称为石灰稳定类基层。用石灰稳定细粒土得到的混合料简称石灰土，所做成的基层称石灰土基层（底基层）。

石灰稳定类材料适用于各级公路路面的底基层，可用作二级和二级以下公路的基层，但石灰土不应用作高等级公路的基层。石灰稳定土不但具有较高的抗压强度，而且也具有一定的抗弯强度，且强度随龄期逐渐增加。因此，石灰稳定土一般可以用于各类路面的基层或底基层。但石灰稳定土因其水稳定性较差不应作高速公路或一级公路的基层，必要时可以用作底基层。在冰冻地区的潮湿路段以及其他地区的过分潮湿路段，也不宜采用石灰土作基层。

3. 石灰工业废渣基层

石灰工业废渣材料主要用石灰与工业废渣组成，主要有石灰粉煤灰类及石灰其他废渣类。道路工程中应用的工业废渣主要是指工业生产过程中所产生的具有一定水硬性特点的无机工业废料，如：粉煤灰、煤渣、钢渣、高炉渣、铜矿渣及各种下脚料。工业废渣一般可在有水的条件下与石灰等碱性材料共同作用，产生火山灰反应，稳定各种粒径不同的土。工程应用中一般采用石灰稳定工业废渣或与工业废渣共同稳定土，其中最常用的工业废渣为粉煤灰，形成石灰粉煤灰稳定路面基层，简称为二灰稳定类基层。

石灰稳定工业废渣基层具有以下优点：水硬性、缓凝性、稳定性好，强度高、成板体，且强度随龄期不断增加，抗水、抗冻、抗裂性好，而且收缩性小，适应各种气候环境和水文地质条件等。基于此，近几年来，修筑高等级公路常选用石灰稳定工业废渣作高级或次高级路面的基层或底基层。

工业废渣基层的主要类型：

（1）石灰粉煤灰土基层

石灰粉煤灰土基层，也称二灰土基层，是以石灰、粉煤灰与土按一定配比混合，加水拌和、摊铺、碾压并养护而成的一种基层结构。它具有较高的强度，有一定的板体性和较好的稳定性。常用的配合比（质量比）为石灰：粉煤灰：土＝12：35：53（体积比为 1：2：3）。如不加土，则体积比为 1：2～1：3。

（2）石灰煤渣基层

石灰煤渣（简称二渣）基层是用煤渣和石灰按一定配合比，加水拌和、摊铺和碾压而成的基层。二渣中如掺入一定量的粗骨料便成为三渣；如掺入一定数量的土，便成为石灰煤渣土。石灰煤渣类基层皆具有水硬性，物理力学性质基本上与石灰土基层相似，但其强度与水稳定性都比石灰土好。石灰煤渣类基层的强度可达 1.5～3.0MPa（28d），并且随龄期而增长。成型初期尚有一定的塑性，但达到一定龄期后，基本处于弹性工作状态。这一类基层也有显著的板体作用。但由于刚性大，当冷缩或干缩时，易产生裂缝。

（3）石灰水淬渣基层

石灰水淬渣基层是指水淬化铁炉渣与石灰按一定配合比混合，加水拌匀、摊铺、碾压而成的基层，简称水淬渣基层。水淬渣基层的强度较石灰煤渣类基层强度高，具有很好的板体性和水稳性，它还具有一定的抗弯拉强度和较小的弯沉值，是一种优良的半刚性基层。石灰在混合料中主要起激发水淬渣活性的作用，所以不存在能使混合料具有较高强度的最佳剂量。由于水淬渣基层早期强度和后期强度都较高，既有利于早期开放交通，也能适应远景交通。但水淬渣材料与粉煤灰和煤渣比较起来数量有限，考虑到水淬渣基层具有较高的强度以及尽量少用石灰，一般配合比（质量比）为石灰：水淬渣＝（10～15）：（90～85）。

实训2
联系工程实例，列举出各类路面基层的特点。

5.3 沥青路面

沥青路面是用沥青作黏结料修筑面层并与其他各类基层所组成的路面。因其呈黑色，故又称黑色路面。沥青路面使用了黏结力较强的沥青材料，使矿料之间的黏结力大大增强，从而提高了混合料的强度和稳定性，路面的使用质量和耐久性都得到提高。我国近 20 年来使用沥青材料修筑了相当数量的沥青路面，沥青路面已成为我国高等级公路的主要路面形式。实例如图 5.5 所示。

图 5.5 沥青混凝土路面实图

5.3.1 沥青路面的特点

与水泥混凝土路面相比，沥青路面具有以下特点：

1. 沥青路面的优点

- 沥青路面表面平整、坚实、无接缝，行车平稳、舒适、噪声小。
- 沥青路面的强度可以调节，以适应不同交通量的需要。
- 沥青路面晴天无尘土，雨天不泥泞，在烈日照射下不反光，便于行车。
- 沥青路面适宜于机械化施工，质量较易得到保证，且施工进度快，开放交通快，还有利于修补和分期修建。

2. 沥青路面的缺点

- 沥青路面属柔性路面，其强度与稳定性在很大程度上取决于土基和基层的特性。

沥青路面的抗弯拉强度较低，故对基层的强度和稳定性要求较高。

- 沥青面层的温度稳定性较差，夏季高温时，强度下降，易出现车辙、推移、波浪等现象；冬季低温时，由于沥青材料变脆而导致路面开裂。
- 沥青路面施工受季节和气候影响较大，在低温季节和雨季，除乳化沥青外，不能施工。

5.3.2 沥青路面的分类

1. 按沥青路面的强度构成原理分类

按强度构成原理可将沥青路面分为密实和嵌挤两大类。

（1）密实类沥青路面

密实类沥青路面要求矿料的级配按最大密实原则设计，其强度和稳定性主要取决于混合料的黏聚力和内摩阻力。密实类沥青路面按其空隙率的大小可分为闭式和开式两种。闭式混合料中含有较多的小于 0.5mm 和 0.074mm 的矿料颗粒，空隙率小于6%，混合料致密而耐久，但热稳定性较差；开式混合料中小于 0.5mm 的矿料颗粒含量较少，空隙率大于 6%，其热稳定性较好。

（2）嵌挤类沥青路面

嵌挤类沥青路面要求采用颗粒尺寸较为均一的矿料，路面的强度和稳定性主要依靠集料颗粒之间相互嵌挤所产生的内摩阻力，而黏聚力则起着次要的作用。按嵌挤原则修筑的沥青路面，其热稳定性较好，但因空隙率较大、易渗水，因而耐久性较差。

2. 按施工工艺分类

按施工工艺的不同可将沥青路面分为层铺法、路拌法和厂拌法三类。

（1）层铺法

层铺法是用分层洒布沥青和矿料，然后碾压成型的修筑路面的施工方法。其主要优点是工艺和设备简便，功效较高，施工进度快，造价较低；其缺点是路面成型期较长，需要经过炎热季节行车碾压之后路面方能成型。用这种方法修筑的沥青路面有沥青表面处治和沥青贯入式两种。

（2）路拌法

路拌法是在路上用机械将矿料和沥青材料就地拌和摊铺和碾压密实而成的沥青面层。此类面层所用的矿料为碎（砾）石者称为路拌沥青碎（砾）石，所用的矿料为土者则称为路拌沥青稳定土。路拌沥青面层，通过就地拌和，沥青材料在矿料中分布比层铺法均匀，可以缩短路面的成型期。但因所用的矿料为冷料，需使用黏稠度较低的沥青材料，故混合料的强度较低。

（3）. 厂拌法

厂拌法是将规定级配的矿料和沥青材料在工厂用专用设备加热拌和，并在规定时间内送到工地摊铺碾压而成的沥青路面。矿料中细颗粒含量少，不含或含少量矿粉，混合料为开级配的（空隙率达 10%～15%），称为厂拌沥青碎石；若矿料中含有矿粉，混合料是按最佳密实级配配制的（空隙率 10% 以下）称为沥青混凝土。厂拌法按混合料铺筑时温度的不同，又可分为热拌热铺和热拌冷铺两种。

1）热拌热铺是混合料在专用设备加热拌和后立即趁热运到路上摊铺压实。

2）如果混合料加热拌和后储存一段时间后再在常温下运到路上摊铺压实，即为热拌冷铺。

厂拌法所用矿料经过精选，级配准确，且为热料拌和，沥青黏稠度高，用量准确，因而混合料质量高，使用寿命长，但修建费用也较高。

3. 按沥青路面的技术特性分类

可将沥青路面分为沥青混凝土、沥青碎石、沥青贯入式、沥青表面处治等类型。

（1）沥青混凝土路面

沥青混凝土路面是指用不同粒径的碎石、天然砂或矿粉和沥青按比例在拌和机中热拌所得的混合料作面层的路面，其面层可由单层或双层或三层沥青混合料组成，这种混合料的矿料部分具有严格的级配要求，若矿料中含有矿粉，混合料是按最密实级配配制的（空隙率小于是 10%）。各层混合料的组成设计应根据基层厚和层位、气温和降雨量等气候条件、交通量和交通组成等因素确定，以满足对沥青面层使用功能的要求。沥青混凝土适用于各级公路，设计时可按不同等级的公路来选用不同厚度的沥青层。

（2）沥青碎石路面

沥青碎石路面是指由几种不同的矿料（所用矿料为开级配），掺有少量矿粉或不加矿粉，用沥青作结合料按一定比例均匀拌和的混合料（空隙率大于 10%），经摊铺压实成型的路面称为沥青碎石路面。用沥青碎石作面层的路面，沥青碎石的配合比设计应根据实践经验和马歇尔实验的结果，并通过施工前的试拌试铺确定。沥青碎石有时也用作连接层。乳化沥青碎石混合料是由乳化沥青和矿料在常温下拌和而成。适用作三级、四级公路的沥青面层、二级公路养护罩面以及各级公路的调平层。

（3）沥青贯入式路面

沥青贯入式路面结构层是在初步压实的碎石（或破碎砾石）上，分层浇洒沥青、撒布嵌缝料，或再在上部铺筑热拌沥青混合料封层，经压实而成的面层结构，厚度一般为 4～8cm。当采用乳化沥青时称为乳化沥青贯入式路面，其厚度通常为 4～5cm。沥青贯入式路面适用于三级及三级以下公路，也可作为沥青混凝土路面的连接层或基层。沥青贯入式碎石层是一种多孔结构，它的强度主要依靠碎石之间的锁结作用，沥青只起粘结碎石的作用，故温度稳定性好，抗滑性也好。为了防止路表水的侵入，沥青贯入式路面的最上层应撒布封层料或加铺拌和层。沥青贯入层作为连接层使用时，可不撒表面封层料。沥青贯入式路面宜选择在干燥和较热的季节施工，并宜在日最高温度降低至 15℃ 以前半个月结束，使贯入式结构层通过开放交通碾压成型。

（4）沥青表面处治

沥青表面处治路面是指用沥青和集料按层铺法或拌和法铺筑而成的厚度不超过 3cm 的沥青路面。沥青表面处治的厚度一般为 1.5～3.0cm。层铺法可分为单层、双层、三层。单层表处厚度为 1.0～1.5cm，双层表处厚度为 1.5～2.5cm，三层表处厚度为 2.5～3.0cm。

表面处治大多用于下列场合：

1）为碎石路面或基层提供一个能承受行车和大气作用的磨耗层或面层，并提高路面的等级（它属于次高级路面）。

2）改善或者恢复原有面层的使用品质。对原路面磨损较严重者，可采用单层表面处治；磨耗或老化严重者，可采用双层表面处治。路面表面过于光滑时，则应选用带有棱角的硬质石料铺筑处治层，以提高路面的抗滑能力。

3）作为空隙较多的沥青面层的防水层（封层）。上封层位于沥青面层之上；下封层位于非沥青类基层之上。

某沥青混凝土路面设计图如图 5.6 所示。

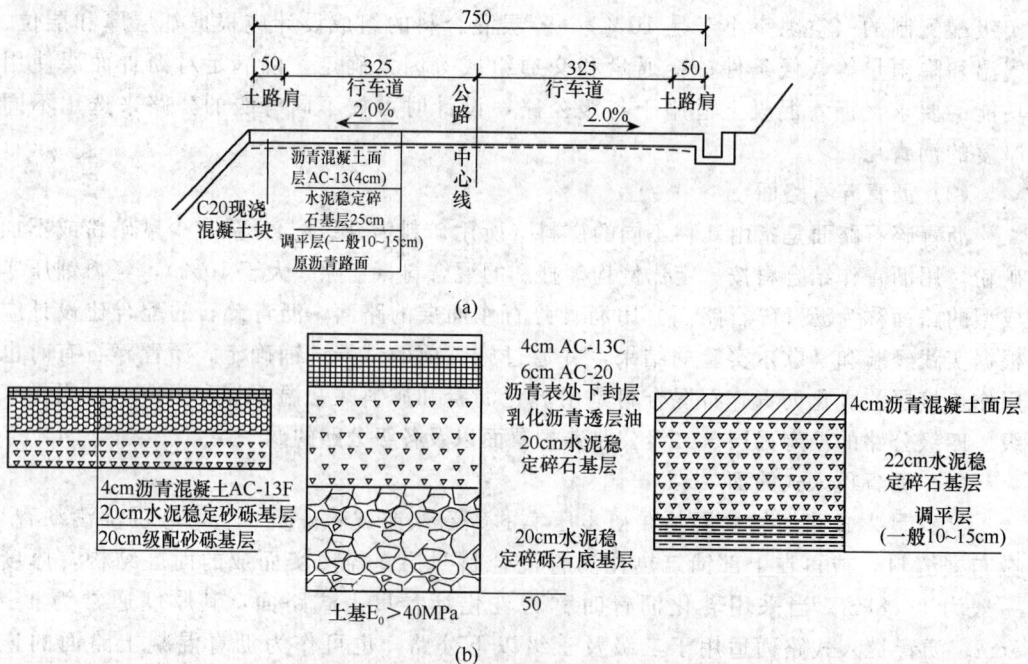

(a)

(b)

图 5.6　某沥青混凝土路面设计图
（a）沥青混凝土横断面图；（b）某沥青混凝土路面结构图

5.3.3 沥青路面的结构

1. 沥青路面结构层次的确定

（1）按交通和环境因素作用的要求选择面层类型

路面等级在一般情况下应与公路等级和交通量相适应，公路等级越高，则路面等级也越高。交通量越大，轴载越重，沥青面层所选类型见表 5.3 所示。

表 5.3 各级公路沥路面类型的选择

公路等级	面层类型
高速公路、一级公路	热拌沥青混凝土
二级公路	热拌沥青混凝土、热拌沥青碎石混合料、贯入式沥青碎石、上拌下贯式沥青碎石
三级公路	热拌沥青混凝土、贯入式沥青碎石、上拌下贯式沥青碎石、沥青表面处和稀治浆封层
四级公路	热拌沥青混凝土、贯入式沥青碎石、沥青表面处治和稀浆封层、冷拌沥青混合料

（2）按水温状况的不利影响选择路面结构层

在潮湿和某些中湿路段上修筑沥青路面时，由于沥青面层不透气，使路基和基层中水份蒸发的通路被隔断，因而凝结在临近表层的粒料层内，使该处的湿度增大。如果粒料层材料中含泥量多（如泥结碎石、级配石），尤其是当塑性指数较大时，便会发软而导致损坏。所以沥青面层下的基层一般应选择水稳性好的材料，严格控制基层内的细料含量。在潮湿路段及中湿路段应采用水稳性好并透水性好的基层，如沥青贯入碎石或砾石等。

在冰冻地区和气候干燥地区，无机结合料稳定土或粒料的基层常常产生收缩裂缝。如果沥青面层直接铺筑其上，会导致面层出现反射裂缝，为此可在其间加设一层粒料或优质沥青材料层，或者适当加厚面层。

（3）按各结构层的作用选择结构层次

面层以下各层在进行路面结构组合时，应按照材料的工作性能得到充分发挥。基层是主要承受竖向应力的承重层。它要有足够的强度、刚度和水稳定性。常用的基层类型有无机结合料稳定集料类、沥青混合料、粒料、贫混凝土等材料。底基层设置在基层之下，是起次要承重作用的结构层。底基层应充分利用沿线地方材料，可采用无机结合料稳定细粒土类或粒料类等。要使路面有足够的整体强度和良好的使用性能，还应保证路基具有一定的抗变形能力和水稳定性。单纯加强或增厚面层或基层，既达不到良好的效果，同时也不经济。稳定路基最主要的是加强排水和达到要求的压实度。在路基水文条件较差的潮湿路段，应采用低剂量石灰稳定路基上层土，或者加设垫层疏干或隔离路基上层的水系，扩散由路面传下的应力，并便于基层的修筑。在季节性冰冻地区，依据防冻的要求，路面结构应达到一定的厚度。为此，需设置垫层以满足此要求。垫层一般采用粗砂、砂砾、碎石、煤渣、矿渣等粒料以及石灰煤渣稳定类、石灰粉煤灰稳定类等。

（4）按各结构层的应力分布特性组合路面层次

路面在垂直力的作用下，内部产生的应力和应变随深度向下而递减。水平力作用产生的应力、应变，随深度递减的速率更快。因此，对各层材料的强度和刚度的要求也可随深度的增大而相应降低。路面各结构层如按强度、刚度自上而下递减的方式组合，则既能充分发挥各结构层材料的能力，又能充分利用当地材料降低造价。

采用上述递减规律组合路面结构层次时，一旦上、下两层的相对刚度比过大时，上层底面将出现较大的弯拉应力（或弯拉应变）。此值只要超过上层材料抗拉强度（或抗拉应变）时，上层便产生开裂。因此沥青路面相邻结构层材料的模量比对路面结构的应力分布有显著影响，是合理确定结构层层数，选定适宜结构层材料的重要考虑因素。

（5）按级配类型、结构组合及施工条件等因素确定层厚

《公路沥青路面设计规范》（JTG D50—2006）建议沥青混合料的压实最小厚度与适宜厚度宜符合表5.4的要求。贯入式沥青碎石、沥青表面处治的压实最小厚度与适宜厚度宜符合表5.5的要求。

表 5.4　沥青混合料的压实最小厚度与适宜厚度

沥青混合料类型		最大粒径/mm	公称最大粒径/mm	符号	压实最小厚度/mm	适宜厚度
密级配沥青混合料（AC）	砂粒式	9.5	4.75	AC-5	15	15～30
	细粒式	13.2	9.5	AC-10	20	25～40
		16	13.2	AC-13	35	40～60
	中粒式	19	16	AC-16	40	50～80
		26.5	19	AC-20	50	60～100
	粗粒式	31.5	26.5	AC-25	70	80～120
密级配沥青碎石（ATB）	粗粒式	31.5	26.5	ATB-25	70	80～120
		37.5	31.5	ATB-30	90	90～150
	特粗式	53	37.5	ATB-40	120	120～150
开级配沥青碎石（ATPB）	粗粒式	31.5	26.5	ATPB-25	80	80～120
		37.5	31.5	ATPB-30	90	90～150
	特粗式	53	37.5	ATPB-40	120	120～150
半开级配沥青碎石（AM）	细粒式	16	13.2	AM-13	35	40～60
	中粒式	19	16	AM-16	40	50～70
		26.5	19	AM-20	50	60～80
	粗粒式	31.5	26.5	AM-25	80	80～120
	特粗式	53	37.5	AM-40	120	120～150

续表

沥青混合料类型		最大粒径/mm	公称最大粒径/mm	符号	压实最小厚度/mm	适宜厚度
沥青玛瑞脂碎石混合料（SMA）	细粒式	13.2	9.5	SMA-10	25	25~50
		16	13.2	SMA-13	30	35~60
	中粒式	19	16	SMA-16	40	40~70
		26.5	19	SMA-20	50	50~80
开级配沥青磨耗层（OGFC）	细粒式	13.2	9.5	OGFC-10	20	20~30
		16	13.2	OGFC-13	30	30~40

表 5.5　贯入式沥青碎石、沥青表面处治的压实最小厚度与适宜厚度宜符合

结构层类型	压实最小厚度/mm	适宜厚度/mm
贯入式沥青碎石	40	40~80
上拌下贯沥青碎石	60	70~100
沥青表面处治	10	10~30

基层、底基层应根据交通量大小、材料力学性能和扩散应力的效果，充分发挥压实机具的功能以及有利于施工等因素选择各结构层的厚度。为便于施工组织、管理，各结构层的材料不宜频繁发生变化。各种结构层压实最小厚度与适宜厚度宜符合表 5.6 的要求，并不得设计小于 150mm 厚的半刚性材料薄层。

表 5.6　各种结构层压实最小厚度与适宜厚度

结构层类型	压实最小厚度/mm	适宜厚度/mm
级配碎石	80	100~200
水泥稳定类	150	180~200
石灰稳定类	150	180~200
石灰粉煤灰稳定类	150	180~200
贫混凝土	150	180~240
级配砾石	80	100~200
泥结碎石	80	100~150
填隙碎石	100	100~120

2. 沥青路面结构组合图例

沥青路面结构层主要由面层、基层、底基层、垫层等组成。具体组成如图 5.7 所示。

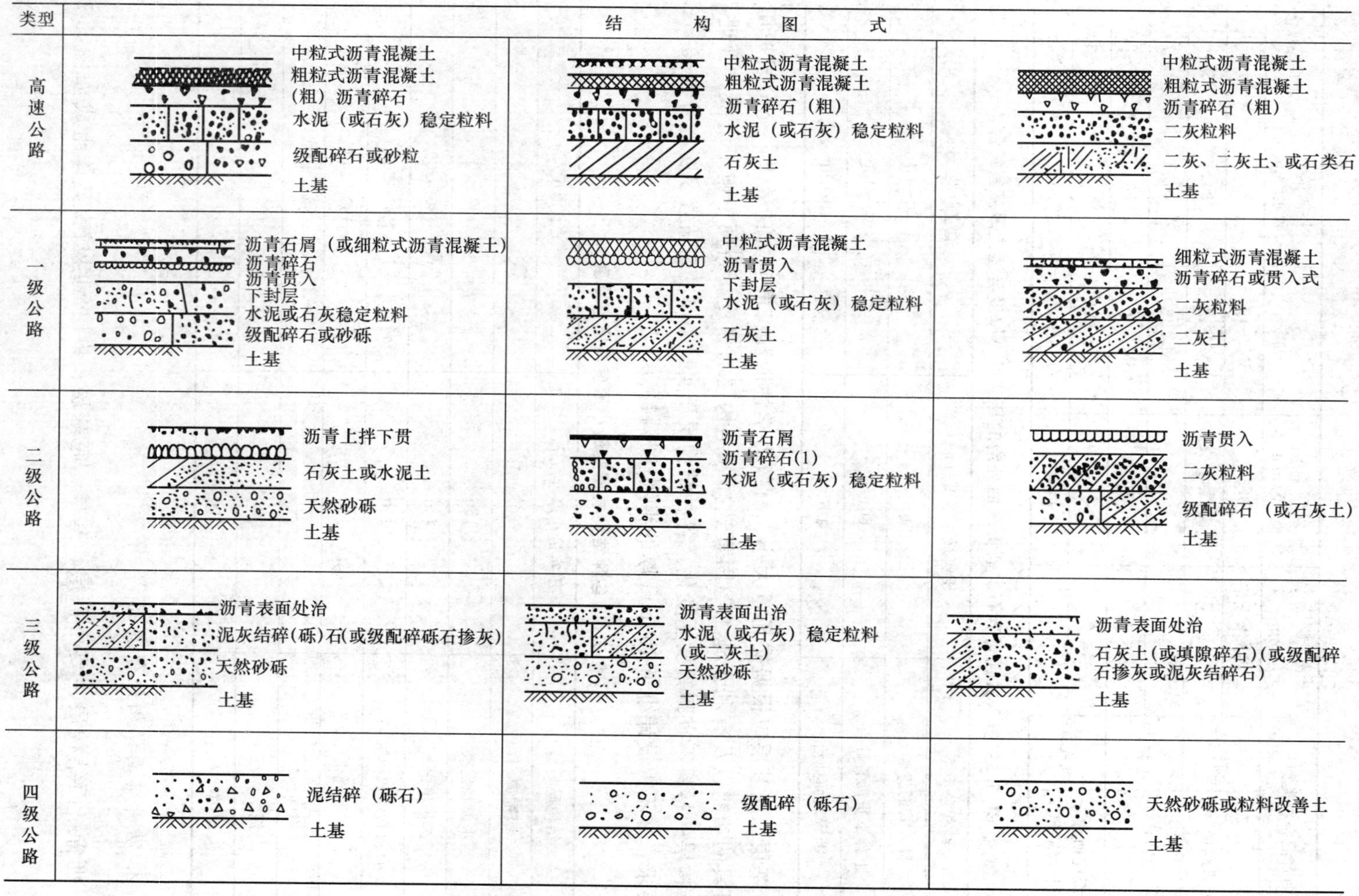

类型	结构图式		
高速公路	中粒式沥青混凝土 粗粒式沥青混凝土(粗) 水泥(或二灰)沥青碎石 级配碎石或砂粒 稳定粒料 土基	中粒式沥青混凝土 粗粒式沥青混凝土(粗) 沥青碎石 水泥(或石灰) 石灰土 稳定粒料 土基	中粒式沥青混凝土 粗粒式沥青混凝土(粗) 沥青碎石粒料 二灰碎石 二灰土、二灰土、或石类石 土基
一级公路	沥青石屑(或细粒式沥青混凝土) 沥青碎石 下封层 水泥或石灰稳定砂砾 级配碎石或砂砾 土基	中粒式沥青混凝土 沥青贯入 下封层 水泥(或石灰) 石灰土 稳定粒料 土基	细粒式沥青混凝土 沥青碎石或贯入式 二灰碎石 二灰土 土基
二级公路	沥青上拌下贯 石灰土或水泥土 天然砂砾 土基	沥青石屑 沥青碎石(1) 水泥(或石灰) 稳定粒料 土基	沥青贯入 二灰碎石或贯入式 级配碎石 土基
三级公路	沥青表面处治 泥灰结碎(砾)石(或级配碎石掺石) 天然砂砾 土基	沥青表面出冶 水泥(或二灰) 稳定粒料 天然砂砾 土基	沥青表面处治 石灰土(或填隙碎石) 石掺灰或泥灰结碎石) 土基
四级公路	泥结碎(砾)石 土基	级配碎(砾)石 土基	天然砂砾或粒料改善土 土基

图5.7 沥青路面结构图示

172

联系工程实例，列举出各类沥青路面的特点。

5.4 水泥混凝土路面

水泥混凝土路面是指以水泥混凝土板作为面层，下设基层、垫层所组成的路面结构，又称刚性路面。水泥混凝土路面包括普通混凝土、钢筋混凝土、连续配筋混凝土、钢纤维混凝土、碾压混凝土等。在公路和城市道路中，我国采用得最广泛的是现场浇筑的普通混凝土路面，这类混凝土路面除接缝区和局部范围（边缘或角隅）外，不配置钢筋，也称素混凝土路面，如图 5.8 所示。

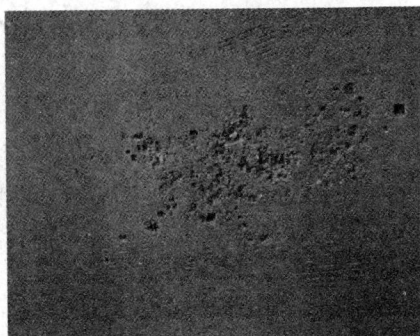

图 5.8 水泥混凝土路面实图

5.4.1 水泥混凝土路面的特点

1. 水泥混凝土路面的优点

与其他类型路面相比混凝土路面具有以下优点：

• 强度高。混凝土路面具有很高的抗压强度和较高的抗弯拉强度以及抗磨耗能力。

• 稳定性好。混凝土路面受到水的浸入和温度的变化等自然因素的影响时，引起的强度变化很小，不存在沥青路面的老化现象。

• 耐久性好。由于混凝土路面强度和稳定性好，因此经久耐用，一般使用年限 20～40 年。

• 日常养护量小。与沥青路面相比水泥混凝土路面的日常养护工作量和养护费用均较少。

2. 水泥混凝土路面的缺点

• 水泥和水的用量大。修筑厚度为 200mm、宽度为 7m 的混凝土路面，每 1000m 耗费水泥约 400～500t 和水约 250t，还不包括养护用水在内。

- 损坏后难于修复。水泥混凝土路面损坏后，开挖很困难，修补工作量大，对于有地下管线的城市道路，对交通影响较大。
- 有接缝。水泥混凝土路面的横向及纵向接缝，不但影响行车舒适性，容易引起跳车，同时也是路面的薄弱部位，接缝的损坏会导致路面板边和板角处的破坏。
- 开放交通迟。一般混凝土路面完工后，要经过 28d 的湿治养护，才能开放交通，如需提早开放交通，则需采取特殊措施。

3. 水泥混凝土路面的工作特性和力学特性

（1）力学特性

作为刚性路面的水泥混凝土路面，同柔性路面相比，有自己的特点：由于混凝土的抗弯拉强度比抗压强度低得多，约为抗压强度的 $1/7 \sim 1/6$，在车轮荷载的作用下当弯拉应力超过混凝土的极限抗弯拉强度时，混凝土板便产生断裂破坏。且在车轮荷载的重复作用下，混凝土板会在低于极限抗弯拉强度时出现破坏。

（2）温度变化特性

混凝土随温度、湿度的变化而发生变形，导致混凝土路面板产生收缩、膨胀或翘曲。如果板的尺寸过大，这些变形会受到约束，使板内产生较大的应力，而出现开裂、拱胀，甚至断裂等破坏。为减少温度、湿度影响产生的应力，防止出现不规则的裂缝，混凝土路面（除连续配筋混凝土路面外）需要在纵、横两个方向设置接缝，将板体划分成一定尺寸的矩形板。

（3）变形特性

水泥混凝土是一种脆性材料，它在断裂时的相对拉伸变形很小，因此在荷载作用下土基和基层的变形情况对混凝土板的影响很大，不均匀的基础变形会使混凝土板与基层脱空，在车轮荷载作用下板产生过大的弯拉应力而遭破坏。

因此混凝土面板必须具有足够的抗弯拉强度和厚度，才能满足车轮荷载的多次重复作用。

5.4.2　水泥混凝土路面结构

1. 面层

水泥混凝土面层直接承受行车荷载和环境（温度和湿度）因素的作用，因此水泥混凝土面层应具有足够的强度、耐久性、表面抗滑、耐磨、平整。

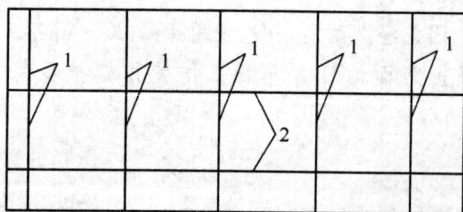

图 5.9　混凝土板的分块与接缝
1—横缝；2—纵缝

水泥混凝土面层的厚度，一般在 $180 \sim 300\text{mm}$ 范围内，视轴载大小和作用次数以及混凝土强度而定。表 5.7 为普通水泥混凝土面层厚度参考范围，通常采用等厚断面。混凝土面层的弯拉强度在 $4.0 \sim 5.0\text{MPa}$ 范围内。面层由横向和纵向接缝划分为矩形板块，如图 5.9 所示，其平面尺寸通常不超过 25m²。纵缝的位置通常按车道宽度设定，缝内设拉杆。横缝间距一般采用 4~6m，当交通繁重时，缝内设传力杆。混凝土路面板通常采用整层浇筑，面层较厚时，也可分为两层（双层）浇筑。

表 5.7　各类基层厚度的适宜范围

基 层 类 型	厚度的范围/mm
贫混凝土或碾压混凝土基层	120~200
水泥或石灰粉煤灰稳定粒料基层	150~250
沥青混凝土基层	40~60
沥青稳定碎石基层	80~100
级配粒料基层	150~200
多孔隙水泥稳定碎石排水基层	100~140
沥青稳定碎石排水基层	80~100

2. 基层

混凝土路面基层设置在混凝土面板的下面。

1）基层的作用：防止或减轻由于唧泥产生板底脱空和错台等病害；与垫层共同作用，可控制或减少路基不均匀冻胀或体积变形对混凝土面层产生的不利影响；为混凝土面层施工提供稳定而坚实的工作面，并改善接缝的传荷能力。

2）基层材料的选用原则：根据道路交通等级和路基抗冲刷能力来选择基层材料。特重交通宜选用贫混凝土、碾压混凝土或沥青混凝土；重交通道路宜选用水泥稳定粒料或沥青稳定碎石；中、轻交通道路宜选择水泥或石灰粉煤灰稳定粒料或级配粒料。湿润和多雨地区，繁重交通路段宜采用排水基层。

3）基层的宽度应根据混凝土面层施工方式的不同比混凝土面层每侧至少宽出 300mm（小型机具施工时）或 500mm（轨模或摊铺机施工时）或 650mm（滑模或摊铺机施工时）。

4）各类基层结构性能、施工或排水要求不同，厚度也不同。具体见表 5.7。

5）为防止下渗水影响路基，排水基层下应设置由水泥稳定粒料或密级配粒料组成的不透水底基层，底基层顶面宜铺设沥青封层或防水土工织物。

6）碾压混凝土基层应设置与混凝土面层相对应的接缝。

7）未设垫层，且路基填料为细粒土、黏土质砂或级配不良砂（承受特重或重交通），或者为细粒土（承受中等交通）时，应设置底基层。底基层可采用级配粒料、水泥稳定粒料或石灰粉煤灰稳定粒料等。

3. 垫层

在温度和湿度状况不良的道路上，应设置垫层，以改善路面结构的使用性能。遇有下述情况时，需在基层下设置垫层：

1）季节性冰冻地区，道路结构设计总厚度小于最小防冻厚度要求时，根据路基干湿类型和路基填料的特点设置垫层。

2）水文地质条件不良的土质路堑，路床土湿度较大时，宜设置排水层。

3）路基可能产生不均匀沉降或不均匀变形时，可加设半刚性垫层。

防冻垫层和排水垫层宜采用砂、砂砾等颗粒材料。半刚性垫层可采用低剂量无机结合料稳定粒料或土。垫层材料的强度要求不一定要高，但其水稳性、隔热性能要好，以就地取材为原则，一般采用颗粒材料（砂、砂砾、炉渣等）。当采用砂或砂砾时，通过 0.075mm 筛孔的颗粒含量不宜大于 5%；当采用炉渣时，小于 2mm 的颗粒含量不宜大于 20%。垫层的最小厚度为 15cm，其宽度应比基层每侧至少宽出 25cm，当路基为膨胀土或路面排水不良时，垫层应与路基同宽。

水泥混凝土路面结构如图 5.10 所示。

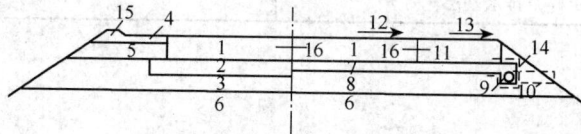

图 5.10　水泥混凝土路面结构
1—面层；2—基层；3—垫层；4—沥青路肩面层；5—路肩基层；6—路床；7—排水基层；
8—不透水基层（或反滤层）；9—纵向集水沟和集水管；10—横向排水管；11—混凝土路肩面层；
12—路面横坡；13—路肩横坡；14—反滤织物；15—拦水带；16—拉杆

5.4.3　水泥混凝土路面接缝结构

接缝是混凝土路面板的重要构造部位，也是容易产生病害的薄弱部位。混凝土路面既要设置接缝，又要尽量减少接缝数量，并且从接缝构造上保持两侧面板的整体性，以提高传递荷载的能力，保证混凝土面板下路基与路面基层的正常工作条件。混凝土路面的接缝按照几何部位，分为横向接缝和纵向接缝。纵缝平行于行车方向，横缝一般垂直于纵缝，且纵缝两侧的横缝不得互相错位。

1. 横向接缝

横向接缝按照作用的不同分为横向缩缝、胀缝和施工缝。

（1）缩缝

缩缝是为了混凝土路面板减小由于伸缩和翘曲变形受到约束而产生的应力，从而避免混凝土板产生不规则裂缝。

1）缩缝构造。横向缩缝一般采用假缝形式，包括设传力杆假缝型和不设传力杆假缝型，其构造如图 5.11（a）所示。假缝上部的槽口，深度为面层厚度的 1/5～1/4，宽度为 3～8mm，一般在混凝土浇筑后，达到一定抗压强度强度时，用切缝机切割，或在混凝土浇筑时振入嵌缝条而形成。缝内填灌缝料，如沥青玛蹄脂、乳化沥青等，构造如图 5.11 （b） 所示。

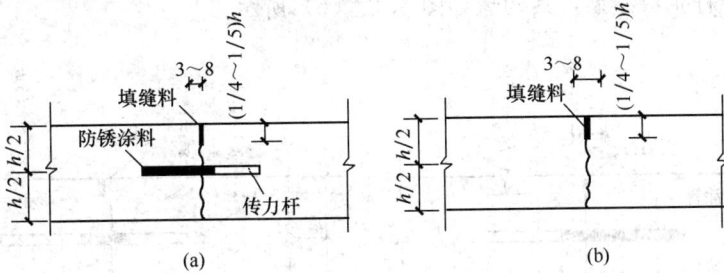

图 5.11　缩缝构造

2） 缩缝布置。缩缝间距大小直接影响板内温度应力、接缝缝隙宽度和接缝传荷能力。一般取 4～6m （即板长）。板越厚、基层顶面的回弹模量越小，横缝间距可取大值。

（2） 胀缝

胀缝是为保证混凝土路面板在温度升高时能部分伸张，从而避免路面板在温度较高时产生拱胀和折断破坏。胀缝具有其他接缝的所有功能，但设置和维护困难，应尽量少设。在邻近桥梁或其他固定构造物或与其他道路相交处应设置胀缝，胀缝处混凝土面板完全断开，因而也称之为真缝。胀缝的设置目的是为混凝土板的膨胀提供伸长的余地，从而避免产生过大的热压力。

1） 胀缝构造。胀缝的构造如图 5.12 所示。胀缝处混凝土板完全断开，设置的胀缝条数，视膨胀量的大小而定。缝壁垂直，缝宽 20mm，下部设弹性材料填缝板，上部填灌缝料，板厚中央设滑动传力杆。

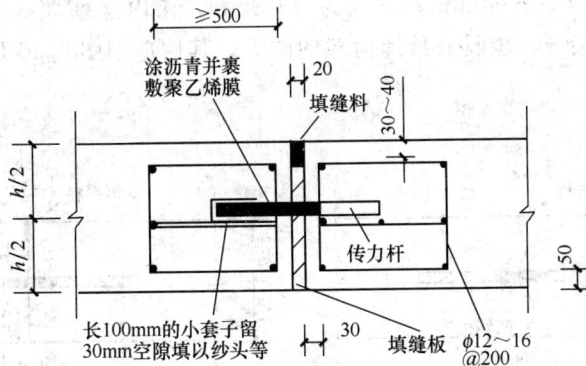

图 5.12　胀缝构造

2） 胀缝布置。胀缝应尽量少设或不设；但在邻近桥梁或其他固定构造物处或与其他道路相交处应设置胀缝。

（3） 施工缝

混凝土路面每天完工或因下雨、机械故障等原因不能继续施工时，需设置施工缝，其位置最好设在胀缝、缩缝处。设在缩缝处的施工缝，采用设传力杆平缝型，其构造如图 5.13（a）所示；设在胀缝处的施工缝，其构造与胀缝相同；设在缩缝之间的施工缝，采用设拉杆企口缝型，其构造如图 5.13（b）所示。

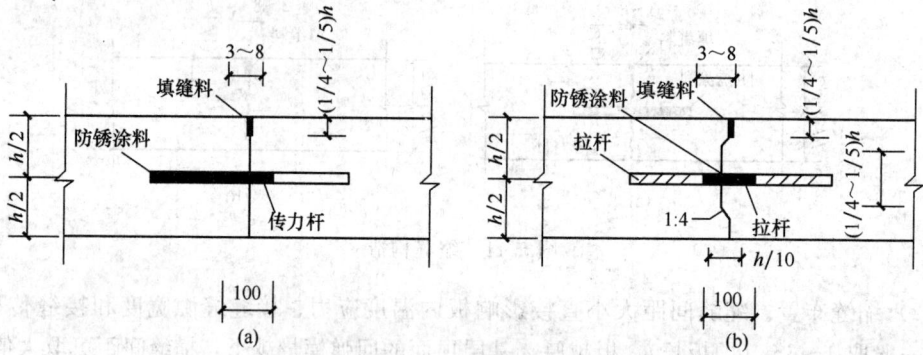

图 5.13　横向施工缝构造

（a）设传力杆平缝型；（b）设拉杆企口缝型

2. 纵缝

（1）纵向缩缝

一次铺筑宽度大于路面宽度时，设置纵向缩缝。纵向缩缝采用假缝加拉杆形式，上部锯切槽口的深度大于施工缝的槽口深度。其构造如图 5.14 所示。

（2）纵向施工缝

一次铺筑宽度小于路面宽度时，设置纵向施工缝。纵向施工缝采用平缝形式，上部锯切槽口，深度为 30～40mm，宽度为 3～8mm，槽内灌塞填缝料，板厚中央设拉杆，不仅防止接缝错开，也具有传递荷载的能力。其构造如图 5.15 所示。

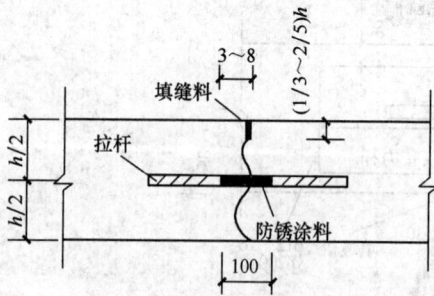

图 5.14　纵向缩缝构造

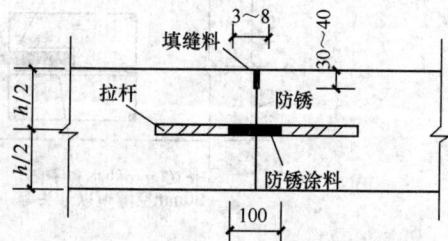

图 5.15　纵向施工缝构造

5.4.4　水泥混凝土路面接缝钢筋构造

混凝土面板纵、横自由边边缘下的基础，当有可能产生较大的变形时，宜在板边缘加设补强钢筋，角隅处加设发针形钢筋或钢筋网，如图 5.16 所示。

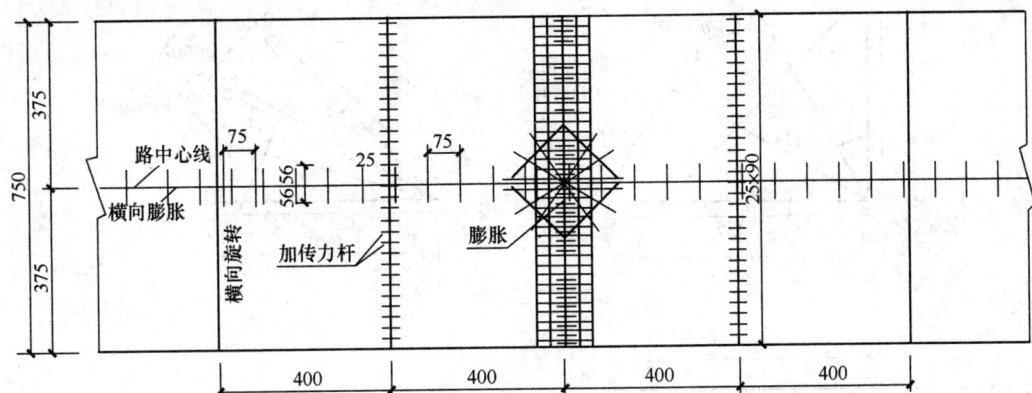

图 5.16 混凝土面板接缝构造

（1）板边补强

混凝土面板边缘部分的补强，一般选用 2 根直径为 12～16mm 的螺纹钢筋，布设在板的下部，距板底一般为板厚的 1/4，并不应小于 50mm，间距为 100mm，钢筋保护层的最小厚度不应小于 50mm，钢筋两端向上弯起，如图 5.17 所示。

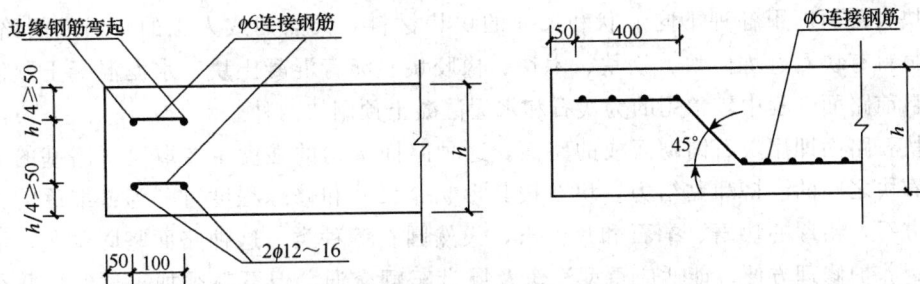

图 5.17 边缘钢筋布置（尺寸单位：mm）

（2）角隅补强

角隅部分的补强，可选用 2 根直径为 12～16mm 的螺纹钢筋，布设在板的上部，距板顶不应小于 50mm，距板边为 100mm。当板角小于 90 时，也可采用双层补强钢筋网补强，钢筋直径 6mm，布置在板的上下部，距板顶和板底以 50～100mm 为宜，如图 5.18 所示。钢筋保护层的最小厚度不应小于 50mm。

实训4

搜集相关的混凝土路面资料，概括出此类路面的构造特点。

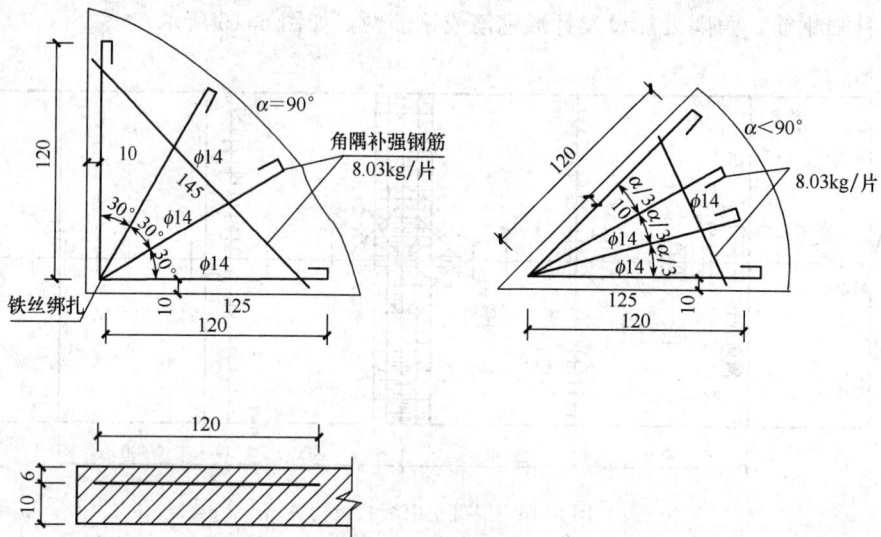

图 5.18　角隅补强钢筋（单位：cm）

5.5　块 料 路 面

块料路面即用各种不同形状和尺寸的块状材料（天然的或人工的）铺成的路面。所用材料有块石、炼砖块、铁块、木块、橡胶块、沥青混凝土块、水泥混凝土预制块等。目前路面工程中较常用的为块石和水泥混凝土预制块两种。

块石路面即用块石铺砌而成的路面。这种路面结构的强度主要取决于路基的支承力和石块之间的嵌挤和黏结力。块石按其形状、尺寸和修琢程度可分为：细琢的方石和长方石，粗琢的块石、拳石和片弹石，天然圆石等种类。这种路面坚固耐久，清洁少尘，养护修理方便，能适应重型汽车及履带车辆交通。但石料须加工琢制，并须用手工铺砌，较为费工，路面平整度较差，影响车速和行驶舒适。

1. 块石路面类型

块石路面可按其强度、表面平整度、基层和垫层结构类型以及填缝材料的不同，分为高级路面、次高级路面和中级路面。方石和长方石路面属于高级路面，粗琢块石路面属于次高级路面，石和片弹石路面则属于中级路面。

块石路面须在块石下面铺设垫层，块石之间需嵌以填缝料。垫层作用是垫平基础表面和块石底面，以保证块石顶面平坦。填缝料作用是填塞石块间的缝隙，并嵌紧石块，以加强路面的整体性。图 5.19 为块石路面结构示意图。

块石基层最常用的是锥形块石基层。锥形块石大多用天然石块稍加打琢而成，高约为基层厚度的 0.7 倍，但不大于 $100cm^2$。块石按大面朝下和长边与路中线垂直的原则在土基上铺砌，随即铺撒较小碎石和石屑嵌缝，并予碾压。此外，还有圆石和片石两种基层。圆石是自然形成，直径 12～20cm。片石是稍加打琢的，长边尺寸可达 30～40cm，短边不小于 15cm。用手摆砌于 5cm 厚粗砂或炉渣垫层上，然后用较小碎石和石屑嵌缝和碾压。

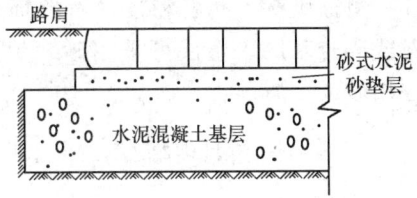

图 5.19　块石路面结构示意图

（1）方石和长方石路面

方石常用尺寸为：高 9～10cm；长（宽）为 8～11cm。长方石常用尺寸为：高 11～13cm；长 15～30cm；宽 12～15cm。方石和长方石底面面积不得小于顶面的 70％～75％，顶面和底面要大致平行。铺砌时石块的大面朝上，路边用长方石沿纵向铺砌 2～3 行，路中部如用方石，应按嵌花式铺砌或横向（图 5.20），长方石路面有横向排列、纵向排列及人字形排列数种（图 5.21）。

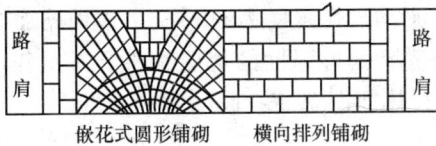

图 5.20　方石路面

图 5.21　长方石路面

方石和长方石路面基础可采用水泥混凝土、结合料（石灰、水泥、沥青）稳定土或稳定砂砾、锥形块石或工业废渣等材料。垫层可采用水泥砂、沥青砂或粗砂等材料。填缝料可采用砂、水泥砂浆或由沥青等材料。

（2）粗琢块石、拳石和片弹石路面

粗琢块石的强度为 1～3 级，拳石和片弹石可以是天然的，也可以是经手工稍加打琢而成。粗琢块石常用尺寸：高为 11～13cm，长和宽都为 9.5～10.5cm。拳石常用尺寸：高为 15～16cm，顶面不一定要方形，但其直径宜在 12～18cm。片弹石常用尺寸：宽为 5～8cm、高和长都为 10～13cm。这些块石的底面面积不得小于顶面的 60％，顶面和底面应大致平行。铺砌时，石块要大面朝上，路边以较大石块铺砌，路中部石块要尽可能使其长边与路中线垂直。石块要相互靠紧，缝隙要错开，嵌入垫层要有一定深度，具体如图 5.22 所示。

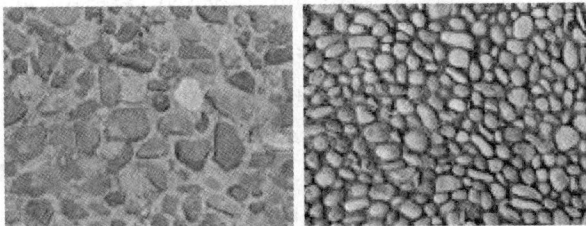

图 5.22　嵌入图层

粗琢块石、拳石和片弹石路面可以不设基层，如土基不稳定，也可设碎石、砾石或碎砖基层。垫层可采用砂、炉渣或石屑等材料，压实厚度为 5～10cm。填缝料也用砂或石屑。

2. 混凝土预制块路面

用水泥混凝土预制块铺砌而成。块体可以预制成各种形状和色彩，并能采用机械化施工，路面平整，强度高，适用于荷载很重的工业区、港区道路及集装箱堆场等处。又因路面色彩图案美观，也适用于公园、广场及街坊、住宅区等处道路。近年来，有关国家对混凝土块体的形状、强度、路面设计和施工工艺等都开展了很多研究工作。目前使用的块体表面一般不大于 $300cm^2$，厚度一般为 6～10cm。块体形状有矩形、折线型和曲线型等数种。平均抗压强度为 60MPa。这种路面要求具有非常平整和足够强度的基层。基层可用各种稳

图 5.23 砂垫层

定土或粒状材料。其上加铺 3cm 厚的砂垫层，具体如图 5.23 所示。

实训5

搜集相关的块料路面资料，概括出此类路面的特点。

5.6 碎、砾石路面

粒料路面是用碎石、砾石、砂砾、矿渣等粗粒料为主要材料，以黏土或灰土为结合料铺筑的路面。碎、砾石路面通常指水结碎石路面、泥结碎石路面及级配碎（砾）石路面等。

5.6.1 水结碎石路面

（1）定义

水结碎石路面是用大小不同的轧制碎石从大到小分层铺筑，经洒水碾压后而成的一种结构层。其强度是由碎石之间的嵌挤作用以及碾压时所产生的石粉与水形成的石粉浆的黏结作用而形成的。由于石灰岩或白云岩石粉的黏结力较强，是水结碎石的常选石料。水结碎石路面厚度一般为 10～16cm。

（2）水结碎石路面对材料的基本要求

碎石应具有较高的强度（Ⅲ级以上）、韧性和抗磨耗能力；碎石应具有棱角且近于立方体，长条扁平的石料不超过 10％；此外，碎石应干净，不含泥土杂物。碎石的最大尺

寸应根据石料品质及碎石层的厚度来确定，坚硬石料不得超过碎石层压实厚度的 0.8 倍。

5.6.2　泥结碎石路面

（1）定义

泥结碎石路面是以碎石作为骨料、泥土作为填充料和粘结料，经压实修筑成的一种结构。泥结碎石路面厚度一般为 8～20cm；当总厚度等于或超过 15cm 时，一般分两层铺筑，上层厚度 6～10cm，下层厚度 9～14cm。泥结碎石路面的力学强度和稳定性不仅有赖于碎石的相互嵌挤作用，同时也有赖于土的黏结作用。泥结碎石路面虽用同一尺寸石料修筑，但在使用过程中由于行车荷载的反复作用，石料会被压碎而向密实级配转化，如图 5.24 所示。

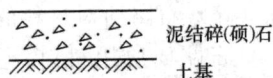

泥结碎(硕)石

土基

(a)　　　　　　　　　　(b)

图 5.24　泥结碎石路面
(a) 泥结碎石路面实图；(b) 泥结碎石路面结构图

（2）泥结碎石路面对材料的基本要求

泥结碎石层所用的石料，其等级不宜低于 IV 级，长条、扁平状颗粒不宜超过 20%。不产石料地区的次要道路，交通量少时，可采用礓石和碎砖等材料。碎砖粒径宜稍大，一般为路面厚度的 0.8 倍。泥结碎石层所用黏土，应具有较高的黏性，塑性指数以 12～15 为宜。黏土内不得含腐殖质或其他杂物。黏土用量一般不超过混合料总重的15%～18%。

5.6.3　泥灰结碎石路面

（1）定义

泥灰结碎石路面是以碎石为骨料，用一定数量的石灰和土作黏结填缝料的碎石路面。因为掺入石灰，泥灰结碎石路面的水稳定性比泥结碎石为好。

（2）泥结碎石路面对材料的基本要求

泥灰结碎石路面的黏土质量规格要求与泥结碎石相同；石灰质量不低于 3 级。石灰与土的用量不应大于混合料总重的 20%，其中石灰剂量为土重的 8%～12%。泥灰

图 5.25　泥灰结碎石路面

结碎石路面如图 5.25 所示。

5.6.4　级配砾（碎）石路面

（1）定义

级配砾（碎）石路面，是由各种集料（砾石、碎石）和土，按最佳级配原理修筑而成的路面层或基层。由于级配砾（碎）石是用大小不同的材料按一定比例配合、逐渐填充空隙，并用黏土黏结，故经过压实后，能形成密实的结构。级配砾（碎）石路面的强度是由摩阻力和黏结力构成，具有一定的水稳性和力学强度。

级配砾（碎）石路面厚度，一般为 8～16cm，当厚度大于 16cm 时应分两层铺筑，下层厚度为总厚度的 0.6 倍，上层为总厚度的 0.4 倍。级配碎砾石路面结构如图 5.26 所示。

（2）级配砾（碎）石路面对材料的基本要求

级配砾（碎）石路面所用材料，主要为天然砾石或较软的碎石。其形状以接近立方体或圆球形为佳，石料强度应不低于Ⅳ级。实图如图 5.27 所示。

图 5.26　级配砾（碎）石路面

图 5.27　级配砾（碎）石路面

实训6

搜集相关的碎、砾石路面资料，概括出此类路面的特点。

小　　结

本单元主要介绍了路面的基本概念，以及沥青路面和水泥混凝土路面的特点及构造。

相关链接

1. 四川建筑职业技术学院路基路面精品课程网站 http：//jpkc. scac. edu. cn/kc/ljlm/index/index. html

2. 重庆交通大学路基路面精品课程网站 http：//courses. cqjtu. edu. cn/jpkc/ljlmkc/

3. 东南大学路基路面精品课程网站 http：//zlgc. seu. edu. cn/jpkc/2008jpkc/2008ljlmgc/ljlmkcwz/index. html

思考与练习

1. 路面的结构与层次是如何划分的？

2. 按技术条件划分，路面可分为几类？

3. 沥青路面有哪几种？

4. 路面应具备哪些性能？

5. 沥青混凝土路面与水泥混凝土路面各有何优缺点？

单元 *6*

公路桥梁与涵洞通道

教学目标

1. 了解桥梁的发展。
2. 认识桥梁类型。
3. 了解桥梁下部结构。
4. 了解桥梁上部结构。
5. 认识常见的涵洞与通道，并了解其构造。

为了跨越各种障碍（如河流、沟谷或其他道路等）修建各种类型的构造物，这就是我们常说的桥梁与涵洞，桥涵是交通线中的主要组成部分。其造价来说，原来桥梁涵洞一般要占公路全部建筑安装造价的 10%～20%，现在由于土地的稀缺，最为节省占地的高架桥梁跨越设计越来越成为公路设计的常用形式，桥梁涵洞建筑安装造价一般要占公路全部造价的 40%～50%，个别项目已经超过 70%。通过不断吸取国内外桥梁建筑的先进技术和有益经验，我国的桥梁建设设计、施工、管理水平已经全面赶上世界先进水平，部分项目已经成为桥梁建设设计、施工、管理的开拓者和创新者。

6.1　桥梁建筑概况

6.1.1　我国桥梁建筑概况

我国的桥梁建筑有着辉煌的历史，古代的桥梁不但数量惊人，类型也丰富多彩，几乎包括了所有近代桥梁中的最主要形式。周朝时，就有在渭河上架设浮桥和建造石桥的文字记载。隋唐时期，是我国古代桥梁的兴盛年代，在桥梁形式、结构构造方面都有很多创新。宋代之后，建桥数量大增，桥梁的跨越能力、造型和功能也有所提高，充分表现了我国古代工匠的智慧和艺术水平。

举世闻名的河北省赵县的赵州桥，就是我国古代石拱桥的杰出代表。该桥在公元605 年左右由李春所创建，是一座空腹式的圆弧形石拱桥，净跨 37.02m，宽 9m，拱矢高度 7.23m。在拱圈两肩各设有两个跨度不等的腹拱，这样既能减轻桥身自重、节省材料，又便于排洪、增加美观性。赵州桥采用纵向并列砌筑，将主拱圈分为 28 圈，每圈由 43 块拱石组成，每块拱石重 1t 左右，用石灰浆砌筑。赵州桥至今仍完好保存。

我国是最早有吊桥的国家，迄今约有三千年左右的历史。据记载，在唐朝中期，我国就从藤索、竹索发展到用铁链建造吊桥，而西方在 16 世纪才开始建造铁链吊桥，比我国晚了近千年。至今尚保留下来的古代吊桥有四川泸定县的大渡河铁索桥（1706 年）以及灌县的安澜竹索桥（1803 年）等。泸定铁索桥跨长约 100m，宽约 2.8m，由 13 条锚固于两岸的铁链组成，1935 年中国工农红军长征途中曾强渡此桥，因此更加闻名。

在秦汉时期我国已广泛修建石梁桥。世界上现在尚存最长、工程最艰巨的石梁桥，就是我国于 1053～1059 年在福建泉州建造的万安桥，也称洛阳桥。此桥以磐石遍铺桥位江底，是近代筏形基础的开端，并且独具匠心地用养殖海生牡蛎的方法胶固桥基使成整体。万安桥的石梁共 300 余根，每根重 20～30t。据分析是利用潮汐的涨落控制船只的高低位置，这也是现代浮运架桥的原始雏形。

解放后，我国桥梁建设有了很大进步。1957 年，第一座长江大桥——武汉长江大桥的胜利建成，结束了我国万里长江无桥的状况。该桥的正桥为三联 3×128m 的连续钢桁梁，下层双线铁路，上层公路桥面宽 18m，两侧各设 2.25m 人行道，包括引桥全桥总长 1670.4m。1969 年又胜利建成了举世瞩目的南京长江大桥，这是我国自行设计、制造、施工并使用国产高强钢材的现代化大型桥梁。上层为公路桥，下层为双线铁路，包括引桥在内，铁路桥梁全长 6772m，公路桥梁全长为 4589m。桥址处水深流急，河床地质极为复杂，大桥桥墩基础的施工非常困难。南京长江大桥的建成，显示出我国的钢桥建设已接近了世界先进水平，也是我国桥梁史上又一个重要标志。

进入 20 世纪 90 年代以后，我国的桥梁建设伴随经济的腾飞也得到高速的发展，不仅全面赶上世界主流，而且在部分项目取得领先。拱桥是我国公路大跨径桥梁的主要桥型之一，从发展进程来看，1999 年底建成的跨度为 146m 的山西丹河新桥是目前已建成的世界跨度最大的石拱桥；1997 年建成的重庆万县长江大桥是世界最大跨度的混凝土拱桥，跨度为 420m；我国最大跨径的钢拱桥是四川攀枝花渡口大桥，又称 02 号桥，其主跨为 180m；上海 2003 年建成的卢浦大桥主跨 550m，为中承式钢箱拱桥，比排名第二的美国西弗吉尼亚桥还长 31.8m，是世界第一钢拱桥，如图 6.1 所示：

图 6.1　卢浦大桥

同时钢筋混凝土与预应力混凝土的梁式桥也获得了较大的发展。对于中小跨径梁式桥，一般采用简支梁，30m 以下应采用标准跨径，已广泛采用 T 形梁或装配式钢筋混凝土板式的定型设计，不但经济适用，并且施工方便，能加快建桥速度。对于高等级公路桥上的多跨简支梁，随着车速和行车舒适性要求的提高，简支梁多采用桥面或结构连续，以减少伸缩缝的数量。我国跨径最大的简支梁桥，是 1997 年建成的昆明南过境高架桥，跨径 63m。1997 年建成的主跨为 270m 的虎门大桥辅航道桥是中国跨度最大的预应力混凝土梁桥，跨度排名世界第三位。

我国预应力混凝土斜拉桥起步比较晚，1975 年建成的跨径 76m 的四川云阳桥是国内第一座斜拉桥。近年来，因跨越大江大河的需要，斜拉桥得到了快速的发展，陆续修建了一系列特大跨度的斜拉桥。据不完全统计，我国建成的斜拉桥已超过 100 座，其中跨度超过 400m 的斜拉桥已达 20 座，居世界首位。目前我国主跨超过 600m 的钢梁斜拉桥有 5 座。其中最有名的为 2009 年建成通车的苏通大桥，如图 6.2 所示。

图 6.2　苏通大桥

悬索桥的跨越能力在各类桥型中是最大的。我国于 1999 年 9 月建成通车的江阴长江大桥，主跨 1385m，是中国第一座跨度超过千米的钢箱梁悬索桥，世界排名第四位。该桥在沉井、地下连结墙、锚锭、挂索等工程施工中创造的经验，推动了我国悬索桥施工技术的进一步发展。我国香港的青马大桥，全长 2.16km，主跨 1377m，为公铁两用双层悬索桥，是香港 21 世纪标志性建筑。它把传统的造桥技术升华至极高的水平，宏伟的结构令世人赞叹，在世界 171 项工程大赛中荣获"建筑业奥斯卡奖"。2005 建成通车的江苏润扬长江大桥南汉桥采用跨径为 1490m 的单孔双铰钢箱梁悬索桥，为目前"中国第一、世界第三"大跨径悬索桥桥梁；2009 年建成的舟山大陆连岛工程中的西堠门悬索桥，全长为 2.586km，主跨为 1650m，桥面全宽 35m，其主跨仅次于日本明石海峡大桥（图 6.3）的 1991m，位居世界第二。

图 6.3　明石海峡大桥

6.1.2　国外桥梁建筑概况

17 世纪中期以前，建筑材料一般是土、石、砖、木等，因此桥梁结构比较简单。

17 世纪 70 年代生铁开始使用，19 世纪初熟铁开始使用于建造桥梁，但是这些材料本身自有缺陷，使桥梁的发展仍然受到限制。

19 世纪中期钢材的出现，钢结构得到了发展，桥梁工程开始了第一次飞跃。

20 世纪初钢筋混凝土得到广泛应用，随后预应力混凝土的诞生，实现了桥梁工程的第二次飞跃。

下面介绍一下世界各国的典型桥例，从中可以看出其现状和发展概况。

1883 年建成纽约布鲁克林悬索桥，跨径达 483m，开创了悬索桥的先河。1937 年建成的旧金山金门大桥，主跨达 1280 m，保持了 27 年的世界纪录，至今金门大桥仍是举世闻名的桥梁经典之作。

世界上第一座现斜拉桥是 1955 年瑞典建成的斯特多姆海峡桥，其主跨达 128.6 m。日本在 1998 年建成的明石海峡大桥是日本神户和濑户内海中的一座大跨径悬索桥，主跨径为 1990m，居当前世界同类桥梁之首，其桥塔高度也为世界之冠。两桥塔矗立于海面以上约 300m。桥塔下基岩为花岗石，但埋置很深，均在海平面 150m 以下。

加拿大的安纳西斯桥是世界上较大的斜拉桥，1986 年建成，主跨 465m，桥宽 32m。桥塔采用钢筋混凝土结构，塔高 154.3m，主梁采用混凝土桥面板与钢梁组合结构。1998 年竣工的日本多多罗大桥，是目前跨径最大的斜拉桥，其主跨为 890m。

1977 年建成的奥地利的阿尔姆桥是世界上最大的预应力混凝土简支梁桥，主跨径为 76m。加拿大的魁北克桥是世界跨度最长的悬臂桁架梁桥，桥的主跨为 548.6m，桥全长为 853.6m。世界上最长的拱、梁组合钢桥是美国的弗莱蒙特（Fremont）桥，是三跨连续加劲拱桥，主跨 382.6m，双层桥面。该桥主跨中央 275.2m 的结构部分重约 6000t，采用一次提升架设。

1980 年建成的南斯拉夫克罗地区的克拉克大桥，桥跨 390m，是世界上跨度第二大的钢筋混凝土拱桥，拱肋为单箱三室断面，采用悬臂拼装法施工，中室先行拼装合龙，再拼装两侧边室。

6.1.3 大跨度桥梁统计情况

目前世界上已建成的大跨度桥梁统计情况见表 6.1～表 6.4。

表 6.1 悬索桥跨度统计表

序号	桥　　名	主跨/m	主梁结构形式	所在国家	建成年限
1	明石海峡大桥	1991	简支钢桁	日本	1998
2	浙江舟山西堰门大桥	1650	钢箱梁	中国	2009
3	大带桥	1624	连续钢箱	丹麦	1998
4	润扬长江大桥	1490	钢箱梁	中国	2005
5	亨柏桥	1410	钢箱	英国	1981
6	江阴长江大桥	1385	简支钢箱	中国	1999
7	香港青马大桥	1377	连续钢箱	中国	1997

续表

序号	桥　名	主跨/m	主梁结构形式	所在国家	建成年限
8	费雷泽诺桥	1298.5	简支钢桁	美国	1964
9	金门大桥	1280	简支钢桁	美国	1937
10	武汉阳逻长江大桥	1280	钢箱梁	中国	在建

表 6.2　斜拉桥跨度统计表

序号	桥　名	主跨/m	结构形式	所在国家	建成年限
1	苏通大桥（图 6.2）	1088	钢箱箱，双塔双索面	中国	2008
2	香港昂船洲大桥	1018	钢箱箱，双塔双索面	中国	2009
3	湖北鄂东长江大桥	926	钢箱箱，双塔双索面	中国	计划 2010
4	多多罗大桥	890	主梁边混凝土混合梁，双塔双索面	日本	1999
5	诺曼底大桥	856	主钢边混凝土混合梁，双塔双索面	法国	1995
6	南京长江三桥	648	钢箱箱，双塔双索面	中国	2001
7	南京长江二桥	628	钢箱箱，双塔双索面	中国	2001
8	武汉白沙洲长江大桥	618	主钢边混凝土混合梁，双塔双索面	中国	2000
9	福州市青州闽江大桥	605	钢混凝土结合梁，双塔双索面	中国	2000
10	上海杨浦大桥	602	钢混凝土结合梁，双塔双索面	中国	1993

表 6.3　拱桥跨度统计表

序号	桥　名	主跨/m	结构形式	所在国家	建成年限
1	卢浦大桥（图 6.3）	550	钢箱拱	中国	2003
2	重庆朝天门长江大桥	552	钢桁架拱	中国	2009
3	西弗吉尼亚大桥	518	钢桁架拱	美国	1976
4	贝尔桥	504	钢桁架拱	美国	1931
5	悉尼港桥	503	钢桁架拱	澳大利亚	1932
6	巫山长江大桥	460	钢管混凝土拱	中国	2005
7	广州新光大桥	428	钢管混凝土拱	中国	2007
8	万州长江公路大桥	420	钢管混凝土劲性骨架拱	中国	1997
9	重庆菜园坝长江大桥	420	钢管混凝土拱	中国	2007
10	KRK 大桥	390	钢筋混凝土拱	克罗地亚	1979

表 6.4　梁桥跨度统计表

序号	桥名	主跨/m	结构形式	所在国家	建成年限
1	斯托玛大桥	302	PC 连续钢构	挪威	1998
2	拉福桑德大桥	298	PC 连续钢构	挪威	1998
3	阿桑逊大桥	270	PCT 构	巴拉圭	1979
4	虎门大桥副航道桥	270	PC 连续钢构	中国	1997
5	格特威大桥	260	PC 连续钢构	澳大利亚	1985
6	威诺德第二大桥	260	PC 连续梁	挪威	1994
7	斯科特温大桥	250	PC 连续钢构	奥地利	1989
8	多特大桥	250	PC 连续钢构	葡萄牙	1991
9	斯盖大桥	250	PC 连续钢构	英国	1995
10	重庆黄花园嘉陵江大桥	250	PC 连续钢构	中国	1999

上网查询我国古代著名桥梁。

了解我国当代著名桥梁。

了解世界著名桥梁。

6.2 桥梁的组成和分类

6.2.1 桥梁的组成

桥梁由上部结构、下部结构、支座和附属结构几个基本部分组成，如图 6.4 所示。

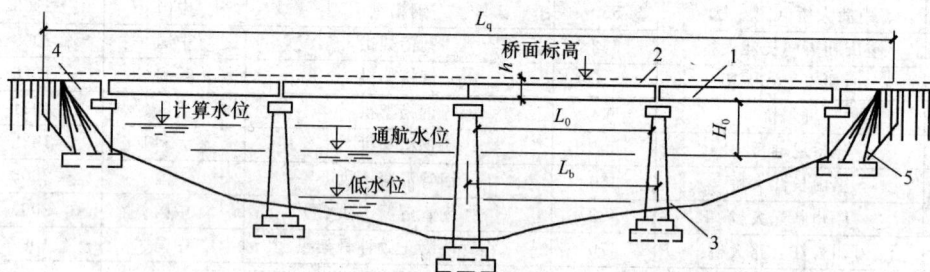

图 6.4 桥梁基本组成部分

1—主梁；2—桥面；3—桥墩；4—桥台；5—锥形护坡

上部结构，或称桥跨结构，是路线遇到障碍（如河流、山谷等）而中断时跨越障碍的建筑物。它的作用是承受车辆荷载，并通过支座将荷载传给墩台。

下部结构包括桥墩、桥台，是支承上部结构的建筑物。它的作用是将恒载和活载传给地基。设置在桥梁两端的称为桥台；桥墩则在两桥台之间，桥墩的作用是支承桥跨结构；而桥台除了支撑桥跨结构外，还与路堤相衔接，来抵御路堤土压力，防止路堤填土的滑坡和坍落。

把桥墩和桥台的全部荷载传给地基的底部奠基部分，称为基础，它是确保桥梁能安全使用的关键。由于基础往往深埋在土层之中，有时需在水下施工，因此也是桥梁建筑中施工比较困难的一部分。

支座是桥梁在桥跨结构与桥墩或桥台的支承处所设置的传力装置，包括恒载和活载引起的竖向力和水平力；同时，还要保证结构在活载、温度变化、混凝土收缩和徐变作用下的自由变形。

桥梁的基本附属结构包括桥面系、桥台与路堤衔接处的桥头搭板、桥台两侧设置石砌的锥形护坡，有时还根据需要常常修筑护岸和导流结构物等附属工程。

桥面系一般包括桥面铺装、桥面排水、伸缩缝、人行道和栏杆。桥面铺装的作用是防止车轮轮胎或履带直接磨耗行车道板；保护主梁免受雨水侵蚀；分散车轮集中荷载。因此，要求桥面铺装要有一定的强度，防止开裂，保证耐磨。常用桥面铺装类型有：水泥混凝土铺装、沥青混凝土铺装、防水混凝土铺装。桥面铺装不易经受时而湿润、时而干晒的交替作用，因为渗入混凝土微细发纹和空隙内的水分，在结冰时会使混凝土发生破坏，同时，水分侵蚀也会使钢筋锈蚀，为防止雨水积滞于桥面并渗入梁体内而影响桥梁的耐久性，除在桥面铺装层内设置防水层外，还应借助桥面横坡和纵坡把雨水迅速汇集并迅速排出桥外。当气温变化时，梁的长度也随之变化，设置伸缩缝能保证梁的自由变形，伸缩缝处的栏杆和桥面铺装都要断开，常用的伸缩缝有锌铁皮伸缩缝、TST 弹塑体伸缩缝、钢板伸缩缝和橡胶伸缩缝等。人行横道块件一般采用肋板式截面，其型式有悬臂式和非悬臂式两种。栏杆是一种安全防护措施，简单实用，高度通常为 80～20cm。

锥形护坡，一般就是在桥台不能完全挡土时，为保护桥头路堤的稳定，防止冲刷，在桥台两侧设置的锥形坡。横桥方向的坡度与路堤边坡一致，顺桥向坡度根据高度、土质情况等情况和铺砌与否来决定。

护岸是在河道岸坡上用块石或混凝土铺砌以保护河岸的建筑物，又称护坡。护坡按材料不同又可分为混凝土、浆砌块石、干砌块石护坡等。导流结构物是用来以改变水流方向为主的建筑物，在桥梁工程防护中采用调治构造物，使水流轴线方向偏离桥梁墩台，或减低防护处所的流速，甚至促使其淤积，从而起到安全保护作用。

6.2.2 桥梁的常用术语

净跨径 L_0：对于梁式桥是设计洪水位上相邻两个桥墩（或桥台）之间的净距。

计算跨径 L：对于具有支座的桥梁，是指桥跨结构相邻两个支座中心之间的距离。

标准化跨径 L_b：为梁桥桥墩中线间或桥墩中线与台背前缘间的距离；拱桥为净跨径。

根据《公路桥涵设计通用规范》（JTG D60—2004）规定，当标准设计或新桥涵跨径在 50m 以下时宜采用我国公路桥涵标准化跨径，规定为 0.75m、1.0m、1.25m、1.5m、2.0m、2.5m、3.0m、4.0m、5.0m、6.0m、8.0m、10m、13m、16m、20m、25m、30m、35m、40m、45m、50m。

总跨径：是多孔桥梁中各孔净跨径的总和，也称桥梁孔径（$\sum L_0$），它反映了桥下宣泄洪水的能力。

桥梁全长简称桥长 L_q：是桥梁两端两个桥台的侧墙或耳墙后端点之间的距离，对于无桥台的桥梁为桥面系行车道的全长。在一条线路中，桥梁和涵洞总长的比重反映它们在整段线路建设中的重要程度。

桥梁高度简称桥高：是指桥面与低水位之间的高差，或为桥面与桥下线路路面之间的距离。桥高在某种程度上反映了桥梁施工的难易性。

桥下净空 H_0：是为满足通航或被跨道路路面和铁轨轨面的需要和保证桥梁安全而规定的通航水位至桥跨结构最下缘之间的距离，其应保证能安全通航和泄洪。按《桥规》（JTG D60—2004）的规定，高速公路和一级、二级公路上的桥梁应为 5.0m，三、四级公路上的桥梁应为 4.5m。

桥梁建筑高度：是上部结构底缘至桥面顶面的垂直距离。铁路跨线桥一般需9.5m，对通航河流还必须同时满足泄洪要求。

低水位：河流中的水位是变动的，在枯水季节的最低水位。

高水位：洪峰季节河流中的最高水位。

设计洪水位：桥梁设计中按规定的设计洪水频率计算所得的高水位（很多情况下是推算水位）。

涵洞：用来宣泄路堤下水流的构造物，通常在建造涵洞处路堤不中断。为了区别于桥梁，《公路工程技术标准》中规定，凡是多孔跨径的全长不到8m和单孔跨径不到5m的泄水结构物，均称为涵洞。

桥面净宽：两侧人行道内缘间的宽度。

6.2.3 桥梁的分类

（1）桥梁按受力体系分类

其中桥梁结构的体系包括梁式桥、拱式桥、悬吊式桥、刚架桥与组合体系桥梁。

1）梁式桥。梁式桥是一种在竖向荷载作用下无水平反力的结构，由于外力（恒载与活载）的作用方向与承重结构的轴线接近垂直，故与同样跨径的其他结构体系相比，梁内产生的弯矩最大，通常需用抗弯能力强的材料来建造。目前在公路上应用得最广的是钢筋混凝土材料（包括预应力混凝土）。

按照静力特性，梁式桥又可分为三类，即简支梁桥、悬臂梁桥、连续梁桥，如图6.5~图6.8所示。

2）拱式桥。拱式桥的主要承重结构是拱圈或拱肋。这种结构在竖向荷载作用下，桥墩或桥台将承受水平推力。同时，这种水平推力将显著抵消荷载所引起在拱圈（或拱肋）内的弯矩作用。因此，与同跨径的梁相比，拱的弯矩和变形要小得多。鉴于拱桥的承载结构以受压为主，通常就可用抗压能力强的圬工材料（如砖石、混凝土）和钢筋混凝土等来建造。拱桥的跨越能力很大，外形也较美观，在条件许可的情况下，修建圬工桥往往是经济合理的。但为了确保拱桥能安全使用，下部结构和地基必须能经受住很大水平推力的不利作用。为了桥梁的美观和减小结构自重，拱式桥一般还设有腹孔。

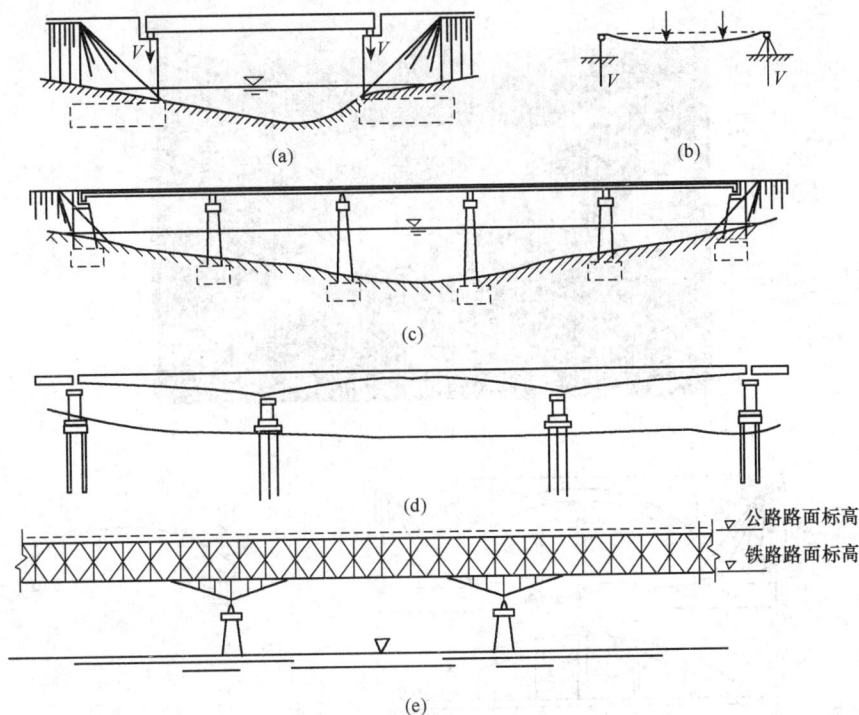

图 6.5　梁式桥结构

(a) 简支梁桥；(b) 悬臂梁桥；(c) 普通连续梁桥
(d) 刚构连续梁桥；(e) 公路、铁路两用连续梁桥

图 6.6　梁式桥（简支梁桥）

图 6.7　梁式桥（连续梁桥）

拱式桥如图 6.9 和图 6.10 所示。

3）刚架桥。刚架桥的主要承重结构是梁或板和立柱或竖墙整体结合在一起的刚架结构，梁和柱的连接处具有很大的刚性。在竖向荷载作用下，梁部主要受弯，而在柱脚处也具有水平反力，其受力状态介于梁桥与拱桥之间。因此，对于同样的跨径，在相同的荷载作用下，刚架桥的跨中正弯矩要比一般梁桥的小。根据这一特点，刚架桥跨中的建筑高度就可以做得较小。在城市中当遇到线路立体交叉或需要跨越通航江河

图 6.8　梁式桥（悬臂梁桥）

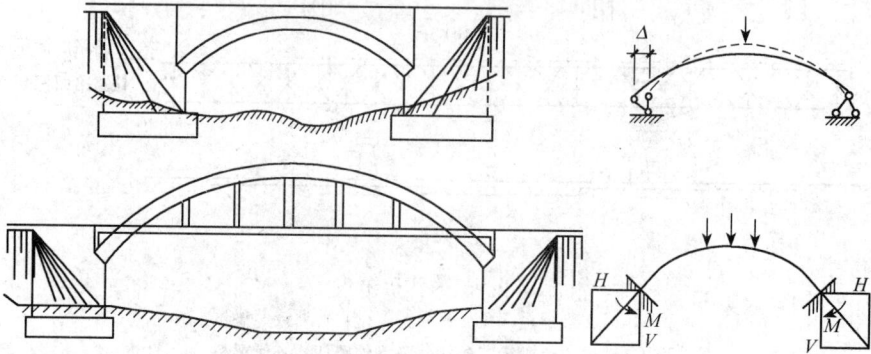

图 6.9　拱式桥结构

图 6.10　拱式桥

时，采用这种桥型能尽量降低线路标高以改善纵坡，并能减少路堤土方量；当桥面标高已确定时，能增加桥下净空。刚架桥的缺点是施工比较困难。

刚架桥结构如图 6.11 所示，外观如图 6.12 所示。

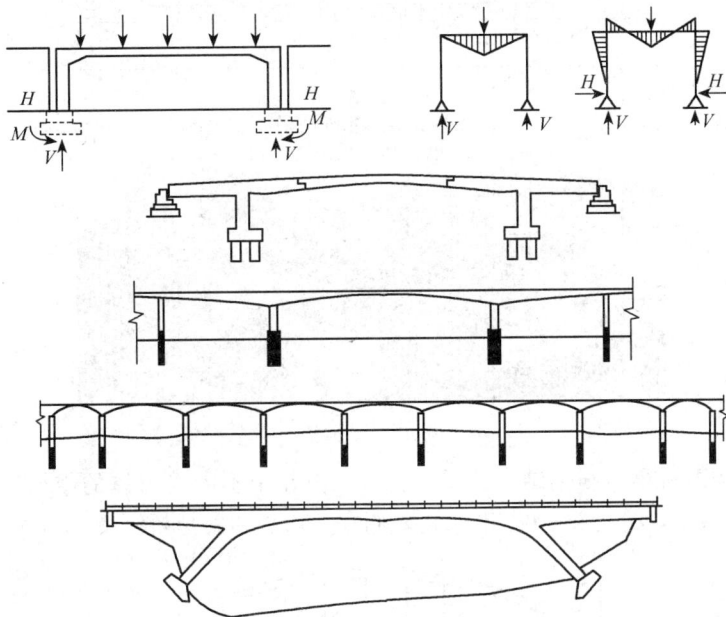

图 6.11　门式刚架桥结构

图 6.12　刚架桥

4）吊桥。吊桥通常由桥塔、锚锭、缆索、吊杆、加劲梁及索鞍等主要部分组成。桥塔承受缆索通过索鞍传来的垂直荷载和水平荷载以及加劲梁支承在塔身上的反力，并将各种荷载传递到下部的桥墩和基础。桥塔同时还受到风力与地震的作用。桥塔的高度主要由垂跨比确定。已建成的大跨度吊桥中大多数桥塔采用钢结构，随着预应力混凝土和爬模技术的发展，造价经济的混凝土桥塔已有发展的趋势。

吊桥如图 6.13 和图 6.14 所示。

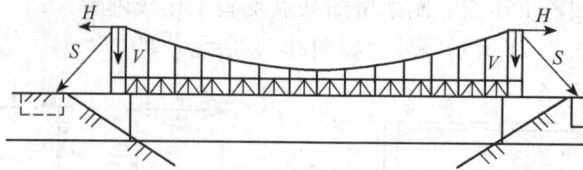

图 6.13　吊桥结构

图 6.14　吊桥

5) 组合体系桥梁。根据结构的受力特点，由几个不同受力体的结构组合而成的桥梁称为组合体系桥，分为梁、拱组合体系（图 6.15）和斜拉桥（图 6.16）。

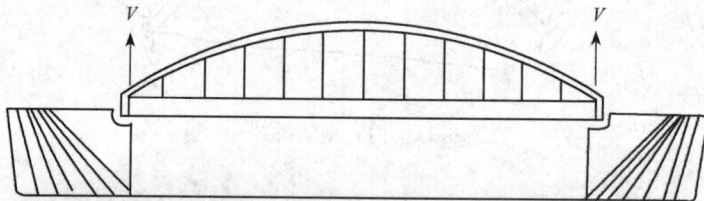

(a)

(b)

图 6.15　系杆拱桥

(a) 结构；(b) 外观

（2）桥梁的其他分类简介

除上述按变力特点分成不同的结构体系外，人们习惯按桥梁的用途、规模大小和建桥材料等其他方面将桥梁分类。

1) 按用途来划分，有公路桥、铁路桥、公路铁路两用桥、农桥、人行桥、运水桥（渡槽）及其他专用桥梁（如通过管路、电缆等）。

2) 按桥梁总长和跨径不同分为特大桥、大桥、中桥、小桥和涵洞，见表 6.5。

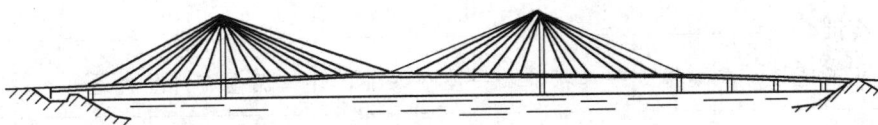

(a)

(b)

图 6.16　斜拉桥

（a）结构；（b）外观

表 6.5　《公路工程技术标准》中规定的大、中、小桥划分标准

桥 梁 分 类	多孔桥全长 L/m	单孔跨径 l_k/m
特大桥	$L>1000$	$l_k \geqslant 100$
大　桥	$100 \leqslant L \leqslant 1000$	$l_k \geqslant 40$
中　桥	$30 < L < 100$	$20 \leqslant l_k < 40$
小　桥	$8 \leqslant L \leqslant 30$	$5 \leqslant l_k < 20$
涵　洞	$L<8$	$l_k<5$

3）按上部结构所用的材料划分为钢筋混凝土桥、预应力混凝土桥、圬工桥（包括砖、石、混凝土桥）、钢桥和木桥等。

4）按跨越障碍的性质划分为跨河桥、跨线桥（立交桥）、高架桥和栈桥。

5）按上部结构的行车道位置划分为上承式桥、中承式桥和下承式桥。桥面布置在主要承重结构之上者称为上承式桥（图 6.17）；桥面布置在主要承重结构之下为下承式桥（图 6.18）；桥面布置在主要承重结构中间的为中承式桥（图 6.19）。

6）按特殊使用条件分为开启桥、浮桥、漫水桥等。

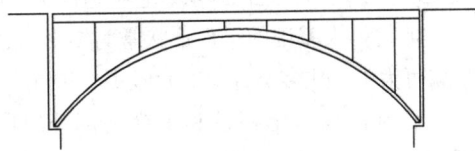

图 6.17　上承式桥

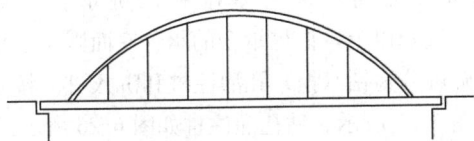

图 6.18　下承式桥

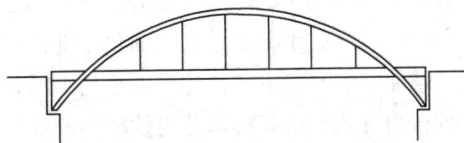

图 6.19　中承式桥

就近选择一座梁桥、一座拱桥和一座刚架桥，详细调查有哪些构造。

6.3 桥梁下部结构

6.3.1 桥梁基础

基础指桥梁结构物直接与地基接触的部分，是桥梁下部结构的重要组成部分。承受基础传来的荷载的那一部分地层（岩层或土层）则称为地基。地基与基础受到各种荷载后，其本身将产生应力和变形。为了保证桥梁的正常使用和安全，地基和基础必须具有足够的强度和稳定性，变形也应在容许范围之内。根据地基土的土层变化情况、上部结构的要求和荷载特点，桥梁基础可采用各种类型。

（1）基础的类型

桥梁基础根据埋置深度分为浅置基础和深置基础两类，它们的施工方法不同，设计计算原理不同。

浅置基础是在墩台处直接修建的埋深较浅的基础（一般小于5m）。由于浅层土质不良，有时需把基础埋置于较深的良好地层上，这样的基础称为深基础（一般埋深大于5m）。

基础埋置在土层内深度虽较浅，但在水下部分较深，如深水中的桥墩基础，称为深水基础。浅置基础最为简单，也最常用；当需要设置深基础时，则常采用桩基础或沉井基础，特殊桥位也可能采用其他大型基础或组合形式。桥梁基础的分类如图6.20所示。

（2）基础的构造

浅置基础浅置基础又称刚性扩大基础，也称明挖基础。其构造参见图6.21。浅置基础是直接在墩台处开挖基坑修建而成的实体基础，适合于在岸上或水流冲刷影响不大的浅水处，且浅表地基承载力合适的地层。它构造简单，施工方便，最为常见。图6.22为扩大基础实例。

明挖扩大基础的平面形状常为矩形，也有其他形式（视墩台身底面的形状而定）；立面形状可为单层或多层台阶扩大形式，其与地基承载力及下部荷载大小等有关，如图6.21所示。

桩基础由若干根桩和承台两部分组成，桩在平面排列上可为一排或几排，所有桩的顶部由承台连成一个整体。在承台上再修筑桥墩或桥台及上部结构，如图6.23所示。桩身可全部或部分埋入地基土中，当桩身外露在地面上较高时，在桩之间应加横系梁以加强各桩的横向联系。按承台位置的不同，桩基础可分为高桩承台基础和低桩承台基础（图6.24）。高桩承台的承台底面位于地面（或冲刷线）以上，低桩承台的承台底面则位于地面（或冲刷线）以下。按施工方法的不同，桩基础可分为钻（挖）孔灌注桩和沉入桩。按基础的传力方式，桩基础可分为柱桩与摩擦桩，如图6.25所示。钻孔灌注桩如图6.26所示。

管柱基础是一种大直径桩基础，适用于深水、有潮汐影响以及岩面起伏不平的河床。

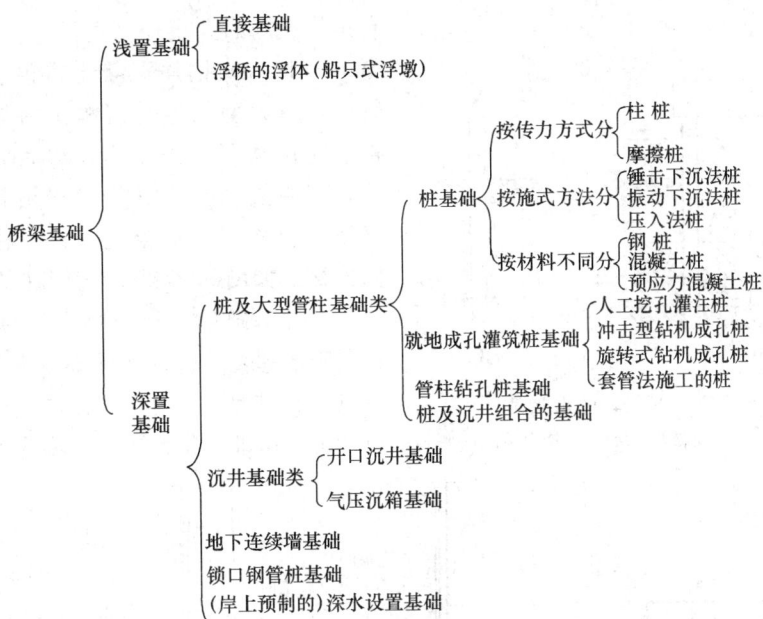

图 6.20　桥梁基础的类型

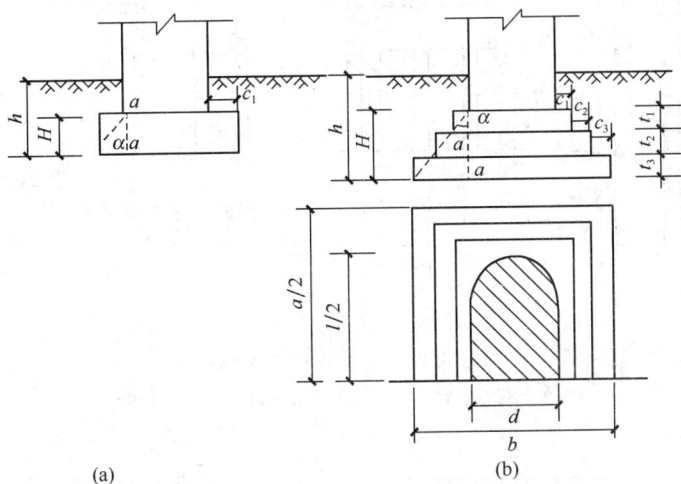

(a)

(b)

图 6.21　明挖扩大基础平面和立面图
(a) 平面图；(b) 立面图

图 6.22　扩大基础实例

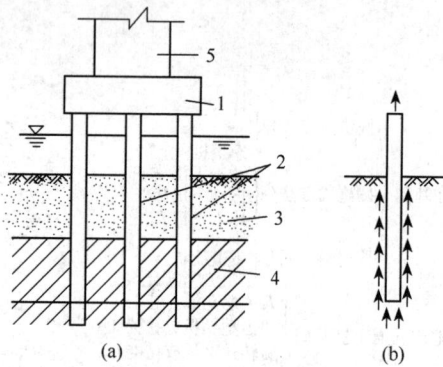

图 6.23 桩基础一般构造

1—承台；2—基础；3—松软土层；4—持力层；5—墩身

它是将预制的大直径（直径 1.5～5.8m，壁厚 10～14cm）钢筋混凝土或预应力混凝土管柱，用大型的振动沉桩锤沿导向结构将桩竖向振动下沉到基岩，然后以管壁作护筒，用冲击式钻机进行凿岩钻孔，再吊入钢筋笼架并灌注混凝土，将管柱与基岩牢固连接。如图 6.27 所示为管柱基础。

沉井基础是一种历史悠久的施工方法，适用于地基表层较差而深部较好的地层，既可以用在陆地上，也可以用在较深的水中。所谓沉井基础，就是用一个事先筑好的充当

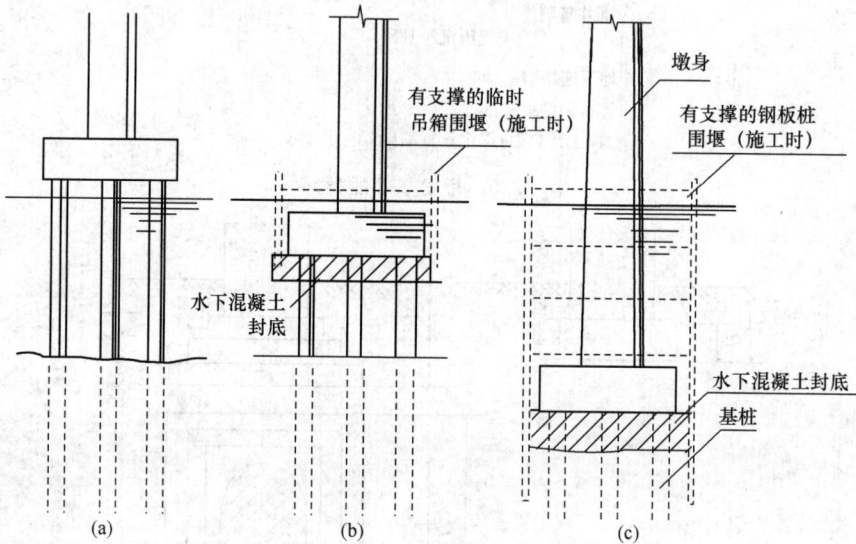

图 6.24 高桩和低桩承台

（a）水上高桩承台；（b）水下高桩承台；（c）低桩承台

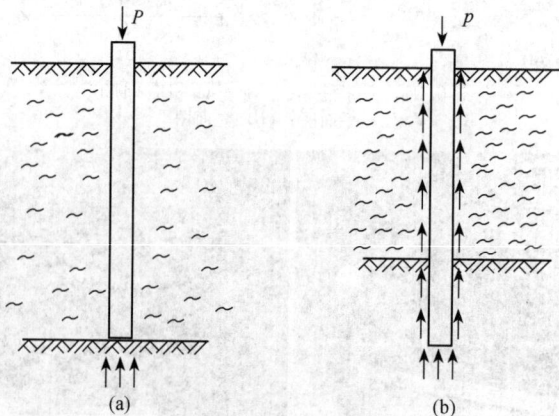

图 6.25 柱桩和摩擦桩

图 6.26　钻孔灌注桩

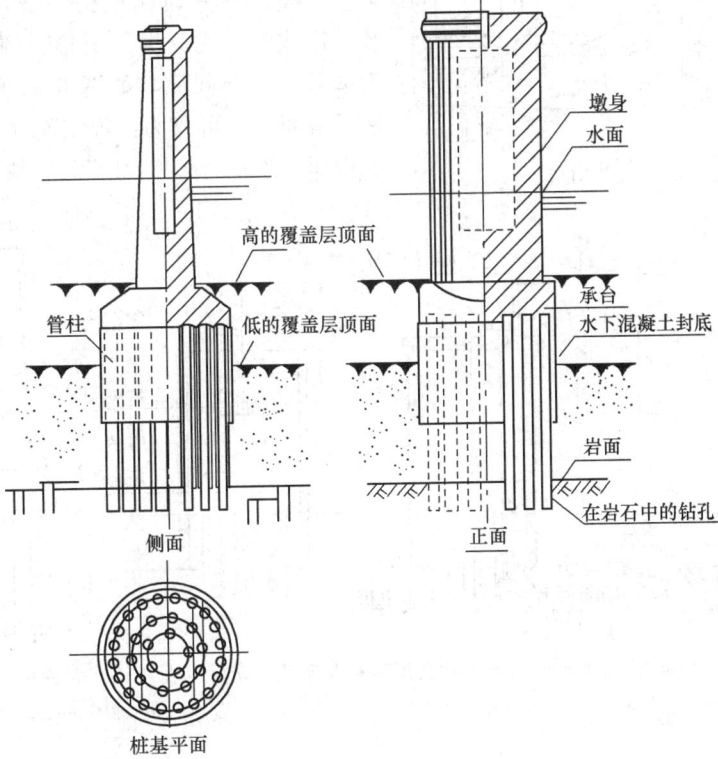

图 6.27　管柱基础（武汉长江大桥）

基础的混凝土井筒，一边挖土，一边靠其自身重力不断下沉直至设计高程的方法来完成的。其构造如图 6.28 所示。

复式基础指由一些常见基础通过组合而形成的深水基础结构。其构造如图 6.29 所示。

6.3.2　桥墩

在两孔和两孔以上的桥梁中，除两端与路堤衔接的桥台外其余的中间支撑结构称为桥墩。桥墩位于桥梁的中间部位，支撑相邻两跨上部结构的建筑物。其作用是将上部结构传来的荷载，可靠而有效地传给基础。桥墩的位置和桥梁上部结构的分跨布置密切相关，应通过技术经济比较决定。

桥墩的类型按构造分类，可分为：实体、空心、柱式、框架，如图 6.30 所示；如果按受力特点分类，可分为刚性和柔性；按施工工艺分类，可分为就地砌（浇）筑和预制安装；按截面形式分类：矩形、圆形、圆端形、尖端形、组合截面，如图 6.31 所示；如果按墩耳截面变化可分为：等截面（垂直侧面）和变截面（倾斜侧面、台阶形），如图 6.32 所示。

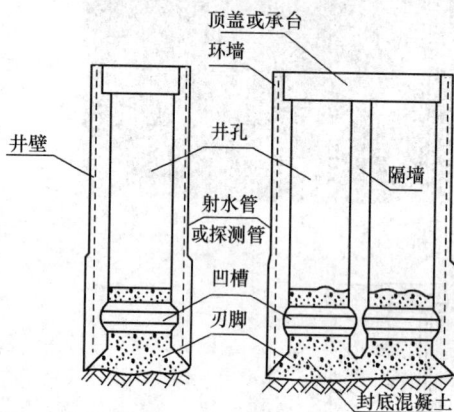

图 6.28　沉井构造

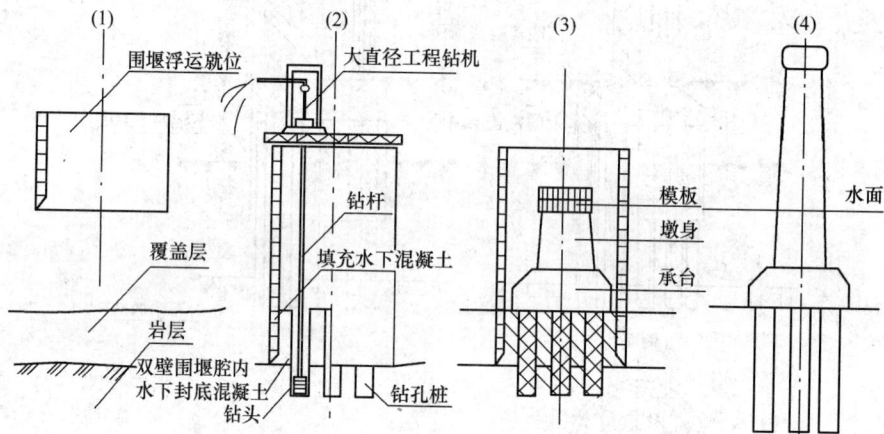

图 6.29　双壁钢围堰加钻孔灌筑桩基础施工步骤（九江长江大桥）

（1）围堰浮运就位；（2）封底钻孔；（3）抽水后灌筑承台和墩身；（4）水下切除部分围堰

实训5

到施工现场观察桩基施工的过程。

实训6

了解附近桥梁的桥墩形式。

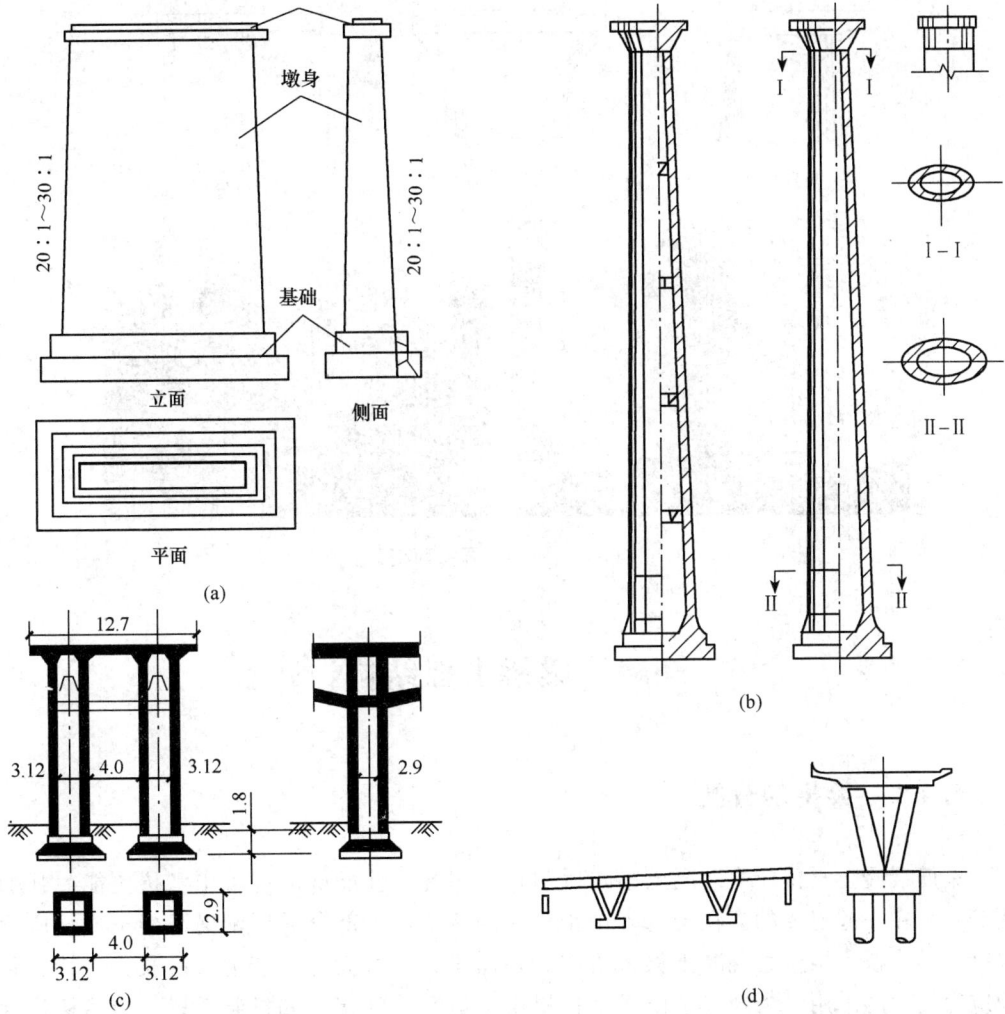

图 6.30   常见桥墩类型

(a) 实体桥墩；(b) 空心桥墩；(c) 柱式桥墩；(d) 框架式桥墩

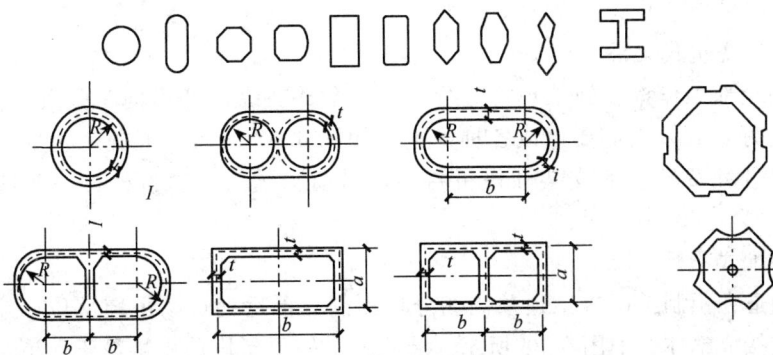

图 6.31   不同截面桥墩识图

垂直侧面　　　　　　　　倾斜侧面　　　　　　　　台阶形

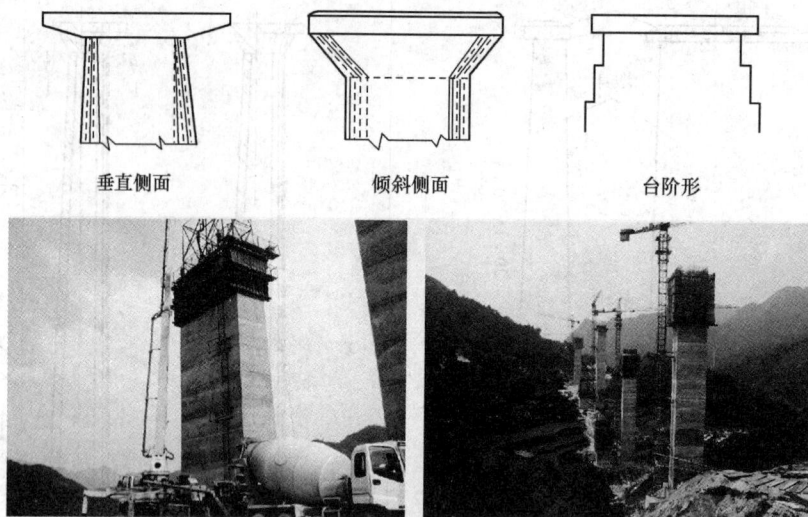

图 6.32　不同墩耳截面变化

6.4　梁桥上部结构

6.4.1　梁桥的分类

钢筋混凝土与预应力混凝土梁式桥都是采用抗压性能好的混凝土和抗拉能力强的钢筋结合在一起建成的。在国内外中小跨径的桥梁，大部分采用钢筋混凝土或预应力混凝土梁式桥。预应力混凝土梁桥更兼有降低梁高和增大跨越能力大的长处，特别是预应力技术的采用，为现代装配式结构提供了最有效的接头和拼装手段，使建桥技术和运营质量均产生了较大的飞跃。

1. 按施工方法分类

（1）整体浇筑式梁桥

建桥的全部工作都在施工现场进行，由于全桥在纵向和横向都是现场整体浇筑，所以整体性好，可以按需要做成各种外形，如图 6.33 所示。但施工速度慢，工业化程度度低，又要耗费较多的支架和模板材料，目前除了弯、斜桥外，一般情况下较少修建。

（2）装配式梁桥

上部构造在预制工厂或工地预制场分块预制，再运到现场吊装就位，然后在接头处把构件连接成整体，如图 6.34 所示。装配式桥的预制构件质量易于保证，不受季节影响，而且还能与下部工程同时施工，加快了施工进度，并能节约支架和模板的材料。

图 6.33　整体现浇梁桥施工

图 6.34　装配式梁桥

（3）组合式梁桥

承重结构的板或梁，一部分采用预制安装，另一部分采用就地浇筑。预制安装部分就作为现浇部分的模板和支架，现浇部分的混凝土则将预制部分结合成整体，共同承受结构重力和活载。组合式梁桥与装配式梁桥相比，预制构件的重量显著减小，便于安装，但组合式梁桥施工工序较多，桥上现浇混凝土的工作量较大。

2. 按横截面形式分类

（1）板梁桥

承重结构是矩形的钢筋混凝土板，具有形状简单、施工方便、建筑高度小、结构整体刚度大等优点；但从力学性能方面来看，位于受拉区的混凝土不但不能充分发挥作用，反而增大了结构重力，当板的跨径稍大时，就显得不经济。

板桥横截面包括现浇钢筋混凝土简支板、装配式简支板和预应力混凝土简支板。现浇钢筋混凝土实心简支板（图 6.35（a）），施工时需现浇混凝土，受季节气候影响，又需模板与支架，从受力要求看，截面材料不经济、自重大，所以只在小跨板桥使用，钢筋混凝土实心简支板的跨径只用于 5～8m。现在最广泛使用的是装配式实心板桥（图 6.35（b）），是由几块预制的实心板利用板间企口缝填入混凝土而成。有时为了减轻自重，也可将截面受拉区稍加挖空做成矮肋式的板截面（图 6.35（c））或做成横截面被显著挖空做成空心板桥式（图 6.35（d）），一般跨径为 10～16m。在缺乏起重设备的情况下，横截面也可做成一种装配一整体组合式桥（图 6.35（e））。预应力混凝土简支空心板跨径可以做到 16～32m。

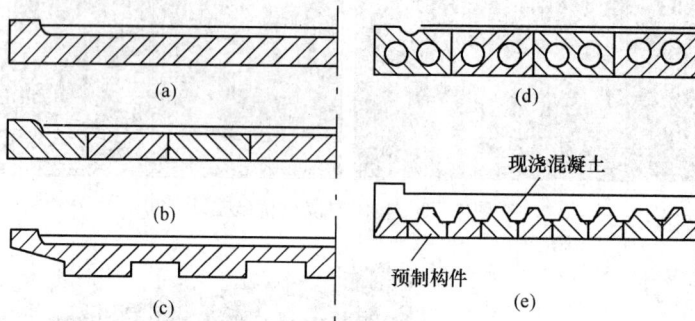

图 6.35　整体式矩形板截面
(a) 实心简支板；(b) 装配式；(c) 实心板桥式；(d) 空心板桥式；(e) 整体组合式

（2）肋梁桥

承重结构是肋梁（图 6.36）。在此种桥型上，梁肋（或称腹板）与顶部的钢筋混凝土桥面板结合在一起，由于肋与肋之间处于受拉区域的混凝土被很大程度的挖空，就显著减轻了结构自重。在保持下翼缘有足够尺寸布置钢筋的情况下，使梁肋部分减小到可能容许的厚度。

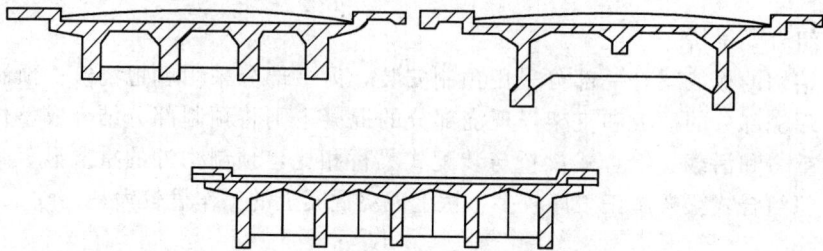

图 6.36　肋板桥横截面

肋梁式桥截面有三种基本类型：Ⅱ形、Ⅰ形、Ｔ形（图 6.37）。

钢筋混凝土简支肋梁桥的常用跨径为 13～20m，预应力混凝土简支肋梁桥的常用跨径为 25～50m。

（3）箱梁桥

承重结构是封闭的一个或几个箱形的薄壁箱形梁（图 6.38）。这种结构除了梁肋的上部翼缘板外，在底部尚有扩展的底板，因此它提供了承受正、负弯矩的足够的混凝土受压区，如图 6.39 所示。箱形梁桥的另一个重要特点，是在一定的截面面积下能获得较大的抗弯惯矩，而且抗扭刚度也特别大，在偏心的活载作用下各梁肋的受力比较均匀。因此箱形截面能适用于较大跨径的悬臂梁桥和连续梁桥，也可用来修建全截面均参与受力的预应力混凝土简支梁桥。

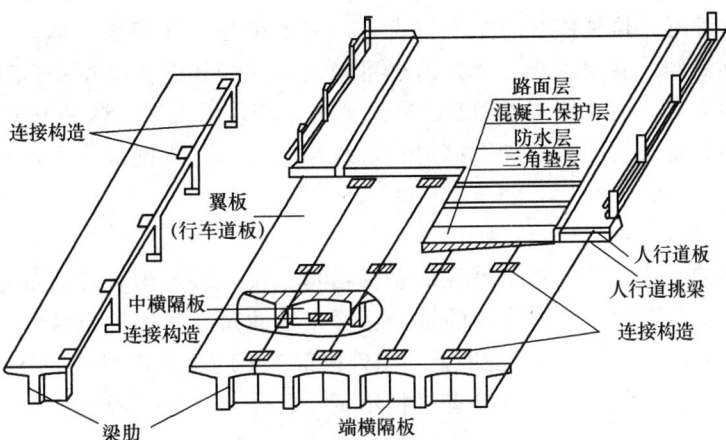

图 6.37　装配式 T 形梁构造

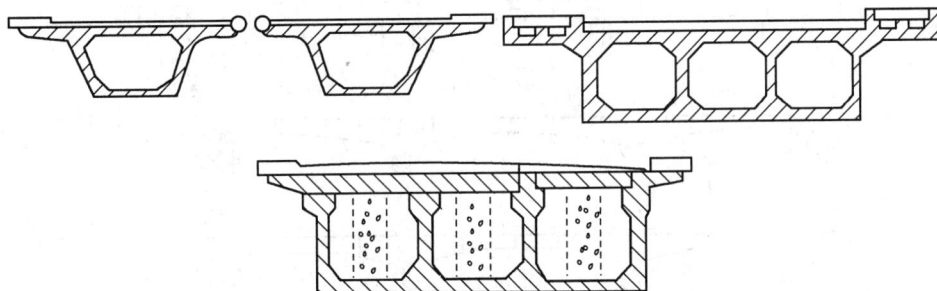

图 6.38　箱梁桥横截面

图 6.39　箱形梁桥横截面

3. 按承重结构的静力体系分类

（1）简支梁桥

构造简单，如图 6.40（a）所示。

（2）连续梁桥

梁不间断地连续跨越几个桥孔而形成一个超静定结构体系（图 6.40（b）），通常三孔或五孔连在一起为一组，连续孔数一般不宜过多。当桥梁跨径较多时，需要沿桥长分建成几组连续梁。这种体系的主要特点是：由于梁是几孔连成一体，在受力时，承受荷载是相互制约，共同工作，所以跨中弯矩比相同跨径的简支梁小，这样不但可减小跨中的建筑高度，而且能节省钢筋混凝土数量。跨径增大时，这种节省就愈加显著。连续梁任一墩台基础发生不均匀沉陷时，桥跨结构内均产生附加内力，所以对地基要求较高。

（3）悬臂梁桥

这种桥梁的主体是长度超出跨径的悬臂结构。仅一端悬出者称为单悬臂梁，两端均悬出者称为双悬臂梁。对于较长的桥，还可以借助简支的挂梁与悬臂梁一起组合成多孔桥（图6.40（c））。在力学性能上，悬臂根部产生的负弯矩减小了跨中正弯矩，所以悬臂梁也与连续梁相仿，可以节省材料用量。悬臂梁桥属于静定结构，墩台的不均匀沉陷不会在梁内引起附加内力。

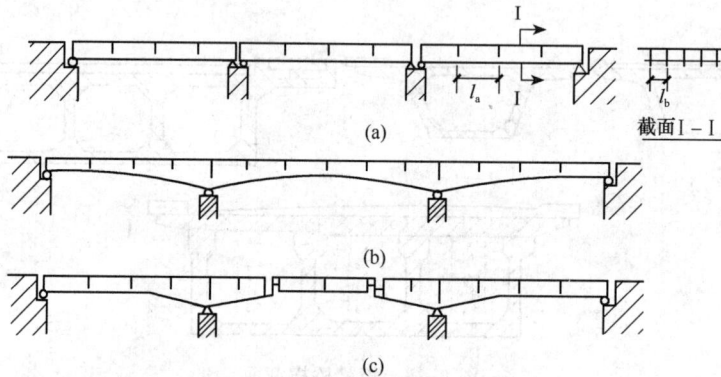

图 6.40　梁式桥的基本体系
（a）简支梁桥；（b）连续梁桥；（c）悬臂梁桥

4. 按有无预应力分类

按有无预应力可分为钢筋混凝土梁桥和预应力混凝土梁桥两类。后者把混凝土内的钢筋施加预应力以提高梁的裂缝安全度。它包括部分预应力混凝土梁桥和全预应力混凝土梁桥。

6.4.2　梁桥的细部构造

1. 梁桥的桥面系

梁桥的桥面系包括桥面铺装、防水设施、桥面排水、伸缩缝、人行道（或安全带）、栏杆和灯柱、护栏等构造（图6.41）。桥面部分虽然不是主要承重结构，但它对桥梁功能的正常发挥、对主要构件的保护、对车辆行人的安全以及桥梁的美观等都十分重要。因此，应对桥面构造的设计和施工给予足够的重视。

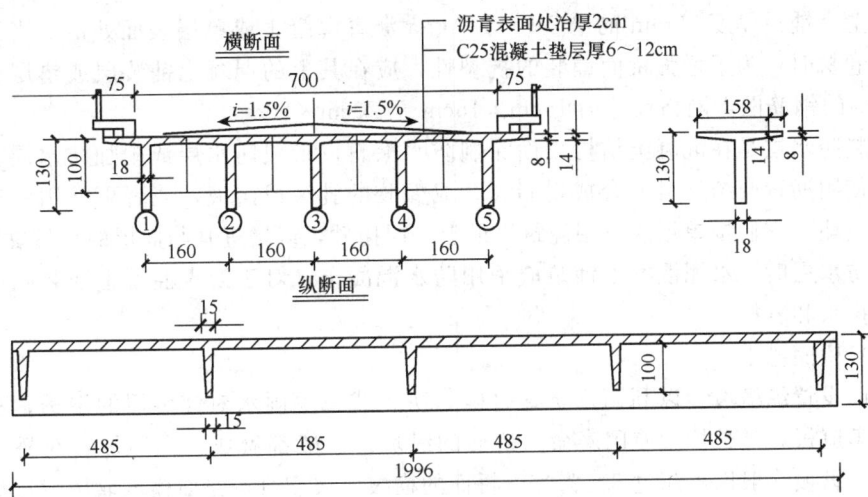

沥青表面处治厚2cm
C25混凝土垫层厚6～12cm

图 6.41　桥面部分一般构造识图环节（尺寸单位：cm）

（1）桥面铺装

桥面铺装（图 6.42）一般采用沥青混凝土和水泥混凝土。

沥青混凝土质量轻，维修省时，养护方便，但易老化和变形。因此，沥青材料应采用重沥青或改性沥青。改性沥青混凝土是近年来国内开展研究和铺筑的高性能沥青混凝土材料，它具有抗滑、不透水、抗车辙、减少开裂等优点，应用前景广阔。沥青混凝土前面铺装由黏层、防水层、保护层及沥青面层组成。高速公路、一级公路的沥青混凝土桥面铺装为双层式，总

图 6.42　桥面铺装

厚度不宜小于 70mm；二级及二级以下公路桥梁桥面铺装一般采用单层式，总厚度不宜小于 50mm。多雨潮湿地区、纵坡大于 5％或设计车速大于 50km/h 的大中型高架桥、立交桥的桥面应铺设抗滑表层。

水泥混凝土的耐磨性能好，适合重载交通。水泥混凝土桥面铺装分两种方式：一种方式是直接铺设在防水层或桥面板上，厚度一般不小于 80mm，其强度等级应尽量与桥面板接近且不低于 C40，铺设时应避免二次成形。装配式桥梁的水泥混凝土铺装层内宜配置不小于 80mm 钢筋网，间距不宜大于 100mm。另一种方式是在桥面铺装上再设置 70mm 厚的防水混凝土。

（2）防水层的设置

防水层设置在行车道铺装下边，它将透过铺装层渗下的雨水汇集到排水设施排出。

卷材防水常采用材料是沥青或改性沥青，以及浸渍沥青的无纺土工布等。选用时应选择便于施工、坚固耐久、质量稳定的防水材料。为避免防水层在施工过程中被损

坏，其上宜铺设厚度 10mm 的 AC-10 或 AC-5 沥青混凝土或单层表面处治。当采用柔性防水卷材时，为了增强桥面铺装的抗裂性，应在其上的混凝土铺装层或垫层中铺设 3～6mm 的钢筋网，网格尺寸为 15cm×15cm 至 20cm×20cm。

涂料防水层是在混凝土结构表面涂刷防水涂料以形成防水层或附加防水层。防水涂料可使用沥青胶结材料或合成树脂、合成橡胶的乳液或溶液，或者更常用的环氧沥青或聚氨酯。它们按单层或双层浇筑，最上一层撒砂，以增进其与面层的机械黏附。

无防水层时，水泥混凝土铺装应采用防水混凝土。对于沥青混凝土铺装则应加强防水、排水和养护。

（3）桥面排水

桥面设置纵横坡，以利雨水迅速排除，防止或减少雨水对铺装层的渗透，从而保护了行车道板，延长桥梁使用寿命。桥面的纵坡，一般都做成双向纵坡，在桥中心设置曲线，纵坡一般以不超过 3％为宜；桥面的横坡，坡度可按路面横坡取用或比后者大 5％，一般采用 1.5％～3％，其设置方法见图 6.43。

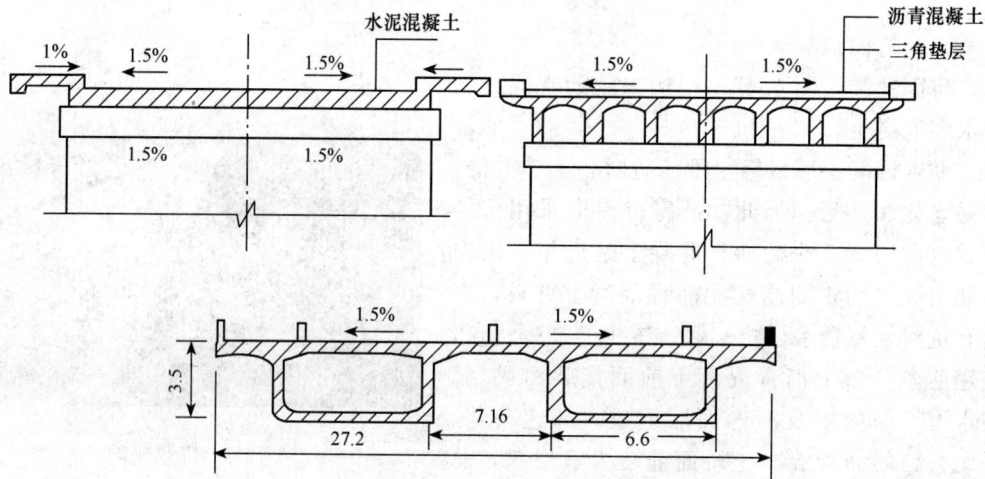

图 6.43　桥梁横坡的设置方法（尺寸单位：m）

混凝土梁式桥上的泄水管有下列几种形式：

铸铁泄水管是一种构造比较完备，适用于具有防水层的铺装结构，如图 6.44（a）所示。泄水管的内径一般为 100～150mm，管子下端应伸出行车道板底面以下至少 150～20mm，这种泄水管，使用效果好，但结构较为复杂。

钢筋混凝土泄水管构造适用于不设防水层而采用防水混凝土的铺装构造上如图 6.44（b）所示。在制作时，可将金属栅板直接作为钢筋混凝土管的端模板，并在栅板上焊上短筋锚固于混凝土中。这种预制的泄水管构造比较简单，可以节省钢材。

横向排水孔道用于跨径小、不设人行道的小桥，为了简化构造，节省材料，可以直接在行车道两侧的安全带或缘石上预留横向孔道，用铁管或竹管等将水排出桥外。管口要伸出构件 2～3mm，以便滴水。但这种做法易于淤塞。

封闭式排水用于城市桥梁、立交桥及高速公路上的桥梁，应该避免泄水管直接挂在

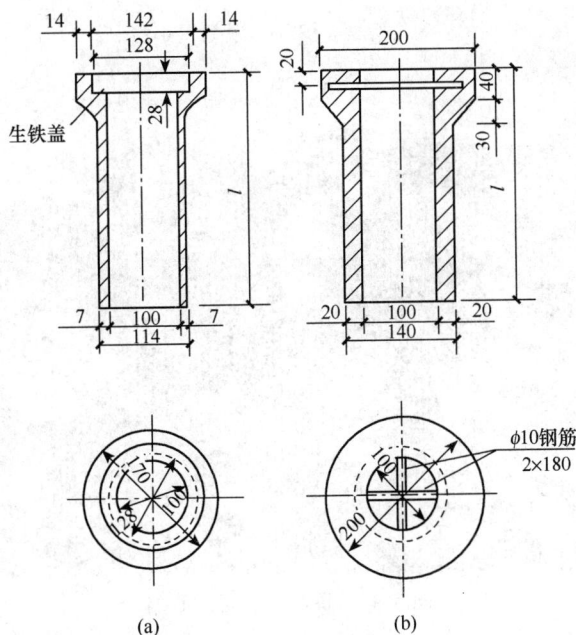

图 6.44　桥面泄水管设置（尺寸单位：mm）

(a) 钢铁泄水管构造；(b) 钢筋混凝土泄水管

板下，影响桥梁外观，又妨碍公共卫生。完整的排水系统是将排水管道直接引向地面。

（4）伸缩缝

伸缩装置的主要作用是桥梁在气温变化时，因混凝土的徐变及收缩将引起桥面板的伸缩；在车辆荷载作用下，也将引起桥面板纵向位移，在两梁端之间及梁端与桥台墙背之间或桥梁的铰接位置上设伸缩。伸缩缝的构造应能满足梁体在水平、垂直于桥梁轴线的两个方向均能自由伸缩，并要求牢固可靠，当车辆行驶过伸缩缝的应平顺，无噪声，能防止雨水与垃圾泥土渗入阻塞，并要求伸缩缝的安装、施工（图 6.45）、养护都要简单方便。下面将介绍几种常见的伸缩缝构造。

1）U 形锌铁皮伸缩缝：用于中小跨径的装配式简支梁，变形量在 20～40mm 以内时偶有选用，如图 6.46 (a) 所示；对于沥青混凝土桥面，如伸缩量不超过 10mm，可以不必将桥面断开，如图 6.46 (b) 所示。此伸缩缝的优点是构造简单，施工方便，行车方便，价格低。缺点是耐久性差，且只能适应小伸缩量。

2）跨搭钢板式伸缩装置：用于梁端变形量较大（4～6cm 以上）的情况，此伸缩装置的构造比较复杂，消耗钢材也较多，但能适应较大的变形量，在施工中应特别注意护缘角钢与混凝土的锚固要牢靠，角钢下混凝土的浇筑要密实。图 6.47 (a) 所示为简单钢板伸缩缝，图 6.47 (b) 所示为借助螺杆弹簧装置来固定滑动钢板（变形量可达 7cm），图 6.47 (c) 所示为两侧同时滑动的钢板伸缩装置（变形量可达 20～40cm），图 6.47 (d) 所示为梳形齿式钢板伸缩装置。

3）橡胶伸缩缝：是利用各种断面形状的优质橡胶带作为伸缩缝的填嵌材料。因橡

图 6.45　桥面伸缩逢施工

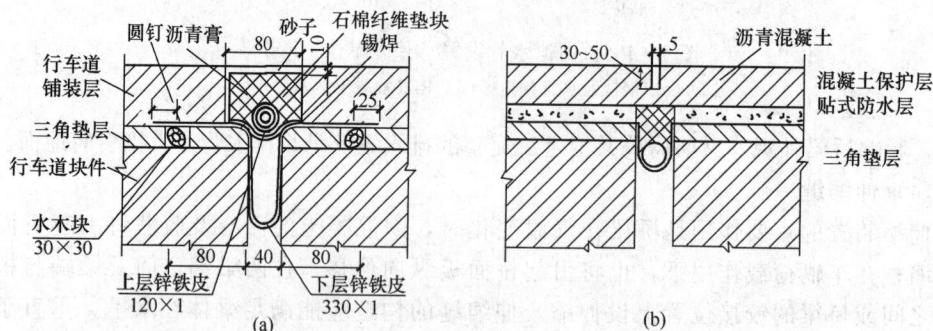

图 6.46　锌铁皮伸缩缝的构造（尺寸单位：mm）
(a) 中小跨径装配式简支梁；(b) 沥青混凝土桥面

胶具有弹性好，又易于胶接，能同时满足变形和防水的功能，目前，在国内外广泛使用。图 6.48 (a) 所示为三节型橡胶带代替锌铁皮的构造，图 6.48 (b) 所示为氯丁橡胶制造的具有 2 个圆孔的伸缩缝嵌条构造，图 6.48 (c) 所示为螺栓夹具固定倒 U 形橡胶嵌条的伸缩装置构造，图 6.48 (d) 所示为橡胶和钢板组合的伸缩构造。

（5）人行道

位于城镇和近郊的桥梁均应设置人行道，其宽度和高度应根据行人的交通量和周围环境来确定。在图 6.49 中，图 6.49 (a) 为整体预制的"F"形人行道；图 6.49 (b) 为人行道附设在板上；图 6.49 (c) 为在小跨宽桥上将人行道部分墩台加高，并在其上搁置独立的人行道板；图 6.49 (d) 为现浇式人行道。

（6）栏杆与灯柱

栏杆是桥梁工程的重要组成部分，对桥梁工程的评价起着直观的作用。栏杆不仅要求牢固，还要满足功能要求，又顾及艺术效果并与桥梁风格相协调。栏杆常用混凝

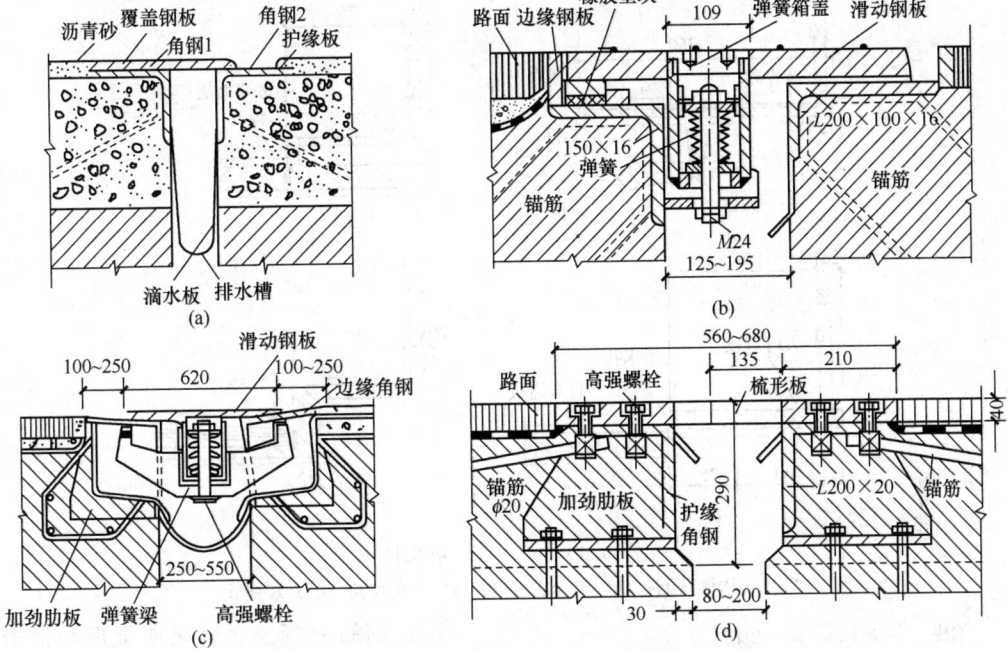

图 6.47 跨搭钢板式伸缩装置（尺寸单位：mm）
(a) 简单钢板；(b) 借助螺杆弹簧；(c) 两侧同时滑动；(d) 梳形齿式

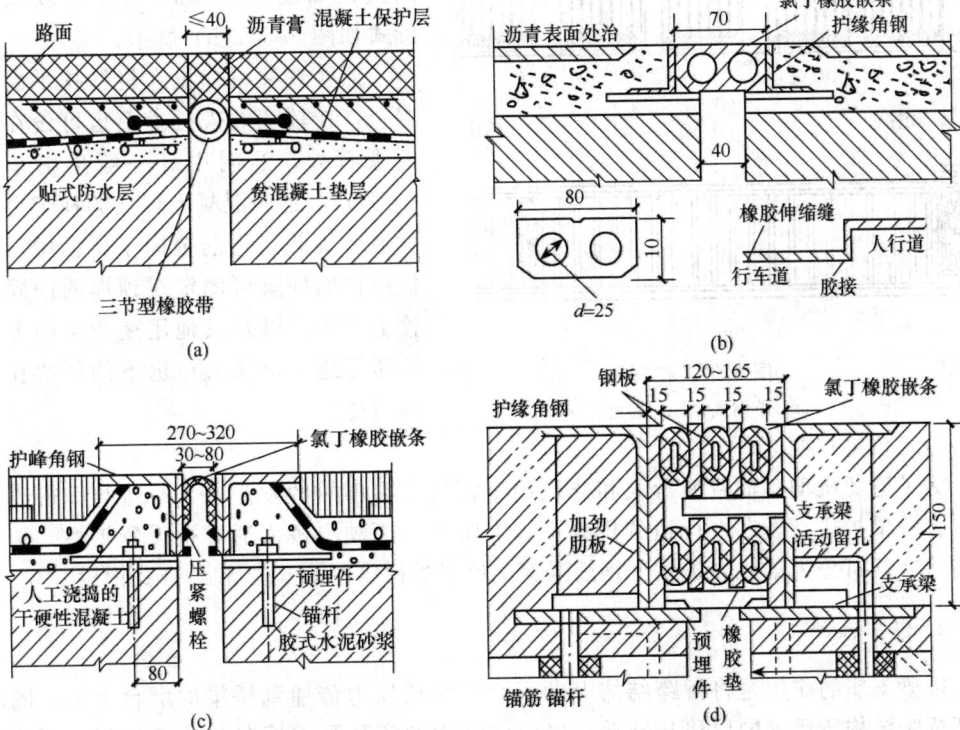

图 6.48 橡胶伸缩缝（尺寸单位：mm）
(a) 橡胶带替代；(b) 乙圆孔式；(c) 倒 U 形；(d) 橡胶和钢板组合

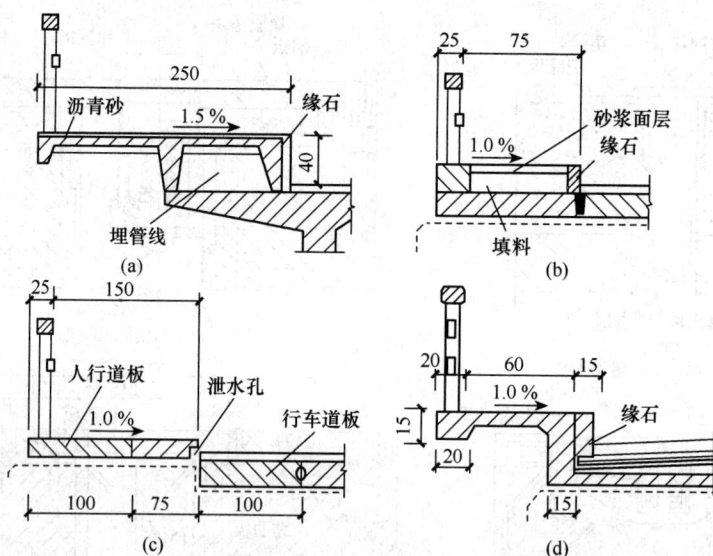

图 6.49　人行道一般构造

（a）整体体预制；（b）附设在板上；（c）墩台加高；（d）现浇式

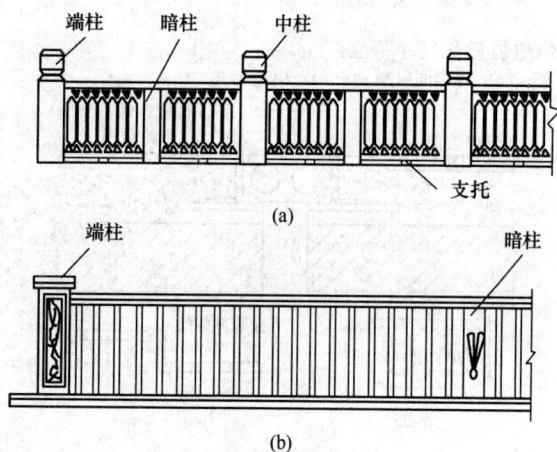

图 6.50　栏杆

（a）节间式；（b）连续式

土、钢筋混凝土、金属或金属与混凝土混合材料制作，从形式上可分为节间式，如图 6.50（a）所示，以及连续式如图 6.50（b）所示。

照明灯柱可以设在栏杆扶手的位置上，在较宽的人行道上也可设在靠近缘石处。照明用灯一般高出车道 8～12m。钢筋混凝土灯柱的柱脚可以就地浇筑并将钢筋锚固于桥面中。铸铁灯柱的柱脚可固定在预埋的锚固螺栓上。照明以及其他用途所需的电信线路等通常都从人行道下的预留孔道内通过。

（7）桥梁护栏

为了避免机动车辆碰撞行人和非机动车辆的严重事故的发生，人行道与车行道之间设置桥梁护栏。没有人行道的桥梁上，为防止车辆驶出桥面通常也设置护栏。护栏按构造特征可分为梁柱式护栏、钢筋混凝土墙式护栏（图 6.51）和组合式护栏。

2. 桥梁支座

桥梁支座的作用是将桥跨结构上的恒载与活载反力传递到桥梁的墩台上去，同时保证桥跨结构所要求的位移与转动，以便使结构的实际受力情况与计算的理论图式相吻合。下面介绍常用的几种支座形式。

（1）油毛毡或平板支座

油毛毡或平板支座又称石棉板或铅板支座，一般
使用在标准跨径 10m 以内的钢筋混凝土梁（板）桥。
油毛毡一般在墩台帽支承面上铺垫 2～4 层（厚约
1cm），层间涂热沥青，使梁或板的端部支承在油毛毡
垫层上。安设这类支座时，应先检查墩、台支承面的
平整度和横向坡度是否符合设计要求，否则应修凿子
整并以水泥砂浆抹平，再铺垫油毛毡、石棉垫板或铅
板支座。梁（板）安装后支承面间不得有空隙。

（2）板式橡胶支座

板式橡胶支座是由数层薄橡胶片与刚性加劲材料
粘结而成，一般在中等跨径桥梁上使用。常用的橡胶
支座每层橡胶片厚 5mm，橡胶片间嵌入 2mm 厚的薄
钢板，如图 6.52（a）所示。由于钢板的加劲，阻止
橡胶片的侧向膨胀，从而提高了橡胶片的抗压能力。

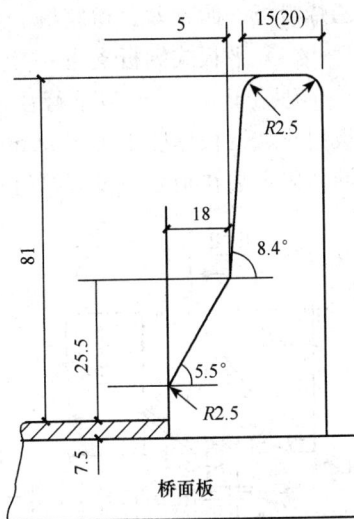

图 6.51　钢筋混凝土墙
式护栏（尺寸单位：cm）

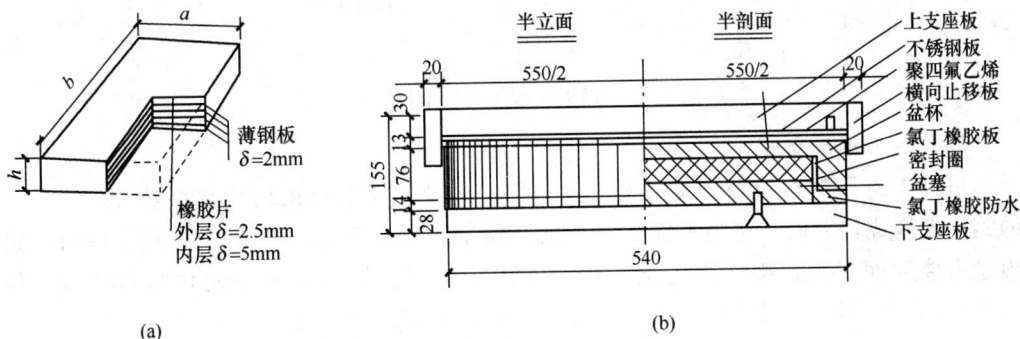

(a)

(b)

图 6.52　板式橡胶支座的构造（尺寸单位：mm）

矩形板式橡胶支座的平面尺寸，目前常用的有 12cm×14cm、14cm×18cm、15cm×
20cm、15cm×30cm、16cm×18cm、18cm×20cm、20cm×25cm 等。橡胶片的厚度为
0.5cm，薄钢板厚为 0.2cm，橡胶硬度为 55°～60°（邵式硬度），适用于温度不低于－
25℃的地区。支座高度根据橡胶支座的剪切位移而采用不同层数组合而成。目前生产
的板式橡胶支座厚度为 1.4cm（二层钢板）、2.1cm（三层钢板）、2.8cm（四层钢板）、
4.2cm（六层钢板）等，一般以 0.7cm 为一台阶。

（3）盆式橡胶支座

这种支座一般使用在大跨径钢筋混凝土梁式桥中，支座中的橡胶板置于扁平的钢
盆内，盆顶用钢盖盖住。在高压力下，其作用犹如液压千斤顶中的黏性液体，盆盖相
当于千斤顶的活塞。由于活塞边缘与盆壁很好的密合，橡胶在盆内是不可被压缩的，
也不可能横向伸长。因此，支座能承受相当大的压力，同时，支座还可作微量转动，
这就是盆式橡胶支座的工作性能。活动盆式橡胶支座由上支座板、不锈钢板、聚四氟

乙烯滑板、圆钢盆、橡胶板、紧箍圈、防水圈和下支座组成，如图 6.52（b）所示。

（4）平板式钢板支座

适用于 8～12m 以下跨径，此种支座，如图 6.53（a）所示，由上、下两块平面钢板组成，钢板厚度不小于 20mm，钢板间接触面应经过粗制加工，活动端钢板间自由滑动，固定端在钢板间设有栓钉或镶有齿板。

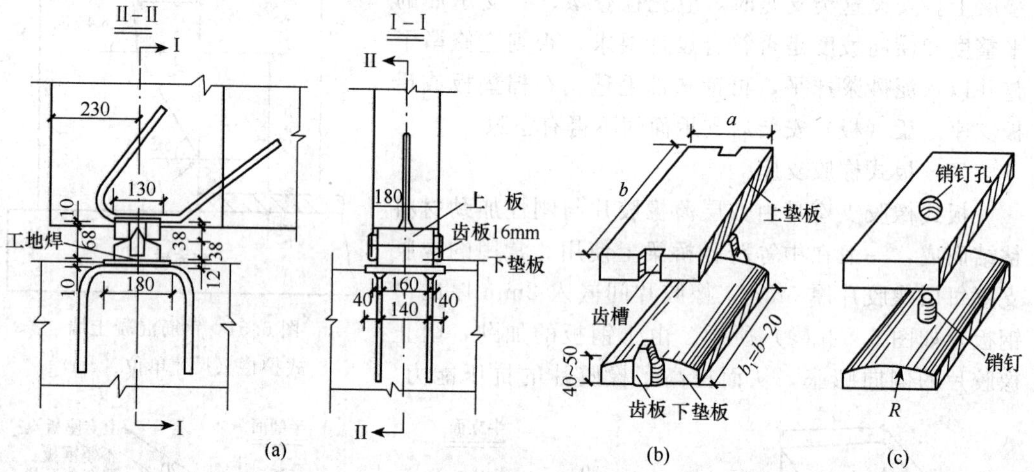

图 6.53　钢板支座（尺寸单位：mm）

（5）弧形钢板支座

适用于跨径 20m 梁桥。此支座，如图 6.53（b）所示，由两大块厚约 40～50mm 的钢垫板构成，上面一块为平面形，下面一块的顶面为圆弧形。用于活动支座时，垫板系沿接触面滑动，用于固定支座时，则用穿钉或齿板固定上下两块垫板位置，如图 6.53（c）所示。为使支座可自由转动，穿钉顶端制成圆弧形。

实训7

上网查询梁桥有哪些形式？

实训8

调查梁桥的附属结构有哪些？

6.5　拱　　桥

拱桥是我国公路上使用广泛且历史悠久的一种桥梁结构形式。它的外形宏伟壮观，且经久耐用。

拱桥的主要优点是：跨越能力大，从小桥到大、中桥乃至特大桥都可以修建；能就地取材，与钢材和钢筋混凝土梁式桥相比，可以节约大量的钢材和水泥；耐久性好，养护、维修费用少；外形美观；构造简单，施工工艺易于掌握。

　　拱桥的主要缺点为：自重较大，相应的水平推力也较大，增加了下部结构的工程数量，对无铰拱来说，地基条件的要求较高；在砖、石拱桥的建筑中，目前还不能采用机械化和工业化的施工方法，而且需要较多的劳动力，施工期限也较长；由于圬工拱桥的水平推力较大，在连续多孔的大、中桥中，为防止一孔破坏而影响全桥，需要设置单向推力墩，增加了造价；与梁式桥相比，上承式拱桥的建筑高度较高，在平原地区修建拱桥，因桥面标高提高，而使两岸接线的工程量增大。

　　拱桥虽有上述缺点，但由于优点突出，尤其是圬工拱桥省钢材，钢筋混凝土拱无需高强钢材，跨越能力大。在山区修建拱桥有其优越性，基础地质条件好，桥形与环境协调，可就地取材，工程费用节省。近几年来新创的钢管混凝土拱桥因其跨越能力大，施工便利，造价较低，得到了较大的发展。

6.5.1　拱桥的组成及建筑类型

（1）拱桥的组成

　　拱桥是由上部结构（又称桥跨结构，如图6.54所示）和下部结构两部分所组成的。

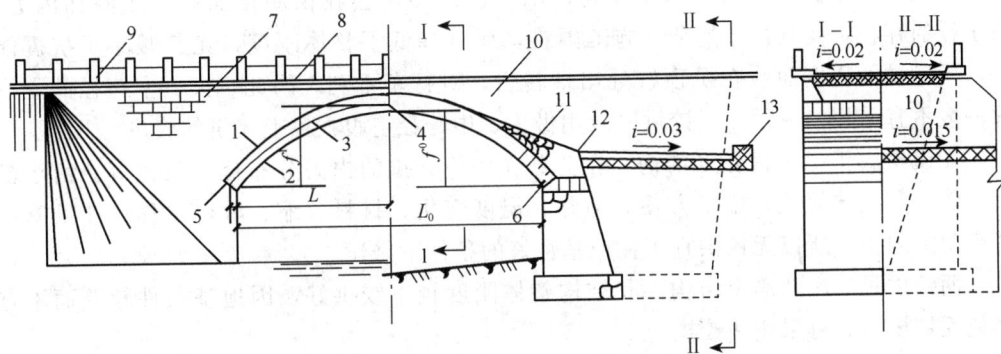

图6.54　实腹式拱桥上部构造

1—拱背；2—拱腹；3—拱轴线；4—拱顶；5—拱脚；6—起拱线；7—侧墙；
8—人行道；9—栏杆；10—拱腔填料；11—护拱；12—防水层；13—盲沟

　　拱桥的桥跨结构是由拱圈及其上面的拱上建筑所构成的。拱圈是拱桥的主要承重结构。

　　由于拱圈是曲线形，一般情况下车辆都无法直接在弧面上行驶，所以在桥面系与拱圈之间需要有填充物，以使车辆能在平顺的桥面上行驶。桥面系和这些填充物统称为拱上结构或拱上建筑。桥面系包括行车道、人行道及两侧的栏杆或砌筑的矮墙（又称雉墙）等构造。

　　拱桥的下部结构由桥墩、桥台及基础等组成，用以支承桥跨结构，将桥跨结构的荷载传至地基，并与两岸路堤相连接。对于拱脚处设铰的有铰拱桥，主拱圈与墩（台）帽间还设置了能传递荷载又允许结构变形的拱铰。

拱顶：拱圈最高处横向截面。

拱脚或起拱面：拱圈和墩台连接处的横向截面。

拱轴线：拱圈各横向截面或换算截面的形心连线。

拱背：拱圈的上曲面。

拱腹：拱圈的下曲面。

起拱线：起拱面与拱腹相交的直线。

陡拱：一般将矢跨比大于或等于 1/5 的拱。

坦拱：矢跨比小于 1/5 的拱。

（2）拱桥的类型

拱桥的形式应按因地制宜、就地取材的原则，并根据桥位处的地形、水文、通航等要求，结合施工设施等条件综合选择。为了便于研究，我们按照不同的方式将拱桥进行分类。

1）按照建桥材料（主要是针对主拱圈使用的材料）可以分为圬工拱桥、钢筋混凝土拱桥及钢拱桥等。

2）按照主拱圈所采用的拱轴线的形式，可将拱桥分为圆弧拱桥、抛物线拱桥或悬链线拱桥等。

3）按照拱上结构的形式可以分为实腹式拱桥与空腹式拱桥。

4）按静力图式分为：三铰拱、无铰拱和两铰拱。

三铰拱属于静定结构，温度变化、墩台沉陷均不会在拱圈截面内产生附加内力；由于铰的存在，使其构造复杂，施工困难，而且降低了整体刚度，尤其减小了抗震能力。同时拱的挠度曲线在拱顶铰处出现转折，对行车不利。因此，大、中跨径的主拱圈一般不宜采用三铰拱。三铰拱一般用做大、中跨径空腹式拱上建筑的腹拱。

无铰拱属于三次超静定结构，在荷载作用下，拱的内力分布比三铰拱好。由于没有设铰，其构造简单，施工方便。但是，温度变化、材料收缩、墩台位移将使拱圈内产生附加内力。所以无铰拱宜在地基良好的条件下修建。

两铰拱是一次超静定结构。其结构整体刚度较三铰拱好，因地基条件较差而不宜修建无铰拱时，可采用两铰拱。

5）按拱圈横截面形式可分：板拱桥（图 6.55（a）），肋拱桥（图 6.55（b）），双曲拱桥（图 6.55（c）），箱形拱桥（图 6.55（d））。

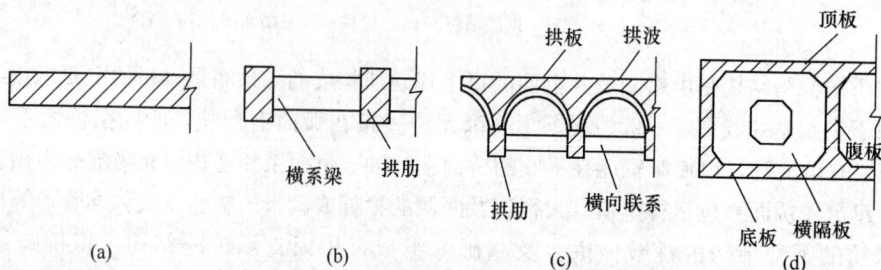

图 6.55 主拱圈横截面形状识图环节

（a）板拱桥；（b）肋拱桥；（c）双曲拱桥；（d）箱形拱桥

6.5.2　主拱圈的构造

（1）板拱

承重结构的主拱圈在整个宽度内砌成矩形，构造简单，施工方便。但从力学性能方面来看，在相同截面积的条件下，实体矩形截面比其他形式截面的截面抵抗矩小。所以通常只在地基条件较好的中、小跨圬工拱桥中采用板拱形式。常用的板拱有等截面圆弧拱、等截面悬链线拱和变截面悬链线拱，如图 6.56 所示。按照砌筑拱圈的石料规格可以分为料石拱、块石拱和片石拱。

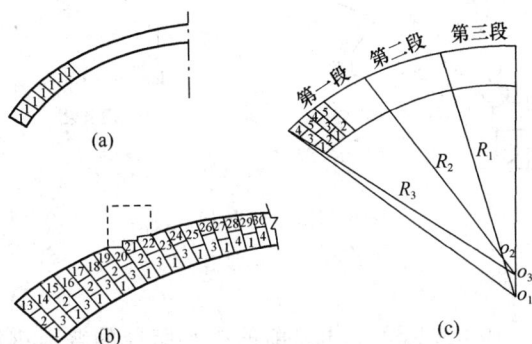

图 6.56　拱石的编号识图环节
（a）圆弧拱；（b）变截面悬链线拱；（c）等截面悬链线拱

主拱圈的构造根据受力特点，应满足下列要求：当拱圈厚度不大时，可采用单层拱石砌筑，一般把块石直接做成梯形；当拱厚较大，可采用多层拱石砌筑，但要求垂直于受压面的顺桥向砌缝错开（图 6.57 所示的Ⅰ—Ⅰ截面及Ⅱ—Ⅱ截面）。这样在纵向或横向剪力作用下，可以避免剪力单纯由砌缝的砂浆承担，从而可以增大砌体的抗剪强度和整体性。

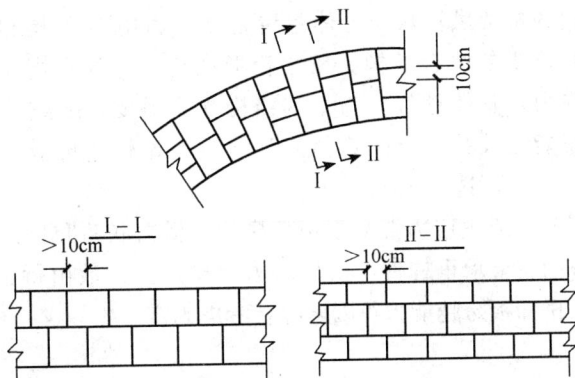

图 6.57　拱石的错缝要求识图环节

若用块石砌筑拱圈时，应选择较大的平整面与拱轴线垂直，砌缝必须交错，块石的大头应在上，小头应在下。

（2）肋拱

将板拱划分成两条或两条以上，并将其分离成独立的拱肋，肋与肋之间用横系梁连接，这样就可用较小的截面积获得较大的截面抵抗矩，以节省材料，减轻拱圈本身重力。一般多用于较大跨径的拱桥，故宜用钢筋混凝土结构（图6.58）。

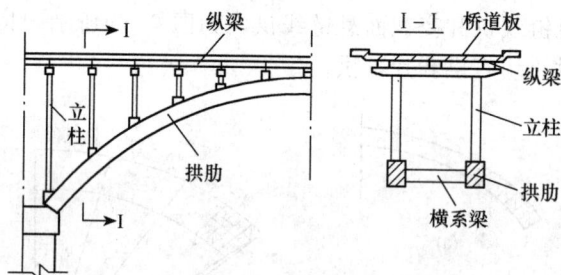

图6.58　肋拱桥组成图

（3）桁架拱桥

我国的桁架拱桥由20世纪80年代以前的中小跨径的普通钢筋混凝土结构，发展到大跨径预应力桁架拱。90年代随着施工能力的提高，跨径的增大，桁架拱桥也进一步发展，国内已建成的预应力混凝土桁式组合拱桥跨径已达到330m。

钢筋混凝土桁架拱桥是一种具有水平推力的拱形桁架结构，外形轻巧美观，在结构上兼有桁架和拱的特点，各部件截面尺寸较小，重力较轻，节省材料，对墩台的垂直压力和水平推力也相应减小，结构的整体性能好，装配化程度高，施工程序少。

预应力混凝土桁式组合拱桥也是近年来随着桁架拱桥跨径增大而出现的一种新桥型，桥梁结构从形式上看与钢筋混凝土桁架拱相似，既像是带斜杆的箱形拱，又像上、下弦为闭合箱形断面的桁架拱；从受力体系看是预应力桁架T构和行车道板及拱圈闭合箱形断面的无铰箱形拱的组合结构。较之箱形拱桥，它具有桁式体系的优点，拱上建筑与主拱圈联合受力，整体性好。为了其结构受力需要，上弦杆及斜杆常设置预应力钢筋，如此其跨越能力较强，与同跨径的其他桥型比较造价低。该桥型及其相应施工方法是山区大跨径桥梁可选方案之一。

桁架拱由钢筋混凝土或预应力混凝土桁架拱片、横向联系和桥面系组成（图6.59）。桁架拱片是桁架拱桥的主要承重构件，横桥向桁架拱片的片数由桥梁的宽度、跨径、设计荷载、施工条件、桥面板跨越能力等因素综合考虑确定。

（4）刚架拱桥

刚架拱桥是在桁架拱、斜腿刚架等基础上发展起来的另一种新桥型，属于有推力的高次超静定结构，它具有构件少、自重轻、整体性好、刚度大、施工简便、经济指

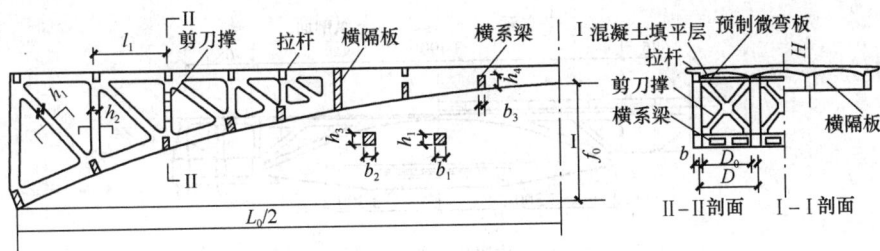

图 6.59 桁架拱桥的主要组成

标较先进、选型美观等优点，在我国得到了广泛应用，如图 6.60 所示。

图 6.60 刚架拱桥

刚架拱桥的上部由主要承重结构的刚架拱片、横向联系和桥面系等部分组成，如图 6.61 所示。刚架拱片一般由跨中实腹段的主梁、空腹段的次梁、主拱腿（主斜撑）、次拱腿（斜撑）等构成。

刚架拱片可以采用现浇和预制安装的施工方法，目前多数采用后者。为了减小吊装重量，可将主梁和次梁、斜撑等分别预制，用现浇混凝土接头连接。

横向联系是为使刚架拱片联成整体共同受力，并保证其横向稳定而设置的。为了简化构造，横向联系可采用预制装配式的横系梁或横隔板形式，其间距视跨径大小酌情布置。当跨径较大或者跨径小、桥面很宽时，为加强跨中实腹段刚架拱片间的横向整体性，有利于荷载的横向分布，可增设直抵桥面板的横隔板。

桥面系可由预制微弯板、现浇混凝土填平层、桥面铺装等部分组成，也可采用预制空心板、现浇混凝土层及桥面铺装构成。

（5）钢管混凝土拱桥

我国近年来发展起来的钢管混凝土拱桥，一方面提高了材料的强度，减轻了拱圈的自重；另一方面使主拱圈本身成为自架设体系，劲性骨架便于无支架施工。因此，钢管混凝土拱桥成为拱桥的发展方向。应用钢管混凝土作为劲性骨架修建的广西邕宁邕江跨径312m的肋拱（图6.62）和四川万县长江大桥420m的箱拱（图6.63），已经

$\frac{1}{2}$立面　　　$\frac{1}{2}$纵剖面

685　　3 490　　685

3 300/2　　3 300/2

边腹孔　3　中腹孔　9　2

4　α

1　φ

人行道　栏杆

8　6

7　H

5

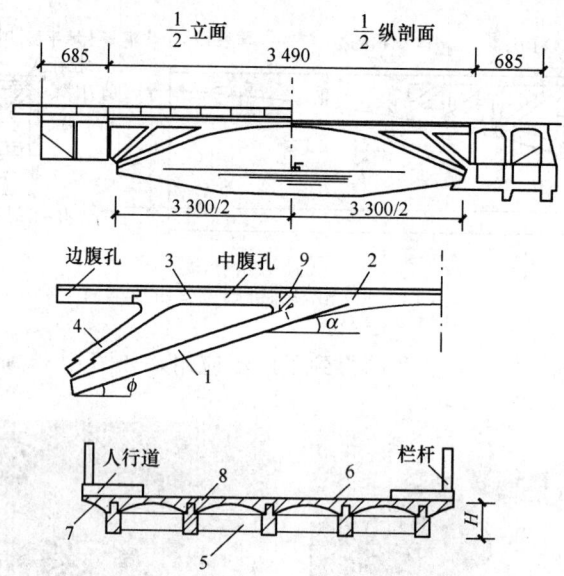

图 6.61　刚架拱桥的主要组成（尺寸单位：cm）

1—主拱腿；2—实腹段；3—腹孔段（中腹孔和边腹孔）；4—次拱腿；
5—横隔板；6—微弯板；7—悬臂板；8—现浇桥面；9—现浇接头

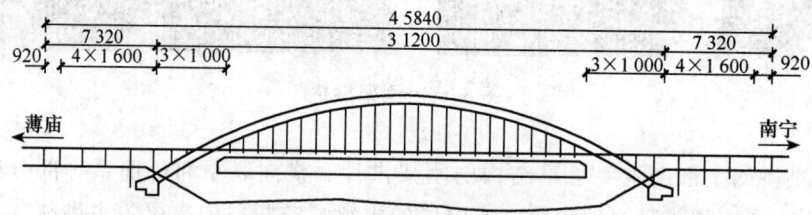

4 5840

7 320　3 1200　7 320

920　4×1 600　3×1 000　3×1 000　4×1 600　920

薄庙　　南宁

图 6.62　广西邕宁邕江大桥总体布置图（单位尺寸：cm）

达到世界先进水平。钢管混凝土拱桥在我国的兴建方兴未艾，跨径在不断突破，形式在不断创新，技术在日益提高。

　　钢管混凝土拱桥中，跨径不大时拱肋可采用单管截面。单管截面主要有圆形和圆端形（图 6.64）。单圆管加工简单，抗扭性能好，抗轴向力性能由于紧箍力的作用显示

图 6.63　四川万县长江大桥

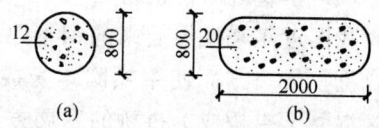

12　800　800　20　2000

(a)　(b)

图 6.64　单圆管截面（尺寸单位：cm）

出优越性；但抗弯效率低，主要用于跨径不大的城市桥梁和人行桥中。

桁式拱肋能够采用较小的钢管直径取得较大的纵横向抗弯刚度，且杆件以受轴向力为主，能够发挥材料的特性。对跨径超过100m的钢管混凝土肋拱，桁肋是一个比较合适的截面形式（图6.65）。

哑铃形钢管混凝土肋拱主要截面形式哑铃形断面，哑铃形截面较之单圆管截面抗弯刚度大（图6.66）。

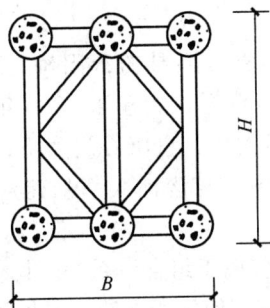

图 6.65　六肢桁式断面

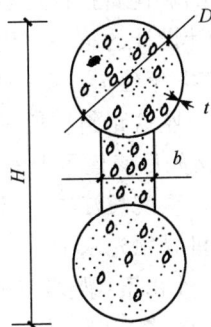

图 6.66　哑铃形断面图

中、下承形式的肋拱桥，随跨径增大以后，横向稳定问题突出，因而对钢筋混凝土拱桥常采用箱肋截面图6.67。

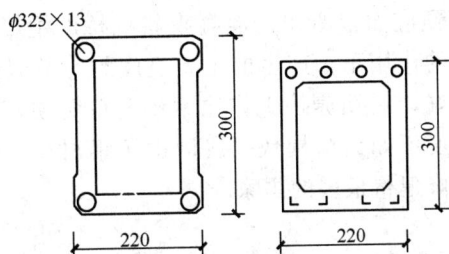

图 6.67　箱肋式断面（尺寸单位：cm）

实训9

调查我国有哪些有名的拱桥。

实训10

你周围有哪些拱桥？其结构是何类型？

6.6 斜 拉 桥

斜拉桥的构想比较早，在 17 世纪到 19 世纪之间曾经出现过一些人行斜拉桥，但由于材料原因和复杂超静定结构的计算手段等原因，建成不久便遭破坏，不能得到发展。但随着高强材料的发明使用、结构分析方法的进步，以及施工手段的进步，20 世纪中叶，瑞典的现代斜拉桥代表—斯特勒姆桑德桥诞生了。它建于 1955 年，是德国工程师迪辛格尔计设计的第一座钢斜拉桥。

我国在 1975 年建造的第一座公路斜拉桥是四川省云阳县的云阳桥，跨径为 76m。我国建造的第一座铁路斜拉桥——广西红水河铁路斜拉桥，始建于 1980 年，其跨径为 96m。其后，又先后修建了上海泖港大桥、济南黄河大桥、重庆石门大桥、上海南浦大桥与杨浦大桥、重庆长江二桥及武汉长江二桥等。杨浦与南浦大桥的建成标志着我国斜拉桥已达到世界领先水平。

斜拉桥是一个由索、梁、塔三种基本构件组成的结构，属于组合体系桥。其主要组成部分为主梁、斜拉索和索塔。从索塔上用若干斜拉索将梁吊起，使主梁在跨内增加了若干弹性支点，从而大大减小了梁内弯矩，使梁高降低并减轻重量，提高了梁的跨越能力。

6.6.1 主梁所用材料分类

（1）混凝土斜拉桥

主梁为钢筋混凝土和预应力混凝土。混凝土斜拉桥的主要优点是：造价低；刚度大、挠度小，在汽车荷载的作用下，产生的主要挠度约为类似钢结构的 60% 左右；抗风稳定性好；抗潮湿性能好，后期养护工作比钢桥简单和便宜。其缺点是跨越能力不如钢结构大，施工安装速度不如钢结构快。我国由于钢材少，砂石材料资源丰富，因此是世界上混凝土斜拉桥修建得最多的国家。

（2）钢斜拉桥

主梁及桥面系均为钢结构。钢斜拉桥的主要优点是跨越能力大，构件可在工厂预制，质量可靠、施工速度快。缺点是价格昂贵、后期养护工作量大及抗风稳定性较差。世界上钢主梁使用得最多的是德国和日本。

（3）钢—混凝土结合梁（叠合梁）斜拉桥

主梁为钢结构，桥面系为混凝土结构，主梁与桥面系结合在一起共同受力。钢—混凝土结合梁（叠和梁）斜拉桥除具有钢主梁相同的优缺点之外，还能节省钢材用量且其刚度及抗风稳定性均优于钢主梁斜拉桥。

（4）钢—混凝土混合梁斜拉桥

主跨采用钢主梁，两侧边跨采用混凝土梁。这种斜拉桥的主要优点是：由于加大了边跨主梁的刚度和重量，大大减小了主跨内力和变形；能减小或避免边跨端支点出现负反力；混凝土梁容易架设，主跨钢梁也可较容易地从主塔开始用悬伸法连续架设；

减小全桥钢梁长度，节约造价。它特别适用于边跨与主跨比值较小的情况。但采用这种结构形式，必须处理好钢与混凝土连接处的构造细节。

6.6.2　按索塔数量分类

（1）双塔斜拉桥

桥下净空要求较大时，多采用图 6.68（a）所示的双塔式斜拉桥。

（2）独塔或单塔斜拉桥

当跨越宽度不大或基础、桥墩工程数量不是很大时，可采用图 6.68（b）所示的单塔式斜拉桥，因为单塔式斜拉桥主孔较短，两侧可用引桥跨越，总造价可降低。

（3）多塔斜拉桥

在跨越宽阔水面时，由于桥梁长度大，可采用图 6.68（c）所示的多塔式斜拉桥。

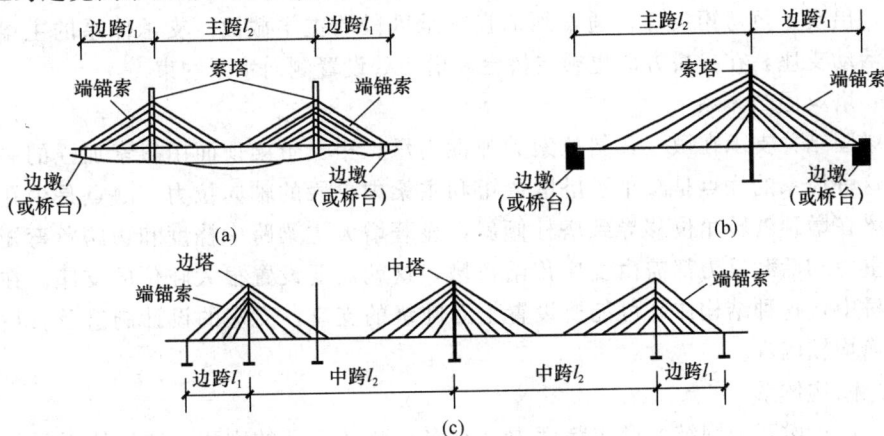

图 6.68　斜拉桥跨径布置

（a）双塔斜拉桥；（b）独塔或单塔斜拉桥；（c）多塔斜拉桥

6.6.3　斜拉桥的结构体系

斜拉桥是组合体系桥，结构轻巧，适用性强，可将梁、索、塔的组合变化做成四种不同组合体系，即飘浮体系、支承体系、塔梁固结体系、刚构体系，如图 6.69 所示。下面简述这四种基本体系的特点。

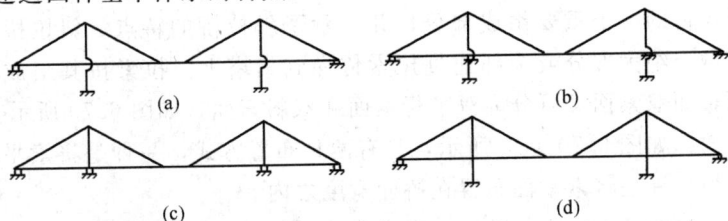

图 6.69　斜拉桥的结构体系

（a）漂浮体系；（b）支承体系；（c）塔梁固结体系；（d）刚构体系

（1）飘浮体系

又称悬浮体系，该体系塔墩固结、塔梁分离，主梁除两端外全部用缆索吊起而在纵向可稍作浮动，是一种具有多跨弹性支承的单跨梁。这种体系的优点是全垮满载时，塔柱处主梁无负弯矩峰值；由于主梁可以随塔柱的缩短而下降，所以温度、收缩和徐变的内力均较小，密索体系主梁各截面的变形和内力变化较平缓，受力较均匀；地震时允许全梁纵向摆荡，成为长周期运动，从而抗震消能，因此地震烈度较高地区可考虑选择这类体系。该体系的缺点是：当采用悬臂施工时，塔柱处主梁需临时固结。另外，斜拉索不能对梁提供有效的横向支承，为抵抗由于风力等所引起的横向摆动，必须增加一定的横向约束。

（2）支承体系

该体系塔墩固结、塔梁分离，主梁在塔墩上设置竖向支承，接近于在跨度内具有弹性支承的三跨连续梁，又称半飘浮体系。这种体系的主梁内力在塔墩支点处产生急剧变化，出现了负弯矩尖峰，通常须加强支承区段的主梁截面。支承体系的主梁一般均设置活动支座，在横桥方向也须在桥台和塔墩处设置侧向水平约束。

（3）塔梁固结体系

塔梁固结并支承在墩上，斜拉索为弹性支承，相当于梁顶面用斜索加强的一根连续梁。这种体系的优点是减小了塔墩弯矩和主梁中央段的轴向拉力。缺点是中孔满载时，主梁在墩顶处转角位移导致塔柱倾斜，显著增大主梁跨中挠度和边跨负弯矩；上部结构重力和活载反力都需由支座传给桥墩，这就需要设置很大吨位的支座。在大跨径斜拉桥中，这种结构体系可能要设置上万吨级的支座，支座的设计制造及日后的养护、更换均较困难。

（4）刚构体系

梁、塔、墩互为固结，形成跨度内具有多点弹性支承的刚构。这种体系的优点是既免除了大型支座又能满足悬臂施工的稳定要求；结构的整体刚度比较好；主梁挠度小。然而，刚度的增大是由梁、塔、墩固结处能抵抗很大的负弯矩换取来的，因此这种体系在固结处附近区段内主梁的截面必须加大。

6.6.4 拉索

（1）拉索的索面布置

拉索是斜拉桥的一个重要组成部分，并显示了斜拉桥的特点。斜拉桥桥跨结构的重力和桥上活载，绝大部分或全部通过拉索传递到索塔上。拉索按其组成通常分为单索面和双索面，而双索面又可分为双平行索面和双斜索面，如图 6.70 所示。

双平行索面：如图 6.70（a）所示，又有两种布置方式，一种是将索平面布置在桥面宽度外侧，另一种是将索平面布置在桥面宽度之内。

双斜索面：如图 6.70（b）所示，当索塔在横向为 A 形、钻石形时，就需要双斜索面与之配合，这样的拉索可以提高梁的抗扭能力，抗风动力性能较好。

单平面拉索：如图 6.70 (c) 所示，设置在桥梁纵轴线上，这对于设置分隔带的桥梁特别合适，基本上不需要增加桥面宽度，具有最小的桥墩尺寸和最佳的视觉效果。但是，单平面拉索只能支承竖向荷载，由于横向不对称活载或（和）风力产生的作用而使主梁受扭，主梁横截面应采用闭合箱梁为宜。

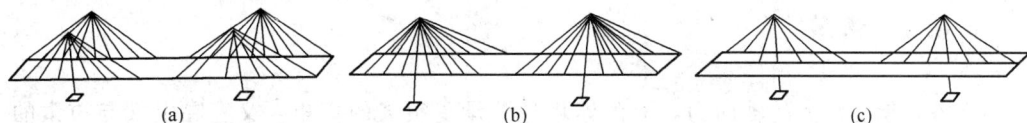

图 6.70 索面布置

(a) 双平行索面；(b) 双斜索面；(c) 单索面

(2) 拉索的索面形式

根据拉索在索面内的布置，拉索索面可以分为辐射形、平行形或竖琴形、扇形和星形（分别如图 6.71 (a) ～ (d) 所示）

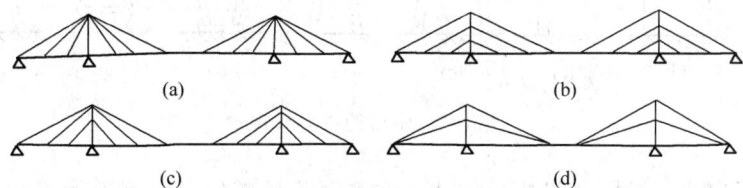

图 6.71 索面形式识图环节

(a) 辐射形；(b) 平行形或竖琴形；(c) 扇形；(d) 星形

1) 辐射形。这种布置方法是将全部拉索汇集到塔顶，使各根拉索都具有可能的最大倾角。由于索力主要由垂直力的需要而定，因此拉索拉力较小；而且辐射索使结构形成几何不变体系，对变形及内力分布都有利。这种做法的缺点是：有较多数量的拉索汇集到塔顶，将使锚头拥挤，构造处理较困难；塔身从顶到底都受到最大压力，自由长度较大，塔身刚度要保证压曲稳定的要求。另外，拉索倾角不一，也使锚具垫座的制作与安装稍显复杂。

2) 平行形或竖琴形。这种形式中各拉索彼此平行，因此各索倾角相同。各对拉索分别连接在索塔的不同高度上，索与塔的连接构造易于处理；由于倾角相同，各索的锚固设备构造相同，塔中压力逐段向下加大，有利于塔的稳定性。但是这种形式索的用钢量大；由于各对索拉力的差别，将在塔身各段产生较大的弯矩；由于是几何可变体系，对内力及变形的分布较不利，不过可以用边跨内设置辅助墩的办法来加以改善。

3) 扇形。扇形是介于辐射形和平行形之间的形式，一般在塔上和梁上分别按等间距布置，兼顾了以上两种形式的优点而减少其缺点，因此有较多的斜拉桥采用这种形式。

4）星形。将分散锚固在索塔上的拉索合并锚在边跨梁端与桥台上，或锚固在边跨的桥墩上，这样可以显著减小中跨的挠度，也可避免在中跨加载时边跨产生很大的负弯矩。但这种形式的拉索倾角最小，拉索在梁上的锚固复杂，目前较少采用。

6.6.5 索塔

索塔要承受巨大的轴向力，有的索塔还要承受很大的弯矩，又存在上端与拉索的连接，下端与桥墩或主梁的连接，也是斜拉桥中很重要的组成部分。

从桥梁横向看，索塔可做成独柱式、双柱式、门式、斜腿门式、倒 V 式、钻石式和倒 Y 式等多种形式，分别如图 6.72（a）～（h）所示。

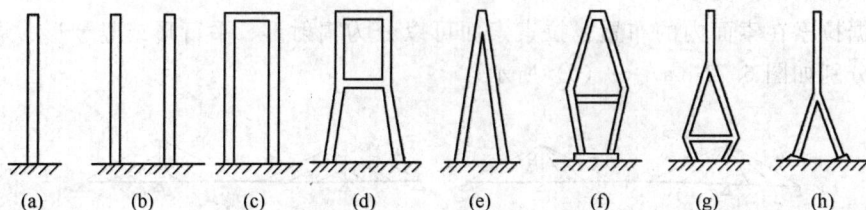

图 6.72　索塔的横向形式

从桥梁纵向看，索塔一般为单柱式；在需要将桥塔的纵向刚度做得较大时，常常做成倒 V 式和倒 Y 式，分别如图 6.73（a）～（c）所示。倒 V 式也可增设一道中间横梁（虚线所示）变为 A 式。

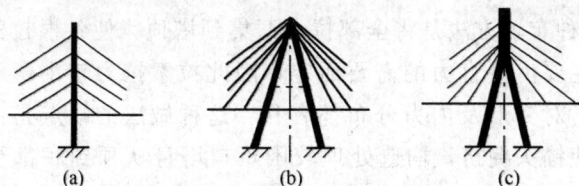

图 6.73　索塔的纵向形式

（a）单柱式；（b）倒 V 式；（c）倒 Y 式

实训11

调查常见的斜拉桥。

实训12

制作一斜拉桥模型。

6.7 吊   桥

吊桥又称悬索桥，是一种很古老的桥型。很早以前人们就利用藤条和竹子等材料来制作吊桥，再后来就用铁链做吊桥主缆。现代吊桥通常由桥塔、锚碇、主缆、吊索、加劲梁及鞍座等部分组成（图 6.74）。加劲梁在吊索的悬吊下，相当于多个弹性支承上的连续梁，弯矩显著减小；吊索将主梁的重力传递给主缆，承受拉力；桥塔将主缆支起，主缆承受拉力，并被两侧的锚碇锚固；桥塔承受主缆的传力，主要受轴向压力，并将力传递给基础。悬索桥结构受力性能好，其轻盈悦目的抛物线形、强大的跨越能力，深受人们的欢迎。

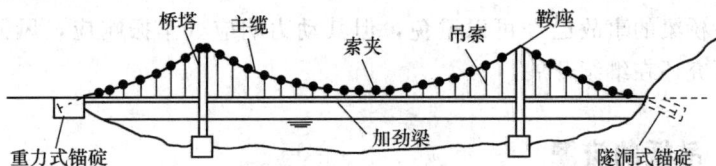

图 6.74   吊桥概貌识图环节

6.7.1   吊桥的特点

（1）跨度大

1）与梁式桥比较，吊桥的跨越能力更大，刚度小。

2）与斜拉桥相比较：吊桥与斜拉桥都属于缆索承重结构，缆索（主缆或斜拉索）都采用高强材料，受力合理，比较经济；两种结构的经济跨度范围都是大跨度，斜拉桥的经济跨度在 200m 以上，而吊桥的跨度超过 600m，斜拉桥在经济跨度时水平分力对桥有好处，但是跨度太大会使截面增大，故跨度较吊桥小；两种桥式的柔度大，变形大，其抗风及振动问题都必须予以重视。

3）与拱桥相比较：拱桥主要由拱承重，为压弯构件，易失稳，由失稳控制，材料很难充分利用。而吊桥由主缆承重，而主缆受拉，且受力均匀，不受疲劳的控制。缆索供应长度大，截面无接头不会被削弱，而且缆索本身为高强钢材承载力高，适应大跨度。

（2）大跨度吊桥的总用料最省

主缆承受所有恒载，而梁承受荷载小，梁内钢筋及混凝土用量大幅减小。而主缆强度高，受力均匀，不像梁的腹板不能充分利用，故用钢量也不大。

（3）减小了下部结构造价

由于跨度大，可一跨跨过河谷和海湾，可以避免深水基础和高墩，缩短了工期，减少了下部结构造价。

（4）结构简单、轻便，线形美观

同样由于跨度大，吊桥的构件就显得特别柔细。加劲梁受力小，截面尺寸小，建筑高度也小，纤细美观。

（5）施工简便、风险小

缆索是现成的悬臂脚手架，加劲梁可以预制，机械设备少，临时施工机具少，费用低，施工周期短，可避免巨风。而斜拉索悬臂施工，跨中合龙，施工周期较悬索施工长，巨风袭击的危险性大。

（6）刚度小，但可采取措施

由于悬索是柔性结构，刚度较小，在活载作用时，悬索倒改变几何形状，引起桥跨结构产生较大的挠曲变形；在风荷载、车辆冲击荷载等动荷载作用下容易产生振动。历史上吊桥发生破坏的事故较多，但是，自从 1940 年后开展桥梁抗风稳定性研究以来，暴风损毁桥梁的事故已经可以避免，但其动力响应（车振响应，风振及地震响应力）方面的研究还在继续开展。

6.7.2　吊桥的流派

（1）美国式吊桥

美国是修建吊桥的先驱，起步较早，其吊桥发展经历了一百年的时间，在建桥技术上已经很成熟，为吊桥的发展积累了丰富经验，并形成了自己独特的风格。

美国式吊桥的基本特征是采用竖直吊索，并用钢桁架作为加劲梁（图 6.75）。这种形式的吊桥绝大部分为三跨地锚式，加劲梁是不连续的，在主塔处有伸缩缝，桥面为钢筋混凝土桥面，主塔为钢结构。其优点是可以通过增加桁架高度来保证梁有足够的刚度，且便于实现双层通车功能。

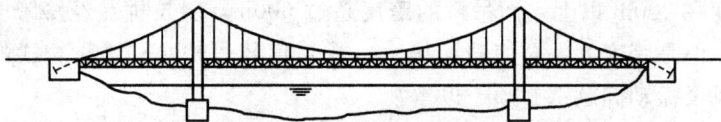

图 6.75　美国式悬索桥

日本修建吊桥的构思方面也以美国式吊桥的模式为多，这主要是考虑到很多桥是公路铁路两用桥，采用桁架式加劲梁便于布置成双层桥面，使公路铁路分层通过。但是，日本吊桥也有自己的特点，如采用连续的加劲桁架，在桥塔处无伸缩缝，采用钢正交异性板来代替钢筋混凝土桥面等。

（2）英国式吊桥

英国吊桥起步于 20 世纪 60 年代，先后在英国本土和土耳其建成多座著名的典型英国式吊桥。英国式吊桥的基本特征是采用呈三角形的斜吊索和高度较小的流线形扁平翼状钢箱梁作为加劲梁（图 6.76）。除此之外，这种形式的吊桥采用连续的钢箱梁作为加劲梁，桥塔处没有伸缩缝，用混凝土桥塔代替钢桥塔；有的还将主缆与加劲梁在主跨中点处固结。

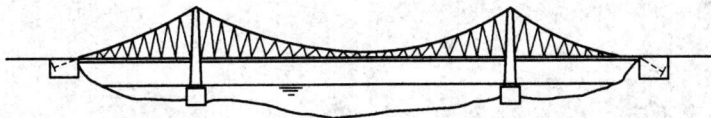

图 6.76 英国式悬索桥

英国式吊桥的优点是钢箱加劲梁可减轻恒载，因而减小了主缆的截面，降低了用钢量和造价。钢箱梁抗扭刚度大，受到的横向风力小，有利于抗风，并大大减小了桥塔所承受的横向力，而三角形布置的斜吊索可以提高桥梁刚度，但这种斜吊索在吊点处构造复杂。

（3）混合式吊桥

其特征是采用竖直吊索和流线形钢箱梁作为加劲梁。混合式吊桥的出现，显示了钢箱加劲梁的优越性，同时避免了采用有争议的斜吊索。中国目前修建的吊桥大多属于这种类型。

实训13
以实体吊桥说明其结构。

6.8 涵洞与通道

6.8.1 概述

涵洞是修建在路基当中，用来沟通两侧水流的人工构筑物。按（JTG 1301—2003）《公路工程技术标准》，当单孔跨径小于 5m，多孔跨径总长小于 8m 时，统称为涵洞，对于整体性的圆管涵或箱涵，则不论管径或跨径大小、孔数多少，均称为涵洞（图 6.77）。

涵洞与桥梁是有根本区别的，其主要区别如下：

1）涵洞修在路基当中，是路基的一个重要组成部分，保持路基的连续性，路基不中断（图 6.77）；而小桥则中断路基，自成一体，不保持路基的完整性。涵洞一般从路基底部通过，其上有较厚的路基填土；而小桥上部除拱桥外，不再填土方，桥面即为行车路面。

2）路基加高时，涵洞洞身显著增长，即路基高度与涵洞洞身长度成正比，小桥则不随路基的高度而加宽桥面。

3）涵洞的孔径比较小，洞身高度和孔径大小有一定比例关系，而小桥的桥高与孔径则没有一定的比例关系。在进行水力计算时，涵洞和小桥考虑的因素不完全相同。

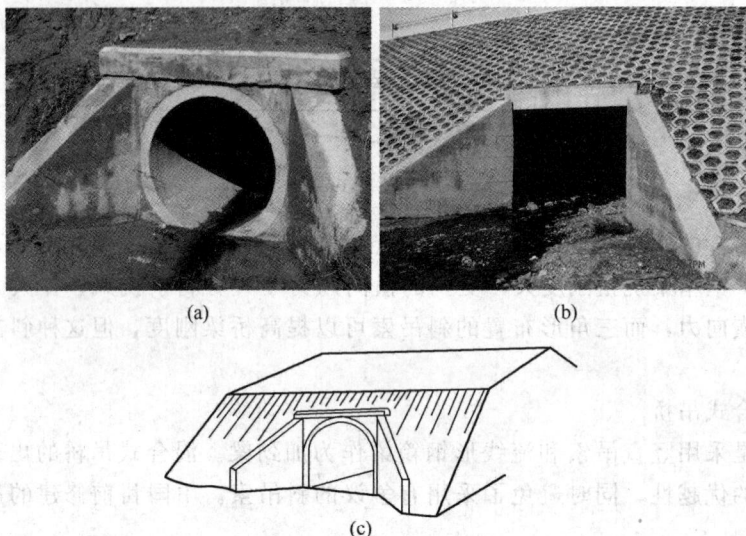

(a)　　　　　　　　　　　(b)

(c)

图 6.77　涵洞

(a) 圆管涵；(b) 箱涵；(c) 拱涵

4）涵洞比小桥更能承受超量洪水的侵袭，涵洞实际通过的流量能超过设计流量的 50%，小桥一般只能承受超过设计流量的 25%。涵洞排水的潜在能力大，工程造价低，因此在可建桥又可建涵洞时尽量修建涵洞。

涵洞在公路建设中占有很重要地位，数量多，投资比例大，由于农田水利建设的发展，排水或灌溉的人工渠道增加，涵洞的数量还会不断增多。

涵洞的主要作用是保护路基，保持路基的完整和连续，使水流或洪水能顺利穿过路基，不使路基冲毁或掩没，保证车辆正常通行。

6.8.2　涵洞分类

（1）按建筑材料分类

1）石涵：包括石盖板涵和石拱涵。石涵造价和养护费用低，节省钢材和水泥，在产石地区应优先考虑采用石涵。

2）混凝土涵：可现场浇筑或预制成拱涵、圆管涵和小跨径盖板涵。该种涵洞节省钢材，便于预制，但损坏后修理和养护较困难。

3）钢筋混凝土涵：可用于管涵、盖板涵、拱涵和箱涵。钢筋混凝土涵涵身坚固，经久耐用，养护费用少；管涵、盖板涵安装运输便利，但耗钢量较多，预制工序多，造价较高。

4）砖涵：主要指砖拱涵。砖涵便于就地取材，但强度较低，在水流含碱量大或冰冻地区不宜采用。

5）其他材料涵洞：有陶瓷管涵、铸铁管涵、波纹管涵、石灰三合土拱涵等。

（2）按构造形式分类

1）管涵：受力性能和对地基的适应性能较好，不需墩台，圬工数量少，造价低，适用于有足够填土高度的小跨径暗涵。

2）盖板涵：构造简单，易于维修，有利于在低路堤上修建，还可以做成明涵。跨径较小时可用石盖板，跨径较大时可用钢筋混凝土盖板。

3）拱涵：适宜于跨越深沟或高路堤时采用。拱涵承载能力大，砌筑技术容易掌握，但自重引起的恒载也较大，施工工序繁多。

4）箱涵：整体性强，适宜于软土地基。但用钢量多，造价高，施工较困难。

（3）按洞顶填土情况分类

1）明涵：洞顶不填土，适用于低路堤、浅沟渠。

2）暗涵：洞顶填土大于50cm，适用于高路堤，深沟渠。

（4）按水力性能分类

1）无压力式涵洞：进口水流深度小于洞口高度，水流流经全涵保持自由水面，适用于涵前不允许壅水或壅水不高时。

2）半压力式涵洞：进口水流深度大于洞口高度，但水流仅在进口处充满洞口，在涵洞其他部分都是自由水面。

3）有压力式涵洞：涵前壅水较高，全涵内充满水流，无自由水面，适用深沟高路堤。

4）倒虹吸管：路线两侧水深都大于涵洞进出水口高度，进出水口设置竖井，水流充满全涵身，适用于横穿路线的沟渠水面标高基本等于或略高于路基标高。

6.8.3　涵洞的构造

涵洞是由基础、洞身及洞口建筑组成的排水构造物（图6.78）。

基础是在地面以下，防止沉降和冲刷的部分。

洞身是在基础之上，挡住路基填土，形成流水孔洞的部分；洞身承受活载压力和土压力并将其传递给地基，应具有保证设计流量通过的必要孔径，同时本身要坚固而稳定。

洞口是在洞身两端，用以集散水流、保护洞身和路基、使之不被水流破坏的部分。洞口建筑连接着洞身及路基边坡，应与洞身较好地衔接并形成良好的泄水条件。

进水口是位于涵洞上游的洞口，能把面积较大的地面水流，汇集于一定的孔径之

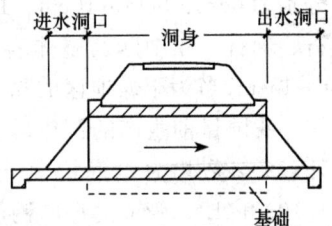

图 6.78　涵洞的组成示意图

内，使之顺利通过涵洞。其作用是束水导流。

出水口是位于涵洞下游的洞口。是把汇集于一定孔径之内的水流扩散开去，使之顺畅离开涵洞。其作用是疏水防冲。

对洞口的要求是：保证水流顺畅进出洞身，提高涵洞的过水能力；防止水流对洞口附近路基边坡及洞口基础的冲刷；确保涵洞安全，保证道路正常通车。

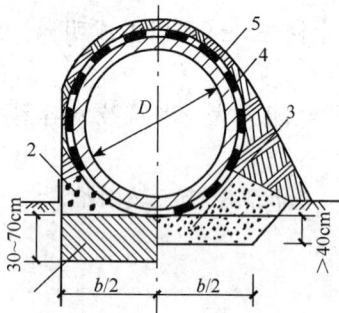

图 6.79　钢筋混凝土圆管涵基础
1—浆砌片石；2—混凝土；3—砂垫层；
4—防水层；5—黏土

1. 洞身构造

（1）管涵

圆管涵是用圆形管壁挡住路基填土形成的过水孔洞。分混凝土圆管涵与钢圆管涵涵两种，下面以目前广泛使用的混凝土圆管涵进行介绍。

圆管涵洞身主要由各分段圆管节和支承管节的基础垫层组成（图 6.79）。当整节钢筋混凝土圆管涵无铰时，称为刚性管涵，其横断面上是一个刚性圆环。管壁内钢筋有内外两层，钢筋可加工成一个个的圆圈或螺旋筋（图 6.80）。

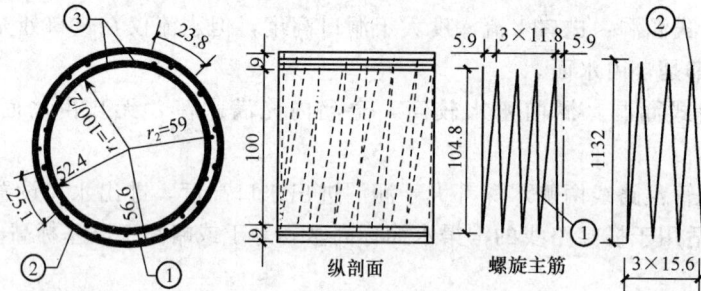

图 6.80　钢筋混凝土圆管（尺寸单位：cm）

圆管涵常用孔径 d_0 为 50cm、75cm、100cm、125cm、150cm，对应的管壁厚度 δ 分别为 6cm、8cm、10cm、12cm；14cm。基础垫层厚度 t 根据基底土质确定，当为卵石、砾石、粗中砂及整体岩石地基时，$t=0$；当为亚砂土、黏土及破碎岩层地基时，$t=15$cm；当为干燥地区的黏土、亚黏土、亚砂土及细砂的地基时，$t=30$cm。

我国目前生产的圆管除少数小口径规格的管为普通混凝土管（又称素混凝土管）外，大多数均为钢筋混凝土管，普遍采用离心法生产，管壁厚度一般为管内径的 1/10～1/12。管节的环向钢筋做成螺旋形或焊接圆环，除小口径为单层筋外，管径在 100cm 以上者通常是双层筋，环筋间距（螺距）应不小于 2.5cm，外环钢筋间距约为内环钢筋间距的一半左右。钢筋直径如采用 HPB 235 钢筋（3 号钢）可选用 $\phi6\sim\phi12$，采用冷拔低碳钢丝时用 $\phi2.5\sim\phi5$。管节的纵向钢筋一般用 $\phi6\sim\phi10$，每层骨架至少应有 6 根。管节所用混凝土机管一般为 C30，工地预制时不得低于 C20。管长普遍采用

2m，过长的管节搬运困难，使用不便。

管涵的涵长过大，容易发生冲淤现象，养护困难，影响正常使用，一般符合如下规定：

1）管径 50cm 的涵洞，涵长不得大于 8m。

2）管径 60～90cm 的涵洞，涵长不得大于 15m。

3）涵长为 15～30m 时，其管径不得小于 100cm。

4）涵长大于 30m 时，管径不得小于 125cm。

管涵孔径大小应由水力计算确定，管上覆土至少应为 50cm。

（2）盖板涵

盖板涵洞身由涵台（墩）、基础和盖板组成（图 6.81）。盖板有石盖板和钢筋混凝土盖板等。

石盖板涵常用跨径 L_0 为 75cm、100cm、125cm，盖板厚度 d 一般在 15～40cm。做盖板的石料必须是不易风化的、无裂缝的优质石板。

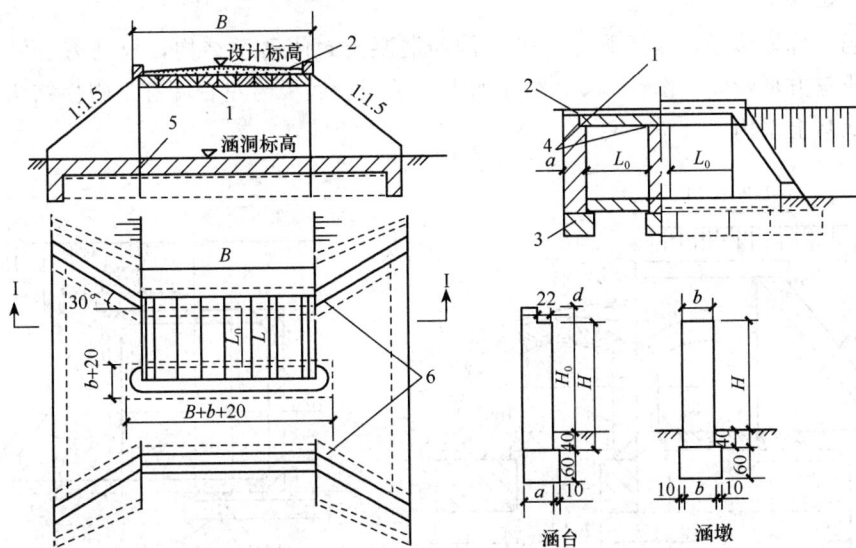

图 6.81　盖板涵构造图（尺寸单位：cm）

1—盖板；2—路面；3—基础；4—砂浆填平；5—铺砌；6—八字墙

钢筋混凝土盖板涵跨径 L_0 为 150cm、200cm、250cm、300cm、400cm，相应的盖板厚度 d 在 15～22cm。

圬工涵台（墩）的临水面一般采用垂直面，背面采用垂直或斜坡面，涵台（墩）顶面可做成平面，也可做成 L 形，借助盖板的支撑作用来加强涵台的稳定。为了增加整体稳定性和抗震性，当跨径大于 2m 且涵洞较高时，可在盖板下或盖板间，沿涵长每隔 2m 增设一根支撑梁。同时在台（墩）帽内预埋栓钉，使盖板与台（墩）加强连接。

基础有分离式（即涵台基础与河底铺砌分离）和整体式（即涵台基础与河底连成整体）两种，前者适用于地基较好的情况，后者适用于地基较差的情况。当基础采用分离式时，涵底铺砌层下应垫 10cm 厚的砂垫，并在涵台（墩）基础与涵底间设纵向沉降缝。为加强涵台的稳定，基础与基础间设置支撑梁数道。

（3）拱涵

拱涵主要由拱圈和涵台（墩）组成（图 6.82）。拱圈是拱涵的承重部分，可由石料、混凝土、砖等材料构成，地方道路或农用大车道常用片石、乱石、卵石等修建拱涵，承载力很强使用效果较好。拱圈一般采用等截面圆弧拱。跨径 L_0 为 100cm、150cm、200cm、250cm、300cm、400cm、500cm，相应拱圈厚度 d 为 25～35cm。涵台（墩）临水面为竖直面，背面为斜坡，以适应拱脚较大水平推力的要求。按拱轴线的形成，拱涵一般为半圆拱或圆弧拱。基础有整体式和分离式两种。整体式基础主要用于小跨径涵洞。对于松软地基上的涵洞，为了分散压力，也可用整体式基础。对于跨径大于 3m 的涵洞，宜采用分离式基础。

（4）箱涵

箱涵又称矩形涵，箱涵洞身可采用钢筋混凝土封闭薄壁结构，根据需要做成长方形断面或正方形断面（图 6.83）。箱涵的上下顶板、底板与左右墙身是刚性结构，适于在软土地基上采用。

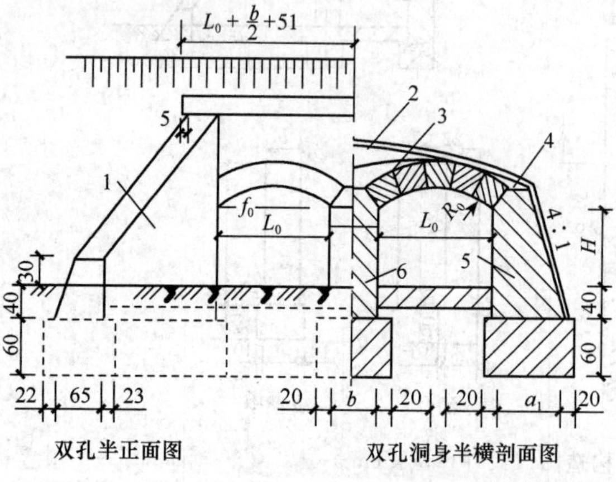

图 6.82　双孔石拱涵构造图（尺寸单位：cm）

1—八字翼墙；2—胶泥防水层；3—拱圈；
4—护拱；5—台身；6—墩身

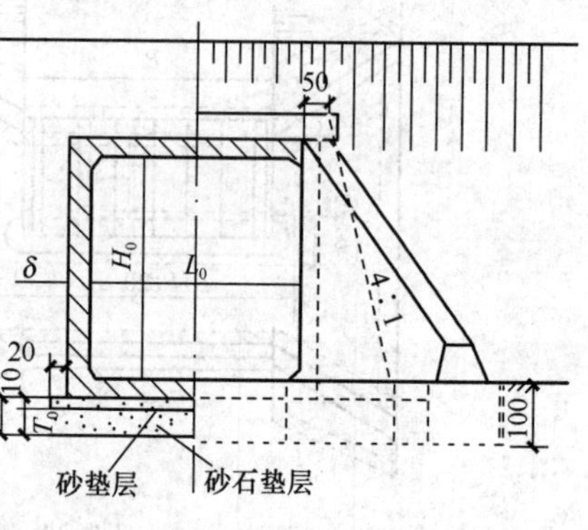

图 6.83　箱涵洞身（尺寸单位：cm）

L_0—跨径；H_0—净高；δ—箱涵壁厚；
T_0 砂石垫层厚度；t—垫层厚度

箱涵的常用跨径 L_0 为 200cm、250cm、300cm、400cm、500cm，单孔箱涵顶板和侧墙的厚度一般取其跨径的 1/9～1/12，双孔箱涵顶板及侧板的厚度可取跨径的 1/13～1/12。箱涵壁厚 δ 一般为 22～35cm，垫层厚度 t 为 40～70cm，箱涵内壁面四个角处往往做成 45°的斜面，其尺寸为 5cm×5cm。底板厚度一般取等于或略大于顶板的厚度。箱涵的配箱需经结构计算确定。

2. 洞身分段及接头处理

洞身较长的涵洞沿纵向应分成数段，分段长度一般为 3～6m，每段之间用沉降缝分开，基础也同时分开。涵洞分段可以防止由于荷载分布不均及基底土壤性质不同引起的不均匀沉降，避免涵洞开裂。沉降缝的设置是在缝隙间填塞浸涂沥青的木板或浸以沥青的麻絮。对于盖板暗涵和拱涵应再在全部盖板和拱圈顶面及涵台背坡均填筑厚 15cm 的胶泥防水层。对于圆管涵则应在外面用涂满热沥青的油毛毡圈裹两道，再在圆管外圈填筑厚 15cm 的胶泥防水层。

3. 山坡涵洞洞身构造

山坡涵洞的洞底坡度大，一般为 10%～20% 或更大一些，洞底纵坡主要由进水口和出水口处的标高决定。洞身的布置视底坡大小有以下几种形式。

(1) 跌水式底槽（适用于底坡小于 12.5%）

底槽的总坡度等于河槽或山坡的总坡度。洞身由垂直缝分开的管节组成，每节有独立的底面水平的基础（图 6.84）。后一节比前一节垂直降低一定高度，使涵洞得到稳定。为了防止因管节错台在拱圈或盖板间产生缝隙，错台厚度不得大于拱圈或盖板厚度的 3/4，如图 6.84 (a) 所示。当相邻两节的高差大于涵顶厚度时，需加砌挡墙，如图 6.84 (b) 所示，但两节间高差也不应大于 0.7m 或 1/3 涵洞净高，以保证泄水断面不受过大的压缩。管节的长度一般不小于台阶高度的 10 倍。若小于 10 倍时，涵洞应按台阶跌水进行水力验算。做成台阶形的涵洞，其孔径应比按设计流量算出的孔径大些。

(2) 急流坡式底槽（适用于坡度大于 12.5%）

当跌水式底槽每一管节的跌水高度太大，不能适应台阶长度的要求时，可建造急流坡式底槽。急流坡式底槽坡度应等于或接近于天然坡度（图 6.85）。涵洞的稳定性主要靠加深管节基础深度来保证，其形式一般为齿形或台阶形。

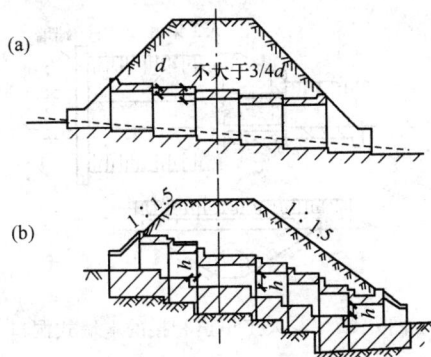

图 6.84　带跌水式底槽的涵洞纵断面　　　图 6.85　带急流坡式底槽的涵洞纵断面

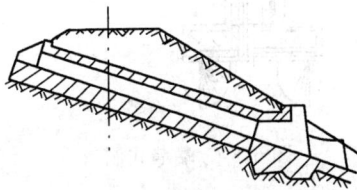

（3）小坡度底槽

如果地质情况不好，不允许修建坡度较大的涵洞时，应改为小坡度底槽，在进出水口设置有消能设备的涵洞（图 6.86）。

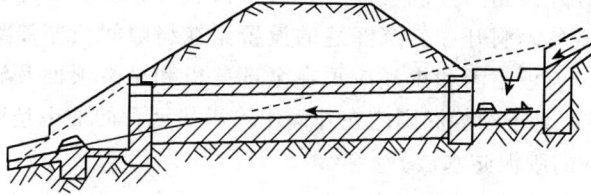

图 6.86　小坡度底槽的涵洞纵断面

4. 洞口建筑

洞口建筑是由进水口和出水口两部分组成。洞口应与洞身、路基衔接平顺，并起到调节水流和形成良好流线的作用，同时使洞身、洞口（包括基础）、两侧路基以及上下游附近河床免受冲刷。另外，洞口形式的选定，还直接影响着涵洞的宣泄能力和河床加固类型的选用。常用的洞口形式有端墙式、八字式、走廊式、平头式流线型、斜交斜做、斜交正做七种。无论采用何种形式，洞口进出水口河床必须铺砌。

（1）端墙式

端墙式洞口由一道垂直于涵洞轴线的竖直端墙以及盖于其上的帽石和设在其下的基础组成（图 6.87）。这种洞口构造简单，但泄水能力小，适用于流速较小的人工渠道或不易受冲刷影响的岩石河沟上。为了保证端墙稳定及改善排水效果，防止水流对填土边坡的冲刷，一般应设锥形护坡，这种形式因锥坡需铺砌，圬工体积较大，施工复杂，不够经济，一般多用于路基两侧地形平坦的宽浅河流或孔径压缩较大的河沟。由于此种形式的稳定性较好，当涵洞较高时常被采用。如端墙式洞口与人工渠道相接时，则可不设锥形护被，而与渠道侧坡相衔接，必要时洞口附近渠道可砌石加固。这种形式构造简单、材料省、施工简便（图 6.88）。

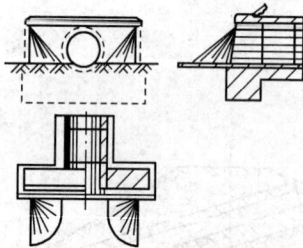

图 6.87　端墙式洞口

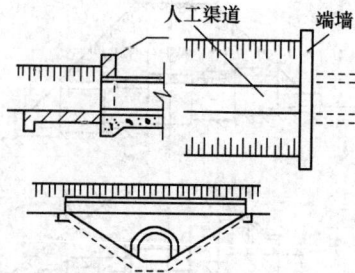

图 6.88　与人工渠道相接的端墙式洞口

端墙墙身断面形式有直背式与斜背式两种（图 6.89）。直背式施工方便，多用于墙身较矮时，如图 6.89（a）所示。墙身较高时应采用斜背式，如图 6.89（b）所示。端墙厚度视砌体材料及墙高而定。一般应采用片石砌体，其最小厚度为 40cm。如为非常年浸水时，可采用砖砌体，所采用的机制砖强度等级级不得低于 MU7.5，至少为一砖半厚（36.5cm）。所用砂浆一般均用水泥砂浆。采用斜背式时，端墙顶厚一般为 40cm（砖砌体为 36.5cm）。

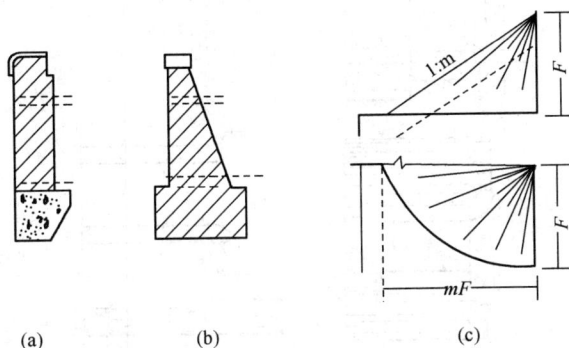

图 6.89　端墙及锥形护坡
（a）直弯式端墙；（b）斜背式端墙；（c）锥形护坡

　　锥形护坡一般均按椭圆形正锥坡施工，如图 6.89（c）所示，锥坡短半轴多采用坡比为 1：1，长半轴为 1：1.5，以便与路基边坡平顺衔接。锥形护坡用干砌或浆砌片石砌筑，厚度为 25～30cm，干砌时应采用 1：2～1：3 水泥砂浆勾缝。在冲刷比较严重处，锥形护坡的坡脚可单独设置锥坡基础。为保证锥形护坡附近路基边坡的稳定，并防止路基排水对洞口的局部冲刷，宜在锥形护坡外将路基边坡护砌 50～100cm。

　　（2）八字式

　　八字式洞口是指在洞口两侧设张开成八字形的翼墙。八字翼墙式洞口（图 6.90）由八字墙体挡住洞口两侧基土的下滑，同时用端墙挡住洞口上部路基土的坍塌，在两个翼墙之间，则需用片石铺砌，以防止水流冲刷。这种形式的翼墙工程量小，施工简单，水流条件好，是常用的洞口形式。八字翼墙应与洞口端墙分开砌筑，留出沉降缝，缝中涂热沥青二道或夹油毡。为缩短翼墙长度并便于施工，可将其端部建成平行于路线的矮墙。翼墙展开角（也叫敞开角），即八字翼墙与涵洞轴线的夹角，按水力条件最适宜的角度设置，进水口为 13°左右，出水口为 10°左右。但习惯上都按 30°设置。这种洞口工程数量小，水力性能好，施工简单，造价较低，因而是最常用的洞口形式。

　　（3）走廊式

　　走廊式洞口建筑是由两道平行的翼墙在前端展开成八字形或成曲线形构成的（图 6.91）。

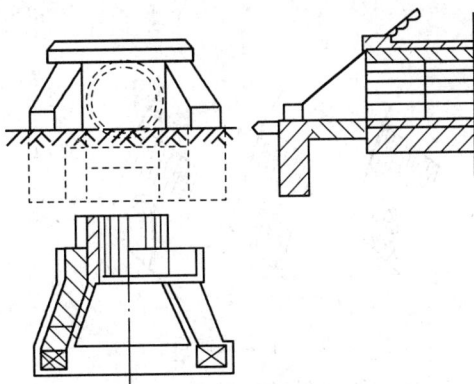

图 6.90　八字式洞口

这种洞口使涵前壅水水位在洞口部分提前收缩跌落，可以降低涵洞的设计高度，提高了涵洞的宣泄能力。但是由于施工困难，目前较少采用。

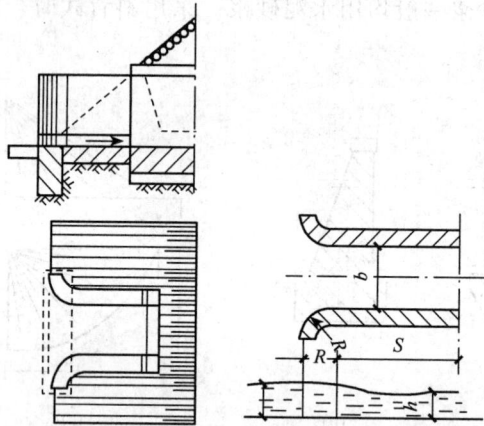

图 6.91　走廊式洞口

（4）平头式

又称领圈式或护坡式洞口，这种洞口形式的特点是进出口为斜面并与路基边坡一致，常用于混凝土圆管涵（图 6.92）。此外，路基边坡必须是片石护砌（干砌或浆砌），否则不能采用这种形式。平头式洞口圬工砌体甚少，它较八字式洞口可节省材料 45%～85%，而宣泄能力仅减少 8%～10%。因为需要制作特殊的洞口管节，所以模板耗用较多。如能大批预制，还是相当经济的。这种形式的洞口目前采用较少。

（5）流线型

将管涵进水洞口端墙升高，做成箱形并按喇叭形扩大，使其在立面上形成流线型（图 6.93）。这种洞口如用于压力式水流状态时，可使洞内充满水流，如用于无压力式水流状态时，可增大涵前水深，能更有效地提高管涵的宣泄能力。这种洞口与其他形式相比，在相同的流量情况下，可减小管径，因此较其他形式优越。但由于施工复杂，材料消耗大，目前采用不多。

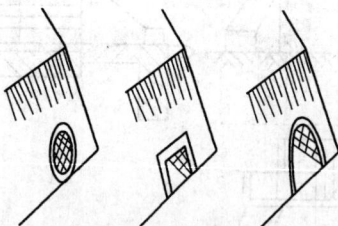

图 6.92　平头式洞口

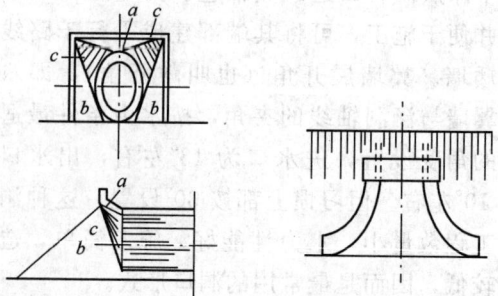

图 6.93　流线型洞口

（6）斜交斜做（图 6.94）

涵洞洞身端部与路线平行，此种做法称斜交斜做。此法费工较多，但外形美观且适应水流，较常采用。对于盖板涵和箱涵，运用斜交斜做法比较普遍。在这种情况下，除洞口建筑外，还须对盖板或箱涵涵身的两端另行设计，以适应斜边的需要。

（7）斜交正做（图 6.95）

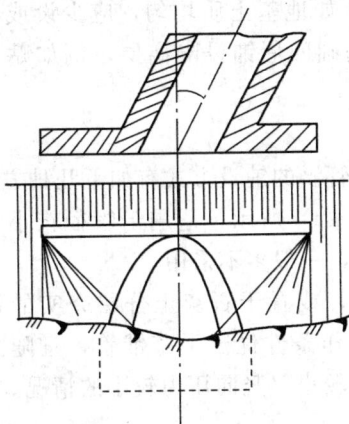

图 6.94　斜交斜做涵洞识图环节　　　　图 6.95　斜交正做涵洞识图环节

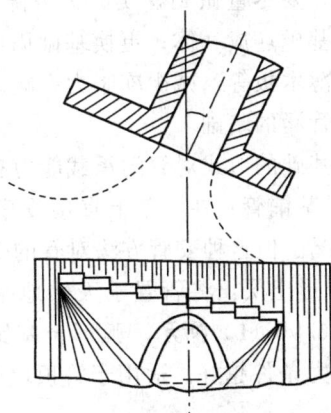

涵洞洞口与涵洞纵轴线垂直，即与正交时完全相同。此做法构造简单。在圆管涵或拱涵中，为避免两端圆管或拱的施工困难，可采用斜脚正做法处理洞口。

5. 涵洞的基础

涵洞基础的作用是承受整个建筑的重量，包括涵洞顶部路基、路面重量以及车辆、行人等活荷载的重量等，保证涵洞的稳定和牢固，防止因水流冲刷造成的沉降或坍塌。基础处理不好，将造成整个洞的破坏。基础是涵洞的重要组成部分。

（1）涵洞的基础形式

涵洞的基础有下列两种设置形式：

1）直接坐落在天然地基上：当天然地基的容许压应力大于 350kPa 时，一般可直接把基础坐落在天然地基上。除石拱涵外，其他类型涵洞都允许直接坐落在地基容许承压应力不低于 200kPa 的天然地基上。

2）在天然地基上设垫层：当天然地基容许承压应力不能满足要求时，必须采用设置垫层、砂桩或打群桩（小木桩）等办法加强地基。一般常用设置垫层法，垫层有砂砾垫层、石灰土垫层、干砌片石垫层、低强度混凝土垫层等，可根据具体情况和材料来源选用。采用砂砾垫层时，不宜含黏土或粉土过多（黏土含量不大于 25%，粉土含量不大于 5%），地基为湿陷性黄土时，则不宜采用砂砾垫层。

当天然地基为岩石、卵石、砾石或中砂等不受冻胀影响的土层时，基层的埋置深度可不考虑冻土深度的影响；如果天然地基为黄土、粉砂土、黏土等受冻胀影响的土层时，涵洞的基底应设在冰冻线以下 25cm 处。

（2）高寒地区的涵洞基础

高寒地区冰冻线较深，涵洞的基础有两种情况。一种是受冻胀不严重的土壤（又称弱冻胀土壤），涵洞的基底可在冻土层内，但不要小于冻结深度的 70%。另外一种情况是受冰胀严重的土壤，这种土壤由冻胀产生的膨胀力大，能损坏涵洞的基础，此时除应将基础底面埋置在冻结线以下 25cm 处外，尚应采用以下减少冻胀力的措施：在砌筑基础时，要尽量做到密实、无缝隙，四周平整；如地基土质均匀，应少设或不设沉降缝，使基础连成一体；更换基础周围土壤；在基础四周铺设隔离层，例如贴油毡或涂沥青的薄木板等，减少冻胀力影响。

（3）管涵的基础

管涵基础的形式对管的承载能力有很大影响。管涵的铺设方式有如下几种方法：

1）平基铺管：在土基上直接放管，如图 6.96（a）所示，适用于管径较小且土质良好的情况。但这种安管方法对管的受力状态不利，一般多不采用。

2）弧形土层：将管置于天然地基的弧形槽内，或置于石灰土分层夯实的弧形槽内，如图 6.96（b）所示。弧形土基铺管的静力工作条件优于平基铺管，且随接触角 2α 越大受力条件越好。适用于管顶填土不高、管径较小、竖向压力较小的情况。

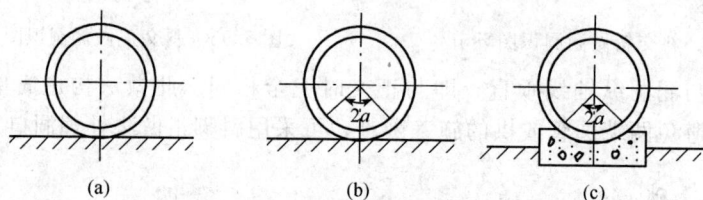

图 6.96　管涵的铺设方式
（a）平基铺管；（b）弧形土基；（c）刚性座垫

3）刚性座垫：将管置于混凝土的连续支座上，如图 6.96（c）所示，其接触角 2α 可采用 90°～180°，由于管底部与座垫间保持了一定曲线接触弧长，座垫底部与地基又保持了一定的接触面，可改善管身受力条件和减小对地基的压应力，且刚性座垫上的反力分布比较均匀，因此在道路工程中多采用这种形式。

实训14
按比例做一盖板涵模型。

实训15
了解常见的涵洞的类型。

6.8.4　通道

一般设置于高速或一级公路，贯通于公路下面，可以使行人、动物、车辆、水流通过的通道。通道与涵洞的区别就是作用不一样，其结构与形式是完全一样的，进行质量评定时依据桥涵的划分标准进行评定。

小　结

本节讲述了我国及世界桥梁的建筑情况，桥梁的组成和分类，常见桥梁的基础形式，常见桥台、桥墩的类型。还讲述了梁桥分类、上部基本构造，拱桥的组成及建筑类型，拱桥的常见构造，斜拉桥的分类及结构体系，吊桥的特点及流派。最后讲述了涵洞的类型及构造。

橱美链接

1. 北京交通大学"桥梁工程"精品课程网站：http://civil. njtu. edu. cn/bridge/archive/jxdg. html

2. 重庆交通大学"桥梁工程"精品课程网站：http://courses. cqjtu. edu. cn/jpkc/qlgc/jxxg. asp

思考与练习

1. 请阐述梁桥、拱桥、刚架桥、斜拉桥和吊桥的主要受力特点。

2. 桥梁的上部结构和下部结构各由哪些部分组成？它们的作用分别是什么？

3. 简要说明桥面系由哪些部分构成。

4. 桥面铺装的作用是什么？桥面铺装常有哪几种类型？各自优缺点是什么？

5. 混凝土梁桥如何分类？

6. 简述桥梁支座的功能。

7. 斜拉桥的适用范围是什么？

8. 梁桥桥墩的主要类型有哪几种？

9. 桥台有哪些类型？

10. 桥梁基础有哪些施工方法？分别有什么特点？

公 路 隧 道

教学目标

1. 本章主要通过文字和实物图片介绍公路隧道的相关内容，通过文字说明和实物图片对照使学生能直观地了解公路隧道的基本常识。

2. 通过本章学习，使学生能够说出或识别公路隧道各组成部分名称，并能说出各自简单的使用功能，知道公路隧道系统的相关基本知识。

3. 使学生了解隧道是公路中的一个部分，但又是相对独立的一个系统工程；进而了解现代公路特别是高速公路的工程系统概况，加强对公路专业的认知。

7.1 隧道的基本概念及隧道工程的发展

7.1.1 隧道的基本概念

隧道通常指用作地下通道的工程建筑物。1970 年，OECD（世界经济合作与发展组织）隧道会议从技术方面将隧道定义为：以任何方式修建，最终使用于地表以下的条形建筑物，其空洞内部净空断面在 $2m^2$ 以上者均为隧道。隧道修建的地理位置主要是山岭地区、水底（河或海底）和城市。隧道的用途较广，用作地下通道的有公路（道路）隧道、水底隧道、城市道路隧道、地下地铁、航运隧道等。如图 7.1 为几种不同用途的隧道。

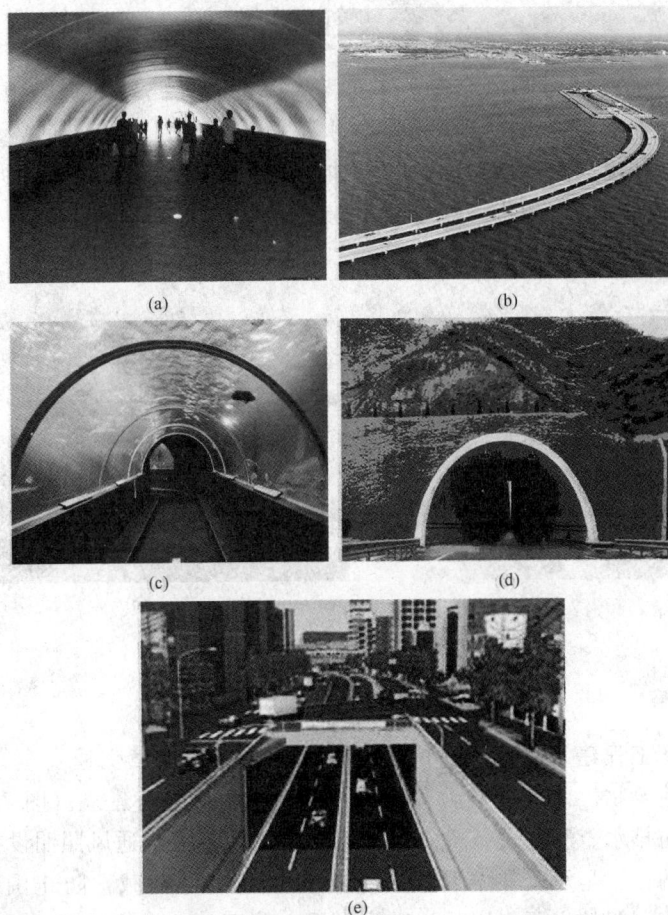

图 7.1 几种不同用途隧道

（a）行人隧道；（b）水底隧道；（c）观光水底行人隧道；（d）山岭公路隧道；（e）城市道路隧道

隧道在山岭地区可用于克服地形或高程障碍、改善线形、提高车速、缩短里程、节约燃料、节省时间、减少对植被的破坏、保护生态环境；还可以用于克服落石、坍方、雪崩、崩塌等危害，如图 7.2 所示。

图 7.2　山岭高速公路隧道

在城市隧道可减少用地、构成立体交叉、解决交叉路口的拥挤阻塞和疏导交通。在江河、海峡、港湾地区，隧道可不影响水路通航。修建隧道能使路线平顺、行车安全、节省费用，能提高舒适性，战时能增加隐蔽性和提高防护能力，并且不受气候影响。如图 7.3 所示为城市和跨海隧道。

(a)　　　　　　　　　　　　　　　　(b)

图 7.3　城市和跨海隧道
（a）城市隧道；（b）跨海隧道

隧道是地下工程建筑物，为保持坑道岩体的稳定，保障交通安全，需要修筑主体建筑物和附属建筑物。前者包括洞身衬砌（图 7.4）和洞门建筑（图 7.5），后者包括通风、照明、防排水、安全设备等。如图 7.6 所示为隧道的通风照明设备。

洞身衬砌的作用是承受围岩压力、结构自重和其他荷载，防止围岩塌落、风化、防水、防潮等。洞门的主要作用是防止洞口塌方落石、保持仰坡和边坡的稳定。通风、照明、防排水、安全等设施的作用是确保行车安全、舒适。

图 7.4 隧道洞身衬砌

图 7.5 隧道洞门

图 7.6 隧道通风、照明设备

7.1.2 隧道工程的发展

人类很早就知道利用自然洞穴作为住处。当社会发展到能制造挖掘工具时，就出现了人工挖掘的隧道。

在我国最早用于交通的隧道为"石门"隧道（见《中国大百科全书》交通卷 P164 页"公路隧道"条目），位于今陕西省汉中市褒谷口内，建于东汉明帝永平九年（公元 66 年）。用作地下通道的还有安徽亳州城内的古地下坑道，建于宋末元初（约 13 世纪），是我国最早的城市地下通道。

在其他古代文明地区有很多著名的古隧道，如公元前 2180～2160 年前后，在古巴伦城幼发拉底河下面修筑的人行隧道，是迄今已知的最早用于交通的隧道，为砖砌构造物。古代最大的隧道建筑物可能是那不勒斯与普佐利（今意大利境内）之间的婆西里勃隧道，完成于公元前 36 年，至今仍可使用。它是在灰岩中凿成的垂直边墙无衬砌隧道。

约在公元 7 世纪，我国隋末唐初时的孙思邈在《丹经》一书中记载了黑火药的制法。公元 1225 年以后传入伊斯兰国家，13 世纪后期传到欧洲，17 世纪初（1627 年）奥地利的工业家首先用于开矿。1866 年瑞典人诺贝尔发明黄色炸药，为开凿坚硬岩石提供了条件。

近代隧道兴起于运河时代。从 17 世纪起，欧洲陆续修建了许多运河隧道。法国的兰葵达克（Languedoc）运河隧道，建于 1566～1681 年，长 157m，它可能是最早用火药开凿的隧道。1830 年前后，铁路成为新的运输手段。随着铁路运输事业的发展，隧道也越来越多。1895～1906 年已出现了长 19.73 km 穿越阿尔卑斯山脉的最大铁路隧道。目前最长的铁路隧道已达 53.85km。较为完善的水底道路隧道建于 1927 年，位于纽约哈德逊河底（Holland 隧道）。

隧道工程的施工条件是极其恶劣的，尽管各种地下工程专用工程机械越来越多，在新奥法理论指导下施工方法得到了根本性的改变，这得益于科技的发展，但体力劳动强度和施工难度仍然很高。历史上为了减轻劳动强度，人们曾经做过不懈的努力。在古代一直使用"火焚法"，铁锤、钢钎等原始工具进行开挖，直到 19 世纪才开始钻爆作业，至今大约有一百多年的历史，在此期间发明了凿岩机。经过将近一个世纪的努力，发展成为今天的高效率大型多臂钻机，使工人们能从繁重的体力劳动中解放出来。和钻爆开挖法完全不同的还有两种机械开挖法，一种用于挖软土地层的盾构机，另一种是用于中等以上坚硬岩石地层的岩石隧道掘进机。

20 世纪 40 年代开始发展起来新奥法，它是以喷射混凝土和锚杆为主要支护手段的一种方法。这种方法把坑道的支护和衬砌与围岩看作是相互作用的一个整体。既发挥围岩的自承能力，又使支护起到加固围岩的作用。新奥法与传统的矿山法相比，更能充分利用地质条件。随着理论上的日臻完善，将会在地下工程得到更加广泛的应用。

我国第一座铁路隧道修建在台湾，是基隆到台南的铁路线上一座长仅 261m 的窄轨隧道。1907 年在京包线上修建了八达岭隧道，是由我国工程师詹天佑主持施工的。建国之初，在短短的三年之内，在成渝线上修建了 13 座隧道，在宝天线上改建了 136 座隧道，并完成了天兰线上的 48 座隧道。以后，宝成线上的秦岭隧道长达 2363m；成昆线上的沙木拉达隧道长为 6379m；京广线上大瑶山隧道长为 14 295m；兰武二线上的乌鞘岭隧道长达 20 050m。秦岭终南山公路隧道（双洞、单向、双车道）长为 18.02km，是目前亚洲最长的公路隧道，2007 年 1 月建成通车，通行里程仅次于挪威长 24.51km 的莱尔多公路隧道，是亚洲第一、世界第二的超长隧道。如图 7.7 所示

(a)   (b)

图 7.7 秦岭终南山公路隧道

（a）秦岭终南山公路隧道洞门；（b）秦岭终南山公路隧道洞身

为秦岭终南山公路隧道洞门和洞身。

现在，除了以交通为目的的隧道以外，又扩大到其他多方面用途的地下工程。在工业方面建成了许多地下工厂、地下电站、地下武器库、地下停车场等。在人民生活方面，建造了形成网络的防空洞、地下影院、地下体育中心、地下街、地下会堂、地下战备医院等。

从 1993 年后我国公路隧道建设发展很快，特别在高速公路中建设较多，据不完全统计，现有公路隧道近 3000 座，总长 10 多万延米，其中长大隧道也出现很多。随着高等级公路的继续发展，还会有更多的公路隧道出现。在高等级公路网中公路隧道发挥了突出的作用，使公路变得通畅、顺适，大大缩短了里程，对国民经济的发展起到了极大的促进作用，为用户提供了安全、方便、快捷、经济的变通运输条件。

7.2 隧道的分类

隧道包括的范围很大，从不同的作用或角度出发，有不同的分类方法。下面介绍几种常见的分类方法。

(1) 按隧道所处的地层条件划分

修建在岩层中的称岩石隧道或石质隧道；修建在土层中的称软土隧道或土质隧道。

(2) 按隧道埋置的深度划分

可分为浅埋隧道，深埋隧道。

(3) 按隧道所处地理位置划分

可分为山岭隧道，水底（河或海底）隧道，城市隧道。

(4) 按隧道的用途进行分类

此分类方法是隧道分类方法中最为常见的一种。可以将隧道分为：

1) 交通隧道。这是隧道中为数最多的一种，它们的作用是提供运输的孔道和通道。其中主要包括：铁路隧道、公路隧道、水底隧道、地下铁道、航运隧道和人行通道。

2) 水工隧道。它是水利枢纽的一个重要组成部分。主要包括：引水隧道。（把水引入水电站的发电机组，产生动力资源），尾水隧道（把发电机组排出的废水送出去的隧道），导流隧道或泄洪隧道（由它疏导水流并补充溢流道流量超限后的泄洪作用），排沙隧道（用来冲刷水库中淤积的泥沙，把泥沙裹带送出水库；有时也用来放空水库里的水，以便进行库身检查或修理建筑物）。

3) 市政隧道。它是城市中为安置各种不同市政设施而建的地下孔道，主要包括：给水隧道（安置城市自来水管网），污水隧道（主要用作城市地下排污通道），管路隧道（主要用作安置城市煤气、暖气、热水等管道的孔道），线路隧道（主要用作安置电力与电信电缆等的孔道）和人防隧道（主要用作人防工程）。

4) 矿山隧道。在采矿工程中，常设一些隧道，从山体以外通向矿床。主要包括：运输巷道（向山体开凿隧道通到矿床，并逐步开辟巷道，通往各个开采工作面。前者称为主巷道,为地下矿山的主要出入口和主要运输干道;后者分布如树枝状,通往各采掘工作面。此种巷道多采用临时支护,仅供作业人员进行开采工作的需要),给水隧道(送入清洁水为采掘机械所使用,并将废水及积水通过泵抽排出洞外),和通风隧道(主要用作矿山开采通风与排尘)。

(5)按隧道断面形式划分

主要包括:圆形隧道、多心圆隧道、马蹄形隧道、矩形隧道、直墙拱顶隧道和曲墙隧道。

(6)按国际隧道协会(ITA)定义的断面大小划分

主要包括如下几种:

1)特大断面隧道:断面面积在 $100m^2$ 以上。

2)大断面隧道:断面面积在 $50\sim100m^2$。

3)中等断面隧道:断面面积在 $10\sim50m^2$。

4)小断面隧道:断面面积在 $3\sim10m^2$。

5)极小断面隧道:断面面积在 $3m^2$ 以下。

(7)公路隧道分类的依据与分类方法

是按照《公路隧道设计规范》(JTG D70—2004),依据公路隧道的长度分为短、中、长和特长隧道四类,具体分类见表7.1。

表 7.1　公路隧道长度分类

隧道分类	特长隧道	长隧道	中长隧道	短隧道
隧道长度/(L/m)	$L>3000$	$3000\geqslant L\geqslant1000$	$1000>L>500$	$L\leqslant500$

公路隧道长度是指进出口洞门端墙墙面之间的距离,即两端墙墙面与路面的交线同路线中线交点间的距离。不同的公路隧道长度其勘测、设计、施工与管理的技术要求都不同。目前,在建的 10km 以上长度的公路隧道,可视为超长公路隧道。

现在,有一些书籍提出了隧道群的说法,是把某路段上两座或两座以上间隔一定距离的隧道的组合看成一个群体,但隧道群划分的依据和标准尚不确定。

7.3　公路隧道的构造

公路隧道结构构造,由主体构造物和附属构造物两大类组成。主体构造物是为了保持岩体的稳定和行车安全而修建的人工永久建筑物,通常指洞身衬砌和洞门构造物。洞身衬砌的平、纵、横断面的形状由公路隧道的几何设计确定,衬砌断面的形状和厚度由衬砌计算决定。在山体坡面有发生崩坍和落石可能时,往往需要接长洞身或修筑明洞。洞门的构造形式由多方面的因素决定,如岩体的稳定性、通风方式、照明状况、地形地貌、建筑造型以及环境条件等。附属构造物是主体构造物以外的其他建筑物,是为了营运管理、维修养护、给水排水、供蓄发变电、通风、照明、通信、安全等而修建的构造物。

7.3.1 隧道衬砌

1.衬砌材料

隧道是埋藏在地层深处的工程建筑物，其衬砌通常需要承受较大的围岩压力、地下水压力，有时还要受到化学物质的侵蚀，地处高寒地区的隧道往往还要受到冻害等。所以，要求用于衬砌的材料应具有足够的强度、耐久性、抗渗性、耐腐蚀性和抗冻性等。另一方面，隧道是大型工程构造物，每延米隧道都需要大量建筑材料，工程量很大。所以，从经济观点看，衬砌材料应价格便宜、就地取材、便于机械化施工。通常采用以下材料：

（1）混凝土

混凝土的优点是整体性好，既可以在现场浇筑，也可以在加工场预制，而且可以机械化施工。其本身密实性较好，具有一定的抗渗性。如果在水泥中掺入密实性外加剂，可以提高混凝土的密实度，从而改善混凝土的防水性能。或者使用减水剂，提高混凝土的密实程度，改善混凝土的抗渗性能。混凝土可以根据需要加入其他外加剂，如低温早强剂、常温早强剂、速凝剂，缓凝剂、塑化剂、加气剂等，来满足使用和施工的需要。

配制混凝土还可以根据需要选择合适的水泥。例如具备快硬、高强特性的有快硬硅酸盐水泥，具备快硬、早强特性的有硅酸盐膨胀水泥，具备抗渗防水特性的有大坝水泥和防水水泥，具备抗硫酸盐侵蚀的抗硫酸盐硅酸盐水泥，以及塑化水泥、加气水泥等。

混凝土材料的缺点是灌注后不能立即承受荷载，需要进行养护，达到一定强度才能拆模，占用的模板和拱架较多。普通混凝土的耐侵蚀能力较差。

（2）钢筋混凝土

隧道施工时，暗挖部分就地绑扎钢筋比较困难，通常是在不得已时才采用现浇钢筋混凝土。而在很多情况下是采用格栅钢架并加上连接钢筋和钢筋网等作为临时支护，在完成临时支护之后，则延用为永久支护。这样就取代了钢筋绑扎过程，起到"一举两得"的效果。在明挖地段可以采用现场绑扎方式。也有采用废旧钢轨等材料的。采用混凝土的强度等级要满足《公路隧道施工技术规范》要求。

（3）喷射混凝土

喷射混凝土是将混凝土干拌和料、速凝剂和水，用混凝土喷射机高速喷射到洁净的岩石表面上凝结而成。其密实性较高，能快速封闭围岩的裂隙。密贴于岩石表面，早期强度高，能很快起到封闭岩面和支护作用，是一种理想的衬砌材料。

（4）锚杆与锚喷支护

锚杆是用机械方法加固围岩的一种材料。种类很多，通常可分为机械型锚杆、黏结型锚杆以及预应力锚杆。围岩不够稳定时，还可以张挂金属网。设置锚杆再加喷射凝土时，即为锚喷支护。

（5）石料

目前已很少有人使用石料直扫作为衬砌材料，尤其是在公路隧道中。因其缺点是砌缝多，容易漏水，施工主要是手工操作，费工费时。目前还不能机械化施工。但洞门挡墙、挡土墙等仍可使用。超挖部分可以使用片石混凝土砌筑。

（6）装配式材料

采用盾构法施工时，其衬砌材料往往采用装配式材料，如钢筋混凝土大型预制块，有加筋肋的铸铁预制块。在修筑棚式明洞（简称棚洞）时，又可用预制板或梁装配板式棚洞或梁式棚洞。

2. 衬砌支护形式

山岭隧道与软土隧道、水下隧道相比较，由于其受力、施工方法等存在差异，在结构形式上也有很大差别。

根据受力和衬砌断面形式通常分为直墙式衬砌、曲墙式衬砌及圆形断面隧道、矩形断面衬砌等，如图 7.8 所示为不同衬砌断面隧道。

图 7.8　不同衬砌断面隧道
（a）直墙式衬砌断面隧道；（b）曲墙式衬砌断面隧道；
（c）圆形断面衬砌隧道；（d）矩形断面衬砌隧道

根据隧道受力和衬砌方法通常分为喷锚衬砌、复合式衬砌等，如图 7.9 所示。

图 7.9　不同衬砌隧道

(a) 喷锚衬砌隧道；(b) 复合式衬砌隧道

7.3.2　洞门

1. 洞门的作用与形式

隧道通常都做洞门设计。洞门构造形式，山岭隧道、城市隧道与水底隧道等有很大区别。从岩（土）体稳定上看，山岭隧道洞门附近通常都比较破碎松软，易于失稳，形成崩塌。为了保护岩（土）体的稳定和使车辆不受崩塌、落石等威胁，确保行车安全，应该根据实际情况，选择恰当的洞门形式修筑洞门，并对边坡仰坡进行适宜的护坡。洞门是各类隧道的咽喉，也是外露部分，在保障安全的同时，还应根据洞门的环境对洞门进行美化。山岭隧道常用的洞门形式主要有端墙式、翼墙式、环框式、削竹式和遮光棚式。城市隧道既可能是山岭隧道，也可能是水底隧道，不过一般情况下交通量都比较大，对建筑工艺上的要求也较高，除应注意结构的稳定以外还要特别讲究建筑设计。

洞门还可以拦截、汇集、排除地表水，使水沿排水渠道排离洞门，防止地表水沿洞门漫流。所以洞门上方女儿墙（边檐）应有一定的高度，并有排水沟渠。

当岩（土）体有滚落碎石可能时，一般应接长明洞，减少对仰、边坡的扰动，使洞门墙离开仰坡底部一段距离，确保落石不会滚落在车行道上。

2. 常见洞门形式的适用条件

公路隧道洞门形式的选择是根据其所在的环境和条件而考虑的。设计时应根据条件选择适应性最好的形式。

（1）端墙式洞门

端墙式洞门是一种传统的洞门形式，适用于岩质稳定的Ⅲ类以上围岩和地形开阔的地区，是最常使用的洞门形式，如图 7.10 所示。

图 7.10　隧道端墙式洞门
(a) 双柱端墙式洞门；(b) 坡地端墙式洞门

（2）翼墙式洞门

翼墙式洞门适用于地质较差的Ⅲ类以下围岩，以及需要开挖路堑的地方。翼墙式洞门由端墙及翼墙组成，如图 7.11 所示。翼墙是为了增加端墙的稳定性而设置的，同时对路堑边坡也起支撑作用。其顶面通常与仰坡坡面一致，顶面上一般均设置排水沟，将端墙背面排水沟汇集的地表水排至路堑边沟内。

（3）环框式洞门

当洞口岩层坚硬、整体性好，节理不发育，且不易风化，路堑开挖后仰坡极为稳定，并且没有较大的排水要求时采用环框式洞门。环框与洞口衬砌用混凝土整体浇筑，如图 7.12 所示。

图 7.11　隧道翼墙式洞门

图 7.12　隧道环框式洞门

当洞口为松软的堆积层时，通常应避免大量清刷仰坡和边坡，一般宜采用接长明洞，恢复原地形地貌的办法。此时，仍可采用洞口环框，但环框坡面较平缓，一般与自然地形坡度相一致。环框两翼与翼墙一样能起到保护路堑边坡的作用。环框四周恢复自然植被原状，或重新栽植根系发达的树木等，以使仰、边坡稳定。在引道两侧，如果具备条件可以栽植高大乔木，形成林阴大道，这样的总体绿化对洞外减光十分有益，也是一个值得推荐的好方法。不过，环框上方及两侧仍应设置排水沟渠，以排除地表水，防止漫流。倾斜的环框还有利于向洞内散射自然光，增加入口段的亮度。

（4）削竹式洞门

当洞口为松软的堆积层时，通常应避免大刷仰、边坡，一般宜采用接长明洞，恢复原地形地貌的办法，如图7.13所示。此时，可采用削竹式洞口，但洞口坡面较平缓，一般应与自然地形坡度相一致。洞口两侧边墙与翼墙一样能起到保护路堑边坡的作用，洞门四周恢复自然植被原状，或重新栽植根系发达的树木等，以使仰、边坡稳定。不过洞门上方及两侧仍应设置排水沟（渠）以排除地表水，防止漫流。

图7.13 隧道削竹式洞门

倾斜的洞门还有利于相洞内散射自然光，增加入口段的亮度。削竹式洞门适合于洞口宽敞的场合。不过，这里要提醒一个问题，平缓的洞门边墙，容易被人或动物攀爬，可在下部设成倒坡坎或者坡度较大无法攀爬或者设刺沟等，以免发生危险。

（5）遮光棚式洞门

当洞外需要设置遮光棚时，其入口通常外伸很远。遮光构造物有开放式和封闭式之分，前者遮光板之间是透空的，后者则用透光材料将前者透空部分封闭。但由于透光材料上面容易沾染尘垢油污，养护困难，因此很少使用后者。形状上又有喇叭式与棚式之分，如图7.14所示。

(a) (b)

图7.14 隧道遮光棚式洞门
(a) 棚式洞门；(b) 喇叭式洞门实图

除上述基本形式外，还有一些变化形式，如端墙洞门，在端墙上增加特色造型，不但雄伟壮观，而且对端墙局部加强，增加了洞门的美观性。此种形式一般适用于城镇、乡村、风景区附近的隧道。为适应山坡地形，在沿线傍山隧道半路堑情况下常采用台阶式洞门，将端墙做成台阶式。图7.15为一些洞门形式实例。

图 7.15 几种变化形式隧道洞门

7.3.3 明洞

1. 明洞的设置

以明挖法或在露天修建的隧道（洞顶及拱背可有回填土石遮盖，也可没有回填土石遮盖）可称为明洞。明洞有掘开地表土修建的明洞和接长明洞。下穿公路、铁路、建筑物、防雪遮阳棚洞等以掘开地表土修建隧道结构后再在上面回填或修建其他建筑物的隧道都可称为明洞，如图 7.16 所示。

图 7.16 明洞
(a) 掘开地表土修建的明洞；(b) 接长明洞

下列情况应设明洞初砌：

1）洞顶覆盖层薄，不宜大开挖修建路堑，并难于用暗挖法修建隧道的地段。明挖修建隧道在技术经济上比暗挖修建隧道更合理，施工技术条件、施工工期和施工安全更容易得到保证，有利环境保护。

2）路基或隧道洞口受边坡塌方、岩堆、落石、泥石流等不良地质危害；修建路堑会危及到附近建筑物安全的地段。

3）铁路、公路、沟渠和其他人工构造物必须在隧道上方通过，不宜采用暗洞或立交桥、涵跨越时，可采用明洞结构代替跨线桥、过水渡槽等。

4）为了保护洞口的自然景观而延伸隧道长度时。

2. 明洞的结构类型和适用环境

明洞结构类型可分为拱形明洞、箱形明洞和棚洞等。选择明洞的结构类型，应根据地形、地质、施工条件，考虑结构安全、经济实用、美观等因素综合分析确定，做到选择的结构类型与环境适应。

1）边坡一边塌方量大、落石较多且基底地质条件较好时，宜采用拱形明洞。

2）当路基外侧地形狭窄、内外侧墙基底地质明显不同，外侧基础工程量较大或洞顶荷载较小时，可采用棚洞。

3）在建筑高度受到限制或地基软弱的地方，可采用框架明洞。

4）为保护洞口自然环境或防止洞口边、仰坡滚石须加长隧道而修建明洞时，可采用拱形、箱形明洞，并可在洞顶植草、植树等。

7.3.4 隧道的路基路面及其他构造设施

1. 路基路面

公路隧道的路基路面只是某一公路的一段，通常在满足现行的《公路路基设计规范》和《公路路面设计规范》的条件下，公路隧道内路基路面与洞外路堑段相比存在如下特殊性：

1）隧道在地层中穿越，其埋置条件、地应力条件与洞外路堑段在有较受力特征大不同。

2）隧道路基（底板）处于山体中，地下水对隧道路基路面的影响比洞外大。

3）隧道为管状构造物，空间狭小，存在汽车排放废气、积聚等现象，这些废气、油烟、粉尘在路面表面的黏附比洞外路段大。油渍的污染、粉尘的黏聚使路面抗滑性能变差，且得不到天然降雨的冲洗，长期影响路面的抗滑性能。

4）洞内发生火灾时，其温度对路面的影响比洞外严重。

5）洞内行车条件总体上光线差，视觉环境差，对行车不利。

6）洞内路基路面受场地条件影响大，施工条件差，维护难度大。

7）行车安全受气候环境影响大。在雨天时，多使洞口段冷热空气变换，产生水珠，路面积雾，降低路面抗滑性能。

路面材料主要有两种，即混凝土和沥青混凝土，如图 7.17 所示。由于混凝土的反射率较沥青混凝土路面高，横向抗滑性好，是过去广泛使用的材料。但缺点是产生裂缝时不容易修补，更换时要停止交通。沥青路面的反射率较低，为了改善路面亮度，需要在面层加入石英和铝的混合物，有的加入浅色石子和氧化钛做填充料。

(a)   (b)

(c)

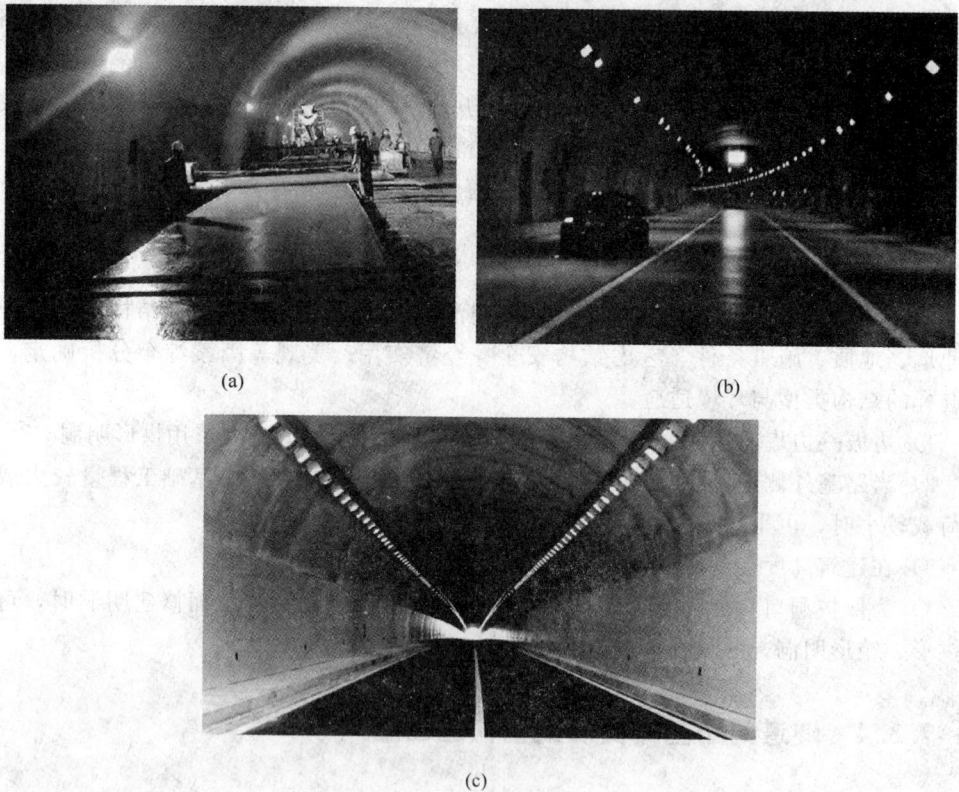

图 7.17　隧道路面
（a）正在铺设的混凝土路面；（b）混凝土路面；（c）沥青混凝土路面

　　隧道内的路基应具有足够的承载力，尤其要求在有丰富地下水的条件下也能满足要求，这就要求有良好的排水设施。在衬砌背后设置盲沟和导水管之后，在车道板下面也应铺设导水管和透水性好的路基材料，在确定隧道坡度时保证排水沟排水顺畅，保证路面有 $1‰\sim1.5‰$ 的横坡等。

　　2. 内部装饰

　　我国公路隧道的内部装饰以前做的很少。但随着高速公路的发展和对美观要求的提高，以及为保持隧道内墙面的亮度和改善隧道内的环境，隧道内用适当的材料加以装饰处理较好。因为内壁装饰可提高行车舒适性。

　　未经内装的混凝土衬砌表面粗糙，特别容易吸附引擎排出废气的黏稠油分，可与烟雾、尘埃一起沾在表面上。在隧道内潮湿、漏水的情况下，这种污染的过程出人意料的快，能使墙面的反光率降到极低的水平。

　　经过内装的墙面，污染仍然是不可避免的，但要求它具有不易污染、容易清洗、耐冲刷、耐酸碱、耐腐蚀，用防火涂料粉刷后能耐高温等特点。表面应该光滑、平整、明亮。

隧道内壁装饰不得侵入建筑限界。内壁装饰的材料应具有无毒、耐火、吸水膨胀率低、反光率高、便于清洗、耐磨和耐用的特点，并符合室外建筑材料相关规范的要求（隧道环境与室外环境具有相似性），并且内壁装饰高度不宜低于路面以上 2m（依据《公路隧道通风照明设计规范》）。内装材料还应该有一定的吸收噪声的作用。消除隧道内的噪声是极其困难的课题之一。

公路隧道内壁装饰材料目前主要有瓷砖、涂料、装饰板材等，如图 7.18 所示。

图 7.18　洞内装饰
(a) 瓷砖及涂料装饰；(b) 涂料和灯光等多样装饰

3. 紧急停车带与车行横道、人行横道

紧急停车带是为故障车辆离开干道进行避让，以免发生交通事故，引起混乱，影响通行能力而专供紧急停车使用的停车位置。尤其在长大隧道中，故障车必须尽快离开干道，否则必然引起阻塞，甚至导致交通事故。为使后续车辆能在发生火灾时疏散、避难和退避，还应设置横通道（单向交通时）和方向转换（即掉头）场（对向交通时）。

在单向交通时，通常是紧急停车带与车行横通道配合布置，如图 7.19 和图 7.20 所示。

图 7.19　洞内紧急停车带与车行横道
(a) 紧急停车带；(b) 车行横通道

车行横通道与正洞应该形成一个小于 90°的夹角，单向交通的隧道采用 45°~60°夹角。紧急停车带或车行横通道都会加大正洞跨度，对结构均有不利影响，因此应选择地质良好地段。

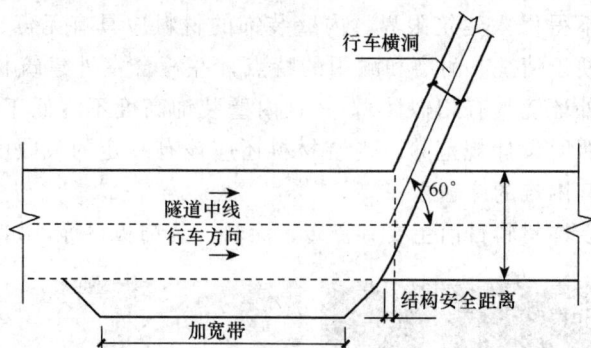

图 7.20　紧急停车带与车行横通道的配合布置

隧道内车行横通道的横断面尺寸和设置间距一般应按隧道设计规范取值。隧道长度为 1000～1500m 时宜在中间设一处，隧道中部车行横通道间距为 750～1000m。

紧急停车带的有效长度，应满足车辆停放、进入和驶出所需长度，一般考虑全挂车可以进入需 20m。由于车型在经常更新，所以无法确认紧急停车带的不变长度，但至少应满足隧道设计规范要求。隧道内紧急停车带的缓和路段施工复杂，所以通常是将停车带（包括进出路段）整体加宽，而不作变断面设计。

人行横通道是在分离式单向交通的双管隧道中，当一个隧道内发生事故时，汽车无法立即疏散，事故内车辆的乘客或驾驶员，均可通过人行横通道疏散。人行横通道的净空为 2.5m（高）×2m（宽），设置间距可取 250m，并不大于 500m。

无论是车行横通道或人行横通道，通道内必须有足够的照明、报警设备和指示性标志，汽车横通道内还应有通风设备。普通城市道路隧道，特别是 1km 以下的隧道，都应该考虑通行自行车和行人。但是隧道附近有迂回道路时，为安全和经济起见，自行车和行人以不通过隧道为宜。维修、巡逻与管理往往是在不进行交通管制的条件下工作的，根据实际需要可在隧道一侧或两侧设置检修通道。人行道的宽度为 0.75m（仅供检修）或 1.0m（供行人）；一个自行车道的宽度为 1.0～1.5m，自行车道数应根据交通量确定。如果隧道所在地区行人密度大，隧道长度也大，而且交通量大，人行道宽度大于 1.0m 时按 0.5m 的倍数增加。在城市道路隧道中，在行人和自行车非常多的情况下，因增加很宽的人行道而加大隧道断面，很不经济，并且需要的通风设备也相应增大。这时人和自行车与隧道分开，单独修建专供行人通行的小断面人行隧道反而有利。人行隧道与车行隧道分开，对安全也极为有利，尤其是在火灾时还可以作为疏散、避难和救护伤员使用，平时也可兼做管理人员使用的通道。需要通行自行车时，应另设自行车道，自行车不应混杂在行人中穿行。在修建人口密集的城市隧道（含立交桥下隧道）时，要充分注意到这些特点。在山岭地区修建长大隧道时，专为行人加大隧道断面或者加大通风设施及其功率是不经济的，应另寻其他途径解决行人问题。

人行道、自行车道单独设置的隧道，可以按一般道路设计方法设计，但人行道或自行车道与车行道在同一隧管中时，为保证安全，应使其比车行道高出 25cm。为了彻底解决安全问题，有时采取对汽车速度严加管制，有的采取把人行道抬高的办法。不过这里应该提醒的是：一旦发生事故车辆停得过于靠外时，外侧车门会打不开，如果需要疏散，可能会发生乘客无法下车的严重问题。另外台阶高于 40cm 以上时需要设置护栏，否则行人有失足跌落的可能，但护栏又不能做成固定的，否则车上（大客车或驾驶舱）的乘客无法踏上台阶，所以只能使用活动护栏，例如链条等。

人行道、自行车道的净高为 2.5m。另外隧道的内轮廓线在施工中不可避免地要产生或多或少的凹凸不平，一般应考虑 5cm 的误差。隧道的净空断面受通风方式影响很大，单向交通的自然通风隧道，断面可以适当大些。对向交通的隧道，自然通风设计要认真对待，不要轻易地用加大断面的办法解决通风问题，那时需要进行具体计算。

4. 公用隧管及预留洞室、预埋件

公用隧管（也称公用沟、管线沟）是在隧道中为敷设各种管线而设置的专用隧管。其中有隧道本身所需要的各种设备，也有公用事业要求通过的各种管线。如图 7.21 为

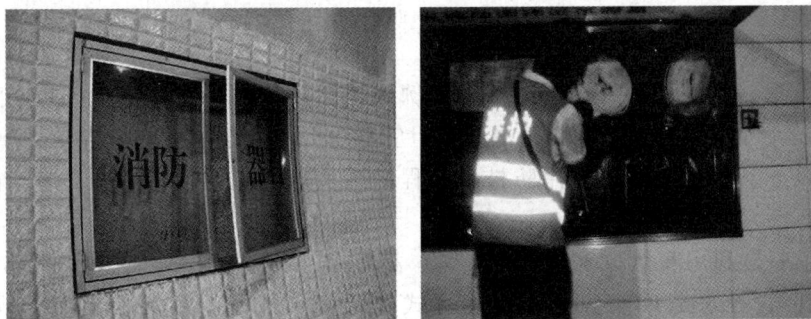

图 7.21　洞内消防设备洞

隧道内消防设备洞，图 7.22 为洞内紧急电话亭，但不应有通过易燃、易爆和有毒物质管道。高压电的容许进入电压值应满足电力行业规范要求。公用隧管所需断面，应根据所需通过管线的数量、种类、维修通道和操作空间确定，通常按建筑行业规范或标准图设计。沿纵向在适当间隔处应设置检修口，供检修人员进出、搬料、通风等使用。隧道内的任何空间和部件的产权和管理权应划归隧道管理部门所有，在

图 7.22　洞内紧急电话亭

操作上可以实行出租方式，以免在营运期间发生纠纷。图 7.23 为公路隧道横断面示意图，其中包含通风、水沟或电缆沟、消防设备预留洞等断面。

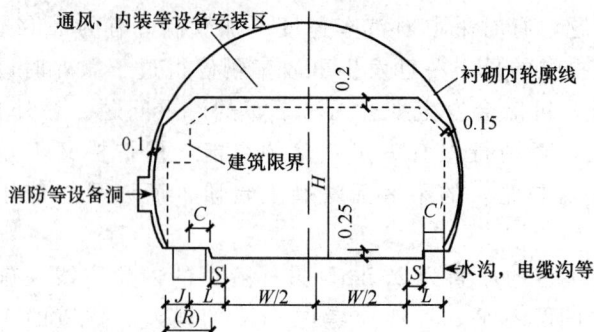

图 7.23　公路隧道横断面示意图

5. 防排水设施

在公路隧道中，防排水是保持正常营运的重要因素之一。隧道漏水，将损坏内装、通风、照明以及其他各种附属设施，使之霉烂、锈蚀、变质、失效。路面积水后将改变路面反光条件，引起眩光；使车辆打滑，影响正常行驶。在严寒地区，隧道渗水将产生侵入限界的"挂冰"，路面结冰会导致路面凸起和车轮打滑。结冰冻胀还会破坏衬砌。

隧道的防排水是由地质调查时开始的。为了保证在有丰富地下水地区的施工，可以使用导水法、注浆法，乃至冻结法等。例如用钻孔抽水、导坑排水、井点降水等方法导水。施工中的防排水是临时性措施，但应与永久性防排水构造相结合。

隧道的永久性防排水，是用防排水工程措施实现的，概括为"排、堵、截"综合治理方法。

"排"水是利用盲管（沟）、泄水管、槽、排水侧沟和中心排水沟等，将水排出洞外。盲管排水是目前普遍采用的方式，已经形成了一些系列构件产品，其形式多种多样；盲沟是一种比较古老的形式，是在衬砌背后用片石或卵石干砌而成的厚 30～40cm，宽 100～150cm 的排水通道。盲沟可以根据需要砌至拱脚或砌至边墙底部，然后用泄水管引入隧道的排水沟内。盲沟间距应因地制宜的设置。由于这种工艺对岩体破坏大，又费工、费时，目前已很少采用。施工缝往往是漏水最多的位置。衬砌背后的排水盲管等目前已被定型的橡塑管（蛇形管、半圆管、Ω形管、Π形管）等系列产品代替。

隧道内的排水一般均采用排水沟方式，主要有中心排水沟和路侧排水沟，在严寒地区应设置防冻水沟。排水沟断面可为矩形或圆形，并便于清理和检查。过水面积应根据水量大小确定。沿纵向应在适当间隔处设置检查井和汇水井，但不宜设在车道中心。必须设在中心时，应对井盖顶面标高作出严格限制，应与路面同高并符合路面设计标准，以确保行不会发生弹跳现象，满足舒适要求。

实际工程案例表明，排水设计和施工是很精细的工作，简单马虎的设计和粗制滥造的施工必然在使用不久即形成堵塞，会造成严重的病害。排水系统必须保持畅通，应该是可维修。

"堵"即在隧道内设置隔水层，使地下水不能涌入隧道。有的在衬砌外表面设置外贴式防水层。20 世纪 60 年代以后，开始改用以防水混凝土为主的防水措施。向衬砌背后压浆，能填充衬砌背后的空隙，并能压入围岩的裂隙和孔洞，能起到一定的防水作用。在围岩破碎和不稳定地段，还能起到加固作用。

在新奥法施工中，采用复合式衬砌结构时，在喷射混凝土内表面上，张挂高分子防水卷材，如聚乙烯或聚氯乙烯板做防水层，再灌注整体式混凝土（二次）衬砌作为支撑衬套，效果良好。而在衬砌接缝处常用止水带防水。其类型很多，如聚氯乙烯止水带以及橡胶止水带等。图 7.24 为隧道防水卷材张挂施工。

"截"是切断涌向隧道的水流，即把可能流入隧道的地表水和地下水的通道截断。在隧道未开挖前，地表水和地下水各自经过原有渠道和孔隙流动，隧道一旦开挖之后，原有的平衡被破坏，便形成了新的地下通路，地下水会大量汇集并涌入隧道，地表水也会大量渗入。

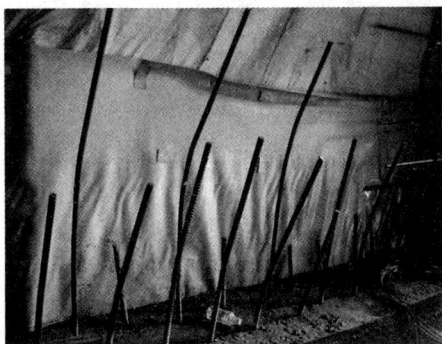

图 7.24　公路隧防水卷材施工

实训

通过实地调查、课外资料或网站信息收集各种形式隧道洞门资料，并分类归纳和对比适用条件。

小　　结

1. 隧道是以任何方式修建，最终使用于地表以下、其空洞内部净空断面在 2 ㎡ 以上的条形建筑物。隧道建筑有主体建筑物和附属建筑物。前者包括洞身衬砌和洞门建筑，后者包括通风、照明、防排水、安全设备等系统。

2. 隧道分类从不同的作用或角度出发，有不同的分类方法。公路隧道分类的依据与分类方法是按照《公路隧道设计规范》（JTG D70—2004），依据公路隧道的长度分为短、中、长和特长隧道四类。

3. 隧道常用建筑材料有：混凝土、钢筋混凝土、喷射混凝土、锚杆与锚喷支护、石料、装配式材料等。

隧道衬砌根据受力和衬砌断面形式通常分为直墙式衬砌、曲墙式衬砌及圆形断面隧道、矩形断面衬砌等。

隧道常用的洞门形式主要有端墙式、翼墙式、环框式、削竹式和遮光棚式等。

明洞是以明挖法或在露天修建的隧道。明洞有掘开地表土修建的明洞和接长明洞。明洞设置时应注意设置情况和所采用结构类型适用的环境。

4. 公路隧道的路基路面只是某一公路的一段，通常在满足现行的《公路路基设计规范》和《公路路面设计规范》的条件下，公路隧道内路基路面与洞外路堑段相比有一定特殊性。路面材料主要有两种，即混凝土和沥青混凝土。

公路隧道除衬砌和路基路面外还有：内部装饰、紧急停车带与车行横道、人行横道、公用隧管及预留洞室、预埋件、防排水设施等。

相关链接

1. 中国隧道网 www.stec.net/
2. 公路隧道网 http：//roadtunnel.chd.edu.cn/

思考与练习

1. 隧道分哪些类型？公路隧道按长度划分为哪几类？
2. 隧道由哪些结构构造？
3. 公路隧道洞门有哪些类型？其分别使用哪些环境条件？
4. 公路隧道的路基路面与洞外路基路面相比有哪些特殊性？
5. 公路隧道有哪些附属构造设施？其有何作用？

交通安全设施

教学目标

1. 认知各类交通安全设施。
2. 能正确描述道路交通安全设施的设置方法与原则。

交通安全设施属于道路的基础设施，是公路交通工程的重要组成部分，包括交通护栏、交通标志、交通标线、隔离栅、防眩设施、轮廓标和活动护栏。它直接影响着高速公路"快捷、安全、舒适"功效的发挥以及经济效益的实现，对减轻事故的严重度、排除各种纵横向干扰、提供视线诱导、增强道路景观起着重要的作用。

8.1　交　通　护　栏

护栏是一种纵向吸能结构，通过自体变形或车辆爬高来吸收碰撞能量，从而改变车辆行驶方向、阻止车辆越出路外或进入对向车道，最大限度地减少对乘客的伤害。按其在公路中的纵向设置位置，可分为路基护栏和桥梁护栏；按其在公路中的横向设置位置，可分为路侧护栏和中央分隔带护栏；根据碰撞后的变形程度，可分为刚性护栏、半刚性护栏和柔性护栏。

8.1.1　按刚度不同划分

1. 刚性护栏

刚性护栏是一种基本不变形的护栏结构。混凝土护栏是其主要代表形式，由一定形状的混凝土块相互连接而组成墙式结构，通过失控车辆碰撞后爬高并转向来吸收碰撞能量。

2. 半刚性护栏

半刚性护栏是一种连续的梁柱式护栏结构，具有一定的强度和刚度。波形梁护栏是其主要代表形式，由相互拼接的波纹状钢板和立柱构成连续梁柱结构，利用土基、立柱、波纹状钢板的变形来吸收碰撞能量，并迫使失控车辆改变方向。

3. 柔性护栏

柔性护栏是一种具有较大缓冲能力的韧性护栏结构。缆索护栏是其主要代表形式，由数根施加初拉力的缆索固定于端柱上而组成钢缆结构，主要依靠缆索的拉应力来抵抗车辆的碰撞荷载，吸收碰撞能量。

8.1.2　路基护栏

路基护栏设置于公路路侧建筑限界以外，以防止失控车辆越出路外或碰撞路侧构造物和其他设施。

1. 路侧护栏

公路路侧安全净区的宽度得不到满足时，应按护栏设置原则进行安全处理。路侧护栏应位于公路土路肩内，中央分隔带护栏宜以公路中心线为轴对称设置。护栏的任何部分不得侵入公路建筑限界以内。

（1）设置原则

1）车辆驶出路外有可能造成二次特大事故的路段必须设置路侧护栏。

2）凡符合下列情况之一、车辆驶出路外有可能造成单车特大事故或二次重大事故的路段必须设置路侧护栏：

- 二级及以上等级公路边坡坡度和路堤高度在图 8.1 的 Ⅰ 区方格阴影范围之内的路段。
- 路侧有江、河、湖、海、沼泽、航道等水域的路段。

3）凡符合下列情况之一、车辆驶出路外有可能造成重大事故的路段，应设置路侧护栏：

- 二级及以上等级公路边坡坡度和路堤高度在图 8.1 的 Ⅱ 区斜线阴影范围以内的路段。

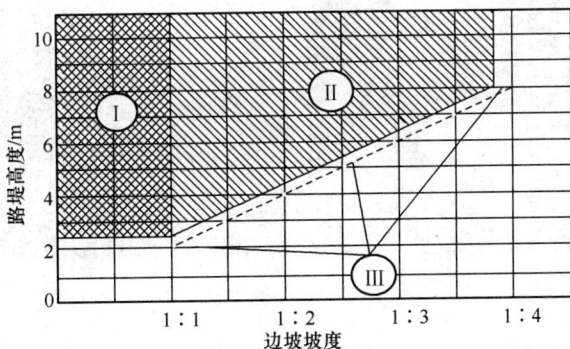

图 8.1　边坡坡度、路堤高度与设置护栏的关系

- 高速公路、一级公路路侧安全净区内设有车辆不能安全穿越的照明灯、摄像机、可变信息标志、交通标志、路堑支撑壁、声屏障、上跨桥梁的桥墩或桥台等设施的路段。
- 二级及以下等级公路路侧边沟无盖板、车辆无法安全穿越的挖方路段。
- 三、四级公路路侧有悬崖、深谷、深沟等的路段。

4）凡符合下列情况之一、经论证车辆驶出路外有可能造成一般或重大事故的路段宜设置路侧护栏：

- 二级及以上等级公路边坡坡度和路堤高度在图 8.1 的 Ⅲ 区内的路段，三、四级公路边坡坡度和路堤高度在图 8.1 中 Ⅰ 区内的路段。
- 二级及以上等级公路纵坡大于或等于《公路工程技术标准》（JTG B01—2003）规定的最大纵坡值的下坡路段和连续长下坡路段。
- 二级及以上等级公路平曲线半径小于《公路工程技术标准》（JTG B01—2003）

一般最小半径的路段外侧。

- 在高速公路、一级公路用地范围内存在粗糙的石方开挖断面、高出路面 30cm 以上的混凝土基础、挡土墙或大孤石等障碍物时。
- 高速公路、一级公路互通式立体交叉出口匝道的三角地带及匝道小半径圆曲线外侧。

图 8.2 为路侧护栏的实例。

图 8.2 路侧护栏

（2）护栏形式的选择

护栏形式选择受到很多因素的制约，目前还没有客观的选择标准，但最理想的护栏系统就是满足保护障碍物的目的而且成本最低。选择护栏形式考虑的主要因素有：足够的防撞性能要求、变形、现场条件、兼容性、成本、维修、养护、美观、实际使用情况等。各种护栏的适用地点见表 8.1。

表 8.1 各种护栏适用的地点

设置地点 护栏形式	小半径弯道	需要视线诱导的地方	要求美观的地方	冬天积雪处	窄中内分隔带	估计有不均匀沉降的路段	需要耐腐蚀的地方	长直线路段
波型梁护栏	○	○	□	□	□		□	□
管梁护栏	□		□	□			□	□
箱梁护栏			□	□	○			□
缆索护栏			○	○		○	□	○
混凝土护栏		□						□

2. 中央分隔带护栏

中央分隔带护栏，是设置于公路中央分隔带内的护栏，以防止失控车辆穿越中央分隔带闯入对向车道，并保护中央分隔带内的构造物，如图 8.3 所示。

图 8.3　中央分隔带护栏

以下情况必须设置中央分隔带护栏：

1）当整体式断面中间带宽度小于或等于 12m 时，必须设置中央分隔带护栏；大于 12m 时，应分路段确定是否设置中央分隔带护栏。

2）公路采用分离式断面时，行车方向左侧应按路侧护栏设置；上、下行路基高差大于 2m 时，可只在路基较高的一侧按路侧护栏设置。

3）高速公路和禁止车辆掉头的一级公路中央分隔带开口处，必须设置活动护栏。

3. 构造和材料要求

护栏从路面到护栏顶部的高度宜为 70～100cm。需要的护栏高度超过 100cm 时，护栏结构应避免失控车辆的乘员头部直接撞击护栏。路侧、中央分隔带内路基土压实度不能满足现行《公路路基设计规范》（JTG D30—2004）中对路基路床压实度的要求时，或路侧护栏立柱外侧土路肩保护层厚度小于 25cm 时，应采取加强措施。

8.1.3　桥梁护栏

桥梁护栏如图 8.4 所示。

图 8.4　桥梁护栏

（1）设置原则

1）高速公路桥梁的外侧和中央分隔带必须设置桥梁护栏。

2）作为干线公路的一级、二级公路桥梁必须设置路侧护栏。作为干线公路的一级公路桥梁必须设置中央分隔带护栏。

3）作为集散公路的一级、二级公路桥梁应设置路侧护栏，作为集散公路的一级公路桥梁宜设置中央分隔带护栏。

4）跨越深谷、深沟、江河湖泊的三、四级公路桥梁应设置路侧护栏，位于其他路段经综合论证可不设置护栏的桥梁应设置视线诱导设施或人行栏杆。

（2）构件

1）纵向有效构件，即桥梁护栏中能有效地阻挡失控车辆越出桥外的纵向受力构件。根据其承受碰撞荷载的大小，可分为主要纵向有效构件（如主要横梁）和次要纵向有效构件（如次要横梁）。

2）纵向非有效构件，即桥梁护栏中不考虑承受车辆碰撞荷载的纵向非受力构件。

8.2 交通标志

交通标志是用图形、符号、颜色和文字向交通参与者传递特定信息，设置在路侧或道路上方的安全设施，是交通法规具体化、形象化的表现形式，有"无声的交通警察"之称。它能为道路使用者提供确切的交通情报，保证车辆安全、畅通、有序地运行，同时还是道路的装饰工程、形象工程和美化工程。交通标志主要包括：警告标志、禁令标志、指示标志、指路标志等。

公路交通标志的分类、形状、图案、颜色、文字、规格，应符合现行《道路交通标志和标线》（GB 5768）的规定。交通标志应与交通标线配合使用，动态交通标志的设置不应妨碍静态交通标志的使用。交通标志所提供的信息应全部与交通管理有关，除旅游区标志、服务设施标志外，不应带有任何广告色彩。

8.2.1 公路交通标志基本要求

1）交通标志的设置应综合考虑、布局合理，防止出现信息不足或过载的现象。信息应连续，重要的信息宜重复显示。

2）交通标志一般情况下应设置在道路行进方向右侧或车行道上方；也可根据具体情况设置在左侧，或左右两侧同时设置。

3）为保证视认性，同一地点需要设置两个以上标志时，可安装在一个支撑结构（支撑）上，但最多不应超过四个；分开设置的标志，应先满足禁令、指示和警告标志的设置空间。

4）原则上要避免不同种类的标志并设。解除限制速度标志、解除禁止超车标志、路口优先通行标志、会车先行标志、会车让行标志、停车让行标志、减速让行标志应单独设置；如条件受限制无法单独设置时，一个支撑结构（支撑）上最多不应超过两种标志。标志板在一个支撑结构（支撑）上并设时，应按禁令、指示、警告的顺序，先上后下、先左后右地排列。

5）警告标志不宜多设。同一地点需要设置两个以上警告标志时，原则上只设置其中最需要的一个。

8.2.2　公路交通标志分类

详见《道路交通标志标线 第 2 部分：道路交通标志》（GB　5768.2—2009）。

交通标志按其作用分类，分为主标志和辅助标志两大类：

（1）主标志

1）警告标志：警告车辆、行人注意道路交通的标志，如图 8.5 所示。

2）禁令标志：禁止或限制车辆、行人交通行为的标志，如图 8.6 所示。

图 8.5　警告标志

图 8.6　禁令标志

3）指示标志：指示车辆、行人应遵循的标志，如图 8.7 所示。

4）指路标志：传递道路方向、地点、距离信息的标志，如图 8.8 所示。

图 8.7　指示标志

图 8.8　指路标志

5）旅游区标志：提供旅游景点方向、距离的标志，如图 8.9 所示。

6）作业区标志：告知道路作业区通行的标志，如图 8.10 所示。

图 8.9　旅游区标志

图 8.10　作业区标志

7）告示标志：告知路外设施、安全行驶信息以及其他信息的标志。

（2）辅助标志

附设在主标志下，对其进行辅助说明的标志。

8.2.3 公路交通标志颜色

一般情况下交通标志颜色的基本含义如下：

- 红色表示禁止、停止、危险，用于禁令标志的边框、底色、斜杠，也用于叉形符号和斜杠符号、警告性线形诱导标的底色等。
- 黄色或荧光黄色表示警告，用于警告标志的底色。
- 蓝色表示指令、遵循，用于指示标志的底色；表示地名、路线、方向等的行车信息，用于一般道路指路标志的底色。
- 绿色表示地名、路线、方向等的行车信息，用于高速公路和城市快速路指路标志的底色。
- 棕色表示旅游区及景点项目的指示，用于旅游区标志的底色。
- 黑色用于标志的文字、图形符号和部分标志的边框。
- 白色用于标志的底色、文字和图形符号以及部分标志的边框。
- 橙色或荧光橙色用于道路作业区的警告、指路标志。
- 荧光黄绿色表示警告，用于注意行人、注意儿童警告标志。

8.2.4 公路交通标志形状

交通标志形状的一般使用规则如下：

- 正等边三角形用于警告标志。
- 圆形用于禁令和指示标志。
- 倒等边三角形用于"减速让行"禁令标志。
- 八角形用于"停车让行"禁令标志。
- 叉形用于"铁路平交道口叉形符号"警告标志。
- 方形用于指路标志，部分警告、禁令和指示标志，旅游区标志，辅助标志，告示标志等。

8.2.5 公路交通标志边框和衬边

除个别标志外，标志边框的颜色应与标志的图形或字符的颜色一致，除指示标志外标志衬边的颜色应与标志底色一致。个别标志除外。各类标志的边框和衬边见表8.2。

表 8.2　各类标志边框和衬边

标志类别	边　框	衬　边	备　注
警告	黑色	黄色	叉形符号和斜杠符号除外
禁令	红色	白色	个别标志除外
指示	—	白色	白色衬边外无蓝色
指路	白色	蓝色或绿色	
旅游区	白色	棕色	
道路作业区	黑色	橙色	道路作业区所用禁令、指示等标志不变，只对警告、绕行等标志
辅助	黑色	白色	
告示	黑色	白色	

　　相同底色标志套用时，应使用边框；不同底色标志套用时，套用的禁令标志一般不使用衬边，套用的指路标志一般不使用边框，道路编号标志套用于指路标志上，也可使用边框，如图 8.11 所示。

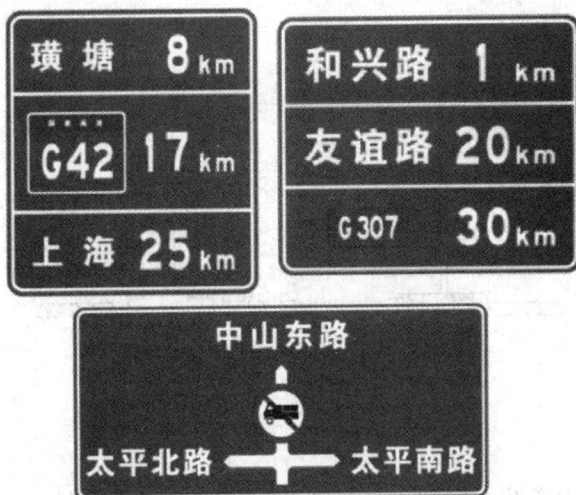

图 8.11　标志套用示例

8.2.6　公路交通标志支撑方式

1. 柱式

柱式如图 8.12 所示。

2. 悬臂式

1）悬臂式是标志板安装于悬臂上，如图 8.13 所示。标志下缘离地面的高度应大于该道路规定的净空高度。

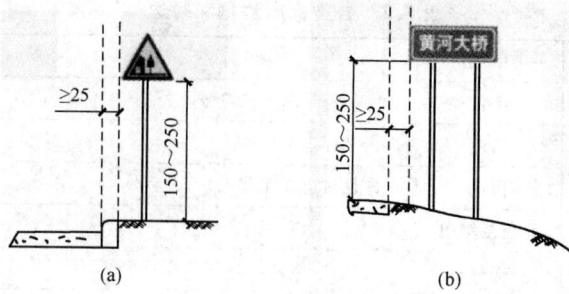

图 8.12　柱式（单位：cm）

（a）单柱式；（b）多柱式

2）悬臂式适用于以下情况：

• 柱式安装有困难。

• 道路较宽、交通量较大、外侧车道大型车辆阻挡内侧车道小型车辆视线。

• 视距或视线受限制。

• 景观上有要求。

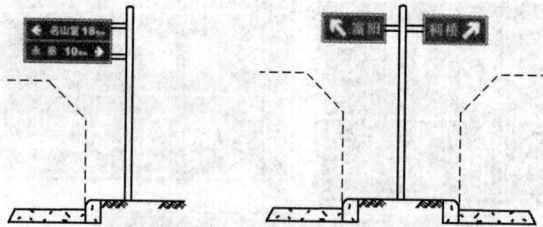

图 8.13　悬臂式

3. 门架式

1）门架式是标志安装在门架上，如图 8.14 所示。标志下缘离地面的高度应大于该道路规定的净空高度。

2）门架式标志适用于以下情况：

• 多车道道路（同向三车道以上）需要分别指示各车道去向。

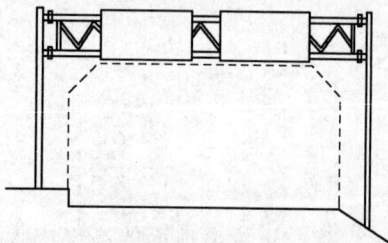

图 8.14　门架式

• 交通量较大、外侧车道大型车辆阻挡内侧车道小型车辆视线。

• 交通流在较高运行速度下发生交织、分流和合流的路段，如：互通式立体交叉间隔距离较近标志设置较密处、高速公路与高速公路相交的互通立体交叉主线区域等。

• 受空间限制，柱式、悬臂式安装有困难。

- 出口匝道在行车方向的左侧。
- 景观上有要求。

4. 附着式

1）标志附着安装在上跨桥和附近构造物上，如图 8.15 所示。按附着板面所处位置不同分车行道上方附着式、路侧附着式两种。

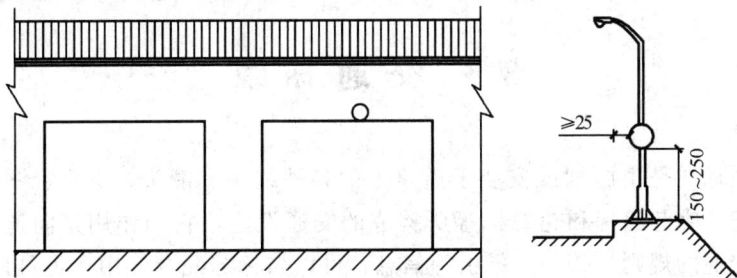

图 8.15　附着式

2）附着式标志的安装高度应符合柱式和悬臂式的规定。

8.2.7　公路交通标志设置原则

公路交通标志设置原则主要有以下几方面：

- 公路交通标志的设置，应以不熟悉周围路网体系的公路使用者为设计对象，综合考虑周边路网与公路条件、交通条件、气象和环境条件等因素，制定合理的设置标准，根据各种交通标志的功能和驾驶人员的行为特征进行合理设置。
- 对二级及以上等级的公路和其他等级的国、省道公路应优先设置指路标志，其他公路或未设置相关指路标志的公路，经论证可设置必要的警告标志。禁令标志应设置在交通法律、法规发生作用的地点附近醒目的位置，并应避免与其他交通标志的互相影响。限速标志应根据不同路段的通行能力、车型构成比例、车辆的运行速度等分段进行设置。
- 在选择路网中指路标志的目的地信息时，应根据路网密度、公路等级、公路功能、目的地知名度等进行统一考虑。不同种类的交通标志信息应互相呼应，不得出现信息中断。
- 交通标志沿公路纵、横向设置的位置应符合现行《道路交通标志和标线》（GB5768）的规定。位于高速、一级公路路侧安全净区内的交通标志应根据标志结构规格采用解体消能结构或设置护栏加以防护，位于其他公路路侧安全净区内的交通标志宜进行必要的诱导。
- 公路交通标志的任何部分不得侵入公路建筑限界以内。路侧柱式交通标志的安装高度应考虑其板面规格、所在位置的线形特点和地形特征、是否有行人通行等因素，悬臂式、门架式等悬空标志净空高度应预留 20～50cm 的余量。

- 交通标志安装时，标志板面的法线应与公路中心线平行或成一定角度。路侧安装的禁令标志和指示标志为 0°～45°，指路标志和警告标志为 0°～10°。悬臂、门架或附着式悬空标志安装时，标志的安装角度应与道路中心线垂直或前倾 0°～10°。

8.3 交通标线

道路交通标线是由施划或安装于道路上的各种线条、箭头、文字、图案及立面标记、实体标记、突起路标和轮廓标等所构成的交通设施，它的作用是向道路使用者传递有关道路交通的规则、警告、指引等信息，可以与标志配合使用，也可以单独使用。各等级公路和城市快速路、主干路应按本部分规定设置反光交通标线。其他道路可根据需要按本部分设置标线。

8.3.1 交通标线的分类

详见《道路交通标志和标线第 3 部分：道路交通标线》（GB5768.3—2009）。

（1）道路交通标线按功能分类

1）指示标线：指示车行道、行车方向、路面边缘、人行道、停车位、停靠站及减速丘等的标线。

2）禁止标线：告示道路交通的遵行、禁止、限制等特殊规定的标线。

3）警告标线：促使道路使用者了解道路上的特殊情况，提高警觉准备应变防范措施的标线。

（2）道路交通标线按设置方式分类

1）纵向标线：沿道路行车方向设置的标线。

2）横向标线：与道路行车方向交叉设置的标线。

3）其他标线：字符标记或其他形式标线。

（3）道路交通标线按形态分类

1）线条：施划于路面、缘石或立面上的实线或虚线。

2）字符：施划于路面上的文字、数字及各种图形、符号。

3）突起路标：安装于路面上用于标示车道分界、边缘、分合流、弯道、危险路段、路宽变化、路面障碍物位置等的反光体或不反光体。

4）轮廓标：安装于道路两侧，用以指示道路边界轮廓、道路的前进方向的反光柱（或反光片）。

8.3.2　交通标线颜色

道路交通标线的颜色为白色、黄色、蓝色或橙色，路面图形标记中可出现红色或黑色的图案或文字。道路交通标线的形式、颜色及含义见表 8.3。

表 8.3　道路交通标线的形式、颜色及含义

编号	名称	图例	含义
1	白色虚线		划于路段中时，用以分隔同向行驶的交通流；划于路口时，用以引导车辆行进
2	白色实践		划于路段中时，用以分隔同向行驶的机动车，机动车和非机动车，或指示车行道的边缘；划于路口时，用作导向车道线或停止线，或用以引导车辆行驶轨迹；划为停车位标线时，指示收费停车位
3	黄色虚线		划于路段中时，用以分隔对向行驶的交通流或作为公交专用车道线；划于交叉口时，用以告示非机动车禁止驶入的范围或用于连接相邻道路中心线的路口导向线；划于路侧或缘石上时，表示禁止路边长时停放车辆
4	黄色实线		划于路段中时，用以分隔对向行驶的交通流或作为公交车、校车专用停靠站标线；划于路侧或缘石上时，表示禁止路边停放车辆；划为同格线时，标示禁止停车的区域；划为停车位标线时，表示专属停车位
5	双白虚线		划于路口，作为减速让行线
6	双白实线		划于路口，作为停车让行线
7	白色虚实线		用于指示车辆可临时跨线行驶的车行道边缘，虚线间允许车辆临时跨越、实线侧禁止车辆跨越
8	双黄实线		划于路段中，用以分隔对向行驶的交通流
9	双黄虚线		划于城市道路路段中，用于指示潮汐车道
10	黄色虚实线		划于路段中时，用以分隔对向行驶的交通流，实线侧禁止车辆越线，虚线侧准许车辆临时越线

续表

编号	名称	图　例	含　义
11	橙色虚、实线	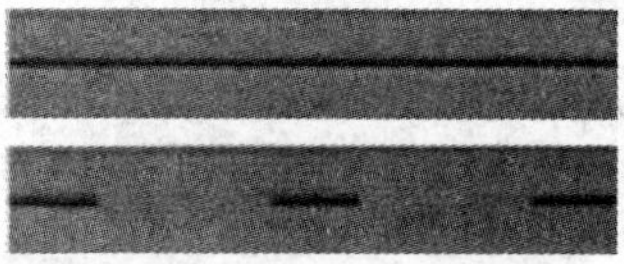	用于作业区标线
12	蓝色虚、实线		作为非机动车专用道标线；划为停车位标线时，指示免费停车位
13	本部分规定的其他路面线条、图形、图案、文字、符号、凸起路标、轮廓标等		

8.3.3　材料选择

- 交通标线涂料的技术要求应符合现行《路面标线涂料》（JT/T 280）和《道路交通标线质量要求和检测方法》（GB/T 16311）的要求。
- 二级及以上等级的公路应采用反光型涂料。无照明设施的三、四级公路宜采用反光型涂料，有照明设施的三、四级公路可采用非反光型涂料。
- 选用标线材料时，应根据标线材料的逆反射值、防滑值、抗污性能、环保性能、与路面的附着力、性价比等综合考虑。
- 突起路标应符合现行交通行业标准《突起路标》（JT/T 390）的要求。突起路标与涂料标线配合使用时，应选用定向反光型，其颜色应与标线颜色一致。设置于路面中心线、隧道内的突起路标，应选用双面反光型。

8.4　隔离栅和桥梁防护网

隔离栅的高度不宜低于 1.5m，桥梁护网距桥面的高度不宜低于 1.8m。

8.4.1　设置原则

1. 隔离栅

1）除特殊路段外，高速公路、需要控制出入的一级公路沿线两侧必须连续设置隔离栅，其他公路可根据需要设置。

2）凡符合下列条件之一者，可不设置隔离栅：

- 高速公路、需要控制出入的一级公路的路侧有水渠、池塘、湖泊等天然屏障的路段。

- 高速公路、需要控制出入的一级公路的路侧有高度大于 1.5m 的挡土墙或砌石等陡坎的路段。
- 桥梁、隧道等构造物，除桥头、洞口需与路基隔离栅连接以外的路段。

3）隔离栅遇桥梁、通道时，应在桥头锥坡或端墙处围封。

4）隔离栅遇尺寸较小、流量不大的涵洞时可直接跨越。

5）隔离栅的中心线应沿公路用地范围界限以内 20～50cm 处设置。

2. 桥梁护网

1）上跨高速公路、需要控制出入的一级公路的车行或人行构造物两侧均应设置桥梁护网。

2）公路跨越铁路、通航河流、交通量较大的其他公路时，应根据需要设置桥梁护网。

3）桥梁护网应做防雷接地处理，接地电阻应小于 10Ω。

8.4.2 隔离栅的结构形式及选择

1. 结构形式

隔离栅有金属网型、刺铁丝和常青绿篱三大类。常青绿篱在南方地区与刺铁丝隔离栅配合使用，具有降噪、美化路容和节约投资的功效。金属网隔离栅按网面材料的不同又可进一步分为电焊网、钢板网、编织网等形式，见表 8.4。

表 8.4 隔离栅的分类

类 型		埋 设 条 件	支 撑 结 构
金属网	电焊网	混凝土基础或直埋土中	钢支柱
	钢板网		
	编织网		
刺铁丝		混凝土基础或直埋土中	钢筋混凝土支柱或钢支柱
常青绿篱		土中	

2. 形式选择

隔离栅的形式选择必须考虑其性能、造价、美观、与公路周围环境的协调、施工条件及养护维修等因素，并应与公路的设计标准相适应。

（1）金属网型

金属网隔离栅是一种结构合理、美观大方的结构形式，但单位造价较高，主要适用于：

1）城镇及城镇郊区人烟稠密的路段和城市快速干道的两侧。

2）风景区、旅游区、名胜古迹等美观性要求较高的路段两侧。

3）互通立交、服务区和通道的两侧。

4）编织网型比较适宜于地势起伏不平的路段，而钢板网和电焊网型适用于地势平坦路段。

（2）刺铁丝型

刺铁丝隔离栅是一种比较经济适用的结构形式，但美观性较差，故主要适用于：

1）人烟稀少的路段，山岭地区的公路。

2）郊外的公路保留用地。

3）郊外高架构造物下面。

4）路线跨越沟渠而需封闭的地方。

其他在互通立交区域、服务区、停车区、收费站、管理（局）所等处及设置刺铁丝隔离栅的路段，隔离栅的设置宜与绿化相配合，选择合适的小乔木或灌木，在管辖地界范围形成绿篱，以有效地增强该区域的景观。

8.5 防眩设施

夜间在道路上行驶的车辆会车时，其前照灯（大灯）的强光会引起驾驶员眩目，致使驾驶员获得视觉信息的质量显著降低，造成视觉机能的伤害和心理的不适，使驾驶员产生紧张和疲劳感，是诱发交通事故的潜在因素。防眩设施就是防止夜间行车受对向车辆前照灯眩目的人工构造物，有板条式的防眩板、扇面状的防眩大板、防眩网、防眩棚等构造形式，如图8.16所示。中央分隔带植树原则上不属于防眩设施，但植树除具有美化路容的功能外，同时也起着防眩的作用，故植树也可作为防眩设施的一种类型。

图 8.16 防眩设施
(a) 防眩板；(b) 防眩网

8.5.1 防眩设施设置要求

1. 设置位置

防眩设施应设置在道路的中央分隔带上，且最好与护栏、隔离封闭设施配合使用，既可节省投资，又可防止行人在公路上随意横穿而使驾驶员行车紧张。防眩设施可设置在道路的中央分隔带中心线上，也可靠中央分隔带一侧设置。

2. 一般设置要求

1）防眩设施的设置应注意连续性，避免在两段防眩设施中间留有短距离的间隙，这种情况会给毫无思想准备的驾驶员造成很大的潜在眩目危险。

2）长区段设置防眩设施时，应考虑在形式或颜色上有所变化，可把植树和防眩板交替设置。一般每隔 5km 左右宜适当改变形式或颜色，以给驾驶员提供多样化的景观，克服行车的单调感。

3）防眩板的宽度应根据中央分隔带宽度确定，并注意与道路景观相协调。如某公路的防眩板板宽 0.70m，而中央分隔带宽度仅 1.00m，防眩板边缘紧靠行车道，既容易被车辆刮倒，也使驾驶员有压迫感，防眩板给人的感觉就像一面面又大又笨的铁扇排立在道路中央，非常难看。且由于板宽，两板间的距离大，驾驶员驱车经过时感到一晃一晃的，昼夜对驾驶员视觉的刺激都很大，影响了行车质量。

4）防眩设施与各种护栏结构组合设置时，要根据不同地区的情况结合防风、防雪、防眩、景观等多方面的综合要求，考虑设置组合结构的合理性。

8.5.2　防眩设施结构形式

一般来说，可以从以下几个方面来评价防眩设施结构形式的功能是否符合要求：
- 有效地减少对向车前照灯的眩目；对驾驶员的心理影响小（压抑感、单调感）。
- 经济、美观。
- 施工简单、易于维护。
- 对风阻挡小，积雪少，通视效果好。
- 受车辆冲撞时不对车辆构成威胁。

道路上使用的防眩设施可分为三种类型，如图 8.17 所示。

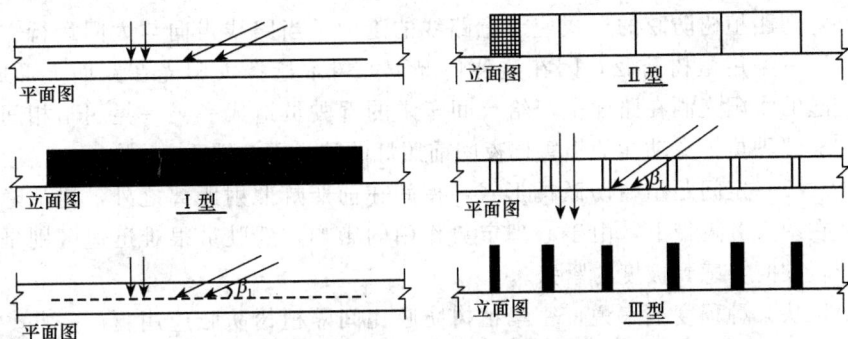

图 8.17　防眩设施形式

Ⅰ型：是指连续封闭型的防眩设施，如足够宽度的中央分隔带（宽度≥9m）上的树墙等。它基本上阻止了对向车道从水平面上所有角度射来的光线。

Ⅱ型：是由连续网状结构组成的防眩设施，金属（或塑料）防眩网为其代表形式。它能阻挡水平面上 $0 \sim \beta_1$ 角度射来的光线，在角 β_1 以外可横向通视。

Ⅲ型：是以一定的间距连续设置板状结构而组成的防眩设施。金属（或塑料）防眩板为其代表形式，防眩扇板、百叶窗式防眩栅、一定间距植树等从遮光原理上讲均是Ⅲ型防眩设施。它可阻挡水平面上 $0 \sim \beta_1$ 角度射来的光线，在 β_1 角以外可横向通视。

目前在公路上广泛使用的防眩设施结构形式主要为防眩板，其次为植树、防眩网。防眩板是一种经济美观、对风阻挡小，积雪少，对驾驶员心理影响小的比较理想的防眩结构形式。

8.5.3 防眩设施高度

防眩设施的高度与车辆前照灯高度、驾驶员视线高度、道路纵断面曲线及前照灯的最小几何可见度角、配光性能等因素有关。不同车辆的前灯高度与司机视线高度对防眩设施高度的要求不一。从现阶段行使的车辆看，货车驾驶员的视线在不断增高，小车司机的视线高有逐渐降低的趋向。防眩设施的高度一般只要使组合频率高的小车与小车、小车与大车相遇时具有良好的效果即可。据原交通部公路科研所研究，不同车辆组合时的防眩设施最小高度为 1.60～1.70m。

8.5.4 植树防眩

在中央分隔带上植树是最先试验采用的防眩措施，它具有防眩、美化路容、降低噪声和诱导交通等多重功能。植树防眩特别适用于较宽的中央分隔带，作为道路总体景观的一部分，和自然环境相协调，给驾驶员提供了绿茵连绵、优美舒适的行车环境。道路绿化是视野所及范围内行车的重要参照物。

以一定间距植树防眩的形式应注意路线的走向。当路线走向与太阳运行方向接近垂直时，不宜采用植树防眩，因在这种情况下，树木遮挡太阳光在路面上形成阴影，树木间透过的太阳光洒在路面上，给行间车中的驾驶员造成一晃一晃明暗相间的眩目感觉，它对驾驶员视觉功能的损害比夜间前照灯的眩目更为严重。

另外，以一定间距植树防眩的形式，夜间在前照灯照射距离之外，树丛隐约像一个人站立在中央分隔带上，由于心理定势作用的影响，驾驶员很难迅速区别是树还是人，高速行驶时会感到极度的紧张。

因而，从某种程度上来说，密集植树防眩比间隔植树防眩应用更广一些。但密集植树防眩也有不利的一面，即阻碍了驾驶员的横向通视，使其不能很好地观赏车道左侧的景观，视野变窄，并有压迫感和单调感，容易疲倦打瞌睡。故密集植树防眩的高度不宜超过 1.40m，一般以 1.20~1.40m 为宜。

综上所述，密集植树和以某一间距植树防眩都有一定的缺陷，因而近年来国外比较推崇一种所谓的自由栽植方式。其基本依据和做法是：由于交通量一定时，在道路上行驶车辆的车头时距是连续型随机变量，并符合正态分布，故由此联想到树木的栽植间距也可有大有小，但控制其平均值在 5~6m，且使每一栽植的间距，从理论上讲也是随机变量，符合正态分布曲线。这样虽说是自由栽植，但疏密有序，从树立分析上也是有规律的。这种栽植方式比较接近于自然的随便栽植，符合人的心理和视觉特性的要求，因而在日本和欧洲许多国家的高速公路上已流行开来。

8.6　轮廓标和活动护栏

轮廓标按行车方向，配置白色反射体的轮廓标应安装在公路右侧，配置黄色反射体的轮廓标应安装于公路左侧，轮廓标不得侵入公路建筑界限以内；活动护栏应能有效的阻止非紧急车辆在中央分隔带开口处的通行，活动护栏应便于移动。

8.6.1　轮廓标

1. 轮廓标的设置原则

1）高速公路、一级公路的进出匝道应全线设置轮廓标，轮廓标在公路前进方向左、右对称设置。直线路段设置间距不应超过 50m，曲线路段和匝道处置间距不应大于表 8.5 的规定。公路路基宽度、车道数量有变化的路段及竖曲线路段，可适当加密轮廓标。

表 8.5　曲线路段、匝道处轮廓表设置间距　　　　　　　　　　（单位：m）

曲线半径	≤89	90~179	180~274	275~374	375~999	1000~1999	≥2000
设置间距	8	12	16	24	32	40	48

2）二级及以下等级公路的视距不良路段、设计速度大于或等于 60km/h 的路段、车道数或车道宽度有变化的路段，以及连续急弯陡坡路段宜设置轮廓标，其他路段视需要可设置轮廓标。

2. 轮廓标的构造及设置

轮廓标是设置于行车道边缘的设施，其构造与路边构造物有关。当路边无构造物时，轮廓标为柱体，独立设置于路边土路肩中。当路边有护栏、桥梁栏杆、侧墙等构造物时，轮廓标就附着于这些构造物的适当位置上。

图 8.18 设置于土中
的轮廓标

（1）设置于土中的轮廓标

主体结构为三角形断面的立柱，由柱体、反射器和基础等部分组成，如图 8.18 所示。柱体为白色，与距路面 55cm 以上部分的 25cm 黑色标记形成对比色，称为白天标记，在黑色标记中间镶嵌一块 18cm×4cm 的反射器，反射器为定向反光材料。轮廓标的基础为混凝土。当道路设有中央分隔带时，轮廓标为单面；当道路没有中央分隔带时，轮廓挡为双面。为使轮廓标损坏后更换方便，柱体与基础可以采用装配的形式。

（2）附着在波形梁护栏上的轮廓标

轮廓标附着于波形梁护栏中间的槽内时，反射器为梯形，与后底板铆在一起，后底板固定在波形梁与立柱的连接螺栓上。后底板应做成一定角度，角度大小以保证汽车前照灯光线大致与其保持垂直为原则，如图 8.19 所示。

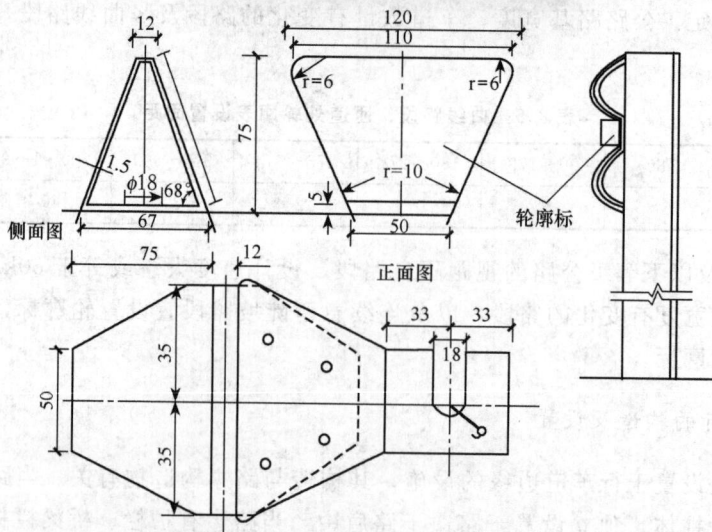

图 8.19　轮廓标附着于波形梁护栏中间的槽内（单位：mm）

当道路处在经常有雾、阴雨、风沙、下雪和暴雨的地区，会给视认性带来困难时，可尽量提高轮廓标的反射性能，如采用面积较大的反射器，并将轮廓标安装于波形梁护栏的立柱上，如图 8.20 所示。这种轮廓标可分为单面反射（A 型）和双面反射（B型），B 型适用需要为对向车道提供视线诱导的场合（如中央分隔带）。

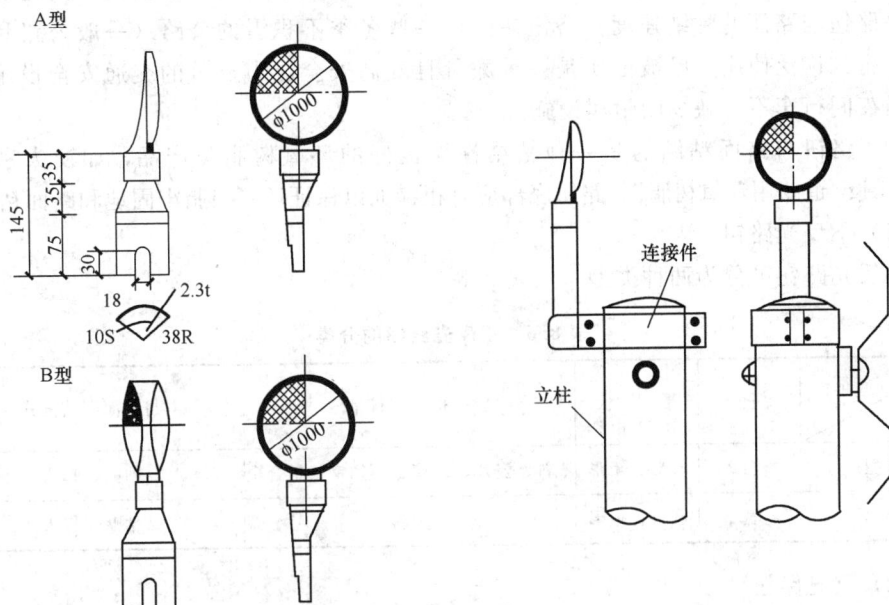

图 8.20　轮廓标安装于波形梁护栏立柱上（单位：mm）

3. 路钮

路钮是一种粘贴或锚固在路面上，用来警告、诱导或告知驾驶员道路轮廓或道路前进方向的装置，如图 8.21 所示。它可分为反光路钮和不反光路钮两大类。

图 8.21　路钮

　　路钮一般配合路面油漆、热塑标线使用或以模拟路面标线的形式独立使用。路钮在不良气候和环境下（如雨天、雾天、路面灰、泥多等）能有效地保证驾驶员的视认性。路钮的主要缺点是由于其突出路面对骑自行车和摩托车者构成潜在的危险，但可通过降低路钮的高度使危险性降至最小。路钮的另一主要缺点是如果与路面固定不牢，在高速行驶的车辆的碾压下可能脱落而影响其他车辆安全行驶。解决这一问题的办法是提高路钮与路面的粘结强度。路钮在国外一些冬季不积雪的公路（一般公路和高速公路）得到广泛使用，已被证明是一种廉价且提高安全能力显著的交通安全设施，是驾驶员夜间行车不可缺少的附属设施。

　　用于路钮与路面粘结的是一种粘结性能良好的环氧树脂类产品，如澳大利亚的"Gba-Geigy 道路用环氧树脂"。路钮底部应有粗糙面以保证环氧树脂牢固地和路面粘结。

（1）不反光路钮

　　不反光路钮可分为两种类型，见表 8.6。

表 8.6　不反光路钮的分类

特征 种类	颜色	形状	材料	与路面固结方式
A 型	白	圆形、矩形	塑料、瓷片、玻璃、不锈钢、铝合金	粘贴、打入
AY 型	黄	圆形、矩形	塑料	粘贴、打入

（2）反光路钮

　　反光路钮有六种类型，见表 8.7。

表 8.7　反光路钮的分类

特征 种类	单面反光/ 双面反光	颜色	材料		与路面固结方式
			反射器	外体	
B 型	双面	白色	塑料	塑料、铝合金	粘贴、打入
C 型	双面	白色和红色	塑料	塑料、铝合金	粘贴、打入
D 型	双面	黄色	塑料	塑料、铝合金	粘贴、打入
E 型	双面	白色和黄色	塑料	塑料、铝合金	粘贴、打入
G 型	单面	白色	塑料	塑料、铝合金	粘贴、打入
H 型	单面	黄色	塑料	塑料、铝合金	粘贴、打入

8.6.2　活动护栏

　　活动护栏是护栏的一种。它是在设立护栏的道路上，为了方便一些特种车辆，如救援车，养护作业车的行驶需要，每隔一定距离取消双向道路中央的护栏而安装的可以自由活动的护栏，如遇紧急情况，管理部门可以打开护栏，以方便这些车辆的通过，如图 8.22 所示。

图 8.22　活动护栏

活动护栏的设置一般有以下原则：

高速公路的中央分隔带开口处必须设置活动护栏；设中间带的一级公路在禁止车辆掉头的中央分隔带开口处必须设置活动护栏；活动护栏应设置在中央分隔带开口处的公路中心线位置，设置长度应能有效封闭中央分隔带开口处；活动护栏的设置高度与中央分隔带护栏的高度协调一致；活动护栏上部应设置轮廓标或反射体，规格为 4cm×18cm，可有反光片或反光膜制作，反光等级为二级以上，颜色和设置高度应中央分隔带护栏的高度协调一致；位于防眩要求路段的活动护栏上宜设置防眩设施。

小　结

本章单元介绍了公路常见的交通工程设施，通过学习能使学生描述交通工程及沿线设施所包含的内容和等级划分，并能识别常见的交通工程设施。

思考与练习

1. 交通安全设施由哪些设施组成？其作用是什么？
2. 道路交通标志如何分类？其作用是什么？
3. 简述道路交通标志的设置原则。
4. 简述路面标线的分类和作用。
5. 安全护栏包括哪些类型？确定护栏设置条件时，应考虑哪些因素？
6. 为何要设置防眩设施？如何设置防眩设施？

单元 9

工程管理与安全

教学目标

1. 了解工程管理目前状态与发展趋势。
2. 掌握工程管理知识体系与工程经济、工程管理、工程相关法律法规及施工安全的概念、内容及理论概要。
3. 形成工程管理方面学习的知识框架。

9.1　工程管理概述

有不少人认为工程管理就是一种单纯的管理学科，这是不正确的。工程管理需要学习的不仅仅是一种管理的思想，同时还要求有一定的工程背景和数学知识。在这门专业的学习中，我们总结出一个基本的等式"工程管理＝工程技术＋工程经济＋项目管理"。当然这绝不是简单的相加，而应当在掌握几个基本的技能的基础上才能达到。即掌握以土木工程技术为主的理论知识和实践技能；掌握相关的管理理论和方法；掌握相关的经济理论；掌握相关的法律、法规；具有从事工程管理的理论知识和实践能力。由于工程管理责任重大，除具有上面的五种技能外，还要有良好的身体素质和心理素质。经过多年探索与总结，我们把工程管理分成工程经济、工程项目管理、建设法规与合同管理、公路施工安全等方面进行研究，并根据职业的不同在注册考试中区别对待。针对工程管理方面，除了国家已经形成制度的注册一、二级建造师、监理工程师、造价工程师外，还有一种专门的管理资格——投资建设项目管理师。对于工程管理我们分工程经济、工程项目管理、工程相关法律法规及施工安全四个部分进行学习。

9.2　工 程 经 济

社会的进步和发展是与人类有目的、有组织的工程经济活动分不开的。由于工程经济活动要消耗资源，因此最大限度地节约资源，使工程经济活动的效果满足人们的需要，显得尤为重要。工程经济正是这样一门研究怎样分析工程经济活动的代价以及目标实现的程度，并在此基础上分析寻求实现目标的最佳途径，设计和选择最佳实施方案的学科。图 9.1 就是造价工程师考试中规定的工程经济的考试要点结构图。

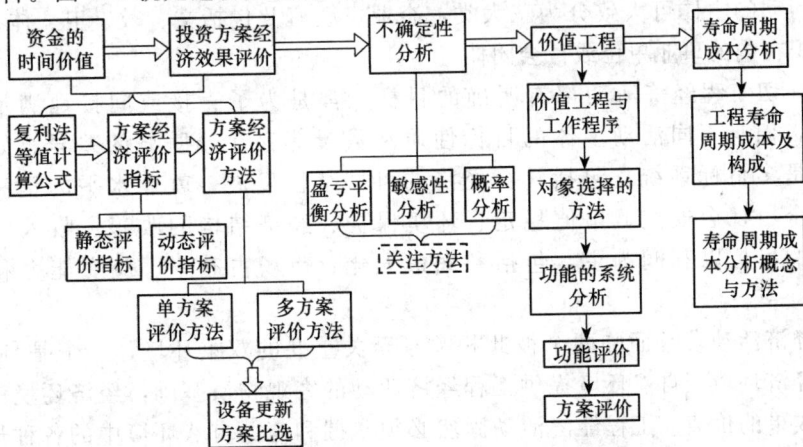

图 9.1　工程经济考试要点结构图

9.2.1 工程经济活动及其要素

1. 工程经济活动的概念

工程经济活动就是把科学研究、生产实践、经验积累中所得到的科学知识有选择的、创造性的应用到最有效的利用自然资源、人力资源和其他资源的经济活动和社会活动中，以满足人们需要的过程。工程经济活动更侧重科学知识的实用。工程技术人员的作用是把这些知识用于特定的系统，最有效地为社会提供商品和劳务。对于从事工程经济活动的工程师来说，掌握知识本身并不是目的，知识只是构建各种运动系统时所需要素中的一种，关键是要在解决特定问题的过程中把知识、能力和物质手段有效地融为一个有机整体来更好地满足人们的需要。

人类活动由经济活动和社会活动组成。经济活动是人类的基本活动，它决定了人类的生存和发展的条件。人类经济活动是使用一定的手段或工具改变自然或非自然物质，使之适合自身需要的有目的的活动。人类在经济活动的基础上还从事着大量的社会活动，包括文化艺术、科研与教育、组织与管理以及人际交往与沟通等方面的活动。经济活动是社会活动的基础，经济发展的水平决定着社会活动的范围和规模；社会活动一方面满足了人类的非经济需要，另一方面促进着经济活动的发展和水平的进一步提高。由于现代科学技术的迅猛发展，大部分经济活动和社会活动都涉及科学技术的应用，这正是我们所称的工程经济活动。

2. 工程经济活动的要素

工程经济活动一般涉及四大要素：活动主体、活动目标、实施活动的环境以及活动的效果。

活动主体是指垫付活动资本、承担活动风险、享受活动收益的个人或组织。现代社会经济活动的主体可大致分为三大类：企业、政府及包括文、教、卫、体、科研和宗教等组织在内的事业单位或社会团体。

人类一切工程经济活动都有明确的目标，都是为了直接或间接地满足人类自身的需要，而且不同活动主体的目标性质和数量等存在着明显的差异。如政府的目标一般是多目标系统，包括社会经济的可持续性发展、就业水平的提高、法制的建立健全、社会安定、币值稳定、环境保护、经济结构的改善、收入分配公平等。企业的目标以利润为主，包括利润最大化、市场占有率、应变能力和品牌效应等。

工程经济活动常常面临两个彼此相关且至关重要的双重环境，一个是自然环境，另一个是经济环境。自然环境提供工程经济活动的客观物质基础，经济环境评价工程经济活动成果的价值。工程经济活动固然必须掌握和遵循自然环境中的各种规律，只有这样才能赋予物品或服务使用价值。但是，物品或服务的价值取决于它带给人们的效用，效用大小往往要用人们愿意为此付出的货币数量来衡量。无论技术系统的设计多么精良，如果生产出的物品或提供的服务不受消费者的青睐，或者成本太高，这样的工程经济活动的价值就会很低。

所谓工程经济活动的效果是指活动实施后对活动主体目标产生的影响。由于目标的多样性，通常一项工程经济活动会同时表现出多方面的效果，甚至各种效果之间还是冲突和对立的。比方对一个经济欠发达地区进行开发和建设，如果只进行低水平的资源消耗类生产，就有可能在提高当地人民收入水平的同时，造成严重的环境污染和生态平衡的破坏。

人类社会的一个基本任务，就是要根据对客观世界运动变化规律的认识，对自身的活动进行有效地规划、组织、协调和控制，最大限度地提高工程经济活动的价值，降低或消除负面影响。而这也正是工程经济的主要任务。

9.2.2　公路工程经济学习的内容

1. 现金流量与资金的时间价值

（1）现金流量含义

在工程经济分析中，通常将所考察的对象视为一个独立的经济系统。在某一时点流入系统的资金称为现金流入；流出系统的资金称为现金流出。同时点上的现金流入与现金流出的代数和称为净现金流量。现金流入量、现金流出量、净现金流量统称为现金流量。

（2）资金的时间价值的概念

如果将一笔资金存入银行会获得利息，投资到工程项目中可获得利润；而如果向银行借贷，也需要支付利息。这反映出资金在运动中会随着时间的推移而变动。变动的这部分资金就是原有资金的时间价值。

任何技术方案的实施，都有一个时间上的延续过程，由于资金时间价值的存在，使不同时间上发生的现金流量无法直接进行比较。只有通过一系列的换算，在同一时点上进行对比，才能符合客观实际情况。

2. 经济效果评价的内容及指标体系

（1）经济效果评价的内容

经济效果评价是指对评价方案计算期内各种有关技术经济因素和方案投入与产出的有关财务、经济资料数据进行调查、分析、预测，对方案的经济效果进行计算、评价，分析比较各方案的优劣，从而确定和推荐最佳方案的过程。

投资方案的经济效果评价内容主要包括：

1）盈利能力分析。分析和测算投资方案计算期的盈利能力和盈利水平。

2）清偿能力分析。分析和测算投资方案偿还贷款的能力和投资的回收能力。

3）抗风险能力分析。分析投资方案在建设期和运营期可能遇到的不确定性因素和随机因素对项目经济效果的影响程度，考察项目承受各种投资风险的能力。

（2）经济效果评价的基本方法

经济效果评价是工程经济分析的核心内容，其目的在于确保决策的正确性和科学性，避免或最大限度地减小投资方案的风险，明了投资方案的经济效果水平，最大限度地提高项目投资的综合经济效益。为此，正确选择经济效果评价的方法十分重要。

经济效果评价的基本方法包括确定性评价方法与不确定性评价方法。对同一投资方案而言，必须同时进行确定性评价和不确定性评价。按是否考虑资金时间价值，经济效果评价方法又可分为静态评价方法和动态评价方法。静态评价方法是不考虑资金时间价值，其最大特点是计算简便，适用于方案的初步评价，或对短期投资项目进行评价，以及对于逐年收益大致相等的项目评价。动态评价方法考虑资金时间价值，能较全面地反映投资方案整个计算期的经济效果。

因此，在进行方案比较时，一般以动态评价方法为主。

（3）经济效果评价指标体系

投资方案经济效果评价指标不是唯一的，根据不同的评价深度要求和可获得资料的多少，以及项目本身所处的条件不同，可选用不同的评价指标。这些指标有主有次，可以从不同侧面反映投资方案的经济效果。根据是否考虑资金时间价值，可分为静态评价指标和动态评价指标。上述指标还可以分为时间性指标、价值性指标和比率性指标。

3. 不确定性分析

投资方案评价所采用的数据大部分来自估算和预测。由于数据的统计偏差、市场供求结构变化、技术进步、通货膨胀、法律法规及政策的变化、国际政治经济形势的变化等因素影响，经常会使得投资方案经济效果的评价指标值带有不确定性，从而使按经济效果评作出的决策带有风险。为了分析不确定因素对经济评价指标的影响，应根据投资方案的具体情况，分析各种外部条件发生变化或者测算数据误差对方案经济效果的影响程度，以估计项目可能承担不确定性的风险及其承受能力，确定项目在经济上的可靠性。

不确定性分析是项目经济评价中的一项重要内容。常用的不确定性分析方法有盈亏平衡分析、敏感性分析和概率分析。在具体应用时，要在综合考虑项目的类型、特点，决策者的要求，相应的人力、财力，以及项目对国民经济的影响程度等条件下来选择。一般来讲，盈亏平衡分析只适用于项目的财务评价。而敏感性分析和概率分析则可同时用于财务评价和国民经济评价。

（1）盈亏平衡分析

盈亏平衡分析是在一定市场、生产能力及经营管理条件下，通过对产品产量、成本、利润相互关系的分析，判断企业对市场需求变化适应能力的一种不确定性分析方法，也称为量本利分析。在工程经济评价中，这种方法的作用是找出投资项目的盈亏临界点，以判断不确定性因素对方案经济效果的影响程度，说明方案实施的风险大小及投资项目承担风险的能力，为投资决策提供科学依据。

盈亏平衡点反映了项目对市场变化的适应能力和抗风险能力。盈亏平衡点越低，达到此点的盈亏平衡产量和收益或成本也就越少，项目投产后盈利的可能性越大，适应市场变化的能力越强，抗风险能力也越强。

线性盈亏平衡分析方法简单明了，但在应用中有一定的局限性，主要表现在实际的生产经营过程中，收益和支出与产品产销量之间的关系往往是呈现出一种非线性的关系，而非所假设的线性关系。例如，当项目的产销量在市场中占有较大份额时，其产销量的高低可能会明显影响市场的供求关系，从而使得市场价格发生变化。再如，根据报酬递减规律，变动成本随着生产规模的扩大而可能与产量呈非线性的关系。在生产中还有一些辅助性的生产费用（通常称为半变动成本）随着产量的变化而呈曲线分布，这时就需要用到非线性盈亏平衡分析方法。

盈亏平衡分析虽然能够度量项目风险的大小，但并不能揭示产生项目风险的根源。虽然通过降低盈亏平衡点就可以降低项目的风险，提高项目的安全性；通过降低成本可以降低盈亏平衡点，但如何降低成本，应该采取哪些可行的方法或通过哪些有效的途径来达到该目的，盈亏平衡分析并没有给出答案，还需采用其他一些方法来帮助实现该目的。因此，在应用盈亏平衡分析时，应注意使用的场合及欲达到的目的，以便能够正确地运用这种方法。

（2）敏感性分析

敏感性分析是在确定性分析的基础上，通过进一步分析、预测项目主要不确定因素的变化对项目评价指标（如内部收益率、净现值等）的影响，从中找出敏感因素，确定评价指标对该因素的敏感程度和项目对其变化的承受能力。

一个项目在其建设与生产经营的过程中，由于项目内外部环境的变化，许多因素都会发生变化。一般将产品价格、产品成本、产品产量（生产负荷）、主要原材料价格、建设投资、工期、汇率等作为考察的不确定因素。敏感性分析不仅可以使决策者了解不确定因素对评价指标的影响，从而提高决策的准确性，还可以启发评价者对那些较为敏感的因素重新进行分析研究，以提高预测的可靠性。

敏感性分析有单因素敏感性分析和多因素敏感性分析两种。

（3）概率分析

概率分析又称风险分析，是利用概率来研究和预测不确定因素对项目经济评价指标影响的一种定量分析方法。

1）概率分析的步骤。概率分析一般按下列步骤进行：

• 选定一个或几个评价指标。通常是将内部收益率、净现值等作为评价指标。

• 选定需要进行概率分析的不确定因素。通常有产品价格、销售量、主要原材料价格、投资额以及外汇汇率等。针对项目的不同情况，通过敏感性分析，选择最为敏感的因素作为概率分析的不确定因素。

- 预测不确定因素变化的取值范围及概率分布。单因素概率分析，设定一个因素变化，其他因素均不变化，即只有一个自变量；多因素概率分析，设定多个因素同时变化，对多个自变量进行概率分析。
- 根据测定的风险因素取值和概率分布，计算评价指标的相应取值和概率分布。
- 计算评价指标的期望值和项目可接受的概率。
- 分析计算结果，判断其可接受性，研究减轻和控制不利影响的措施。

2）概率分析的方法。概率分析的方法有很多，这些方法大多是以项目经济评价指标（主要是 NPV）的期望值的计算过程和计算结果为基础的。

4. 价值工程

(1) 价值工程的概论

1）价值工程基本原理。价值工程是以提高产品或作业价值为目的，通过有组织的创造性工作，寻求用最低的寿命周期成本，可靠地实现使用者所需功能的一种管理技术。价值工程中所述的"价值"，是指作为某种产品（或作业）所具有的功能与获得该功能的全部费用的比值。它不是对象的使用价值，也不是对象的交换价值，而是对象的比较价值，是作为评价事物有效程度的一种尺度提出来的。

2）价值工程特点。价值工程涉及价值、功能和寿命周期成本三个基本要素。价值工程具有以下特点：

- 价值工程的目标是以最低的寿命周期成本，使产品具备它所必须具备的功能，又使得寿命周期成本比较低，体现了比较理想的功能与成本之间的关系。
- 价值工程的核心是对产品进行功能分析。价值工程中的功能是指对象能够满足某种要求的一种属性，具体讲，功能就是效用。如住宅的功能是提供居住空间，建筑物基础的功能是承受荷载，等等。用户向生产企业购买产品，是要求生产企业提供这种产品的功能，而不是产品的具体结构（或零部件）。企业生产的目的，也是通过生产获得用户所期望的功能，而结构、材质等是实现这些功能的手段。目的是主要的，手段可以广泛地选择。因此，价值工程分析产品，首先不是分析其结构，而是分析其功能。在分析功能的基础之上，再去研究结构、材质等问题。
- 价值工程将产品价值、功能和成本作为一个整体同时来考虑。也就是说，价值工程中对价值、功能、成本的考虑，不是片面和孤立的，而是在确保产品功能的基础上综合考虑生产成本和使用成本，兼顾生产者和用户的利益，从而创造出总体价值最高的产品。
- 价值工程强调不断改革和创新，开拓新构思和新途径，获得新方案，创造新功能载体，从而简化产品结构，节约原材料，节约能源，绿色环保，提高产品的技术经济效益。
- 价值工程要求将功能定量化，即将功能转化为能够与成本直接相比的量化值。

- 价值工程是以集体的智慧开展的有计划、有组织的管理活动。开展价值工程，要组织科研、设计、制造、管理、采购、供销、财务等各方面有经验的人员参加，组成一个智力结构合理的集体，发挥各方面、各环节人员的知识、经验和积极性，博采众长地进行产品设计，以达到提高产品价值的目的。

(2) 价值工程方法

1) 对象的选择。价值工程是就某个具体对象开展的有针对性的分析评价和改进，有了对象才有分析的具体内容和目标。对企业来讲，凡是为获取功能而发生费用的事物，都可以作为价值工程的研究对象，如产品、工艺、工程、服务或它们的组成部分等。价值工程的对象选择过程就是逐步收缩研究范围、寻找目标、确定主攻方向的过程。因为生产建设中的技术经济问题很多，涉及的范围也很广，为了节省资金，提高效率，只能精选其中的一部分来实施，并非企业生产的全部产品，也不一定是构成产品的全部零部件。因此，能否正确选择对象是价值工程收效大小与成败的关键。

2) 对象选择的方法。价值工程对象选择往往要兼顾定性分析和定量分析，因此，对象选择的方法有多种，不同方法适宜于不同的价值工程对象。应根据具体情况选用适当的方法，以取得较好的效果。常用的方法有以下几种。

- 因素分析法。又称经验分析法，是指根据价值工程对象选择应考虑的各种因素，凭借分析人员的经验集体研究确定选择对象的一种方法。
- ABC 分析法。又称重点选择法或不均匀分布定律法，是指应用数理统计分析的方法来选择对象。
- 强制确定法。是以功能重要程度作为选择价值工程对象的一种分析方法。具体做法是：先求出分析对象的成本系数、功能系数，然后得出价值系数，以揭示出分析对象的功能与成本之间是否相符。如果不相符，价值低的则被选为价值工程的研究对象。这种方法在功能评价和方案评价中也有应用。
- 百分比分析法。这是一种通过分析某种费用或资源对企业的某个技术经济指标的影响程度的大小（百分比），来选择价值工程对象的方法。
- 价值指数法。这是通过比较各个对象之间的功能水平位次和成本位次，寻找价值较低对象，并将其作为价值工程研究对象的一种方法。

5. 工程寿命周期成本及其构成

工程寿命周期是指工程产品从研究开发、设计、建造、使用直到拆除所经历的全部时间。在工程寿命周期成本中，不仅包括经济意义上的成本，还包括环境成本和社会成本，如图 9.2 所示。

建造成本
- 一般土建工程费用
- 给排水工程费用
- 采暖工程费用
- 通风工程费用
- 空调工程费用
- 工业管道工程费用
- 特殊构筑物工程费用
- 信息传输工程费用
- 电气照明工程费用
- 智能系统及安装工程费用

建设成本

工程建设其他费用
- 土地使用费
- 拆迁安置费
- 勘察设计费
- 建设单位管理费
- 管理设备设施购置费
- 管理人员培训费
- 试运行费

寿命周期成本

其他变动建设成本
- 预备费
- 投资方向调节税
- 建设期利息

使用成本
- 能耗成本（运行费用）
- 维修养护费用
- 管理费用
- 改选费用
- 拆除成本
- 人员工资
- 其他不可预见费用

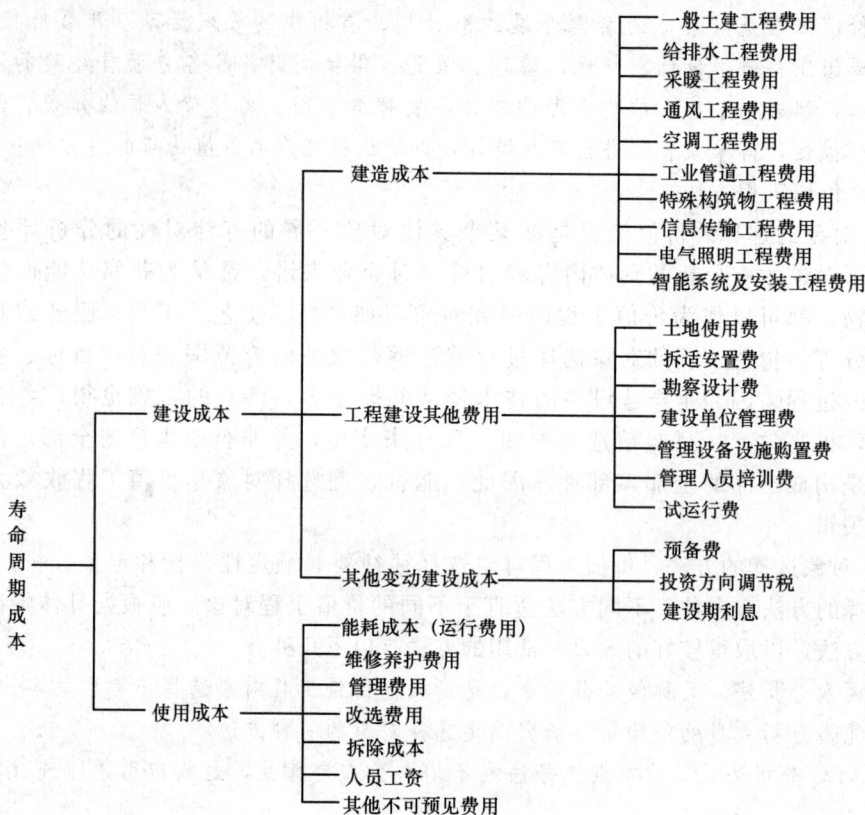

图 9.2　工程寿命周期成本示意图

实训1

某项工程业主与承包商签订了工程施工合同，合同中含两个子项工程，估算工程量：甲项为 2300m³，乙项为 3200m³，经协商合同价甲项为 180 元/m³，乙项为 160 元/m³，承包合同规定：开工前业主应向承包商支付合同价的 20% 的预付款；业主自第一个月起，从承包商的工程款中，按 5% 的比例扣保留金；当子项工程实际工程量超过估算工程量 10% 时，可进行调价，调整系数为 0.9；根据市场情况规定价格调整系数平均按 1.2 计算；监理工程师签发月度付款最低金额为 25 万元；预付款在最后两个月扣除，每月扣 50%。承包商各月实际完成并经监理工程师签证确认的工程量见下表。

甲、乙子项工程工程量　　　　　　　　　　　　（单位：m³）

子项工程 ＼ 月份	1	2	3	4
甲	500	800	800	600
乙	700	900	800	600

问题：
1. 工程预付款为多少？从第一个月起，每月工程量价款是多少？
2. 监理工程师应签证的工程款是多少？
3. 实际签发的付款凭证金额是多少？

9.3 工程项目管理

工程项目管理作为现代管理科学的一个重要分支学科，自 20 世纪 80 年代初期从欧美发达国家引入我国，二十多年来，相关的理论研究取得了迅猛发展，其实践意义更是显著。从 1988 年在全国学习推广鲁布革工程管理经验、进行工程项目管理体制改革的应用试点起，至今已有 20 多年时间。纵观我国工程项目管理的理论与实践的发展过程，其随着项目和项目管理概念的不断拓宽而延伸。

9.3.1 建设工程项目管理的概念

2003 年，原建设部颁发《关于培育工程总承包和工程项目管理企业的指导意见》（以下简称"指导意见"）。"指导意见"对工程项目管理的界定为："指从事工程项目管理的企业受业主的委托，按照合同的约定，代表业主对工程项目的组织实施进行全过程的或若干阶段的管理和服务。"上述定义是以项目管理企业来界定项目管理。我们认为，项目管理是受托方受业主的委托，按照合同的约定，代表业主对工程项目进行管理并提供相应的服务。项目管理主要是通过建设工程项目的各承包单位（包括设计方、监理方、施工方和材料设备供应商等）的监督和管理协调，以期达到缩短工期、节约投资、提高工程质量的目的。根据项目管理内容的不同，项目管理也分为不同的类型。有针对项目建设全过程（从可研到竣工交付）的项目管理，也有针对项目建设特定阶段的项目管理。图 9.3 就是注册造价工程师考试中规定的工程项目管理的考试要点结构图。

1. 工程项目管理的类型和任务

（1）工程项目管理及其类型
1）工程项目管理的概念。工程项目管理是指组织运用系统工程的观点、理论和方法对工程项目周期内的所有工作进行计划、组织、指挥、协调和控制的过程。工程项目管理的核心任务是控制项目目标，最终实现项目的功能以满足使用者的需求。

工程项目的造价、质量和进度三大目标是一个相互关联的整体，三大目标之间是对立统一关系。进行工程项目管理，必须充分考虑工程项目三大目标之间的对立统一

工程项目管理

- 工程项目管理概述
  - 工程项目的组成和分类
  - 工程项目建设程序
  - 工程项目管理的类型、任务及相关制度、
    - 工程项目管理及发展趋势
    - 建设工程监理制、建设项目法人责任制和
- 工程项目管理组织
  - 工程项目承发包模式
    - 总分包、平行、联合体、合作体、CM、EPC、Partnering模式
  - 工程项目管理组织机构形式
    - 直线制、职能制、直线职能制、矩阵制
- 工程项目计划与控制
  - 工程项目计划体系
  - 工程项目目标控制的类型和内容
  - 工程项目目标控制的措施、方法
    - 网络计划法、S形曲线法、香蕉曲线法、排列图法、因果分析图法、直方图法、控制图法
- 流水施工组织方法
  - 流水施工特点和参数
  - 流水施工的基本组织方式
- 网络计划技术
  - 网络图的绘制
  - 网络计划时间参数的计算
  - 双代号时标网络计划
  - 网络计划的优化
  - 网络计划执行中的控制
- 工程项目风险管理
  - 工程项目风险及管理程序
  - 工程项目风险识别评价
  - 工程项目风险应对策略及监控

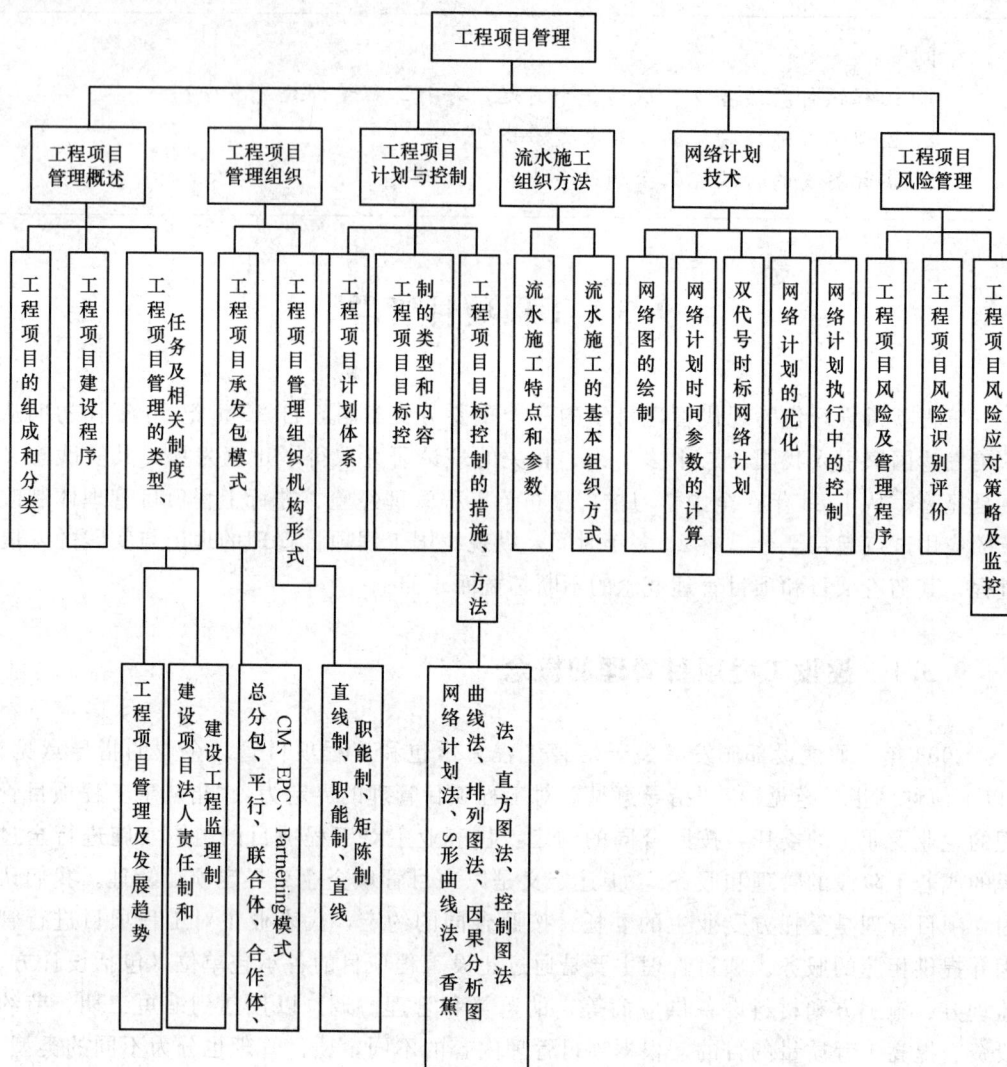

图 9.3 工程项目管理的要点结构图

关系，注意统筹兼顾，合理确定三大目标，均衡发展，防止发生盲目追求单一目标而冲击或干扰其他目标的现象。

2）工程项目管理的类型。在工程项目的策划决策和建设实施过程中，由于各阶段的任务和实施主体不同，从而构成了不同类型的项目管理，包括：业主方的项目管理（业主自身的项目管理、社会化的项目管理公司为业主提供的项目管理服务以及工程监理单位为业主提供的监理服务）、工程总承包方的项目管理、设计方的项目管理、施工方的项目管理、供货方的项目管理等。

（2）工程项目管理的任务

1）合同管理。工程总承包合同、勘察设计合同、施工合同、材料设备采购合同、

项目管理合同、监理合同等均是业主和参与项目实施各主体之间明确权利、义务关系的具有法律效力的协议文件，也是市场经济体制下组织项目实施的基本手段。从某种意义上讲，项目的实施过程就是合同订立和履行的过程。合同管理主要是指对各类合同的订立过程和履行过程的管理，包括合同文本的选择，合同条件的协商、谈判，合同书的签署；合同履行的检查，变更和违约、纠纷的处理；总结评价等。

2）组织协调。组织协调是实现项目目标必不可少的方法和手段。在项目实施过程中，各个项目参与单位需要处理和协调众多复杂的业务组织关系，主要包括：①外部环境协调，如与政府管理部门之间的协调、与资源供应及社区环境方面的协调等；②项目参与单位之间的协调；③项目参与单位内部各部门、各层次及个人之间的协调。

3）目标控制。目标控制是指项目管理人员在不断变化的动态环境中为保证既定计划目标的实现而进行的一系列检查和调整活动的过程。目标控制的主要任务是采用规划、组织、协调等手段，采取组织、技术、经济、合同等措施，确保项目总目标的实现。项目目标控制的任务贯穿在项目前期策划与决策、勘察设计、施工、竣工验收及交付使用等各个阶段。

4）风险管理。随着工程项目规模的大型化和技术的复杂化，业主及项目参与各方所面临的风险越来越多。为确保工程项目的投资效益，必须对项目风险进行识别，并在定量分析和系统评价的基础上提出风险对策组合。

5）信息管理。信息管理是项目目标控制的基础，其主要任务就是及时、准确地向各层级领导、各参加单位及各类人员提供所需的综合程度不同的信息，以便在项目进展的全过程中，动态地进行项目规划，迅速正确地进行各种决策，并及时检查决策执行结果。

6）环境保护。工程建设可以改造环境、为人类造福，优秀的建筑还可以增添社会景观。与此同时，工程建设也存在着影响甚至恶化环境的种种因素。在工程建设中，应强化环保意识，对于环保方面有要求的工程项目在进行可行性研究时，必须提出环境影响评价报告；在项目实施阶段，必须做到"三同时"，即主体工程与环保措施工程同时设计、同时施工、同时投入运行。

（3）工程项目管理的发展趋势

1）集成化趋势。在项目组织方面，业主变自行管理模式为委托项目管理模式。

2）国际化趋势。随着经济全球化及我国经济的快速发展，在我国的跨国公司和跨国项目越来越多，我国的许多项目已通过国际招标、咨询等方式运作，我国企业走出国门在海外投资和经营的项目也在不断增加。特别是我国加入 WTO 后，我国的行业壁垒下降，国内市场国际化，国内外市场全面融合，使得项目管理的国际化正成为趋势和潮流。

3）信息化趋势。伴随着网络时代和知识经济时代的到来，项目管理的信息化已成为必然趋势。

2. 工程项目管理的相关制度

工程建设领域实行建设项目法人责任制、工程招标投标制、建设工程监理制和合同管理制。这四项制度密切联系，共同构成了我国工程建设管理的基本制度，同时也为我国工程建设管理提供了法律保障。

9.3.2 工程项目管理的组织

1. 工程项目承包发包模式

在工程项目实施过程中，往往不止一个承包单位。由于承包单位之间以及承包单位与业主之间的关系不同，因而形成了不同的工程项目承包发包模式。

（1）传统承包发包模式

1）总分包模式。将工程项目全过程或其中某个阶段的全部工作发包给一家符合要求的承包单位，由该承包单位再将若干专业性较强的部分工程任务发包给不同的专业承包单位去完成，并统一协调和监督各分包单位的工作。这样，业主只与总承包单位签订合同，而不与各专业分包单位签订合同。

2）平行承包模式。业主将工程项目的设计、施工以及设备和材料采购的任务分别发包给多个设计单位、施工单位和设备材料供应厂商，并分别与各承包商签订合同。这时，各承包商之间的关系是平行的。

3）联合体承包模式。当工程项目规模巨大或技术复杂，以及承包市场竞争激烈，由一家公司总承包有困难时，可以由几家公司联合起来成立联合体去竞争承揽工程建设任务，以发挥各公司的特长和优势。联合体通常由一家或几家公司发起，经过协商确定各自投入联合体的资金份额、机械设备等固定资产及人员数量等，签署联合体协议，建立联合体组织机构，产生联合体代表，以联合体的名义与业主签订工程承包合同。

4）合作体承包模式。当工程项目包含工程类型多、数量大，或专业配套需要时，一家公司无力实行总承包，而业主又希望承包方有一个统一的协调组织时，就可能产生几家公司自愿结成合作伙伴，成立一个合作体，以合作体的名义与业主签订工程承包意向合同（也称基本合同）。达成协议后，各公司再分别与业主签订工程承包合同，并在合作体的统一计划、指挥和协调下完成承包任务。

（2）新型承发包模式

1）EPC承包模式。EPC承包是指一家总承包商或承包商联合体对整个工程的设计、材料设备采购、工程施工实行全面、全过程的"交钥匙"承包。

2）CM承包模式。CM承包模式是指由业主委托一家CM单位承担项目管理工作，该CM单位以承包商的身份进行施工管理，并在一定程度上影响工程设计活动，组织快速路径的生产方式，使工程项目实现有条件的"边设计、边施工"。

3）Partnering模式。Partnering模式在中国内地有的学者将其译为伙伴关系，而中国台湾学者则将其译为合作管理。该模式于20世纪80年代中期首先在美国出现，到20世纪90年代中后期，其应用范围逐步扩大到英国、澳大利亚、新加坡、中国香港等国家和地区，近年来日益受到建设工程管理界的重视。

2. 工程项目管理组织机构形式

工程项目管理组织机构的形式应根据工程项目规模及特点、工程项目组织模式及项目管理单位自身情况等确定。常见的工程项目管理组织机构形式如下。

（1）直线制

直线制是一种最简单的组织机构形式。在这种组织机构中，各种职位均按直线垂直排列，项目经理直接进行单线垂直领导。直线制组织机构的主要优点是结构简单，权力集中，易于统一指挥，隶属关系明确，职责分明，决策迅速。但由于未设职能部门，项目经理没有参谋和助手，要求领导者通晓各种业务，成为"全能式"人才。无法实现管理工作专业化，不利于项目管理水平的提高。

（2）职能制

职能制组织机构是在各管理层次之间设置职能部门，各职能部门分别从职能角度对下级执行者进行业务管理。在职能制组织机构中，各级领导不直接指挥下级，而是指挥职能部门。各职能部门可以在上级领导的授权范围内，就其所辖业务范围向下级执行者发布命令和指示。职能制组织机构的主要优点是强调管理业务的专门化，注意发挥各类专家在项目管理中的作用。由于管理人员工作单一，易于提高工作质量，同时可以减轻领导者的负担。但是，由于这种机构没有处理好管理层次和管理部门的关系，形成多头领导，使下级执行者接受多方指令，容易造成职责不清。

3. 直线职能制

直线职能制是吸收了直线制和职能制两种组织机构的优点而形成的一种组织结构形式。与职能制组织结构形式相同的是，在各管理层次之间设置职能部门，但职能部门只作为本层次领导的参谋，在其所辖业务范围内从事管理工作，不直接指挥下级，各管理层次的职能部门构成业务指导关系。职能部门的指令，必须经过同层次领导的批准才能下达。各管理层次之间按直线制的原理构成直接上下级关系。

4. 矩阵制

矩阵制组织机构是将按职能划分的部门与按工程项目（或产品）设立的管理机构，依照矩阵方式有机地结合起来的一种组织机构形式。这种组织机构以工程项目为对象设置，各项目管理机构内的管理人员从各职能部门临时抽调，归项目经理统一管理，待工程完工交付后又回到原职能部门或到另外工程项目的组织机构中工作。

5. 工程项目目标控制的类型和内容

（1）目标控制的类型

由于控制方式和方法的不同，控制可分为多种类型。例如，按照事物发展过程，控制可分为事前控制、事中控制、事后控制；按照是否形成闭合回路，控制可分为开环控制和闭环控制；按照纠正措施或控制信息的来源，控制可分为前馈控制和反馈控制。归纳起来，控制可分为两大类，即主动控制和被动控制。

（2）工程项目目标控制的内容

1）工程项目质量控制。工程项目质量控制是指在力求实现工程项目总目标的过程中，为满足项目总体质量要求所开展的有关监督管理活动。工程项目的质量目标是指对工程项目实体、功能和使用价值，以及参与工程建设的有关各方工作质量的要求或需求的标准和水平，也就是对项目符合有关法律、法规、规范、标准程度和满足业主要求程度做出的明确规定。

影响工程项目质量的因素有很多，通常可以概括为人、机械、材料、方法和环境五个方面。工程项目的质量控制，应当是一个全面、全过程的控制过程，项目管理人员应当采取有效措施对人、机械、材料、方法和环境等因素进行控制，以保障工程质量。

2）工程项目进度控制。工程项目进度控制是指在实现工程项目总目标的过程中，为使工程建设的实际进度符合项目进度计划的要求，使项目按计划要求的时间动用而开展的有关监督管理活动。工程项目进度控制的总目标就是项目最终动用的计划时间，也就是工业项目负荷联动试车成功、民用项目交付使用的计划时间。工程项目进度控制是对工程项目从策划与决策开始，经设计与施工，直至竣工验收交付使用为止全过程的控制。

影响工程项目进度目标的因素有很多，包括：管理人员、劳务人员素质和能力低下，数量不足；材料和设备不能按时、按质、按量供应；建设资金缺乏，不能按时到位；施工技术水平低，不能熟练掌握和运用新技术、新材料、新工艺；组织协调困难，各承包商不能协作同步工作；未能提供合格的施工现场；异常的工程地质、水文、气候、社会、政治环境等。要实现有效的进度控制，必须对上述影响进度的因素实施控制，采取措施减少或避免其对工程进度的影响。

3）工程项目造价控制。工程项目造价控制是指在整个项目的实施阶段开展管理活动，力求使项目在满足质量和进度要求的前提下，实现项目实际投资不超过计划投资。

工程项目造价控制不是单一目标的控制，而应当与工程项目质量控制和进度控制同时进行。项目管理人员在对工程造价目标进行确定或论证时，应当综合考虑整个目标系统的协调和统一，不仅要使造价目标满足业主的需求，还要使质量目标和进度目标也能满足业主的要求。这就需要在确定项目目标系统时，认真分析业主对项目的整体需求，反复协调工程质量、进度和造价三大目标之间的关系，力求实现三大目标的最佳匹配。

此外，项目管理人员在控制工程项目造价时，应立足于工程项目的寿命周期经济效益，不能只局限于项目的一次性费用。

9.3.3　工程项目风险管理

工程项目风险是指其在决策和实施过程中，造成实际结果与预期目标的差异性及其发生的概率。项目风险的差异性包括损失的不确定性和收益的不确定性。这里的工程项目风险是指损失的不确定性。项目管理人员必须充分重视工程项目的风险管理，将其纳入到工程项目管理之中。

1. 工程项目风险的分类

根据不同角度程，我们把项目风险分成四类。

（1）按照风险来源划分

1）自然风险。如风暴、地震，异常的雨、雪、冰冻、灾害性地质情况，如泥石流、流沙、泉眼等，还有冻土、低温等施工现场条件。

2）社会风险。包括宗教信仰的影响和冲击、社会治安的稳定性、社会的禁忌、劳动者的文化素质、社会风气等。

3）经济风险。包括国家经济政策的变化，银根紧缩；工程承包市场、材料供应市场、劳动力市场的变动；金融风险、外汇汇率的变化等。

4）法律风险。如法律不健全，有法不依、执法不严，相关法律内容发生变化；对相关法律未能全面、正确理解；环境保护法规的限制等。

5）政治风险。通常表现为政局的不稳定性，战争、动乱、政变的可能性，国家的对外关系，政府信用和政府廉洁程度，政策及政策的稳定性，经济的开放程度，国有化的可能性、国内的民族矛盾、保护主义倾向等。

（2）按照风险涉及的当事人划分

1）业主的风险。业主遇到的风险通常可以归纳为三类，即人为风险、经济风险和自然风险。

2）承包商的风险。承包商作为工程承包合同的一方当事人，所面临的风险并不比业主的小。承包商遇到的风险也可以归纳为三类，即决策错误风险、缔约和履约风险、责任风险。

（3）按风险可否管理划分

1）可管理风险。是指用人的智慧、知识等可以预测、可以控制的风险。

2）不可管理风险。是指用人的智慧、知识等无法预测和无法控制的风险。

风险可否管理不仅取决于风险自身的特点，还取决于所收集资料的多少和掌握管理技术的水平。

（4）按风险影响范围划分

1）局部风险。是指由于某个特定因素导致的风险，其损失的影响范围较小。

2）总体风险。总体风险影响的范围大，其风险因素往往无法加以控制，如经济、政治等因素。

2. 工程项目风险管理程序

工程项目风险管理是指风险管理主体通过风险识别、风险评价去认识项目的风险，并以此为基础，合理地使用风险回避、风险控制、风险自留、风险转移等管理方法、技术和手段对项目的风险进行有效的控制，妥善处理风险事件造成的不利后果，以合理的成本保证项目总体目标实现的管理过程。

项目风险管理程序是指对项目风险进行管理的一个系统的、循环的工作流程，包括风险识别、风险分析与评估、风险应对策略的决策、风险对策的实施和风险对策实施的监控五个主要环节。

（1）风险识别

风险识别是风险管理中的首要步骤，是指通过一定的方式，系统而全面地识别影响项目目标实现的风险事件并加以适当归类，并记录每个风险因素所具有的特点的过程。必要时，还需对风险事件的后果进行定性估计。

（2）风险分析与评估

风险分析与评估是将项目风险事件发生的可能性和损失后果进行定量化的过程。该过程在系统地识别项目风险与合理地做出风险应对策略的决策之间起着重要的桥梁作用。风险分析与评估的结果主要在于确定各种风险事件发生的概率及其对项目目标影响的严重程度，如项目投资增加的数额、工期延误的天数等。

（3）风险应对策略的决策

风险应对策略的决策是确定项目风险事件最佳对策组合的过程。一般来说，风险管理中所运用的对策有以下四种：风险回避、风险控制、风险自留和风险转移。这些风险对策的应用对象各不相同，需要根据风险评价的结果，对不同的风险事件选择最适合的风险对策，从而形成最佳的风险对策组合。

（4）风险对策的实施

对风险应对策略所做出的决策还需要进一步落实到具体的计划和措施。例如，在决定进行风险控制时，要制定预防计划、灾难计划、应急计划等；在决定购工程保险时，要选择保险公司，确定恰当的保险险种、保险范围、免赔额、保险费等。这些都是实施风险对策决策的重要内容。

（5）风险对策实施的监控

在项目实施过程中，要不断地跟踪检查各项风险应对策略的执行情况，并评价各项风险对策的执行效果。当项目实施条件发生变化时，要确定是否需要提出不同的风险应对策略。因为随着项目的不断进展和相关措施的实施，影响项目目标实现的各种因素都在发生变化，只有适时地对风险对策的实施进行监控，才能发现新的风险因素，并及时对风险管理计划和措施进行修改和完善。

实训2

如何对工程项目实施阶段进行管理？

9.4　建设法规与合同管理

我国的法律体系一般可分为法律、行政法规、行业规章、地方性法规和地方规章等几个层次。

1. 法律

法律是指由全国人民代表大会及其常务委员会审议通过并以国家主席令的形式颁布的法律。如《宪法》、《刑法》、《建筑法》、《城乡规划法》、《招标投标法》、《政府采购法》、《合同法》、《价格法》、《土地管理法》等。

2. 行政法规

行政法规是指国务院依法制定并以国务院总理签发的形式颁布的法规。如《建设工程质量管理条例》、《建设工程勘察设计管理条例》、《建设工程安全生产管理条例》等。

3. 行业规章

行业规章是指国务院各有关主管部门依法制定并以部长令的形式颁布的规章。如《工程造价咨询企业管理办法》、《注册造价工程师管理办法》、《建筑工程施工发包与承包计价管理办法》、《建设工程价款结算暂行办法》等。

4. 地方性法规

地方性法规是指由省、自治区、直辖市人民代表大会及其常务委员会依法制定并颁布的法规。包括省会（自治区首府）城市和经国务院批准的较大的市人民代表大会及其常务委员会依法制定的，报经省、自治区人民代表大会或其常务委员会批准的法规。

5. 地方规章

地方规章是指省、自治区、直辖市以及省会城市和经国务院批准的较大城市的人民政府，根据法律和国务院的行政法规制定并颁布的规章。

上述法律法规规章的效力中，法律的效力高于行政法规，行政法规的效力高于部门规章，部门规章的效力高于地方性法规和规章。我国与公路工程建设有关的法律法规主要有《中华人民共和国公路法》、《招标投标法》、《政府采购法》、《合同法》、《价格法》、《土地管理法》、《房地产管理法》、《标准化法》、《保险法》及税收相关法律。

9.4.1　工程建设相关法律

1. 公路法

在中华人民共和国境内从事公路的规划、建设、养护、经营、使用和管理，适用《中华人民共和国公路法》。本法所称公路，包括公路桥梁、公路隧道和公路渡口。公路的发展应当遵循全面规划、合理布局、确保质量、保障畅通、保护环境、建设改造与养护并重的原则。

（1）公路的建设资金

公路建设必须首先有资金的投入。公路属于资金密集型产业，筹集到足够的资金是公路建设的前提条件。国家允许公路建设可以从多渠道取得资金，鼓励、引导国内外经济组织依法投资建设、经营公路。因此，我国公路建设的资金来源是多元化的。

1）财政拨款。财政拨款包括中央和地方财政拨款。中央财政拨款的重点是安排跨地区的公路基础设施项目建设。作为公路建设资金的财政拨款，包括依法征税筹集的公路建设资金转为财政拨款的资金。

2）贷款。贷款包括商业性贷款和国家政策性贷款。公路建设也可以向国外金融机构或者外国政府贷款。20世纪80年代以来，我国先后利用了大量世界银行、亚洲开发银行、外国政府贷款，减缓了公路建设资金不足的问题。

3）资本金、发行股票、公司债券。国家鼓励国内外经济组织对公路建设进行投资，包括BOT方式等投资公路建设。国内外经济组织对公路建设进行投资，首先要有资本金，这是成立开发、经营公路的公司的基础。开发、经营公路的公司可以依照法律、行政法规的规定发行股票、公司债券筹集资金。

4）集资。国家允许在需要与可能的情况下向企业和个人集资建设公路。但是，集资必须坚持自愿原则，不得强行摊派。

（2）公路建设基本管理制度方面

由于公路在政治、经济和公民生活中具有重要的作用，国家对公路建设有非常严格的管理制度。县级以上人民政府交通主管部门应当依据职责维护建设秩序，加强对公路建设的监督管理。

1）公路建设的基本程序。公路建设应当按照国家规定的基本建设程序和有关规定进行。按照原交通部颁发的《公路工程基本建设管理办法》规定，公路工程基本建设程序如下：

- 项目建议书。
- 项目可行性研究，项目环境影响报告书。
- 编制初步设计文件和概算。
- 编制施工图和施工图预算。

- 列入年度基本建设计划。
- 项目实施前的各项准备工作。
- 项目实施。
- 竣工验收。
- 项目后评价。

2）公路工程技术标准制度。公路建设必须符合公路工程技术标准。承担公路建设项目的建设单位、设计单位、施工单位和工程监理单位，应当按照国家有关规定建立健全质量保证体系，落实岗位责任制，并依照有关法律、法规、规章以及公路工程技术标准的要求和合同约定履行各自职责，严格执行强制性标准，保证公路工程建设质量。

3）公路建设项目的主体资格管理制度。公路建设单位应当根据公路建设工程的特点和技术要求，选择具有相应资格的勘察设计单位、施工单位和工程监理单位，并依照有关法律、法规、规章以及公路工程技术标准的要求，分别签订合同，明确双方的权利义务。

承担公路建设项目的可行性研究单位、勘察设计单位、施工单位和工程监理单位，必须持有国家规定的资质证书。

（3）公路建设的土地使用

公路建设使用土地依照有关法律、行政法规的规定办理。公路建设应当贯彻切实保护耕地、节约用地的原则。公路建设需要使用国有荒山、荒地或者需要在国有荒山、荒地、河滩、滩涂上挖砂、采石、取土的，依照有关法律、行政法规的规定办理后，任何单位和个人不得阻挠或者非法收取费用。

地方各级人民政府对公路建设依法使用土地和搬迁居民，应当给予支持和协助。应了解违反《公路法》的相关法律责任。

1）对路产造成危害行为的法律责任。

A. 使用公路中的危害行为及其法律责任。

使用公路中的危害行为主要有：

- 将公路作为试车场地。
- 违规使用公路造成路损的。
- 未经批准，违规使用公路。

法律责任有：

对于将公路作为试车场地的行为，交通主管部门应当责令停止违法行为，可以处5000元以下罚款。

- 使用公路或因其他原因，造成公路及其他管理设施损坏，未及时报告公路管理机构，或不接受公路管理机构的现场调查，由交通主管部门处以1000元以下罚款，并依法赔偿、修复路产损失。
- 对于未经批准，违规使用公路的行为，应向有关公路管理机关缴纳公路（设施）损坏补偿费，并由交通主管部门责令停止违法行为，可以处以3万元以下的罚款。涉及交通安全的，还可由公安机关依法处罚。

B. 非公路使用的危害行为及其法律责任。

其一是非公路使用的危害行为。在公路、公路用地范围内有违法设置物的行为：

- 违法设置电杆、变压器、地下管线及其他类似设施。
- 设置棚屋、摊点、维修厂及其他临时设施。
- 堆放垃圾、建筑材料及其他临时设施。
- 挖掘、采矿、取土、引水灌溉、排污放水、种植作物、烧窑、制坯、沤肥及其他类似作业。

破坏、损坏、移动公路工程设施的行为：

- 擅自损坏、移动、涂改公路附属设施。
- 擅自损坏、挪动、涂改公路附属设施或损坏、挪动建筑控制区的标桩，可能危及公路安全的其他行为。

其二是法律责任。

- 对于在公路、公路用地范围内有违法设置物的行为，如果未造成路产损失的，责令限期移出，同时恢复状态，并处以5000元以下罚款；对路产造成损失的，应责令限期移出、恢复路产、赔偿损失，并处以3万元以下罚款。
- 对于破坏、损坏、移动公路工程设施的行为，由交通主管部门责令停止违法行为，可以处以3万元以下罚款。对于擅自损毁公路标志，影响交通安全的行为，构成犯罪的，应当承担相应责任，不构成犯罪的，可处以15日以下拘留、200元以下罚款。

2）危及公路安全行为的法律责任。

- 从事危及公路安全的作业的法律责任。对于从事危及公路安全的作业，如在大中型公路桥梁和渡口周围200m、公路隧道上方和洞口外100m范围内，以及在公路两侧一定距离内，挖砂、采石、取土、倾倒废弃物，进行爆破作业及其他危及公路、公路桥梁、公路隧道、公路渡口安全的活动，由交通主管部门责令停止违法行为，可以处以3万元以下罚款。
- 从事危及公路安全的施工的法律责任。对于从事危及公路安全的施工，由交通主管部门责令停止违法行为，并提出警告，待完善防护措施后复工或限期迁出规定范围；对已经造成公路及公路设施损失的，应当赔偿损失，情节严重的另处不超过公路损失赔偿费20%的罚款。
- 阻碍公路建设或抢修的法律责任。阻碍公路建设或抢修，致使公路建设或抢修不能正常进行，尚未造成严重损失的，给予治安处罚。构成犯罪的，依法追究刑事责任。

3）在公路上擅自设卡、收费的法律责任。违反法律或者国务院有关规定，擅自在公路上设卡、收费的，由交通主管部门责令停止违法行为，没收违法所得，可以处以违法所得3倍以下的罚款；没有违法所得的，可以处2万元以下的罚款；对负有直接责任的主管人员和其他直接责任人员，依法给予行政处分。

2. 招标投标法

《招标投标法》规定，在中华人民共和国境内进行下列工程建设项目（包括项目的勘察、设计、施工、监理以及与工程建设有关的重要设备、材料等的采购），必须进行招标：

- 大型基础设施、公用事业等关系社会公共利益、公众安全的项目。
- 全部或者部分使用国有资金投资或者国家融资的项目。
- 使用国际组织或者外国政府贷款、援助资金的项目。

任何单位和个人不得将依法必须进行招标的项目化整为零或者以其他任何方式规避招标。依法必须进行招标的项目，其招标投标活动不受地区或者部门的限制。任何单位和个人不得违法限制或者排斥本地区、本系统以外的法人或者其他组织参加投标，不得以任何方式非法干涉招标投标活动。有关行政监督部门依法对招标投标活动实施监督，依法查处招标投标活动中的违法行为。

完成一个项目招投标工作应包含招标、投标、开标、评标和中标等过程。

3. 政府采购法

《政府采购法》中规定的政府采购，是指各级国家机关、事业单位和团体组织，使用财政性资金采购依法制定的集中采购目录以内的或采购限额标准以上的货物、工程和服务的行为。这里的采购是指以合同方式有偿取得货物、工程和服务的行为，包括购买、租赁、委托、雇用等。其中，货物是指各种形态和种类的物品，包括原材料、燃料、设备、产品等；工程是指建设工程，包括建筑物和构筑物的新建、改建、扩建、装修、拆除、修缮等；服务是指除货物和工程以外的其他政府采购对象。

政府采购实行集中采购和分散采购相结合。集中采购的范围由省级以上人民政府公布的集中采购目录确定。

4. 价格法

《价格法》中的价格，包括商品价格和服务价格。大多数商品和服务价格实行市场调节价，只有极少数商品和服务价格实行政府指导价或政府定价。我国的价格管理机构是县级以上各级政府价格主管部门和其他有关部门。

（1）经营者的价格行为

1）经营者权利。经营者享有如下权利：自主制订属于市场调节的价格；在政府指导价规定的幅度内制订价格；制订属于政府指导价、政府定价产品范围内的新产品的试销价格，特定产品除外；检举、控告侵犯其依法自主定价权利的行为。

2）经营者违规行为。经营者不得有下列不正当行为：相互串通，操纵市场价格，侵害其他经营者或消费者的合法权益；除降价处理鲜活、季节性、积压商品外，为排挤对手或独占市场，以低于成本的价格倾销，扰乱正常的生产经营秩序，侵害国家利益或者其他经营者的合法权益；捏造、散布涨价信息，哄抬价格，推动商品价格过高上涨；利用虚假或使人误解的价格手段，诱骗消费者或者其他经营者与其进行交易；对具有同等交易条件的其他经营者实行价格歧视等。

（2）政府的定价行为

1）政府定价的商品。对下列商品和服务价格，政府在必要时可以实行政府指导价或政府定价：与国民经济发展和人民生活关系重大的极少数商品价格；资源稀缺的少数商品价格；自然垄断经营的商品价格；重要的公用事业价格；重要的公益性服务价格。

2）定价目录。政府指导价、政府定价的定价权限和具体适用范围，以中央和地方的定价目录为依据。中央定价目录由国务院价格主管部门制定、修订，报国务院批准后公布。地方定价目录由省、自治区、直辖市人民政府价格主管部门按照中央定价目录规定的定价权限和具体适用范围制定，经本级人民政府审核同意，报国务院价格主管部门审定后公布。省、自治区、直辖市人民政府以下各级地方人民政府不得制订定价目录。

3）定价依据。政府应当依据有关商品或者服务的社会平均成本和市场供求状况、国民经济与社会发展要求以及社会承受能力，实行合理的购销差价、批零差价、地区差价和季节差价。制定关系群众切身利益的公用事业价格、公益性服务价格、自然垄断经营的商品价格时，应当建立听证会制度，征求消费者、经营者和有关方面的意见。

（3）价格总水平调控

当重要商品和服务价格显著上涨或者有可能显著上涨，国务院和省、自治区、直辖市人民政府可以对部分价格采取限定差价率或者利润率、规定限价、实行提价申报制度和调价备案制度等干预措施。省、自治区、直辖市人民政府采取上述规定的干预措施，应当报国务院备案。

5. 土地管理法

（1）土地的所有权和使用权

1）土地所有权。我国实行土地的社会主义公有制，即全民所有制和劳动群众集体所有制。全民所有是指国家所有土地的所有权由国务院代表国家行使。城市市区的土地属于国家所有。宅基地和自留地、自留山，以及除由法律规定属于国家所有的以外，农村和城市郊区的土地，属于农民集体所有。国家为了公共利益的需要，可以依法对土地实行征收或者征用并给予补偿。

2）土地使用权。国有土地和农民集体所有的土地，可以依法确定给单位或者个人使用。单位和个人依法使用的国有土地，由县级以上人民政府登记造册，核发证书，确认使用权。其中，中央国家机关使用的国有土地的具体登记发证机关，由国务院确定。用于非农业建设的农民集体所有的土地，由县级人民政府登记造册，核发证书，确认建设用地使用权。依法改变土地权属和用途。应当办理土地变更登记手续。

（2）耕地保护

国家保护耕地，严格控制耕地转为非耕地，实行占用耕地补偿制度。非农业建设经批准占用耕地的，按照"占多少，垦多少"的原则，由占用耕地的单位负责开垦与所占耕地的数量和质量相当的耕地；没有条件开垦或者开垦的耕地不符合要求的，应当按规定缴纳耕地开垦费。专款用于开垦新的耕地。各省、自治区、直辖市划定的基本农田应当占本行政区域内耕地的 80% 以上。

（3）建设用地

1）建设用地的批准。除兴办乡镇企业、村民建设住宅和乡（镇）村公共设施、公益事业建设外，任何单位和个人进行建设，需要使用土地的，必须依法申请使用国有土地，即国家所有的土地和国家征收的原属于农民集体所有的土地。涉及农用地转为建设用地，应当办理农用地转用审批手续。征收下列土地的，由国务院批准：基本农田；基本农田以外的耕地超过 35 公顷的；其他土地超过 70 公顷的。征收上规定以外的土地，由省、自治区、直辖市人民政府批准，并报国务院备案。国家征收土地，依照法定程序批准后，由县级以上地方人民政府予以公告并组织实施。经批准的建设项目需要使用国有建设用地，建设单位应当持法律、行政法规规定的有关文件，向有批准权的县级以上人民政府土地行政主管部门提出建设用地申请，经土地行政主管部门审查，报本级人民政府批准。

2）征收土地的补偿。征收土地，应当按照被征收土地的原用途给予补偿。征收耕地的补偿费用包括土地补偿费、安置补助费以及地上附着物和青苗的补偿费。其中，土地补偿费，为该耕地被征收前 3 年平均年产值的 6～10 倍；安置补助费，按照需要安置的农业人口数计算。需要安置的农业人口数，按照被征收的耕地数量除以征地前被征收单位平均每人占有耕地的数量计算。每一个需要安置的农业人口的安置补助费标准，为该耕地被征收前 3 年平均年产值的 4～6 倍。但是，每公顷被征收耕地的安置补助费，最高不得超过被征收前 3 年平均年产值的 15 倍。征地补偿安置方案确定后，有关地方人民政府应当公告，并听取被征地的农村集体经济组织和农民的意见。

3）国有土地使用权的收回。对下列情形之一，有关政府土地行政主管部门报经人民政府批准，可以收回国有土地使用权：为公共利益需要使用土地的；为实施城市规划进行旧城区改建，需要调整使用土地的；土地出让等有偿使用合同约定的使用期限届满，土地使用者未申请续期或申请续期未获批准的；因单位撤销、迁移等原因，停止使用原划拨的国有土地的；公路、铁路、机场、矿场等经核准报废的。其中，依照前两项规定收回国有土地使用权的。对土地使用权人应当给予适当补偿。

6. 标准化法

（1）标准的类别及其制定范围

1）标准的类别。标准分为国家标准、行业标准、地方标准和企业标准四级。其中国家标准由国务院标准化主管部门制订，行业标准由国务院有关主管部门制订，地方标准由省、自治区和直辖市标准化主管部门制订，企业标准由企业自己制订。国家鼓励积极采用国际标准。

国家标准、行业标准又可分为强制性标准和推荐性标准。保障人体健康，人身、财产安全的标准和法律、法规规定强制执行的标准是强制性标准，其他标准是推荐性标准。省、自治区、直辖市标准化主管部门制订的工业产品的安全、卫生要求的地方标准，在本行政区域内是强制性标准。

2）制订标准的范围。对下列需要统一的技术要求，应当制订标准：工业产品的品种、规格、质量、等级或者安全、卫生要求；工业产品的设计、生产、检验、包装、储存、运输、使用的方法或者生产、储存、运输过程中的安全、卫生要求；有关环境保护的各项技术要求和检验方法；建设工程的设计、施工方法和安全要求；有关工业生产、工程建设和环境保护的技术术语、符号、代号和制图方法。

（2）标准的制定

对需要在全国范围内统一的技术要求，应当制订国家标准。对没有国家标准而又需要在全国某个行业范围内统一的技术要求，可以制订行业标准。对没有国家标准和行政标准而又需要在省、自治区、直辖市范围内统一的工业产品的安全、卫生要求，可以制订地方标准。企业生产的产品没有国家标准和行业标准的，应当制订企业标准，作为组织生产的依据。已有国家标准或者行业标准的，国家鼓励企业制订严于国家标准或者行业标准的企业标准，在企业内部适用。

（3）标准的实施

强制性标准，必须执行，不符合强制性标准的产品，禁止生产、销售和进口；推荐性标准，国家鼓励企业自愿采用。

7. 保险法

保险是指投保人根据合同约定，向保险人支付保险费，保险人对于合同约定的可能发生的事故因其发生所造成的财产损失承担赔偿保险金责任，或者当被保险人死亡、伤残、疾病或达到合同约定的年龄、期限时承担给付保险金责任的商业保险行为。

保险合同是指投保人与保险人（即保险公司）约定保险权利义务关系的协议。投保人是指与保险人订立保险合同，并支付保险费的人。被保险人是指其财产或人身受保险合同保障，享有保险金请求权的人，投保人可以为被保险人。受益人是指人身保险合同中由被保险人或者投保人指定的享有保险金请求权的人，投保人、被保险人可以为受益人。

1）保险合同的内容。保险合同应当包括下列事项：保险人、投保人、被保险人、受益人的名称和住所；保险标的、保险价值和保险金额；保险费以及支付办法，保险金赔偿或给付办法；订立合同时间、保险期间及保险责任开始时间；保险责任和责任免除；违约责任和争议处理。

保险金额是指保险人承担赔偿或者给付保险金责任的最高限额。保险金额不得超过保险价值；超过保险价值的，超过的部分无效。

2）保险合同的分类。保险合同可以分为财产保险合同和人身保险合同。

3）保险事故的处理。保险事故发生后，投保人、被保险人或受益人应当向保险人提供有关保险事故的性质、原因、损失程度等的证明和资料。保险人收到被保险人或受益人的赔偿或给付保险金的请求后，应当及时作出核定，并将核定结果通知被保险人或受益人；对属于保险责任的，在与被保险人或受益人达成有关赔偿或给付保险金额的协议后 10 日内，履行赔偿或给付保险金义务。保险合同对保险金额及赔偿或给付期限有约定的，保险人应依照保险合同的约定，履行赔偿或给付保险金义务。保险人收到赔偿或给付保险金的请求及证明资料之日起 60 日内，若仍不能确定赔付或给付数额，则应先予支付最低数额。

8. 税收法律

近年来，我国制订了一系列有关税收方面的法律法规，如《税收征收管理法》、《企业所得税法》、《个人所得税法》等。

(1) 税务管理

1) 税务登记和账簿管理。从事生产、经营的企业、个体工商户和事业单位要在领取营业执照之日起 30 日内，持有关证件，向税务机关申报办理税务登记；取得税务登记证件后，在银行或其他金融机构开立基本存款账户和其他存款账户，并将其全部账号向税务机关报告；纳税人要按照有关法规，设置和保管账簿，根据合法有效的凭证记账．进行核算。

2) 纳税申报。纳税人需按有关规定确定的申报期限、申报内容如实办理纳税申报，报送纳税申报表、财务会计报表及其他纳税资料。

3) 税款征收。纳税人应按法律法规确定的期限缴纳税款。纳税人因有特殊困难，不能按期缴纳税款的，经省、自治区、直辖市国家税务局、地方税务局批准，可以延期缴纳税款，但是最长不得超过 3 个月。未按期缴纳税款的，税务机关除责令限期缴纳外，从滞纳税款之日起，按日加收滞纳税款万分之五的滞纳金。

(2) 税率

税率是应纳税额与计税基数之间的数量关系或比例．是计算税额的尺度。我国现行税率有 3 种，即比例税率、累进税率和定额税率。

(3) 税收分类

根据征税对象区分，税收可分为流转税、所得税、财产税、行为税、资源税五类。

9.4.2　工程项目合同管理

1. 工程合同的特点

土木工程项目合同有其自身的特点，一方面要与天文、地理等自然气候条件相关联，另一方面又要由人来实施和管理。一般的土木工程项目都要经过可行性研究、勘测、设计、施工、监理等过程。工程中既有新建项目，也有旧路改建、旧桥加固、工程抢险等，这样也就产生多种合同类型。这些合同既具有工程承包合同的一般共性，也具有其独特的地方。因此，工程合同既应服从于国家有关一般建设工程的条例规定，又应符合有关部门关于具体工程的特殊要求。

工程承包合同具有以下基本特点：

1）业主和承包商必须具有权利能力和行为能力。工程承包合同是业主与勘察、设计、施工、监理部门之间，为完成特定的工程基本建设项目的建设任务而签订的明确双方权利和义务的协议。各方都应有合法的法人资格。

2）具有很强的计划指导性。基本建设是国民经济的重要组成部分，基本建设计划又是国民经济的一个重要内容。指导性基本建设计划是国民经济和社会发展计划的一部分，是国家有关权力机关批准的，具有法律效力。

3）具有严格的法定程序。只有按国家规定的基本建设程序签订的合同才属有效合同，基本建设工作涉及面广，内外协作配合环节多，必须有计划、有步骤、有秩序地进行，必须严格执行国家有关基本建设程序的规定。对于大中型基本建设项目更是如此。

4）合同主体之间具有严密的协作性。工程承包合同涉及面比较广泛，往往需要由勘察、设计、施工、监理及地质水文等部门互相配合，密切协作，共同完成工程建设任务。无论哪个部门和环节出现问题，都有可能影响整个工程的完成，各单位只有认真履行各自的义务，才能保证整个工程的完成。

除以上特征外，工程承包合同还应接受国家专业银行的监督。

2. 工程承包合同的类型

工程合同可按不同的方法来划分类型，常见的分类方法如下：

（1）按工程合同内容划分

可分为勘察设计合同、施工承包合同、监理咨询合同以及其他与工程相关的借款合同、机械设备租赁合同、供用电合同、买卖合同、劳务合同等。

（2）按选择承包者的方法划分

1）任意合同。任意合同是不通过竞争的方式签订的合同。在建设工程中有时出现以下情况：

- 合同的性质或目的不允许竞争。如合同的标的物需要特殊的技术或特殊的材料、构件、或合同的标的物建成后仅限交给特定人员使用。
- 情况紧急来不及竞争。如发生或预测将要发生灾害等紧急事态，而来不及履行竞争手续，如水毁工程的抢修等。
- 合同额定价格小或无人投标等。在以上情况下。业主往往通过和某个特定的对象协商来签订合同，这样的合同即属任意合同。

2）竞争合同。竞争合同是通过竞争的方式选择合同对方当事人而签订的合同。竞争合同可分为一般竞争方式和指定竞争方式两种类型。

（3）按工程规模内容划分

1）BOT项目承包合同。BOT项目承包合同是指建设（Build）—经营（Operate）—转让（Transfer）全过程项目承包的合同形式，是国际工程项目建设模式。其含义为：政府通过授权，把本属于政府支配、拥有或控制的资源，委托给资本拥有者进行投资建设并经营获益，在特许经营期届满时移交政府继续经营。

2）总承包合同。总承包合同是承包单位与业主之间直接签订的关于某一工程项目全部工作的协议。又分为设计施工总承包合同与施工总承包合同。设计施工总承包合同是由设计方和施工方组成设计施工联合体，对工程就设计和施工进行联合投标，业主从中选择一家设计方案优秀、有实力且工程造价低的联合体作为中标方，然后签订承包合同。由于工程造价主要是由设计方案决定的，因此这种方式对业主降低工程造价、节省工程投资有显著优点，且工程实施中联合体可以将设计和施工统一安排，使设计施工交叉进行，从而提高工作效率，加快工程进度，缩短工期。

3）分包合同。分包合同是总包单位在建设单位签订总承包合同后，又与分包单位就工程的某一部分工程或某一单位工程，分包给分包商完成而签订的合同。

（4）按施工承包合同计价的方式划分

1）总价合同。

- 固定总价合同，是按双方商定的总价承包工程。它的特点是以图纸和技术规范为依据，明确承包内容和计算包价，签约时一次包死。在合同执行过程中，除非业主要求变更原定的承包内容，承包方一般不得要求变更包价。这种方式对业主比较简便，因此为一般业主所欢迎。对承包方来说，如果设计图纸和技术规范相当详细，签订合同时考虑得也比较周全，不致有太大的风险，也是一种比较简便的承包方式。但如果图纸和技术规范不够详细，未知因素比较多，或者遇到材料突然涨价以及恶劣的气候等意外情况，则承包方必须承担一定的风险。为此，往往加大不可预见费用，因而不利于降低造价，最终对建设单位不利。这种承包方式通常适用于规模小、工期短、技术不太复杂的工程。

- 变动（调值）总价合同。合同总承包价款随工程进展中的变更、违约索赔、材料涨价等因素变化，可变动合同总价。变动或调值依据为公式法或文件证据法。适用于公开招标、工期较长的大规模工程。

2）单价合同。即由业主开列有工程细目的工程量清单，然后交投标方投标报价，从中选择一家总报价低且各方面条件较优越的投标方作为中标方，双方签订合同后，工程付款将根据所完成的工程数量按工程量清单中的单价结算。这种方式能避免工程变更给承包合同双方带来的风险，有利于降低风险报价，因此，在公路施工承包合同中应用非常广泛。

3）成本补偿合同。这种承包合同方式的基本特点是按工程实际发生的成本（包括人工费、材料费、施工机械使用费、其他直接费和施工管理以及各项独立费，但不包括承包企业的总管理费和应缴所得税），加上商定的总管理费和利润来确定工程总造价。它主要适用于开工前对工程内容尚不十分清楚的情况，例如边设计边施工的紧急工程，或遭受地震、战火等灾害破坏后修复工程，以及保密工程或科学研究的工程等。

9.4.3　施工承包合同管理

1. 施工承包合同的概念及特点

施工承包合同是工程项目的业主方与施工承包方之间，为完成该工程项目的建造任务签订的明确双方权利和义务的协议。签订施工承包合同主要有以下几方面的特点。

（1）施工承包合同订立的依据

施工承包合同的订立，应具备以下要求：

1）工程项目的设计文件和概预算得到有关主管部门批准且项目已列入年度基本建设计划。

2）建设资金计划基本明确，资金已落实，征地拆迁工作可保证施工需要。

3）工程建设实施计划概要已经完成。只有满足这些条件，签订的施工合同才能得到国家法律的保护。

（2）业主方和承包商双方的资格要求

1）业主必须具备的条件有：

• 具备法人资格。

• 具有与拟建工程规模相适应的组织管理、技术管理、经济管理人员和相应机构。

• 具备编制招标文件、编制标底、组织开标、评标等能力。

不具备以上后两项条件的，应委托具有相应资格的咨询公司代理。

2）承包商应持有工商行政管理部门核发的营业执照及应持有经行业主管部门考核发给的施工资格证书。国务院各部门直属施工企业的资格证书，由主管部门按照本部门的资格等级标准核定等级，发给资格等级证书。省、自治区、直辖市各厅、局所属施工企业的资格等级，由其主管厅、局按照国务院有关部门制订的等级标准核定等级，发给资格等级证书。所有国有施工企业，凭主管部门核发的资格等级证书，向所在地工商行政管理机关申请，办理登记，取得法人资格，领取营业执照。

2. 施工承包合同主要内容

（1）主要方面

1）词语含义及合同文件；

2）双方一般责任；

3）施工组织设计和工期；

4）质量与验收；

5）合同价款与支付；

6）材料设备供应；

7）设计变更；

8）竣工与结算；

9）争议、违约和索赔；

10）其他。

（2）公路工程施工承包合同范本

主要包括合同条件、技术规范、图纸、工程量清单和标价及协议书等。

3. 施工承包合同双方当事人的权利和义务

（1）业主方的义务

1）负责办理正式工程和临时设施范围内的土地征用、租用，申请施工许可证执照及各种公用设施使用许可证。

2）以书面形式提供道路、桥梁、涵洞、隧道等建筑物的水准点、坐标控制点等测量标志，进行现场交验并对其可靠性负责。

3）开工前，接通施工现场水源、电源和运输道路，拆迁现场内拟拆迁结构物（也可委托施工单位承担）。

4）组织设计方向施工方进行技术交底，并按合同规定的时间和份数及时通过监理方向施工方提交施工图等施工所需的技术资料。

5）派驻工地代表，及时与施工方协商并解决工程中发生问题；实行社会监理的工程，业主委托的总监理工程师按协议条款的约定对施工进行监督管理，但无权解除合同中乙方的义务。

6）负责组织合同规定的工程的交工验收和竣工验收。

7）及时向经办银行提交各期付款与结算所需的文件，按时办理贷款和结算。

8）负责按双方商定的业主应负责的其他事宜。

（2）承包商的义务

1）积极做好施工前各项准备工作。施工前准备工作包括组织力量核对设计文件，进行补充调查和施工测量，编好实施性施工组织设计，安排好施工所需的劳力、材料、机械、工具、工期和生活供应等工作。施工中涉及其他部门有关的问题，应事先联系，签订协议。大中型建设项目开工前，必须由施工单位提出开工报告，报交通运输部或省、直辖市、自治区基建主管部门（按投资隶属关系）核准备案。开工报告应说明征地拆迁、施工机械、劳力安排、材料进场、临时设施、施工方案和施工文件的准备情况等。

2）及时向业主或监理工程师汇报工程质量与进度情况。施工方应按合同规定的日期向业主和监理工程师递交有关采购材料的使用性能检验报告、施工中各种混合料、混凝土和施工质量的自检报告、各种隐蔽工程的验收申请、各种施工统计表、工程事故情况报告、阶段验收和竣工验收报告等材料。

3）积极协助业主代表和监理工程师工作。施工方应按合同条款的规定，向业主代表或监理工程师提供在现场办公及生活用房及设施，发生费用由业主承担；施工方还负责提供合同规定的业主代表或监理工程师进行各种质量检验所需的材料、试件、工人、场地、设备等，以便于对方质量检验人员进行检验。

4）负责工程所需的照明、信号、看管工作。施工单位应负责工程施工所需的照明、施工标志、信号、圈栏、安全警卫等，以保证安全施工。

5）施工应遵守有关规定并保护有关管线等构造物。施工方在施工中应遵守当地政府关于噪声、污染及夜间施工控制方面的规定，遵守当地政府关于工地附近道路使用的规定，注意保护施工中遇到的地下管线及其他邻近建筑物、构造物，避免使建设单位遭到因上述情况发生而产生的索赔。

6)工程完工后应及时提交有关竣工验收全套的竣工技术资料,办理工程竣工结算,参加交工验收及参加缺陷责任期验收。最后通过竣工验收。

7)在合同规定的缺陷责任期内,对属于施工方责任的质量问题,负责无偿保修。公路工程项目的缺陷责任期一般为两年,期满时,经验收合格,施工方即可得到全部工程款。

4. 工程施工承包合同的违约责任

根据《合同法》以及《建筑安装工程承包合同条例》,公路工程施工承包合同的违约责任,应按如下规定处理。

(1)业主的违约责任

1)业主未按照约定的时间和要求提供原材料、设备、场地、资金、技术资料的,承包方可以顺延工程日期,并有权要求赔偿停工、窝工等损失。

2)因业主原因工程中途停建、缓建或由于设计变更以及设计错误造成的返工,业主应采取措施弥补或减少损失,同时,赔偿承包方由此而造成的停工、窝工、返工、倒运、人员和机具设备调迁、材料和构件积压的实际损失和费用。

3)工程未经验收,业主提前使用或擅自动用,由此而发生的质量或其他问题,由业主负责。

4)超过合同规定日期验收,按合同的违约责任条款的规定,应偿付逾期违约金。

5)不按合同规定支付工程款,按银行有关逾期付款办法或"工程价款结算办法"的有关规定处理。

(2)承包方的违约责任

1)因施工方的原因致使建设工程质量不符合约定的,承包方应负责在合理期限内无偿修理或返工、改建,修理或经过返工造成逾期交付的,应偿付逾期违约金。

2)工程交付时间不符合规定,按合同中违约责任条款的规定,承包方应偿付逾期违约金。

🏃 实训3

某山岭重丘区公路路基土、石方工程中,承包商在合同中标明有软石的地方未遇到软石,因此,该施工段的工期提前2个月。但另一施工段在合同中没有标明有岩石的地方遇到了较多的次坚石,使开挖工作变得困难,工期因此拖延了5个月。由于工期拖延,使得施工不得不在雨季进行。按一般公认标准计算,影响工期2个月,由于实际遇到的地质条件比原合理预计的复杂,造成了实际生产率比原计划低得多,折算影响工期3个月。为此,承包商准备提出索赔。问:该索赔计划有关索赔的内容、理由、证据、通知等,用文字简要说明要点。

9.5　公路施工安全

9.5.1　安全管理概论

安全管理是指在公路工程施工项目的施工过程中，从工程开始到结束，组织安全生产的全部管理活动。安全管理以保护生产活动中人与设备的安全与健康为中心，为保证生产顺利进行。

安全管理的基本原则有：

1）管生产同时管安全。

2）坚持安全管理的目的性原则：工程技术环境；安全管理环境；劳动环境。

3）贯彻预防为主的原则。

4）坚持"四全"动态管理原则：全员、全过程、全方位、全天候。

5）安全管理重在控制的原则：最优化控制；按事先要求进行；控制方法；被控制系统；控制是动态的；提倡主动控制；控制由分系统组成。

安全新观点五要素包括：安全文化、安全法制、安全责任、安全技术和安全投入。具体内容有：第一就是安全文化。要通过大力宣传、教育提高全体公民的自我保护意识，提高全社会的安全意识，建立安全生产理念。第二是安全法制。要以《安全生产法》作为核心，健全相配套的法规、规章、制度，形成全社会的安全法律体系，并用这个体系首先规范政府，然后规范企业、规范职工、规范全体公民的行为。第三是安全责任。责任是安全的灵魂。企业是安全生产责任主体，企业的法人代表，也就是一把手，要做好 4 件事：始终把握好安全的方针、原则、政策，把握住方向，把安全放在第一的位置；抓各级安全生产责任制；把资金用于重大隐患的治理，做到心中有数；抓好"三同时"，部署工作时安全生产工作同时部署，落实工作时同时落实，检查工作时同时检查。第四是安全技术。安全要靠技术来支撑。企业必须采用先进、可靠的技术。第五个要素就是安全投入。要实现本质安全。安全要有投入、安全要有成本。不安全的物质状态，需要现代科学技术和必要的安全投入才能消除和控制。

安全管理内容：安全组织管理，场地与设施管理，行为控制管理和安全技术管理。

9.5.2　安全管理内容

在公路施工过程中，施工现场是安全管理的重点，为了将施工生产因素的状态控制好，必须正确处理五种关系：安全与危险关系；安全与生产关系；安全与质量关系；安全与速度关系；安全与效益关系。具体工作内容如下：

1. 安全组织机构与规章制度

安全组织机构在企业安全生产的管理中是一项最基本的也是最重要的工作，组织机构的设置要遵守《中华人民共和国安全生产法》的规定，也就是说企业第一责任人同时也是安全生产的第一责任人，负责安全工作重大问题的组织研究和决策。机构第二内容就是主要安全的负责人负责企业的安全生产管理工作。机构的第三个内容是企业安全职能部门，施工企业的性质决定必须设立安全职能部门，负责日常安全生产工作管理监督和落实。安全组织机构的设置应体现高效精干的原则，既有较强的责任心又有一定的吃苦精神；既有较丰富的理论知识、法律意识又有丰富的现场实际经验；既有一定的组织分析能力又有良好的道德修养。也就是说安全机构不能是框架，不能是迫于形势要求的一个设置机构。组织机构要对国家法律、法规知识了解掌握，并贯穿到基层中去；负责修订和不断完善企业的各项安全生产管理制度；负责组织学习、培训企业在职人员安全管理知识和实际操作技能；负责监督、检查、指导企业的安全生产执行情况；负责查处企业安全生产中违章、违规行为；负责对事故进行调查分析及相应处理。在组织机构建立完善的同时，层层建立安全生产责任制，责任制要溶入到单位、部门和岗位。安全规章制度是安全管理的一项重要内容，俗话说，没有规矩不成方圆，在企业的经营活动中实现制度化管理是一项重要课题，安全制度的制订依据要符合安全法律和行业规定，制度的内容齐全、针对性强，企业的安全生产制度应该体现更具有实效性和可操作性，反映企业性质，面向生产一线，贴近职工生活，让职工体会并理解透彻。一部合理、完善、具有可操作性的管理制度，有利于企业领导的正确决策，有利于规范企业和企业职工行为，有利于指导企业生产一线安全生产的实施，提高职工的安全意识，加强企业的安全管理，最终实现杜绝或减少安全事故的发生，为企业的生产经营和生存与发展奠定良好的基础。

2. 安全教育与培训

职工的安全教育在施工企业中应该是一堂必修课，而且应该具有计划性、长期性和系统性，安全教育由企业的人力资源部门纳入职工统一教育、培训计划，由安全职能部门归口管理和组织实施，目的在于通过教育和培训提高职工的安全意识，增强安全生产知识，有效地防止人的不安全行为，减少人为失误。安全教育培训要适时、适地，内容合理、方式多样，形成制度，做到严肃、严格、严密、严谨讲求实效。

（1）进厂教育

对于新入厂的职工和调换工种的职工应进行安全教育和技术培训，经考核合格方准上岗。一般企业对于进场的职工实行三级安全教育，它也是新职工接受的首次安全生产方面的教育。企业对新职工进行初步安全教育的内容包括：劳动保护意识和任务的教育；安全生产方针、政策、法规、标准、规范、规程和安全知识的教育；企业安全规章制度的教育。二级单位对新分配来的职工进行安全教育的内容包括：施工项目安全生产技术操作一般规定；施工现场安全生产管理制度；安全生产法律和文明施工要求；工程的基本情况现场环境、施工特点、可能存在的不安全因素。班组对新分配来的职工进行工作前的安全教育包括：从事施工必要的安全知识、机具设备及安全防护设施的性能和作用教育；本工种安全操作规程；班组安全生产、文明施工基本要求和劳动纪律；本工种容易发生事故环节、部位及劳动防护用品的使用要求。

（2）特种及特定的安全教育

特种作业人员，除按一般性安全教育外，还要按照《关于特种作业人员安全技术考核管理规划》的有关规定，按国家、行业、地方和企业规定进行特种专业培训、资格考核，取得特种作业人员操作证后方可上岗。再就对季节性变化、工作对象改变、工种变换、新工艺、新材料、新设备的使用以及发现事故隐患或事故后，应进行特定的适时的安全教育。

（3）经常性安全教育

企业在做好新职工入厂教育、特种作业人员安全教育和各级领导干部、安全管理干部的安全生产教育培训的同时，还必须把经常性的安全教育贯穿于安全管理的全过程，并根据接受教育的对象和不同特点，采取多层次、多渠道、多方法进行安全生产教育。经常性安全教育反映安全教育的计划性、系统性和长期性，有利于加强企业领导干部的安全理念，有利于提高全体职工的安全意识，更加具体地反映出安全生产不是一招一式、一朝一夕而是一项系统性长期性社会化公益性工程。施工现场的班前安全活动会就是经常性教育的一个缩影，长期有效的班前活动更面向一线、贴近生活，具体地指出了职工在生产经营活动中应该怎样做，注意那些不安全因素，怎样消除那些不安全隐患从而保证安全生产，提高施工效率。

（4）安全培训

培训是安全工作的一项重要内容，培训分为理论知识培训和实际操作培训，随着社会经济的发展和管理工作的不断完善，新材料、新工艺、新设备、新规定、新法规也不断地在施工活动中得到推广和应用。因此就要组织职工进行必要的理论知识培训和实际操作培训，通过培训让其了解掌握新知识的内涵，更好的运用到工作中去；通过培训让职工熟悉掌握新工艺、新设备的基本施工程序和基本操作要点。同样对一些新转岗的职工和脱岗时间长的职工也应该进行实际操作培训工作，以便在正式上岗之前熟悉掌握本岗位的安全知识和操作注意事项。

3. 危险源的识别与控制

全面做好企业安全生产工作其中一项重要的工作，就是准确及时地对危险源进行识别和有效的控制。危险源的识别和控制是一项事前控制，安全生产只有事前进行有效的控制才能避免和减少事故的发生。危险源的确定一般考虑因素有：一是容易发生重大人身、设备、爆破、洪水、塌方、高边坡、滑坡危害等；二是作业环境不良，事故发生率高；三是具有一定的事故频率和严重度，作业密度高和潜在危险性大。施工企业在生产经营活动中最常见的危险源有：施工生产用电、民用爆破器材管理与使用、特种设备作业现场、地下涌水、有毒有害气体、高空作业、滑坡、塌方危险地质段、重点防火防盗区域等。对危险源的识别和确定要准确才能有效地制订针对危险所采取的相应的技术措施和防护方法。危险源一经确定，就必须纳入控制管理范围及时传达到施工作业区的每位工作人员，并设置危险源安全标志牌，任何单位和个人不得破坏危险源区域内的安全警示标志，现场指挥人员和施工人员要高度重视本区域安全动态，危险源若发生变化，尤其是升级时，应采取有效措施，保证人身和机械设备的安全。危险源的撤离和消号必须在确定无安全隐患时才能实施。

4. 安全生产的检查与奖罚

有计划、有布置、有检查是工作的一般程序，安全生产也不例外，在安全生产布置的同时，制订相应的检查计划。检查形式是多样的，施工企业安全检查一般分为常规性安全检查、特殊性安全大检查、定期检查和不定期抽查。施工场区生产环境复杂，工作面多，工序繁杂，施工机械的性能和施工人员的技术等级、文化素质参差不齐，因此施工活动场所内常规性安全检查成为做好安全工作的基础环节。常规性同时也反映了长期性，安全作业人员对那些带有安全隐患的工作场所应长期进行监督检查，督促和指导，以便及时发现问题及时解决问题。特殊性安全大检查是在某一特定时段和区域进行参加人员层次多、检查范围广，有时带有针对性。定期检查是施工企业在日常的生产活动中制定的一项检查制度，有固定的时间属于例行检查范畴。不定期的检查虽不是制度化的检查，但它的意义非同一般，不定期检查带有突击性检查的性质，也就是说在没有预先通知和施工现场没有准备的情况下所接受的安全检查，它更有实际性，这样反映的安全问题更真实、更客观，解决处理的安全问题更有效。作为施工企业尤其是施工现场应该加强这方面的检查和指导，目的在于扎扎实实的把安全工作落到实处。

安全生产同时建立奖罚机制和企业制订的其他奖罚制度一样，目的在于奖勤罚懒、奖优罚劣。企业的安全工作是一项重要的工作，是关系到企业生存的大事。安全工作做不好，企业遭受损失、职工生命受到威胁，所以对那些管理混乱、无视安全生产、违规指挥、违规操作、有禁不止、有令不行的单位和个人按制度和规定给予处理。后果严重的按照安全生产法律法规程序予以严罚。同时对那些认真贯彻执行国家有关安全方针、政策、法规规定，在改善劳动条件及防止工伤事故和职工危害做出显著成绩，消除事故隐患、避免重大事故发生，发生事故积极抢救并采取措施能防止事故扩大，以及提出重要建议，科研成果成绩显著的按相关规定给予奖励，使安全生产工作走向正规化、制度化管理。

5. 施工安全控制程序

(1) 确定每项具体建设工程项目的安全目标

按"目标管理"方法在以项目经理为首的项目管理系统内进行分解，从而确定每个岗位的安全目标，实现全员安全控制。

（2）编制建设工程项目安全技术措施计划

工程施工安全技术措施计划是对生产过程中的不安全因素，用技术手段加以消除和控制的文件，是落实"预防为主"方针的具体体现，是进行工程项目安全控制的指导性文件。

（3）安全技术措施计划的落实和实施

安全技术措施计划的落实和实施包括建立健全安全生产责任制，设置安全生产设施，采用安全技术和应急措施，进行安全教育和培训，安全检查，事故处理，沟通和交流信息，通过一系列安全措施的贯彻，使生产作业的安全状况处于受控状态。

（4）安全技术措施计划的验证

安全技术措施计划的验证是通过施工过程中对安全技术措施计划实施情况的安全检查，纠正不符合安全技术措施计划的情况，保证安全技术措施的贯彻和实施。持续改进根据安全技术措施计划的验证结果，对不适宜的安全技术措施计划进行修改、补充和完善。

6. 施工安全技术措施的一般要求

（1）施工安全技术措施必须在工程开工前制定

施工安全技术措施是施工组织设计的重要组成部分，应在工程开工前与施工组织设计一同编制。为保证各项安全设施的落实，在工程图纸会审时，就应特别注意考虑安全施工的问题，并在开工前制订好安全技术措施，使得用于该工程的各种安全设施有较充分的时间进行采购、制作和维护等准备工作。

（2）施工安全技术措施要有全面性

按照有关法律法规的要求，在编制工程施工组织设计时，应当根据工程特点制订相应的施工安全技术措施。对于大中型工程项目、结构复杂的重点工程，除必须在施工组织设计中编制施工安全技术措施外，还应编制专项工程施工安全技术措施，详细说明有关安全方面的防护要求和措施，确保单位工程或分部分项工程的施工安全。对爆破、拆除、起重吊装、水下、基坑支护和降水、土方开挖、脚手架、模板等危险性较大的作业，必须编制专项安全施工技术方案。

（3）施工安全技术措施要有针对性

施工安全技术措施是针对每项工程的特点制定的，编制安全技术措施的技术人员必须掌握工程概况、施工方法、施工环境、条件等一手资料，并熟悉安全法规、标准等，才能制订有针对性的安全技术措施。

（4）施工安全技术措施应力求全面、具体、可靠

施工安全技术措施应把可能出现的各种不安全因素考虑周全，制订的对策措施方案应力求全面、具体、可靠，这样才能真正做到预防事故的发生。但是，全面具体不等于罗列一般通常的操作工艺、施工方法以及日常安全工作制度、安全纪律等。这些制度性规定，安全技术措施中不需要再作抄录，但必须严格执行。

(5) 施工安全技术措施必须包括应急预案

由于施工安全技术措施是在相应的工程施工实施之前制订的，所涉及的施工条件和危险情况大都是建立在可预测的基础上，而建设工程施工过程是开放的过程，在施工期间的变化是经常发生的，还可能出现预测不到的突发事件或灾害（如地震、火灾、台风、洪水等）。所以，施工技术措施计划必须包括面对突发事件或紧急状态的各种应急设施、人员逃生和救援预案，以便在紧急情况下，能及时启动应急预案，减少损失，保护人员安全。

(6) 施工安全技术措施要有可行性和可操作性

施工安全技术措施应能够在每个施工工序之中得到贯彻实施，既要考虑保证安全要求，又要考虑现场环境条件和施工技术条件能够做得到。

7. 主要的工程施工安全技术措施简介

建设工程结构复杂多变，工程施工涉及的专业和工种很多，安全技术措施内容很广泛。但归结起来，可以分为一般工程安全技术措施、特殊工程安全技术措施、季节性安全技术措施和应急措施等。

(1) 一般工程安全技术措施

一般工程是指结构共性较多的工程，其施工生产作业既有共性，也有不同之处。由于施工作业等不同，同类工程不同之处在共性措施中就无法解决。应根据有关法规的规定，结合以往的施工经验与教训，制订安全技术措施。一般工程施工安全技术措施主要有以下几个方面：

1) 土石方开挖工程，应根据开挖深度、土质类别，选择开挖方法，切实保证边坡稳定或采取的支护结构措施，防止边坡滑动和塌方。

2) 脚手架、吊篮等选用及设计搭设方案和安全防护措施。

3) 高处作业的上下安全通道。

4) 安全网（平网、立网）的设置要求和范围。

5) 对施工电梯、井架（龙门架）等垂直运输设备，位置搭设要求，稳定性、安全装置等的要求。

6) 施工洞口的防护方法和主体交叉施工作业区的隔离措施。

7) 场内运输道路及人行通道的布置。

8) 编制临时用电的施工组织设计和绘制临时用电图纸，在建工程（包括脚手架具）的外侧边缘与外电架空线路的间距达到最小安全距离采取的防护措施。

9) 防火、防毒、防爆、防雷等安全措施。

10) 在建工程与周围人行通道及民房的防护隔离设置。

11) 起重机回转半径达到项目现场范围以外的要设置安全隔离设施。

(2) 特殊工程施工安全技术措施

结构比较复杂、技术含量高的工程称为特殊工程。对于结构复杂、危险性大的特殊工程，应编制单项的安全技术措施。例如，爆破、大型吊装、沉箱、沉井、烟囱、水塔、特殊架设作业、高层脚手架、井架和拆除工程必须制订专项施工安全技术措施，并注明设计依据，做到有计算、有详图、有文字说明。

（3）季节性施工安全技术措施

季节性施工安全技术措施是考虑不同季节的气候条件对施工生产带来的不安全因素，可能造成的各种突发性事件，从技术上、管理上采取的各种预防措施。一般工程的施工组织设计或施工方案的安全技术措施中，都需要编制季节性施工安全措施。对危险性大、高温期长的建设工程，应单独编制季节性的施工安全措施。季节性主要指夏季、雨季和冬季。各季节性施工安全的主要内容是：

1）夏季气候炎热，高温时间持续较长，主要是做好防暑降温工作，避免员工中暑和因长时间暴晒造成的职业病。

2）雨季进行作业，主要应做好防触电、防雷击、防水淹泡、防塌方、防台风和防洪等工作。

3）冬季进行作业，主要应做好防冻、防风、防火、防滑、防煤气中毒等工作。

（4）应急措施

应急措施是在事故发生或各种自然灾害发生的情况下的应对措施。为了在最短的时间内达到救援、逃生、防护的目的，必须在平时就准备好各种应急措施和预案，并进行模拟训练，尽量使损失减小到最低限度。应急措施可包括：

1）应急指挥和组织机构。

2）施工场内应急计划、事故应急处理程序和措施。

3）施工场外应急计划和向外报警程序及方式。

4）安全装置、报警装置、疏散口装置、避难场所等。

5）有足够数量并符合规格的安全进、出通道。

6）急救设备（担架、氧气瓶、防护用品、冲洗设施等）。

7）通信联络与报警系统。

8）与应急服务机构（医院、消防等）建立联系渠道。

9）定期进行事故应急训练和演习。

8. 安全检查

工程项目安全检查的目的是为了清除隐患、防止事故、改善劳动条件及提高员工安全生产意识，是安全控制工作的一项重要内容。通过安全检查可以发现工程中的危险因素，以便有计划地采取措施，保证安全生产。施工项目的安全检查应由项目经理组织，定期进行。

（1）安全检查的主要类型

1）经常性安全检查。工程项目和班组应开展经常性安全检查，及时排除事故隐患。工作人员必须在工作前，对所用的机械设备和工具进行仔细的检查，发现问题立即上报。下班前，还必须进行班后检查，做好设备的维修保养和清整场地等工作，保证交接安全。

2）专业或专职安全管理人员的专业安全检查。由于操作人员在进行设备的检查时，往往是根据其自身的安全知识和经验进行主观判断，因而有很大的局限性，不能反映出客观情况，流于形式。而专业或专职安全管理人员则有较丰富的安全知识和经验，通过其认真检查就能够得到较为理想的效果。专业或专职安全管理人员在进行安全检查时，必须不拘私情，按章检查，发现违章操作情况要立即纠正，发现隐患及时指出并提出相应防护措施，并及时上报检查结果。

3）季节性安全检查。要对防风防沙、防涝抗旱、防雷电、防暑防害等工作进行季节性的检查，根据各个季节自然灾害的发生规律，及时采取相应的防护措施。

4）节假日检查。在节假日，坚持上班的人员较少，往往放松思想警惕，容易发生意外，而且一旦发生意外事故，也难以进行有效的救援和控制。因此，节假日必须安排专业安全管理人员进行安全检查，对重点部位要进行巡视。同时配备一定数量的安全保卫人员，搞好安全保卫工作，绝不能麻痹大意。

5）要害部门重点安全检查。对于企业要害部门和重要设备必须进行重点检查。由于其重要性和特殊性，一旦发生意外，会造成大的危害，给企业的经济效益和社会效益带来不良的影响。为了确保安全，对设备的运转和零件的状况要定时进行检查，发现损伤立刻更换，决不能"带病"作业；一到有效年限即使没有故障，也应该予以更新，不能因小失大。

（2）安全检查的注意事项

1）安全检查要深入基层、紧紧依靠职工，坚持领导与群众相结合的原则，组织好检查工作。

2）建立检查的组织领导机构，配备适当的检查力量，挑选具有较高技术业务水平的专业人员参加。

3）做好检查的各项准备工作，包括思想、业务知识、法规政策和物资、奖金准备。

4）明确检查的目的和要求。既要严格要求，又要防止一刀切，要从实际出发，分清主、次矛盾，力求实效。

5）把自查与互查有机结合起来。基层以自检为主，企业内相应部门间互相检查，取长补短，相互学习和借鉴。

6）坚持查改结合。检查不是目的，只是一种手段，整改才是最终目的。发现问题，要及时采取切实有效的防范措施。

7）建立检查档案。结合安全检查表的实施，逐步建立健全检查档案，收集基本的数据，掌握基本安全状况，为及时消除隐患提供数据，同时也为以后的职业健康安全检查奠定基础。

8）在制定安全检查表时，应根据用途和目的具体确定安全检查表的种类。安全检查表的主要种类有：设计用安全检查表、厂级安全检查表、车间安全检查表、班组及岗位安全检查表、专业安全检查表等。制订安全检查表要在安全技术部门的指导下，充分依靠职工来进行。初步制订出来的检查表，要经过群众的讨论，反复试行，再加以修订，最后由安全技术部门审定后方可正式实行。

（3）安全检查的主要内容

1）查思想。检查企业领导和员工对安全生产方针的认识程度，建立健全安全生产管理和安全生产规章制度。

2）查管理。主要检查安全生产管理是否有效，安全生产管理和规章制度是否真正得到落实。

3）查隐患。主要检查生产作业现场是否符合安全生产要求，检查人员应深入作业现场，检查工人的劳动条件、卫生设施、安全通道，零部件的存放，防护设施状况，电气设备、压力容器、化学用品的储存，粉尘及有毒有害作业部位点的达标情况，车间内的通风照明设施，个人劳动防护用品的使用是否符合规定等。要特别注意对一些要害部位和设备加强检查，如锅炉房、变电所、各种剧毒、易燃、易爆等场所。

4）查整改。主要检查对过去提出的安全问题和发生生产事故及安全隐患是否采取了安全技术措施和安全管理措施，进行整改的效果如何。

5）查事故处理。检查对伤亡事故是否及时报告，对责任人是否已经做出严肃处理。

在安全检查中必须成立一个适应安全检查工作需要的检查组，配备适当的人力物力。检查结束后应编写安全检查报告，说明已达标项目，未达标项目，存在问题，原因分析，做出纠正和预防措施的建议。

（4）施工安全生产规章制度的检查

为了实施安全生产管理制度，工程承包企业应结合本身的实际情况，建立健全一整套本企业的安全生产规章制度，并落实到具体的工程项目施工任务中。在安全检查时，应对企业的施工安全生产规章制度进行检查。施工安全生产规章制度一般应包括以下内容：

1）安全生产奖励制度。

2）安全值班制度。

3）各种安全技术操作规程。

4）危险作业管理审批制度。

5）易燃、易爆、剧毒、放射性、腐蚀性等危险物品生产、储运、使用的安全管理制度。

6）防护物品的发放和使用制度。

7）安全用电制度。

8）加班加点审批制度。

9）危险场所动火作业审批制度。

10）防火、防爆、防雷、防静电制度。

11）危险岗位巡回检查制度。

12）安全标志管理制度。

9. 职业伤害事故的分类

职业健康安全事故分两大类型，即职业伤害事故与职业病。

职业伤害事故是指因生产过程及工作原因或与其相关的其他原因造成的伤亡事故。

（1）按照事故发生的原因分类

按照我国《企业伤亡事故分类标准》（GB 6441—1986）标准规定，职业伤害事故分为 20 类，其中与建筑业有关的有以下 12 类：

1）物体打击：指落物、滚石、锤击、碎裂、崩块、砸伤等造成的人身伤害，不包括因爆炸而引起的物体打击。

2）车辆伤害：指被车辆挤、压、撞和车辆倾覆等造成的人身伤害。

3）机械伤害：指被机械设备或工具绞、碾、碰、割、戳等造成的人身伤害，不包括车辆、起重设备引起的伤害。

4）起重伤害：指从事各种起重作业时发生的机械伤害事故，不包括上下驾驶室时发生的坠落伤害，起重设备引起的触电及检修时制动失灵造成的伤害。

5）触电：由于电流经过人体导致的生理伤害，包括雷击伤害。

6）灼烫：指火焰引起的烧伤、高温物体引起的烫伤、强酸或强碱引起的灼伤、放射线引起的皮肤损伤，不包括电烧伤及火灾事故引起的烧伤。

7）火灾：在火灾时造成的人体烧伤、窒息、中毒等。

8）高处坠落：由于危险势能差引起的伤害，包括从架子、屋架上坠落以及平地坠入坑内等。

9）坍塌：指建筑物、堆置物倒塌以及土石塌方等引起的事故伤害。

10）火药爆炸：指在火药的生产、运输、储藏过程中发生的爆炸事故。

11）中毒和窒息：指煤气、油气、沥青、化学、一氧化碳中毒等。

12）其他伤害：包括扭伤、跌伤、冻伤、野兽咬伤等。

（2）按事故后果严重程度分类

1）轻伤事故：造成职工肢体或某些器官功能性或器质性轻度损伤，表现为劳动能力轻度或暂时丧失的伤害，一般每个受伤人员休息 1 个工作日以上，105 个工作日以下。

2）重伤事故：一般指受伤人员肢体残缺或视觉、听觉等器官受到严重损伤，能引起人体长期存在功能障碍或劳动能力有重大损失的伤害，或者造成每个受伤人损失 105工作日以上的失能伤害。

3）死亡事故：一次事故中死亡职工 1～2 人的事故。

4）重大伤亡事故：一次事故中死亡 3 人以上（含 3 人）的事故。

5）特大伤亡事故：一次死亡 10 人以上（含 10 人）的事故。

6）特别重大伤亡事故：按照原劳动部对国务院第 34 号令《特别重大事故调查程序暂行规定》有关条文解释为：凡符合下列情况之一者即为《规定》所称特别重大伤亡事故：

- 民航客机发生的机毁人亡（死亡四十人及其以上）事故。
- 专机和外国民航客机在中国境内发生的机毁人亡事故。
- 铁路、水运、矿山、水利、电力事故造成一次死亡五十人及其以上，或者一次造成直接经济损失一千万元及其以上的。
- 公路和其他发生一次死亡三十人及其以上或直接经济损失在五百万元及其以上的事故（航空、航天器科研过程中发生的事故除外）。
- 一次造成职工和居民一百人及其以上的急性中毒事故。
- 其他性质特别严重产生重大影响的事故。

10. 职业伤害事故的处理

（1）安全事故处理的原则（四不放过的原则）

强化安全生产监管监察行政执法。各级安全生产监管监察机构要增强执法意识，做到严格、公正、文明执法。依法对生产经营单位安全生产情况进行监督检查，指导督促生产经营单位建立健全安全生产责任制，落实各项防范措施。组织开展好企业安全评估，搞好分类指导和重点监管。对严重忽视安全生产的企业及其负责人或业主，要依法加大行政执法和经济处罚的力度。认真查处各类事故，坚持"事故原因未查清不放过、责任人员未处理不放过、整改措施未落实不放过、有关人员未受到教育不放过"的"四不放过"原则，不仅要追究事故直接责任人的责任，同时要追究有关负责人的领导责任。

（2）安全事故处理程序

依据国务院令第75号《企业职工伤亡事故报告和处理规定》及《建设工程安全生产管理条例》，安全事故的报告和处理应遵循以下规定程序：

1）事故报告。

- 伤亡事故发生后，负伤者或者事故现场有关人员应当立即直接或者逐级报告企业负责人。企业负责人接到重伤、死亡、重大死亡事故报告后，应当立即报告企业主管部门和企业所在地安全行政管理部门、劳动部门、公安部门、人民检察院、工会。
- 企业主管部门和劳动部门接到死亡、重大死亡事故报告后，应当立即按系统逐级上报；死亡事故报至省、自治区、直辖市企业主管部门和劳动部门；重大死亡事故报至国务院有关主管部门、劳动部门。
- 发生死亡、重大死亡事故的企业应当保护事故现场，并迅速采取必要措施抢救人员和财产，防止事故扩大。

2）安全事故调查。

a. 参加调查组的单位：

- 轻伤、重伤事故，由企业负责人或其指定人员组织生产、技术、安全等有关人员以及工会成员参加的事故调查组，进行调查。
- 死亡事故，由企业主管部门会同企业所在地设区的市（或者相当于设区的市一级）安全行政管理部门、劳动部门、公安部门、工会组成事故调查组，进行调查。

- 重大伤亡事故，按照企业的隶属关系由省、自治区、直辖市企业主管部门或者国务院有关主管部门会同同级安全行政管理部门、劳动部门、公安部门、监察部门、工会组成事故调查组，进行调查。
- 事故调查组应当邀请人民检察院派员参加，还可邀请其他部门的人员和有关专家参加。

b. 事故调查组成员应当符合下列条件：
- 具有事故调查所需要的某一方面的专长。
- 与所发生事故没有直接利害关系。

c. 事故调查组的职责：
- 查明事故发生原因、过程和人员伤亡、经济损失情况。
- 确定事故责任者。
- 提出事故处理意见和防范措施的建议。
- 写出事故调查报告。

事故调查组有权向发生事故的企业和有关单位、有关人员了解有关情况和索取有关资料，任何单位和个人不得拒绝。

事故调查组在查明事故情况以后，如果对事故的分析和事故责任者的处理不能取得一致意见，劳动部门有权提出结论性意见；如果仍有不同意见，应当报上级劳动部门及有关部门处理；仍不能达成一致意见的，报同级人民政府裁决，但不得超过事故处理工作的时限。任何单位和个人不得阻碍、干涉事故调查组的正常工作。

3）安全事故处理。事故调查组提出的事故处理意见和防范措施建议，由发生事故的企业及其主管部门负责处理。

因忽视安全生产、违章指挥、违章作业、玩忽职守或者发现事故隐患、危害情况而不采取有效措施以致造成伤亡事故的，由企业主管部门或者企业按照国家有关规定，对企业负责人和直接责任人员给予行政处分；构成犯罪的，由司法机关依法追究刑事责任。

在伤亡事故发生后隐瞒不报、谎报、故意迟延不报、故意破坏事故现场，或者无正当理由，拒绝接受调查以及拒绝提供有关情况和资料的，由有关部门按照国家有关规定，对有关单位负责人和直接责任人员给予行政处分；构成犯罪的，由司法机关依法追究刑事责任。

在调查、处理伤亡事故中玩忽职守、徇私舞弊或者打击报复的，由其所在单位按照国家有关规定给予行政处分；构成犯罪的，由司法机关依法追究刑事责任。

伤亡事故处理工作应当在 90 日内结案，特殊情况不得超过 180 日。伤亡事故处理结案后，应当公开宣布处理结果。

（3）安全事故统计规定

《中华人民共和国安全生产法》和国家安全生产监督管理局制订的《生产安全事故统计报表制度》（国统函 [2003] 253 号）有如下规定：

1）企业职工伤亡事故统计实行以地区考核为主的制度。各级隶属关系的企业和企业主管单位要按当地安全生产行政主管部门规定的时间报送报表。

2）安全生产行政主管部门对各部门的企业职工伤亡事故情况实行分级考核。企业报送主管部门的数字要与报送当地安全生产行政主管部门的数字一致，各级主管部门应如实向同级安全生产行政主管部门报送。

3）省级安全生产行政主管部门和国务院各有关部门及计划单列的企业集团的职工伤亡事故统计月报表、年报表应按时报到国家安全生产行政主管部门。

11. 建设工程环境保护的要求

建设工程项目必须满足有关环境保护法律法规的要求，在施工过程中注意环境保护，对企业发展、员工健康和社会文明有重要意义。

环境保护是按照法律法规、各级主管部门和企业的要求，保护和改善作业现场的环境，控制现场的各种粉尘、废水、废气、固体废弃物、噪声、振动等对环境的污染和危害。环境保护也是文明施工的重要内容之一。

1）根据《中华人民共和国环境保护法》和《中华人民共和国环境影响评价法》的有关规定，建设工程项目对环境保护的基本要求为：

- 涉及依法划定的自然保护区、风景名胜区、生活饮用水水源保护区及其他需要特别保护的区域的，应当符合国家有关法律法规及该区域内建设工程项目环境管理的规定，不得建设污染环境的工业生产设施；建设的工程项目设施的污染物排放不得超过规定的排放标准。
- 开发利用自然资源的项目，必须采取措施保护生态环境。
- 建设工程项目选址、选线、布局应当符合区域、流域规划和城市总体规划。
- 应满足项目所在区域环境质量、相应环境功能区划和生态功能区划标准或要求。
- 拟采取的污染防治措施应确保污染物排放达到国家和地方规定的排放标准，满足污染物总量控制要求；涉及可能产生放射性污染的，应采取有效预防和控制放射性污染措施。
- 建设工程应当采用节能、节水等有利于环境与资源保护的建筑设计方案、建筑和装修材料、建筑构配件及设备。建筑和装修材料必须符合国家标准。禁止生产、销售和使用有毒、有害物质超过国家标准的建筑和装修材料。
- 尽量减少建设工程施工中所产生的干扰周围生活环境的噪声。
- 应采取生态保护措施，有效预防和控制生态破坏。
- 对环境可能造成重大影响、应当编制环境影响报告书的建设工程项目，可能严重影响项目所在地居民生活环境质量的建设工程项目，以及存在重大意见分歧的建设工程项目，环境保护部可以举行听证会，听取有关单位、专家和公众的意见，并公开听证结果，说明对有关意见采纳或不采纳的理由。
- 建设工程项目中防治污染的设施，必须与主体工程同时设计、同时施工、同时投产使用。防治污染的设施必须经原审批环境影响报告书的环境保护行政主管部门验收合格后，该建设工程项目方可投入生产或者使用。

• 禁止引进不符合我国环境保护规定要求的技术和设备。

• 任何单位不得将产生严重污染的生产设备转移给没有污染防治能力的单位使用。

2）《中华人民共和国海洋环境保护法》规定：在进行海岸工程建设和海洋石油勘探开发时，必须依照法律的规定，防止对海洋环境的污染损害。

12. 建设工程环境保护的措施

工程建设过程中的污染主要包括对施工场界内的污染和对周围环境的污染。对施工场界内的污染防治属于职业健康问题；而对周围环境的污染防治是环境保护的问题。

建设工程环境保护措施主要包括大气污染的防治、水污染的防治、噪声污染的防治、固体废弃物的处理以及文明施工措施等。

（1）大气污染的防治

1）大气污染物的分类。大气污染物的种类有数千种，已发现有危害作用的有100多种，其中大部分是有机物。大气污染物通常以气体状态和粒子状态存在于空气中。

a. 气体状态污染物。气体状态污染物具有运动速度较大，扩散较快，在周围大气中分布比较均匀的特点。气体状态污染物包括分子状态污染物和蒸汽状态污染物。

• 分子状态污染物：指在常温常压下以气体分子形式分散于大气中的物质，如燃料燃烧过程中产生的二氧化硫（SO_2）、氮氧化物（NO）、一氧化碳（CO）等。

• 蒸汽状态污染物：指在常温常压下易挥发的物质，以蒸汽状态进入大气，如机动车尾气、沥青烟中含有的碳氢化合物、苯并 [a] 芘等。

b. 粒子状态污染物。粒子状态污染物又称固体颗粒污染物，是分散在大气中的微小液滴和固体颗粒，粒径在 $0.01 \sim 100 \mu m$ 之间，是一个复杂的非均匀体。通常根据粒子状态污染物在重力作用下的沉降特性又可分为降尘和飘尘。

• 降尘：指在重力作用下能很快下降的固体颗粒，其粒径大于 $10 \mu m$。

• 飘尘：指可长期飘浮于大气中的固体颗粒，其粒径小于 $10 \mu m$。飘尘具有胶体的性质，故又称为气溶胶，它易随呼吸进入人体肺脏，危害人体健康，故称为可吸入颗粒。

2）施工现场空气污染的防治措施。

• 施工现场垃圾渣土要及时清理出现场。

• 高大建筑物清理施工垃圾时，要使用封闭式的容器或者采取其他措施处理高空废弃物，严禁凌空随意抛撒。

• 施工现场道路应指定专人定期洒水清扫，形成制度，防止道路扬尘。

• 对于细颗粒散体材料（如水泥、粉煤灰、白灰等）的运输、储存要注意遮盖、密封，防止和减少飞扬。

• 车辆开出工地要做到不带泥砂，基本做到不洒土、不扬尘，减少对周围环境污染。

- 除设有符合规定的装置外，禁止在施工现场焚烧油毡、橡胶、塑料、皮革、树叶、枯草、各种包装物等废弃物品以及其他会产生有毒、有害烟尘和恶臭气体的物质。
- 机动车都要安装减少尾气排放的装置，确保符合国家标准。
- 工地茶炉应尽量采用电热水器。若只能使用烧煤茶炉和锅炉时，应选用消烟除尘型茶炉和锅炉，大灶应选用消烟节能回风炉灶，使烟尘降至允许排放范围为止。
- 大城市市区的建设工程已不容许搅拌混凝土。在容许设置搅拌站的工地，应将搅拌站封闭严密，并在进料仓上方安装除尘装置，采用可靠措施控制工地粉尘污染。
- 拆除旧建筑物时，应适当洒水，防止扬尘。

(2) 水污染的防治

1) 水污染物主要来源。

- 工业污染源：指各种工业废水向自然水体的排放。
- 生活污染源：主要有食物废渣、食油、粪便、合成洗涤剂、杀虫剂、病原微生物等。
- 农业污染源：主要有化肥、农药等。

施工现场废水和固体废物随水流流入水体部分，包括泥浆、水泥、油漆、各种油类、混凝土添加剂、重金属、酸碱盐、非金属无机毒物等。

2) 废水处理技术。废水处理的目的是把废水中所含的有害物质清理分离出来。废水处理可分为化学法、物理方法、物理化学的方法及生物法。

- 物理法：利用筛滤、沉淀、气浮等方法。
- 化学法：利用化学反应来分离、分解污染物，或使其转化为无害物质的处理方法。
- 物理化学方法：主要有吸附法、反渗透法、电渗析法。
- 生物法：生物处理法是利用微生物新陈代谢功能，将废水中成溶解和胶体状态的有机污染物降解，并转化为无害物质，使水得到净化。

3) 施工过程水污染的防治措施。

- 禁止将有毒有害废弃物作土方回填。
- 施工现场搅拌站废水，现制水磨石的污水，电石（碳化钙）的污水必须经沉淀池沉淀合格后再排放，最好将沉淀水用于工地洒水降尘或采取措施回收利用。
- 现场存放油料，必须对库房地面进行防渗处理，如采用防渗混凝土地面、铺油毡等措施。使用时，要采取防止油料跑、冒、滴、漏的措施，以免污染水体。
- 施工现场100人以上的临时食堂，污水排放时可设置简易有效的隔油池，定期清理，防止污染。
- 工地临时厕所，化粪池应采取防渗漏措施。中心城市施工现场的临时厕所可采用水冲式厕所，并有防蝇、灭蛆措施，防止污染水体和环境。
- 化学用品、外加剂等要妥善保管，库内存放，防止污染环境。

(3) 噪声污染的防治

1) 噪声的分类与危害。

- 噪声按照振动性质可分为气体动力噪声、机械噪声、电磁性噪声。
- 按噪声来源可分为交通噪声（如汽车、火车、飞机等）、工业噪声（如鼓风机、汽轮机、冲压设备等）、建筑施工的噪声（如打桩机、推土机、混凝土搅拌机等发出的声音）和社会生活噪声（如高音喇叭、收音机等）。
- 噪声的危害：噪声是一类影响与危害非常广泛的环境污染问题。噪声环境可以干扰人的睡眠与工作、影响人的心理状态与情绪，造成人的听力损失，甚至引起许多疾病。此外噪声对人们的对话干扰也是相当大的。

2）施工现场噪声的控制措施。

噪声控制技术可从声源、传播途径、接收者防护等方面来考虑。

a. 声源控制。

- 声源上降低噪声，这是防止噪声污染的最根本的措施。
- 尽量采用低噪声设备和工艺代替高噪声设备与加工工艺，如低噪声振捣器、风机、电动空压机、电锯等。
- 在声源处安装消声器消声，即在通风机、鼓风机、压缩机、燃气机、内燃机及各类排气放空装置等进出风管的适当位置设置消声器。

b. 传播途径的控制。

- 吸声：利用吸声材料（大多由多孔材料制成）或由吸声结构形成的共振结构（金属或木质薄板钻孔制成的空腔体）吸收声能，降低噪声。
- 隔声：应用隔声结构，阻碍噪声向空间传播，将接收者与噪声声源分隔。隔声结构包括隔声室、隔声罩、隔声屏障、隔声墙等。
- 消声：利用消声器阻止传播。允许气流通过的消声降噪是防治空气动力性噪声的主要装置。如对空气压缩机、内燃机产生的噪声等。
- 减振降噪：对来自振动引起的噪声，通过降低机械振动减小噪声，如将阻尼材料涂在振动源上，或改变振动源与其他刚性结构的连接方式等。

c. 接收者的防护。让处于噪声环境下的人员使用耳塞、耳罩等防护用品，减少相关人员在噪声环境中的暴露时间，以减轻噪声对人体的危害。

d. 严格控制人为噪声。

- 进入施工现场不得高声喊叫、无故甩打模板、乱吹哨，限制高音喇叭的使用，最大限度地减少噪声扰民。
- 凡在人口稠密区进行强噪声作业时，须严格控制作业时间，一般晚10点到次日早6点之间停止强噪声作业。确系特殊情况必须昼夜施工时，尽量采取降低噪声措施，并会同建设单位找当地居委会、村委会或当地居民协调，出安民告示，求得群众谅解。

3）施工现场噪声的限值。根据国家标准《建筑施工场界噪声限值》（GB 12523—1990）的要求，对不同施工作业的噪声限值见表9.1。在工程施工中，要特别注意不得超过国家标准的限值，尤其是夜间禁止打桩作业。

表 9.1　建筑施工场界噪声限制表

施工阶段	主要噪声	噪声限值	
		昼间	夜间
土石方	推土机、挖掘机、装载机等	75	55
打桩	各种打桩机械等	85	禁止施工
结构	混凝土搅拌机、振捣棒、电锯等	70	55
装修	吊车、升降机等	65	55

（4）固体废物的处理

固体废物处理的基本思想是：采取资源化、减量化和无害化的处理，对固体废物产生的全过程进行控制。固体废物的主要处理方法如下。

1）回收利用。回收利用是对固体废物进行资源化、减量化的重要手段之一。粉煤灰在建设工程领域的广泛应用就是对固体废弃物进行资源化利用的典型范例。又如发达国家炼钢原料中有 70% 是利用回收的废钢铁，所以，钢材可以看成是可再生利用的建筑材料。

2）减量化处理。减量化是对已经产生的固体废物进行分选、破碎、压实浓缩、脱水等减少其最终处置量，减低处理成本，减少对环境的污染。在减量化处理的过程中，也包括和其他处理技术相关的工艺方法，如焚烧、热解、堆肥等。

3）焚烧。焚烧用于不适合再利用且不宜直接予以填埋处置的废物，除有符合规定的装置外，不得在施工现场熔化沥青和焚烧油毡、油漆，也不得焚烧其他可产生有毒有害和恶臭气体的废弃物。垃圾焚烧处理应使用符合环境要求的处理装置，避免对大气的二次污染。

4）稳定和固化。利用水泥、沥青等胶结材料，将松散的废物胶结包裹起来，减少有害物质从废物中向外迁移、扩散，使得废物对环境的污染减少。

5）填埋。填埋是固体废物经过无害化、减量化处理的废物残渣集中到填埋场进行处置。禁止将有毒有害废弃物现场填埋，填埋场应利用天然或人工屏障。尽量使需处置的废物与环境隔离，并注意废物的稳定性和长期安全性。

（5）文明施工

文明施工是指保持施工现场良好的作业环境、卫生环境和工作秩序。因此，文明施工也是保护环境的一项重要措施。文明施工主要包括：规范施工现场的场容，保持作业环境的整洁卫生；科学组织施工，使生产有序进行；减少施工对周围居民和环境的影响；遵守施工现场文明施工的规定和要求，保证职工的安全和身体健康。

文明施工可以适应现代化施工的客观要求，有利于员工的身心健康，有利于培养和提高施工队伍的整体素质，促进企业综合管理水平的提高，提高企业的知名度和市场竞争力。

建设工程现场文明施工的基本要求主要有如下几点：

1）施工现场必须设置明显的标牌，标明工程项目名称、建设单位、设计单位、施工单位、项目经理和施工现场总代表人的姓名，开、竣工日期，施工许可证批准文号等。施工单位负责施工现场标牌的保护工作。

2）施工现场的管理人员在施工现场应当佩戴证明其身份的证卡。

3）应当按照施工总平面布置图设置各项临时设施。现场堆放的大宗材料、成品、半成品和机具设备不得侵占场内道路及安全防护等设施。

4）施工现场的用电线路、用电设施的安装和使用必须符合安装规范和安全操作规程，并按照施工组织设计进行架设，严禁任意拉线接电。施工现场必须设有保证施工安全要求的夜间照明；危险潮湿场所的照明以及手持照明灯具，必须采用符合安全要求的电压。

5）施工机械应当按照施工总平面布置图规定的位置和线路设置，不得任意侵占场内道路。施工机械进场必须经过安全检查，经检查合格的方能使用。施工机械操作人员必须建立机组责任制，并依照有关规定持证上岗，禁止无证人员操作。

6）应保证施工现场道路畅通，排水系统处于良好的使用状态；保持场容场貌的整洁，随时清理建筑垃圾。在车辆、行人通行的地方施工，应当设置施工标志，并对沟井坎穴进行覆盖。

7）施工现场的各种安全设施和劳动保护器具，必须定期进行检查和维护，及时消除隐患，保证其安全有效。

8）施工现场应当设置各类必要的职工生活设施，并符合卫生、通风、照明等要求。职工的膳食、饮水供应等应当符合卫生要求。

9）应当做好施工现场安全保卫工作，采取必要的防盗措施，在现场周边设立围护设施。

10）施工现场发现文物、爆炸物、电缆、地下管线等应当停止施工，保护现场，及时向有关部门报告，并按规定处理。

11）施工现场泥浆和污水未经处理不得排放，地面宜做硬化处理，有条件的现场可进行绿化布置。

安全管理是施工企业管理的重要组成部分，是一门综合性系统科学，安全管理的对象是生产中的一切人、物、环境的状态管理与控制，因此是一种动态的管理。安全管理的水平高低与成败直接关系到企业的社会信誉和经济效益，关系到国家和集体财产以及职工生命的安全。应该认真研究，积极探索，加强管理，不断创新，最终实现企业安全管理的目标。

实训4

城市道路工程管沟施工坍塌事故

某年7月31日15时45分，在Q省G市某城市道路改造工程管沟土方施工时，发生沟壁土方坍塌，造成3人死亡，1人重伤，1人轻伤。直接经济损失40余万元。

事故发生过程：

Q省G市某城市道路改造工程，系市政建设工程。由市建委负责实施建设。A建筑公司得到该工程建设信息后，于5月29日以"便函"形式，委托外单位员工贺某以本单位项目部经理身份前往市建委联系承揽该项工程。该项工程于6月7日开标，A建筑公司未能中标。但是由于中标单位缺少垫资资金，市建委与中标单位协商后，未报市招标办同意，擅自将该工程的部分工程改由A建筑公司承包建设，并通知贺某将此决定转告该公司。6月15日，市建委与A建筑公司签订了该城市道路改造建设工程施工合同。7月2日，A建筑公司生产管理部刘某将该工程转包给无任何施工安全资质的贺某，双方签订了"A 建筑公司内部项目工程承包合同书"。某监理公司经理张某派没有执业资格的徐某负责该工程监理。

贺某在组织施工中发现，已开挖的管沟中心线位置略向北偏移，不符合施工要求，需重新修整。7 月 31 日，工程承包人临时雇用 G 市的 8 名流散人员承包该部分管沟清理修整工程。31 日早 8 时，被临时招雇的 8 人在没有书面交底的情况下，开始清理管沟。按照工程承包人的要求，将深 1.9m 的管沟南侧底部向内掏挖 0.6m，并在 1.9m 的基础上深挖 0.3m，挖出的土方堆放在管沟南侧顶端。15 时 45 分，管沟清理修整基本完成，承担清理修整工程的 8 人中，5 人在管沟内休息。由于管沟南侧帮底已被掏空，加之施工段为三类土质，管沟南侧顶端堆积土较厚，造成管沟南侧 24m 长的侧壁坍塌，坐在管沟内休息的 5 人被突然坍塌的土方埋在管沟内，虽经多方抢救，仍有 3 人死亡、1 人重伤、1 人轻伤。

问题：

1. 请从技术、管理等方面分析该事故发生的原因。
2. 分析该起事故的性质、事故责任划分并提出处理意见。
3. 需要采取哪些整改措施？

小　结

对于工程管理我们通过对工程经济、工程项目管理、工程相关法律法规及施工安全四个部分进行了解与学习，能够初步掌握道桥施工管理所涉及的整个理论体系。但本章只是对本专业必修的课程及未来注册资格考试所涉及的知识进行概括与总结，如果想掌握与熟练运用相关理论，还需要在专门课程或书籍中进行深度学习。

无忧考试网 www.51test.net、建造师考试网 www.jianzaoshi.cn

思考与练习

1. 查查看，涉及工程管理方面的注册资格考试有哪些？具体的内容有何不同？
2. 工程管理在业主、监理工程师、承包商等不同位置包含的内容有何不同？
3. 试着编制通用的施工安全组织设计。
4. 熟练掌握工程项目管理框图。

单元 *10*

公路交通环境保护

教学目标

1. 能正确理解环境及包含的内容、生态环境的概念。
2. 能描述环境保护和公路交通环境保护。
3. 能说出公路交通对环境的影响及保护措施。
4. 能说出公路施工和公路运营期间对环境的污染和防治的措施。

10.1　环境及公路交通环境保护

生态环境是国际社会普遍关注的重大问题，环境保护与可持续发展已成为当今社会的一个热门话题。公路建设对环境的影响越来越受到社会的关注，可持续发展战略对公路环境保护提出了紧迫的要求。作为交通人必须明确公路建设与运营过程中对环境的影响和防治的措施。生态环境目前没有统一的定义，就内涵来讲，以生物为主体，"生态环境"是指"对生物生长、发育、生殖、行为和分布有影响的环境因子的综合"；以人类为主体，它是指"对人类生存和发展有影响的自然因子的综合"。"生态环境"概念是一个具有特定内涵的生态学概念。

为贯彻落实国务院《关于开展第一次全国污染源普查的通知》配合原交通部"资源节约型、环境友好型交通发展模式研究"和《公路水路交通环境保护中长期规划》的编制等工作，2007 年开展了第一次全国公路水路交通环境保护调查。调查结果如下：公路行业在防治污水和噪声污染方面也取得明显成效。近 5 年来，各省公路部门拥有污水处理设施逐年增加，截至 2006 年底，全国高速公路污水处理设施数量达到 3857 台，污水处理总量达到 2234.82 万吨，污水达标排放率为 85.91％。公路噪声污染也得到了有效控制，截至 2006 年底，全国交通噪声治理设施数量达 1820 处，声屏障依然是使用最普遍的噪声防治措施；公路沿线噪声敏感点达标率保持在较高水平，部分省份达到或接近 100％。

调查结果显示，2006 年公路运输企业环保人员数量占全部从业人员的比例较 2002 年增长了一倍左右，多数企业配备了一定数量的环保专业人员。另外，多数公路运输企业的污水直接排入市政管网，统一处理；未能将污水排入市政管网的运输企业，其污水处理设施的正常使用率达到了 94.5％；绝大多数企业能够将运输过程中产生的固体废弃物运送到专门的处理场进行处理。近年来公路运输企业的环保工作已经取得较大进展。

10.1.1　环境

环境是指人类和生物生存的空间。对于人类来说，环境是指可以直接和间接影响人类生存、生活和反战的空间以及各种自然因素和社会因素的总体。《中华人民共和国环境保护法》中的环境是指影响人类生存和发展的各种天然的和经过人工改造的自然因素的总体，包括大气，水、土地、矿藏、森林、草原、野生动植物、水生生物、名胜古迹、风景名胜区、温泉、疗养区、自然保护区、生活居住区等。按照环境的自然和社会属性分类，环境包括自然环境和社会环境。

1. 自然环境

自然环境是指可以直接和间接地影响人类生存和发展的一切自然形成的物质和能量的总体。它是人类赖以生存和发展的物质基础。自然环境的分类比较多，按照其主要的环境组成要素，自然环境可分为大气环境、水环境、土壤环境、声环境等。

（1）大气环境

大气是自然环境的重要组成部分，是人类生存所必需的物质。在自然状态下，大气由混合气体、水汽和杂质组成

（2）水环境

水是人类生存的基本物质，是社会经济发展的重要资源。水环境一般指河流、湖泊、沼泽、水库、地下水、冰川、海洋等地表贮水体中的水本身及水体中的物质和生物。

（3）土壤环境

在地球陆地地表有多种自然体存在，其中土壤作为一个重要的独立的自然体发挥着不可替代的作用，是一个非常重要的环境要素。

（4）声环境

声音是充满自然界的一种物理现象。声是由物体振动而产生的，所以把振动的固体、液体和气体称为声源。声能通过固体、液体和气体介质向外界传播，并且被感受目标所接受。声学中把声源、介质、接受器称为声的三要素。

2. 社会环境

社会环境是人类在利用和改造自然环境中创造出来的人工环境和人类在生活和生产活动中所形成的人与人之间关系的总体。社会环境是人类活动的必然产物，是人类通过有意识的长期的劳动，加工和改造了自然物质，形成了人造物质，创造了物质生产体系，积累了物质文化，产生了精神文化的综合体。它包括了经济、政治、文化、道德、意识、风俗以及人类建造的各种建筑物、构筑物、其他形态和作用的人工物品等要素。

（1）社会环境的广义概念

对社会环境的上述解释，实质上是社会环境的广义概念。可以说社会环境包括了除自然环境以外的众多内容，如自然条件的利用、土地使用、基础设施、社会结构、经济发展、文化宗教、医疗教育、生活条件、文物古迹、旅游景观、环境美学和环境经济等内容，在一些特殊场合，也包括政治、军事等。

根据社会环境的广义概念，社会环境包括三个方面的基本内容，反映社会环境的结构、功能和外貌。

1）社群环境。反映社会群体的特征和结构，包括以下三部分：

• 社会构成：包括性别、年龄、民族、种族、职业、家庭、宗教、社会团体和机构等。

- 社会状况：包括健康水平、文化程度、居住环境、社会关系、生活习俗、通俗水平、就业与失业、娱乐、福利等。
- 社会约束与控制系统：包括行政、法律、宗教、舆论等。

2）经济与生活环境。反映生产、生活环境及其结构，包括：

- 第一、第二产业：包括农业、工业等，相应的技术、设施、条件等称为生产环境。
- 第三产业：绝大多数第三产业为生活服务和有关设施，属生活环境。
- 社会外观环境。包括自然与人文景观，即自然与人文的有形体与环境氛围协调配合的系统。

3.社会环境的狭义概念

社会环境的概念非常重要，但由于在环境科学中社会环境近些年才逐渐得到重视，对于它的意义、解释以及所包括的内容等，还没有较严格的界定。

有些文献对社会环境作了这样的解释，认为社会环境指的是人类的生活环境条件，如居住、交通、绿地、噪声、饮食、文化娱乐、商业和服务业。有些文献认为社会环境是与人类基本生活条件有关的环境，包括居住环境、交通、文化教育、商业服务以及绿化等要素，实际上是居民的衣食住行等方面；一个开发行动或一项拟建工程项目产生的社会环境影响表现在人体健康水平、劳动和休息条件、生态平衡、自然景观和文物古迹保护等。有些文献认为社会环境是城市居民环境，是人为环境，并提出了社会环境质量的三原则，即舒适原则、清洁原则和美学原则。这些解释实质上是社会环境狭义概念的解释。

10.1.2 公路交通环境保护

1.环境保护的概念

20世纪50年代以后，由于环境污染日趋严重，多数人认为环境保护只是对大气污染、水污染等进行治理，对固体废弃物进行处理和利用，即所谓"三废"治理及排除噪声干扰等技术性管理工作，目的是消除公害，保护人类健康。70年代起随着环境科学的问世及世界性环境会议的召开，人们逐渐从发展与环境的对立统一关系来认识环境保护的含义，认为环境保护不仅是控制污染，更重要的是合理开发利用资源。经济发展不能超出环境的容许极限，有的环境专家提出："环境保护从某种意义上讲，是对人类总资源进行最佳利用的管理工作"。所以，环境保护不仅是治理污染的技术问题、保护人类健康的福利问题，更重要的是经济问题和政治问题。

2.环境保护的内容

环境保护的内容世界各国不尽相同，同一个国家在不同时期的内容也有所不同。

一般环境保护的内容大致包括两个方面:一是保护和改善环境质量,保护人们身心健康,防止机体在环境污染影响下产生遗传变异和退化;二是合理开发利用资源,保护自然环境,加强生物多样性保护,以求维护生态平衡和生物资源的生产能力,恢复和扩大自然资源的再生产,保障人类社会的持续发展。

3. 环境保护的基本任务

我国环境保护工作从 20 世纪 70 年代起步,1973 年第一次全国环境保护会议确定了"全面规划、合理布局、综合利用、化害为利、依靠群众、大家动手、保护环境、造福人民"的环境保护 32 字方针。1983 年在第二次全国环境保护会议上,制订了我国环境保护事业的大政方针:一是提出"环境保护是我国的一项基本国策";二是确定了"经济建设、城乡建设与环境建设同步规划、同步实施、同步发展,实现经济效益、社会效益与环境效益统一"的战略方针;三是把强化环境管理做为环境保护的中心环节。1989 年的第三次全国环境保护会议,提出了努力开拓具有中国特色的环境保护道路的号召,促使我国环保工作迈上新台阶。

1989 年我国颁布了《中华人民共和国环境保护法》,明确提出了环境保护的基本任务是:"保护和改善生活环境与生态环境,防治污染和其他公害,保障人体健康,促进社会主义现代化建设和发展。"

4. 公路交通环境工程的内容

公路环境工程是近年来人们针对公路环境污染治理、利用和保护自然资源、改善生态环境而产生的一门技术环境学科,是环境工程学的组成部分。由于该学科产生的时间较短,尚未形成成熟的学科体系。目前,一般认为公路交通环境工程研究的主要内容为:公路环境问题的特征、规律;环境污染防治技术与方法;保护和合理利用自然资源、改善生态环境的技术措施;环境影响评价等。公路环境工程的内容、技术、方法等,还有待不断研究与完善。

5. 公路交通环境工程的基本任务

公路环境工程的基本任务是采取工程技术措施来消除和控制交通环境问题,重点是治理和控制环境污染,合理利用与保护自然资源,利用公路工程、环境工程和系统工程等综合方法,寻求解决公路环境问题的最佳方案,使公路交通建设与环境建设相协调,达到社会经济可持续发展的目标。

6. 公路交通环境中的主要问题

近 10 多年来,我国公路交通环境问题越来越严重,已引起社会公众的广泛关注。因公路交通施工期和营运期对环境的影响因素有很大差别,下面分别简述。

(1)施工期

公路施工期的环境问题主要表现为非污染型生态环境影响。与公路施工有关的生态环境影响一般为：植被破坏、局部地貌破坏（如高填、深挖、大切坡等）、土壤侵蚀、自然资源（土地、水、草场、森林、野生生物等）影响、景观影响及生态敏感区（著名历史遗产、自然保护区、风景名胜区和水源保护区）影响等，具体影响及比例见图 10.1。每条公路涉及的具体生态问题各不相同，主要取决于所经地域的自然环境、生态环境及地貌状况等。对环境的影响程度取决于公路的等级，因高速公路及一级公路的工程技术标准较高，它们对生态环境的影响最大，普通公路的影响较小。

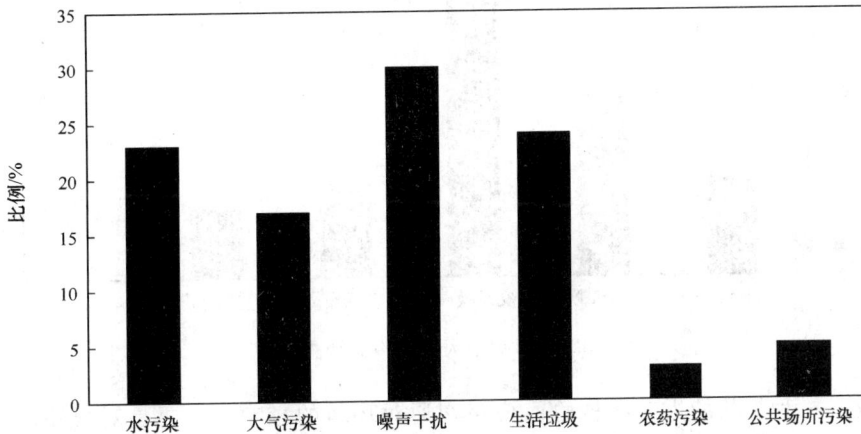

图 10.1 主要环境问题调查结果

　　土地，尤其是耕地，是极其宝贵的自然资源。目前，我国各种开发区的建设、城市的不断扩大、交通运输网的建设、农村乡镇经济的发展及各种自然因素的破坏等，使耕地面积不断减少。到 2002 年年底，我国现有耕地约 1.1 亿公顷，仅为世界总耕地的 7％，而人口是世界的 21％，因此，土地问题已成为我国经济发展的严重制约因素。据统计，四车道高速公路及一级公路建设，每千米占用土地约 80 亩，一般耕地约占70％～90％，六车道高速公路则占地更多。由此，仅"五纵七横"国道主干线建设将占用土地约 280 万亩，其中耕地约占 80％左右。因此，在公路设计、施工等各个环节中，必须珍惜每寸土地，合理利用每寸土地。

　　（2）营运期

　　公路营运期的环境问题，主要是对沿线地区民众的生活环境造成影响，如噪声扰民，汽车排气污染空气，服务区污水及路面径流对水环境的污染等，其中噪声影响最为突出（图 10.2）。

　　7. 公路交通环境保护的内容

　　公路交通环境保护就是基于生态可持续发展原则调节与控制"公路工程与路域环境"对立统一关系的发生与发展。公路交通环境保护由两项基本工作组成：一是分析因修建公路而对环境产生的各种影响及其影响的程度和范围，根据需要采取专门的环境保护措施，积极开展环境保护的有关工作；二是在公路的设计、施工及运营管理过程中，注意凸显公路各组成部分的环保功能，使公路在运输功能发挥的同时，对沿线环境的负影响最小。

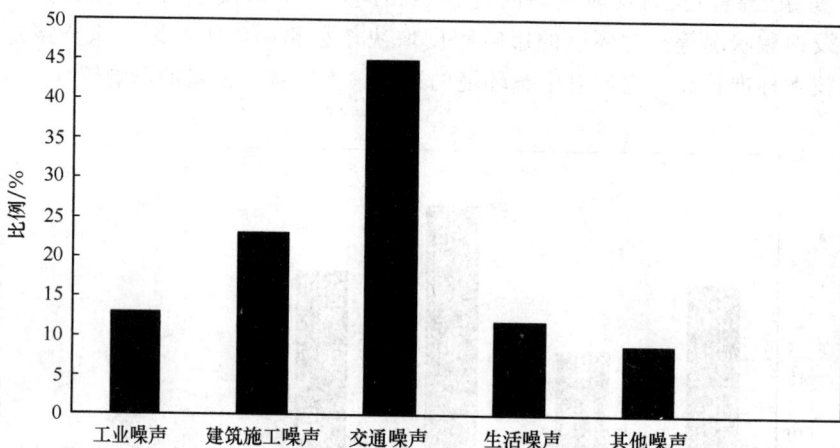

图 10.2　影响最大的噪声源调查结果

公路是一种带状的人工结构物。公路交通对环境的影响，主要是对公路沿线两侧一定区域内各类敏感点的影响。相对其他建设项目而言，影响宽度相对较窄，单项影响距离大——自公路起点开始至终点。

（1）环境敏感地区的概念

在原国家环保总局开发监督司编著的《建设项目环境管理》一书中，对环境敏感地区的描述如下：

所谓环境敏感地区是针对下列情况而言的：

1）从环境功能要求来说，是指城镇集中生活的居民区、水源保护区，名胜古迹区、风景游览区、温泉、疗养区和自然保护区。

2）从环境质量现状来说，是指环境污染负荷大、环境质量现状已接近或超过质量标准的地区。

3）从环境的稀释、扩散和自净能力来说，是指水文条件复杂（包括水量少、水质差、"顶托"现象严重、水体交换缓慢，各水期水量相差悬殊等）；或气象条件不利（包括风速小、静风频率大、逆温持续时间长不利于烟气扩散）；以及处于地形复杂的山谷、海湖防风交换频率大的沿海、海口、河口等地区。

除以上所述地区以外的具有一般环境条件的地区，属于非环境敏感地区。

（2）环境敏感点

环境敏感点是针对具体目标而言的，通常分为声环境、环境空气、生态环境、水环境、社会环境等各类环境敏感点。

1）声环境敏感点是指学校教室、医院病房、疗养院、城乡居民点和有特殊要求的地方。

2）环境空气敏感点是指省级以上政府部门批准的自然保护区、风景名胜区、人文遗迹以及学校、医院、疗养院、城乡居民点和有特殊要求的地区。

3）生态环境敏感点主要是指各类自然保护区、野生保护动物及栖息地、野生保护植物及生长地、水土流失重点防治区、基本农田保护区、森林公园以及成片林地与草原等。

4）水环境敏感点主要是指：河流源头、饮用水源、城镇居民集中饮水取水点、瀑布上游、温泉地区、养殖水体等。

5）社会环境敏感点主要是指：与城市规划的协调，重要的农田水利设施、规模大的拆迁点、文物、遗址保护点等。

实训1

观察校园环境的组成，并提出校园环境保护的措施。

10.2　公路交通对生态环境的影响与保护

10.2.1　公路交通的生态学效应

1. 阻隔效应

公路是连接城市与城市的道路，是人类互相连接的走廊。但是，对生物来说，尤其是对地面的动物来说，它却是一道屏障，起着分离与阻隔的作用。公路的分割使景观破碎，将自然生态环境切割成孤立的块状，即生态环境区域化，使生长在其中的生物变得脆弱（生物不能在更大的范围内求偶与觅食），如果隔离延续若干世代以后，则有可能发生种内分化，不利于生物多样性保护。阻隔效应也称为廊道效应。

虽然不属于公路建设项目，但同样分割作用明显的长城就是比较明显的例子。据 2002 年报道：长城两侧由于长期被城墙分割，两边生态系统的各个物种比例已经开始不同。

2. 接近效应

公路的开通使沿线地区的人流和物流强度增加，速度加快，同时也扩大了人类活动的范围，使许多原先人类难以到达或难以进入的地区变得可达和易于进入。这对自然保护和珍稀资源的保护构成巨大威胁。在我国早期的公路建设常常是路通到哪里，树砍到哪里；出现路通山空或公路通走兽尽的现象。接近效应是公路的一种间接影响。

3. 城镇化效应

公路可以改变某一城市或乡村发展和扩大的方式，这种改变表现出的主要特征之一就是：当一条公路建成不久，在公路走廊地带的某些区域，会有新的工业、商业及民用建筑的大量涌现。公路为出行提供的交通便捷性是工商业建筑和民用住宅倾向于建筑在公路两侧不远区域的主要原因，公路刺激城市区域的扩展以及农村向城镇的发展，导致公路沿线街道化城镇化，从而间接地造成城镇景观代替农村景观或自然景观的巨变。

4. 小气候效应

裸露的沥青和水泥路面热容量小，反射率大，蒸发耗热几乎为零，近地面温度高，升温快，灰尘和二氧化碳含量高，形成一条"热浪带"，使局部的小气候恶化。

5. 公路交通环境污染效应

公路交通排放的汽车废气、交通噪声、路面雨天径流以及危险品运输交通事故，给公路两侧环境质量带来严重影响。这种影响不仅表现在人类活动区域的环境质量的下降，也使公路两侧自然生态系统中的生物的生存环境质量下降，影响了生态系统的稳定。

10.2.2 公路建设项目对重要生态系统及自然资源的影响

公路交通自身所具有的跨越一切地域或环境要素的特点，使得公路建设不可避免地占用土地，穿过森林，跨越河流、湖泊和穿越各种生态系统，其中会涉及到如热带森林、原始森林、湿地、自然保护区和水源区等一些特殊的、敏感的生态目标。有的公路建设要穿越上述各类特殊地区，对这些区域的自然生态系统或自然资源产生不利影响。因此，对于此类生态敏感目标，关键要加强识别，根据道路的生态效应分析其可能受到的影响，并按照生态敏感目标的具体特点，考虑应采取的保护措施。例如：一条公路必须穿越一片河口湿地，那么用桥梁跨越的生态影响就比填筑路基小得多，因为桥梁能基本保持河口湿地的水文状态，而路基则会使河口封闭和湿地水文状态发生巨变。

1. 重要生态系统的保护

在地球上，有一些生态系统孕育的生物物种特别丰富，这类生态系统的损失会导致较多的生物物种灭绝或面临灭绝威胁；还有一些生态系统生息着法律规定的或科学研究确定的需要特别保护的珍稀濒危物种。这些生态系统都是需要作为重点保护的对象。

（1）热带森林

单位面积的热带雨林所赋存的植物和动物物种最多。例如：亚马逊热带雨林中，

1 公顷雨林就有胸径 100m 以上的树种 87～300 种之多。我国的热带森林较少，主要分布在海南岛和云南西双版纳地区。同世界热带森林一样，我国热带森林也是物种最丰富的地区。目前，这些地区已受到游耕农业、采薪伐木和商业性采伐的威胁，开发建设和农业开垦也是构成威胁的重要因素。如果公路穿过热带森林，则可能通过各种生态效应（阻隔效应、接近效应、小气候效应及污染效应）的综合作用，对热带森林产生危害。

（2）原始森林

我国残存的原始森林已经很少，因而显得格外珍贵。目前，残存的原始森林大多在峡谷深处、峻岭之巅。这些森林不仅是重要的物种保护库，而且是科学研究的基地。原始森林面临的最大威胁是商业性砍伐和人类活动干扰。公路交通通过各种生态效应的综合作用，对原始森林造成危害。例如，公路交通的建设使许多原先人迹难至的地方通车，就是导致这些森林消失的因素之一。

（3）湿地生态系统

湿地是开放水体与陆地之间过渡带的生态系统，具有特殊的生态结构和功能属性。按照《国际重要湿地特别是水禽栖息地公约》的定义，湿地是指沼泽地、沼原、泥炭地或水域（无论是天然的或人工的、永久的或暂时的，其水体是静止的或流动的，是淡水、半咸水或咸水），还包括落潮时深不超过 6m 的海域。这个定义过于广泛而不易把握。美国 1956 年发布的《39 号通告》，将湿地定义为："被间歇的或永久的浅水层所覆盖的低地"，并进而将湿地分为四大类：内陆淡水湿地、内陆咸水湿地、海岸淡水湿地和海岸咸水湿地。

湿地是许多种喜水植物的生长地，也是很多水鸟、水禽的栖息地，并且是许多鱼、虾、贝类的产卵地和索饵场。湿地是生产力很高的自然生态系统，也是一些毛皮动物如海狸、鼠、貉、水貂和水獭的生息之地。湿地有多种生态环境功能，如储蓄水资源、改善地区小气候、消纳废物、净化水质等。

湿地生态环境中目前研究较多且受到高度重视的是红树林湿地。红树林的生态功能包括防风防潮、保护海岸免遭侵蚀，提供木材和化工原料，为许多鱼、虾、贝类提供繁殖、育肥基地。如美国佛罗里达州，80%有商业价值或娱乐价值的海生生物，在它们生命周期的某个阶段要依靠红树林生态系统。此外，红树林还提供旅游等商业机会。

目前，对湿地的生态特点和环境功能尚未进行充分研究，因而湿地的开发利用需要特别谨慎。一般而言，大多数湿地的直接使用价值远低于其间接价值，因而往往有"废地"之错误判断。在马来半岛，由于对沼泽的重要性，特别是对沼泽作为该地区淡水资源的重要性认识不足，使许多沼泽被疏干开辟为稻田，结果却因淡水缺乏而影响该地区的农业生产。公路交通通过各种生态效应（主要是接近效应、小气候效应及污染效应）的综合作用，对湿地生态系统造成危害。如果对湿地生态系统的重视程度不够，公路以路基形式通过湿地的话，公路占用、阻隔湿地则会严重影响湿地生态系统。

（4）自然保护区

自然保护区是国家或地方政府根据某一地域的重要价值及其在国内外的影响划定的必须保护的区域，是重要的自然生态系统。自然保护区分为国家级自然保护区和地方级自然保护区两级。自然保护区内部一般分为核心区、缓冲区和实验区三部分。核心区是保护区的精华所在，是保护对象最集中、特点最明显的地段，需要严格保护，属于绝对保护区。缓冲区是为保护核心区而设置的缓冲地带，在核心区外围，一般只允许进行科研观测活动。实验区在缓冲区的外围，可以在不破坏生态环境与自然资源的前提下，进行科研、教学实习和生态旅游与优势动植物资源的开发工作。

自然保护区的保护对象包括：典型的自然地理区域、有代表性的自然生态系统区域以及已经遭受破坏但经保护能够恢复的自然生态系统区域；珍稀、濒危野生动植物物种的天然集中分布区域；具有特殊保护价值的海域、海岸、湿地、内陆水域、森林、草原和荒漠；具有重大科学文化价值的地质构造、著名溶洞、化石分布区及冰川、火山、温泉等自然遗迹；需要予以特殊保护的其他自然区域。

我国颁布的《自然保护区条例》明确规定："禁止在自然保护区内进行砍伐、放牧、狩猎、采药、开垦、烧荒、开矿、采石、挖砂等活动，但是，法律、行政法规另有规定的除外。"《条例》还规定："在自然保护区的核心区和缓冲区内，不得建设任何生产设施。在自然保护区的实验区内不得建设污染环境、破坏资源或者景观的生产设施；建设其他项目，其污染物排放不得超过国家和地方规定的污染物排放标准。"

公路交通对自然保护区的影响，除各种生态效应外，在野生动物保护区内野生动物穿越公路时发生交通事故引起的伤亡也是主要影响之一。

2. 重要自然资源的影响

（1）土地资源

土地是最基本的资源，是不可替代的生产要素。土地是矿物质的储存所，它能生长草木和粮食，也是野生动物和家畜等的栖息所，是重要的生命支持系统。因此，土地资源的合理利用与保护就成了各种资源保护的中心。土地资源是指土地总量中，现在和可预见的将来，能为人们所利用，在一定的条件下能够产生经济价值的土地。土地资源是农业的基本生产资料，是人类生产和生活活动的场所。

公路建设对土地资源的占用已是不争的事实。但任何发展活动都必然伴随着负面的效应，这是客观存在的规律。公路多修建在平坦的土地上，因为平坦的土地有利于公路的建设，但这些平坦的土地大部分又同时是优质的农用土地。公路建设与耕地的矛盾一直是我国可持续发展过程中的一道难题。

公路建设对土地资源的影响主要有以下几个方面。

1）公路永久性占地数量大，占地会加速本已不多的耕地资源的减少，加剧对剩余耕地的压力。

2）施工期临时用地，包括施工便道、拌和场、施工占地、预制场等，因施工作业土地的农业功能暂时受到限制。所以一般要求在公路施工完成后，对临时占地都要复土还耕。

3）公路的开通所具有的城镇化效应，常使公路两边的大片优质农田改作它用，这是公路建设对土地资源的间接影响。

4）公路交通环境污染效应可使公路两侧的农田土壤质量下降，可能使农作物污染物含量超标，从而间接地使土地资源减少。

（2）水资源及其潜在影响

公路建设对水资源的影响包括对地表水的影响和地下水的影响。

1）对地表水的影响。公路工程会改变地表径流的自然状态。公路的阻隔作用使地表径流汇水流域发生改变，加快水流速度，导致土壤侵蚀加剧以及下游河段淤塞，甚至会导致洪水的发生。这是公路设计中需要统筹考虑的问题之一。此外，路面会降低土壤的可渗透性，从而增加该地区地表径流量，产生上述类似的环境影响。

公路工程建设对地表水体的水文条件产生影响。弃渣侵占河道、沿河而建的公路或跨越河流湖泊的公路桥梁都会影响河流的过水断面、流量和流速等。冲刷动能增大，是造成河岸侵蚀和发生洪水的因素之一。有些公路建设项目还可能使河流改道，池塘、湖泊、水库被毁，对地表水资源、水环境产生危害。这种影响一般在公路建成后 2～3 年内不会明显被觉察到。

2）对地下水的影响。挖方路基破坏地表植被，使得土地可蚀性增加，导致水土流失，甚至滑坡等产生，进而破坏生态平衡，破坏景观。在填方路段，路基会使地下水上游水位抬高，下游水位降低，最终导致上述类似的结果。公路隧道的渗水有时也会产生上述类似的后果，这种现象及其后果在我国的公路建设中已不少见。

3）对水质的影响。公路建设对水质的影响包括生活污水、路面径流对河流湖泊水质的污染以及施工阶段的水土流失导致的河流湖泊水质浑浊、悬浮物浓度增高等，特别是在水源地路段这种影响会更加敏感。

3. 公路交通建设项目对动植物的影响

公路交通对野生动植物的影响包括以下几个方面。

（1）阻隔作用

对地面的动物来讲，公路是一道屏障，起着分离与阻隔作用，使动物活动范围受到限制，使生态环境岛屿化，生存在其中的生物将变得脆弱，并有可能发生种内分化。因此，公路阻隔效应对动物的潜在影响是巨大的。

（2）接近效应

公路交通使许多原先人类难以到达或难以进入的地区变得可达或易于进入，这对野生动植物构成巨大威胁。

（3）生态环境破坏

1）公路建设过程中产生大量的水土流失，这些流失的土壤将在下游的地表水体（如河流、湖泊）中沉积，沉积物将覆盖水生生物的产卵和繁殖场所。

2）因公路建设而使河流改道或水文条件发生变化，使生物的生存环境变化，有可能导致一些生物的消失。

3）公路施工中大量的弃渣对生长在公路两侧的动植物的活动场所产生影响。

（4）污染作用

公路交通排放的废气、交通噪声、振动和路面径流污染物等对动植物生存环境的污染，降低了动植物的生存环境质量（即污染效应）。

（5）交通事故

野生动物穿越公路时因与快速行驶的车辆相撞引起伤亡。

（6）对地表植物的直接破坏作用

1）公路工程永久性征用土地，使公路沿线的地表植被遭受损失或损坏。

2）施工期临时用地，包括施工便道、拌和场、施工营地和预制场等，因施工作业的影响，这些土地的地表植被遭受损失。

3）取、弃土石方作业，使原有地表植被遭到破坏。

4）施工期由于筑路材料运输、机械碾压及施工人员践踏，在施工作业区周围土地的部分植被被破坏。

4．公路建设项目对沿线地质、土质的影响

公路建设与营运过程中，对沿线一定范围内的地质、土质会产生不同程度的影响。

1）路基开挖或堆填，会改变局部地貌。在地质构造脆弱地带易引起崩塌、滑坡等地质灾害，在石灰岩地区易引起岩溶塌陷，在高寒山区易引起雪崩等灾害。

2）开挖路基有时会影响河流的稳定性。例如大量弃土倾入河谷、河道，使河床变窄，易引发山洪、泥石流等灾害。

3）公路建设占用大量土地，尤其是高速公路工程量大，施工期长，其施工场地、运输便道、生活设施等用地面积更大。路面对植被的长期破坏，路基两侧对植被也造成一定影响，在生态系统脆弱地区，植被破坏会加剧荒漠化或水土流失。

山区公路建设与营运中易发生崩塌、滑坡、泥石流等地质灾害，往往会造成严重的生态破坏与居民生命财产的巨大损失。这些地质灾害的产生，不仅与自然条件有关，而且与人为因素有关。因而，在丘陵山区、黄土高原、岩溶高原等地表起伏较大地区修建公路时，应采取多种措施，避免或减少地质灾害对公路交通的影响以及对沿线生态环境的破坏。

地质灾害通常指由于地质作用引起的人民生命财产损失的灾害。地质灾害可划分为30多种类型。由降雨、融雪、地震等因素诱发的称为自然地质灾害，由工程开挖、堆载、爆破、弃土等引发的称为人为地质灾害。根据2004年国务院颁发的《地质灾害防治条例》规定，常见的地质灾害主要指危害人民生命和财产安全的崩塌、滑坡、泥石流、地面塌陷、地裂缝、地面沉降等六种与地质作用有关的灾害。

5. 公路建设项目水土流失与水土保持的概念

水土流失在我国也称为土壤侵蚀，是地球陆面上的土壤、成土母质和岩屑，受水力、风力、冻融、重力等外引力作用，发生磨损、结构破坏、分散、移动和沉积等的过程与后果。我国是世界上水土流失较为严重的国家之一。20 世纪 80 年代末期遥感调查显示，全国轻度以上水力侵蚀面积 179 万平方千米，轻度以上风力侵蚀面积 188 万平方千米。公布水土流失面积达 367 万平方千米，占国土总面积的 38％以上。

公路建设项目水土流失，是在区域自然地理因素即水土流失类型区的支配和制约下，由于各种自然因素包括气候、地质、地形地貌、土壤植被等的潜在影响，通过人为生产建设活动的诱发、引发、触发作用而产生的一种特殊的水土流失类型。它既具有水土流失的共性，也具有自身的特性。

因为公路建设是线性项目，对地面的扰动特点表现为多种多样，因此施工过程中对水资源和土地资源的破坏是多方面的。公路施工过程中要开挖山体、削坡、修隧道、架桥，高处要削低、低地要填高，因此对土地资源的破坏不仅仅是表层土壤，往往破坏至深层土壤，深者可达几十米。水土流失形式表现为岩石、土壤、固体废弃物的混合搬运。从这一点看，公路建设水土保持和其他一般性的人为水土流失是有区别的。公路建设水土流失应根据其自身的特点确定水土流失防治范围。

水土保持是防治水土流失，保持、改良与合理利用山区、丘陵区和风沙区水土资源，维护和提高土地生产力，以利于充分发挥水土资源的经济效益和社会效益，建立良好生态环境的综合性科学技术。

公路建设项目水土保持，是在公路施工过程中公路主体工程、取弃土场、临时工程等范围内，预防和治理水土流失的综合性技术。公路建设工程量大，引起的水土流失也较为严重。这不仅影响公路自身的安全运行和周边环境、沿线城镇、村庄、农田及公共设施，而且会影响水土资源和生态环境。公路建设水土保持，主要是在工程措施和生物措施等方面把水土保持和公路建设充分考虑进来，处理好局部治理和全线治理、单项治理措施和综合治理措施的关系，相互协调，使施工及营运过程中造成的水土流失减小到最低限度，从而保证工程建设的顺利进行，促进项目区的社会、经济和环境协调统一发展。它涉及公路防护工程、绿化工程、土地复垦、排水工程、固沙工程等多种水土保持技术，是一门与土壤、地质、生态、环保、土地复垦等多学科密切相关的交叉学科。因此，公路建设水土保持总体上看是环境恢复和整治问题，它属于公路建设与区域环境保护和水土保持的交叉范畴。

(1) 公路建设项目水土流失特点

1) 破坏公路用地范围内的地表植被，产生新的裸露坡面，诱发新增的水土流失量。公路建设是一条线，公路建设对地面扰动、破坏类型多。公路建设中修建路基工程将对公路征地范围内的原地面进行填筑或挖方，造成了地表的植被破坏，使土壤表层裸露，原地表坡度、坡长改变，从而使它的抗蚀能力降低，诱发新的水土流失。

2) 取土、弃土弃渣产生的水土流失。工程建设过程中所产生的大量取土或弃土、弃渣，尤其是弃土、弃渣，由于受地形及运输条件的限制，可能被就近倾倒于沟谷、河坎岸坡土。这些松散的岩土，孔隙大、结构疏松，若不采取有效的防治措施，就会导致新的水土流失及生态环境的恶化，并可能影响高速公路的安全运营。

3) 临时占地及土石渣料的水土流失。在公路施工过程中，施工区内的临时施工便道以及土石渣料，缺少必要的水土保持措施，一遇暴雨或大风将不可避免地产生水土流失。

(2) 公路建设与水土保持方案

1) 公路建设必须重视水土保持。水土保持是用农、林、牧、水利等工程措施防治水土流失，保护水土，充分利用水土资源的统称。《中华人民共和国水土保持法》规定："一切单位和个人都有保护水土资源、防治水土流失的义务，并有权对破坏水土资源、造成水土流失的单位和个人进行检举。""修建铁路、公路和水工程，应当尽量减少破坏植被；废弃的砂、石、土必须运至规定的专门存放地堆放，不得向江河、湖泊、水库和专门存放地以外的沟渠倾倒；在铁路、公路两侧地界以内的山坡地，必须修建护坡或者采取其他土地整治措施；工程竣工后，取土场、开挖面和废弃的砂、石、土存放地的裸露土地，必须植树种草，防止水土流失。""在崩塌、滑坡危险区和泥石流易发区禁止取土、挖砂、采石。""企业事业单位在建设和生产过程中必须采取水土保持措施，对造成的水土流失负责治理。"

公路建设必须依法防治水土流失，搞好公路沿线的水土保持工作。

2) 公路建设的水土保持方案。

a. 法律依据。《中华人民共和国水土保持法》规定："在山区、丘陵区、风沙区修建铁路、公路、水工程，……在建设项目环境影响报告书中，必须有水行政主管部门同意的水土保持方案。""建设项目中的水土保持设施，必须与主体工程同时设计、同时施工、同时投产使用。建设工程竣工验收时，应当同时验收水土保持设施，并有水行政主管部门参加。"

国务院和有关部委还发布了一些文件，进一步对水土保持方案的编制内容、审批、管理等作了具体规定。

b. 水土保持方案防治范围。合理划定公路建设项目水土保持方案的防治范围，对保证公路建设的安全施工，公路的安全营运和保护沿线生态环境均具有重要意义。方案的防治范围可划分为施工区、影响区和预防保护区。

- 公路施工区指公路主体工程及配套设施工程占地涉及的范围，包括工程基建开挖区、采石取土开挖区、工程扰动的地表及堆积弃土石渣的场地等。该区是引起人为水土流失及风蚀沙质荒漠化的主要物质源地。

- 影响区指公路施工直接影响和可能造成损坏或灾害的地区，包括地表松散物、沟坡及弃土石渣在暴雨径流、洪水、风力作用下可能危及的范围，可能导致崩塌、滑坡、泥石流等灾害的地段。

- 预防保护区。指公路影响区以外，可能对施工或公路营运构成严重威胁的主要分布区，如威胁公路的流动沙丘、危险河段等的所在地。

c. 水土保持方案的主要内容。

水土保持方案防治目标主要有以下几方面。

- 人为新增水土流失得到基本控制。除工程占地、生活区占地外，土地复垦及恢复植被面积必须占破坏地表面积的 90% 以上。采用各类设施阻拦的弃土石渣量要占弃土石渣总量的 80% 以上。
- 原有地面水土流失应得到有效治理。使防治范围的植被覆盖率达 40% 以上，治理程度达 50% 以上，原有水土流失量减少 60% 以上。
- 公路施工和营运安全应得到保证。
- 方案实施为沿线地区实现可持续发展创造有利条件。

水土保持方案还要包含防治重点及对策。防治人为新增水土流失及土地沙质荒漠化为方案的防治重点。总的防治对策为：控制影响公路施工与营运的洪水、风口动力源；固定施工区的物质源，实现新增水土流失和自然水土流失二者兼治。

- 公路施工区为重点设防、重点监督区。工程基建开挖和采石取土场开挖，应尽量减少破坏植被。废弃土石渣不许向河道、水库、行洪滩地或农田倾倒，应选择适宜地方作为固定弃渣场，并布设拦渣、护渣及导流设施。对崩塌、滑坡多发区的高陡边坡，要采取削坡升级、砌护、导流等措施进行边坡治理。施工中被破坏、扰动的地面，应逐步恢复植被或复垦。在公路沿线还应布设必要的绿化，起到美化和生物防护功能。

- 直接影响区为重点治理区。在公路沿线，根据需要布设护路、护河（湖）、护田、护村（镇）等工程措施，还应造林种草，修建梯地、坝地。达到保护土地资源，减少水土流失，提高防洪、防风沙能力，减少向大江大河输送泥沙的目标。

图 10.3　防治水土流失

- 预防保护区以控制原来地面水土流失及风蚀沙化为主，开展综合治理（图 10.3）。

10.2.3　公路施工阶段的生态保护

1. 防治地表植物被破坏的措施

1）合理的设置施工取土场、砂石料场，禁止乱取、乱弃、乱堆。

2）在施工营地和场地的选择过程中考虑对生态环境的影响，尽量减少对地表覆盖的破坏面积，做好生活垃圾的收集和管理工作。

3）在施工营地和场地使用过后，应及时清理、整治。

4）注意施工便道的设置，不能只考虑施工方便，更要注意对生态环境的影响。施工中严格要求施工机械的行驶路线。

5）加强施工人员的环保意识教育，避免施工中的野蛮行为对生态环境的破坏。

6）施工后及时平整地面，尽量恢复原有地貌和植被以达到与周边自然环境的协调和谐。

2. 对生物多样性的保护

1）控制施工和人类的活动范围、规模和强度。

2）野生动物通道范围内减少人为痕迹，避免惊扰动物的正常生命活动。

3）加强沿线生物多样性保护的宣传教育，禁止猎杀野生动物。

4）施工结束后采取相应的措施进行生态恢复。

3. 防治地质灾害的措施

1）避免过分开挖山体边坡，或在坡脚大量采石取土。

2）对于不稳定的边坡，可采取削坡等工程措施使其稳定。

3）施工中的取土场、弃土场、料场以及施工场地均应采取合理的防治措施，例如护坡、拦渣等。

4）合理安排施工时间。土方作业应避开雨季，并在雨季来临之前将开挖回填土方的边坡排水设施处理好。如不能避开雨季施工，应尽量减少施工面坡度，并做到施工料的随取、随运、随铺、随压，以减少雨水冲刷侵蚀。

5）尽快恢复水土流失地段保水保土的功能。

10.2.4 公路营运阶段的生态保护

一般而言，应对公路开挖后裸露的边坡，路基边坡和取、弃土场，公路临时用地，公路服务区，收费站生活区，养护管理工区，立交环形匝道的空地及公路路界内的一切可以利用的空地，实施绿化工程，予以改善公路建设对生态环境的破坏。

- 公路绿化一般要根据不同的道路结构或场所采取不同的种植方式。
- 路堤式：对路堤边坡尽量采用植草护坡，在路堤的坡角至路界内可植树绿化，边沟内种长青小灌木，外侧种高大乔木，并适当密植，使其错落有致。
- 路堑式：路堑边沟外植灌木，坡面应尽量采用各种骨架绿化护坡，或采用爬墙虎等攀缘植物与浆砌片石结合护坡。对较高的土质边坡，应修建成阶梯状，在台阶上采用乔灌结合绿化。
- 互通立交：在互通立交的匝道空地上实施景观绿化，立交桥可种植爬山虎等攀缘植物进行立体绿化，引桥边坡可植草绿化。
- 庭院：在公路服务区、收费站生活区和养护管理工区内的空地，应按园林设计要求予以绿化。

- 临时用地：公路临时用地在公路施工完后，要尽量恢复土地的原有使用功能，如恢复土地的农业生产功能，裸露的地表均应植树、种草、绿化环境。
- 取、弃土场：在公路施工完后，除那些可以改造成农田的取、弃土场，或可以改造成养虾池和养鱼池的取土坑外，裸露的取、弃土场地表均应进行绿化。

公路绿化除了上述按照不同道路结构采取的不同绿化形式外，还包括以降低交通噪声、净化空气和改善公路景观等为目标的绿化。总之，公路绿化应使公路沿线地区因公路施工而减少的绿色植物尽可能地得到较好的修复或补偿。我国第一条生态环保示范工路如图 10.4 所示。

图 10.4　我国第一条生态环保示范公路——川九公路

实训2

　　调查一段公路，观察分析有哪些生态保护的措施。

10.3　公路交通对自然环境污染及防治

　　公路交通对自然环境的污染主要是指在公路建设期和运营期间的污染，包括对大气、水、土壤和声环境的污染。

10.3.1　大气环境污染及防治

公路交通是造成大气污染的主要人为因素之一。公路交通大气污染源主要由两部分组成，一是公路施工期间产生的扬尘、沥青烟等大气污染物；二是公路营运期间机动车辆排放的尾气及在道路上产生的扬尘。

1. 公路建设施工期的大气污染及防治

公路建设项目中，施工期污染物的排放相对简单，主要有粉尘和沥青烟气，对环境空气的影响相对较小。主要来自以下环节：一是施工活动中的灰土拌和，沥青混凝土拌和以及车辆运输等产生的扬尘；二是沥青混凝土制备过程及路面铺浇沥青等产生的沥青烟气（土、石和混凝土路面无此项）。

在公路建设项目的施工期，平整土地、打桩、铺筑路面、材料运输、装卸和搅拌物等环节都有扬尘发生，其中最主要的是运输车辆道路扬尘和施工作业扬尘（混凝土搅拌、水泥装卸和加料等）。

1）运输车辆道路扬尘。施工区内车辆运输引起的道路扬尘约占场地扬尘总量的50％以上。道路扬尘的起尘量与运输车辆的车速、载重量、轮胎与地面的接触面积、路面含尘量、相对湿度等因素有关。根据同类项目建设经验，施工期施工区内运输车辆大多行驶在土路便道上，路面含尘量高，道路扬尘比较严重。特别是在混凝土工序阶段，灰土运输车引起的扬尘对道路两侧影响更为明显。据有关资料，干燥路面在距路边下风向50m，TSP浓度约为10mg/m³；距路边下风向150m，TSP浓度约为5mg/m³。主要防治措施为洒水抑尘。

2）施工作业扬尘。各种施工扬尘（平整土地、取土、筑路材料装卸、灰土拌和等）中，以灰土拌和所产生的扬尘最严重。灰土拌和有路拌和站拌两种方式：在采取路拌方式时，扬尘对周围环境空气的影响时间较短，影响程度也较轻，但影响的路线较长；而采用站拌方式时，扬尘影响相对集中，但影响的时间较长，影响程度较严重。

3）扬尘的防治。灰土拌和尽量采用站拌方式，但要慎重选择地址，拌和站应远离环境敏感点，并采取先进的除尘设施，距离应大于300m。

注意和安排粉状筑路材料的堆放地点及保护措施，减少堆放量并及时利用。筑路材料堆放点选在环境敏感点下风向，距离应在100m以上。堆放时应采取防风措施，必要时设置围栏，并定时洒水防止扬尘，遇恶劣天气加篷覆盖。

出入料场的道路、施工便道以及未铺装的道路应经常洒水，以减少粉尘污染。路基施工时应及时分层压实，并注意洒水除尘。

粉状材料如水泥、石灰等应罐装或袋装，禁止散装运输，严禁运输途中扬尘、散落。堆放应用篷布遮盖，运至拌和场应尽快与黏土混合，减少堆放时间，物料运输禁止超载，并盖篷布，严禁沿途散落。

2. 施工期沥青烟气

(1) 沥青烟的危害

沥青烟是由一百多种有机化合物组成的混合气体，其中大部分是多环芳烃，尤以苯并〔a〕芘对动植物及人体危害最大。

沥青烟尘降落在植物叶片上，会堵塞叶片呼吸孔，使叶片变色、萎缩、卷曲、甚至落叶。动物试验证明，沥青烟可使动物致癌。

沥青烟对人体造成伤害的主要成分有苯并〔a〕芘、吖啶类、酚类、吡啶类、蒽萘类等。长期处于沥青烟污染的环境中可引起人体的急、慢性伤害。易受伤害的部位是呼吸道和皮肤。皮肤受害以面颊、手背、前臂、颈部等裸露部分最明显，常见症状有日光性皮炎、痤疮型皮炎、毛囊炎、疣状赘生物等。沥青烟还会引起人体头晕、乏力、咳嗽、畏光、流泪等中毒症状，严重的可发生皮肤癌、呼吸道系统的癌症等。因此，必须重视对沥青烟的防治。

(2) 沥青烟的防治

在公路建设中散发沥青烟的主要有两道工序。一是沥青路面施工现场，沥青混合料由车辆倾倒时散发大量沥青烟，随后摊铺、碾压过程中也散发沥青烟，施工现场散发沥青烟的治理难度较大，至今尚未见有治理实例报道。另一是沥青混合料的生产场（站）在熬油、搅拌、装车等工序中产生、散发沥青烟。对于沥青混合料生产场（站）的沥青烟散发可用下列方法防治：

1) 吸附法。吸附法是利用吸附原理，采用比表面积大的吸附剂吸附沥青烟的技术。吸附法的关键是选择合适的吸附剂，常见的吸附剂有焦炭粉、氧化铝、白云石粉、滑石粉等。吸附法是防治沥青烟的一种很好的方法。

2) 洗涤法。洗涤法是利用液体吸收原理，在洗涤塔中采用液相洗涤剂吸收沥青烟的技术。工艺流程通常是使沥青烟先进入捕雾器捕集，而后进入洗涤塔洗涤。洗涤塔的形式以喷淋塔居多，洗液由泵送至塔顶，沥青烟则由塔底部进入，烟尘与洗液在塔内相向接触，经洗涤后的烟气由塔顶排入大气，洗液落到塔的底部重复使用。洗涤液可用清水、甲基萘、溶剂油等。

3) 静电捕集器。静电捕集器是由放电极和捕集极组成的捕集装置。其基本原理是，当沥青烟进入电场后，由放电极放电使沥青烟中微粒带电驱向捕集极，达到清除沥青烟微粒的目的。静电捕集器的运行电压一般在 $40000 \sim 60000V$ 之间。静电捕集器的捕集效率较高，一般大于 90%。

4) 焚烧法。由于沥青烟是由一百多种有机化合物组成的混合气体，在一定温度和供氧的条件下是可以燃烧的，因此，可以用焚烧法处理沥青烟气。沥青烟的燃烧温度在 $790 \sim 900℃$ 时才能燃烧完全。沥青烟的浓度越高越便于燃烧。为了在较低的温度下使沥青烟能完全燃烧，可用催化燃烧方法。

目前，公路施工中已普遍采用设有除尘设备的封闭式厂拌工艺，用无热源容器或高温容器将沥青运至铺浇工地，因此沥青烟气的排放浓度较低，可以满足《大气污染物综合排放标准》（GB 16297—1996）中沥青烟气最高允许排放浓度，对周围环境影响较小。

3. 公路营运期的大气污染及防治

由于公路建设规模和等级的不同，公路营运期的环境空气影响因素存在一定的差异。高等级公路，一般采用沥青混凝土路面，营运车辆较多，营运中主要环境空气污染物为车辆排放尾气中的有害物质；偏远地区低等级公路，由于受资金和材料运输条件等限制，路面采用砂石路面，这种道路一般营运车辆较少，车辆运行对环境空气质量的主要影响为车辆扬尘。

（1）大气污染的危害

汽车排放的污染物大部分是有害有毒物质，有些还带有强烈刺激性，对人体健康造成直接危害。这些污染物还会与其他大气污染源一起造成温室效应，形成光化学烟雾、酸雨等影响人类的生存环境。汽车排出的污染物对人体有多方面的影响，主要表现为急、慢性呼吸道疾病与生理机能障碍，或引起死亡。

（2）大气污染的防治

公路交通大气污染，主要由机动车辆行驶中排放有毒有害物质及在公路上产生的扬尘所致。公路交通大气污染防治主要有七种途径：采用新的汽车能源；采用新燃料；对现有燃料改进及前处理；改进发动机结构及有关系统；在发动机外安装废气净化装置；控制油料蒸发排放；加强和改进公路交通管理。

10.3.2　水环境污染及防治

1. 水环境污染

作为环境介质的水通常不是纯净的，其中含有各种物理的、化学的和生物的成分。水的感官性状（色、嗅、味、浑浊度等）、物理化学性质（温度、pH、电导率、氧化还原电位、放射性等）、化学成分、生物组成和水体底泥状况等，均因污染程度不同而有很大差别。

早期的水体污染主要由人口稠密的城市生活污水造成。工业革命以后，工业排放的废水和废物成为水体污染物的主要来源。20 世纪 50 年代以后，一些水域和地区由于水体严重污染而危及人类的生产和生活。70 年代以来，人们采取了一些防治污染措施，部分水体的污染程度虽有所减轻，但全球性的水污染状况还在发展，尤其是工业废弃物对水体的污染还具有潜在的危险性。水源因受到污染而降低或丧失了使用价值，使水资源更加短缺。

水环境污染按水体污染物进行分类，有以下类型。

（1）病原体污染

生活污水、畜禽饲养场污水以及制革、洗毛、屠宰业和医院等排出的废水常含有各种病原体，水体受到病原体污染会传播疾病。如 1848 年和 1854 年英国两次霍乱流行，每次死亡万余人；德国汉堡 1892 年发生的霍乱流行，死亡 7500 余人。这几次大的瘟疫流行，都是因水污染而引起的。

（2）需氧物质污染

生活污水、食品加工和造纸等工业废水含有碳水化合物、蛋白质、油脂、木质素等有机物质。这些物质以悬浮或溶解状态存在于污水中，通过好氧微生物的作用分解而消耗氧气，因而称为需氧污染物。这些物质使水中的溶解氧减少，影响鱼类及其他水生生物的生长。当水中溶解氧不足时，有机物将在厌氧菌的作用下进行厌氧分解，产生硫化氢、氨和硫醇等小分子有机化合物具有毒性和难闻气味的物质，使水质进一步恶化。

（3）富营养化物质污染

生活污水和某些工业废水常含有一定量的磷、氮等植物营养物质，这些物质排入水体后，引起水体富营养化，使水质恶化。

（4）石油污染

石油类物质在水面形成油膜，阻碍水体的复氧作用，致使鱼类和浮游生物的生存受到威胁，并使水产品的质量恶化。石油污染主要发生在海洋石油运输的事故泄漏。

（5）放射性污染

放射性物质进入水体造成放射性污染。放射性物质来源于核动力工厂排出的废水、向海洋投弃的放射性废物、核动力船舶事故泄漏的核燃料、核爆炸进入水体的散落物等。受放射性物质污染的水体使生物受到危害，并可在生物体内蓄积。

（6）热污染

它是由工矿企业向水体排放高温废水造成的。热污染使水温升高，水中化学反应、生化反应速度随之加快，溶解氧减少，破坏了水生生物的正常生存和繁殖的环境。一般水生生物能生存的水温上限为 33～35℃。

（7）有毒化学物质污染

有毒化学物质主要指重金属和微生物难以分解的有机物。重金属在自然界不易消失，它们通过食物链而被富集。难分解的有机物中不少属于致癌物质。因此，水体一旦被有毒化学物质污染，其危害极大。

（8）盐类物质污染

各种酸、碱、盐等无机化合物进入水体，使淡水的矿化度增高，降低了水的使用功能。

2. 施工期的水环境污染防治

公路施工期间无论是施工废水，还是施工营地的生活污水，都是暂时性的，随着工程的建成其污染源也将消失。通常公路施工期的污水对水环境不会有大的影响，可采用简单的、经济的处理方法。如施工营地的生活污水采用化粪池处理，施工废水设小型蒸发池收集，施工结束将这些池清理掩埋。

大桥、特大桥施工期对水环境的污染主要是向水体弃渣，向水体抛、冒、滴、漏有毒化学物品，如各类桥面防渗使用的化学材料等。在桥梁桩基采用钻孔灌注桩施工中，用以清渣护壁的泥浆往往含有多种化学成分，施工中乱排放容易对水体造成污染。防止此类污染的有效措施是加强监督管理与采用先进的施工工艺。

3. 公路路面径流水环境污染防治

（1）营运期污染及防治

公路路面径流水环境污染，是指公路营运期，货物运输过程中在路面上的抛撒，汽车尾气中微粒在路面上的降落，汽车燃油在路面上的滴漏及轮胎与路面的磨损物等，主要成分为固体物质、有机物、重金属和无机盐等。当降水形成路面径流就挟带这些有害物质排入水体或农田。对于这种污染及其污染程度，至今研究甚少，一般说来，不会对水体和土壤造成大面积的污染。但当公路距水源保护地、生活饮用水源和水产养殖水体较近时，应考虑路面径流对水环境的污染，路面排水不能排入这些水体，必要时可设置生物塘（好氧塘），将路面径流引入塘内得到隔油沉淀和净化处理。

（2）生活污水处理

公路服务区、收费站、管理区和车站将排放一定数量的污水，如服务区的生活污水、路段管理处及收费站的生活污水，生活污水包括厕所排水、厨房洗涤排水及沐浴、洗衣排水。其特征是水质比较稳定、浑浊、深色，具有恶臭，呈微碱性，一般不含有毒物质，但常含植物营养物质，且含有大量细菌（包括病原菌）、病毒和寄生虫卵。另外还有洗车台（场）的污水、加油站的地面冲洗水。洗车及机修所排放的污水可归属为工业废水类，所含污染物以泥沙颗粒物、石油类为主，其排放量相对较小。若这些设施的所在地远离城镇不能直接排入污水系统时，排放的污水须经处理达标后排放。

（3）含油污水的处理

大型洗车场和加油站的污水，常含有泥沙和油类物质。油类不溶于水，在水中的形态为浮油或乳化油。乳化油的油滴微细，且带有负电荷，需破乳混凝后形成大的油滴才能除去。洗车场和加油站的含油污水以浮油为主，通常采用隔油池进行处理。当污水进入隔油池后，泥砂沉淀于池的底部，浮油漂浮于水面，利用设置在水面的集油管收集去除。隔油池的形式有平流式、波纹板式、斜板式等。关于隔油池的设计可参考有关污水处理专著。

10.3.3 声环境污染及防治

1. 噪声的构成

施工期间的噪声主要是各类施工设备发出的噪声，营运期间主要是机动车辆在公路上行驶辐射的噪声（简称行驶噪声），主要由动力噪声和轮胎噪声两部分构成。

（1）动力噪声

车辆动力噪声（又称驱动噪声）主要指动力系统辐射的噪声。发动机系统是主要噪声源，包括进气噪声、排气噪声、冷却风扇噪声、燃烧噪声及传动机械噪声等。

动力噪声的强度主要取决于发动机的转速，与车速有直接关系，噪声强度随车速增大而增强。此外，车辆爬坡时，随着路面纵坡加大动力噪声也增大。

（2）轮胎噪声

轮胎噪声是指轮胎与路面的接触噪声，又称轮胎—路面噪声。它由轮胎直接辐射的噪声和由轮胎激振车体振动产生的噪声构成。轮胎直接辐射的噪声，按其机理主要包括轮胎表面花纹噪声（空气泵噪声）和轮体振动噪声，还有在急转弯和紧急制动时与路面作用下产生自激振动噪声等。轮胎噪声的大小与轮胎花纹构造、路面特性（材料构造、路面纹理）及车速有关，且主要取决于车速，其强度随车速的增大而增大。

2. 噪声的危害

（1）噪声引起听力损伤

人们长期接触强噪声会引起听力损伤，其损伤程度表现为以下几种类型：

1）听觉疲劳。在噪声作用下，听觉敏感性降低，表现为听阈提高约 $10\sim15\text{dB}$，但离开噪声环境几分钟即可恢复，这种现象称为听觉适应。当听阈提高 15dB 以上，离开噪声环境很长时间才能恢复，这种现象叫做听觉疲劳，已属于病理前期状态。

2）噪声性耳聋。根据国际标准化组织（ISO）的规定，500 Hz、1000Hz、2000Hz 三个频率的平均（算术平均）听力损失超过 25dB 称为噪声性耳聋。根据听力损伤的程度，噪声性耳聋可分为三类：当听阈位移达 $25\sim40\text{dB}$ 时为轻度耳聋，听觉还未影响到语言区（$500\sim2000\text{Hz}$），对交谈影响不大；当听阈位移达到 $40\sim60\text{dB}$ 时为中度耳聋，听觉已影响到语言区，一般声音的讲话已经听不清楚；当听阈位移达 $60\sim80\text{dB}$ 时为重度耳聋，对低频、中频和高频的听觉能力均严重下降，即使面对面的大声讲话也听不清楚。

3）爆发性耳聋。当声压很大时（如爆炸、炮击），耳鼓膜内外产生较大压差，导致鼓膜破裂，双耳完全失聪。噪声级超过 130dB 时，一定要戴耳塞，或把嘴张大，以防止鼓膜破裂。

（2）噪声对人体健康的影响

1）对视觉的影响。在噪声作用下会引起视觉分析器官功能下降，视力清晰度及稳定性下降。130dB 以上的强烈噪声会引起眼震颤及眩晕。

2）对神经系统的影响。在噪声长期作用下会导致中枢神经功能性障碍，表现为植物神经衰弱症候群（头痛、头晕、失眠、多汗、乏力、恶心、心悸、注意力不集中、记忆减退、惊慌、反应迟缓）。对噪声作用下的近万名职工的调查表明，噪声强度越大，神经衰弱症的阳性率越高。

3）对消化系统的影响。强噪声作用于中枢神经，往往引起消化不良及食欲不振，从而导致肠胃病发病率增高。

4）对心血管系统的影响。噪声会使交感神经紧张，引起心跳过速、心律不齐、血压升高等症状。据调查，在高噪声环境下作业的人们，（如钢铁工人和机械工人）的心血管病发病率比在安静环境下工作的要高。

当然，引起某种慢性机能性疾病的原因是多方面的。噪声对上述疾病的危害究竟到什么程度，目前还没有了解得很清楚。一般地讲，噪声级在 90dB 以下时，对人的生理机能影响不会很大。

（3）噪声对正常生活和工作的影响

噪声影响人的正常生活，妨碍休息和睡眠，使人感到烦躁，这种影响对老人、病人更加明显。据研究：在 40～45dB 的噪声刺激下，睡着人的脑电波开始出现觉醒信号，这就是说 40～45dB 的噪声就会干扰人的正常睡眠；对于突发性的噪声在 40dB 时可使 10％ 的人惊醒，60dB 则使 70％ 的人惊醒。

强噪声不仅使作业者增加生理负担和能量消耗，而且使作业者神经紧张、心情烦躁、注意力不易集中、容易疲劳等，因而影响工作效率。

噪声分散人的注意力，影响工作的质量，也容易引起工伤，它给人们和社会带来的损失是十分惊人的。据世界卫生组织估计，仅美国由于工业噪声造成的低效率、缺勤、工伤事故和听力损失赔偿等费用，每年达 40 亿美元。

·（4）噪声对语言通信的影响

噪声对人的语言信息具有掩蔽作用。由于语言的频率范围多数为 500～2000Hz，所以 500～2000Hz 的噪声对语言的干扰最大。

通常普通谈话声（距唇部 1m 处）约在 70dB 以下，大声谈话可达 85dB 以上，当噪声级低于谈话声级时谈话才能正常进行。电话通信对声环境的要求更严，电话通信的语音为 60～70dB，在 50dB 的噪声环境下通话清晰可辨，大于 60dB 时通话便受阻。

（5）噪声对仪器设备和建筑物的影响

特强噪声会使仪器设备失效，甚至损坏。对于电子仪器，当噪声级超过 130dB 时，由于连接部位的振动而松动、抖动或位移等原因，使仪器发生故障而失效；当噪声级超过 150dB 时，因强烈振动而使一些电子元件失效或损坏。对于机械结构（如火箭、航空器等），在特强噪声的频率交变负载的反复作用下，使材料结构产生疲劳，甚至断裂，这种现象叫做声疲劳。

当噪声级超过 140dB 时，强烈的噪声对轻型建筑物开始起破坏作用。当超音速飞机作低空飞行时，建筑物在强烈的"轰声"作用下会使门窗损坏，墙面开裂，屋顶掀起，烟囱倒塌。此外，建筑物附近有强烈的噪声（振动）源时，如振动筛、空气锤、振动式压路机等，也会使建筑物受损。

3. 公路交通噪声污染的防治

（1）施工期间噪声污染的治理措施

噪声污染的难度很大，要求施工机械不产生噪声是不可能的，力争减少噪声源、噪声程度，降低其危害程度，还是不难实现的。主要的噪声源及其防治措施如下：

1）降低内燃机噪声的防治。认真进行施工设备的维修保养工作，使其能够在正常状态下运转，防止发生噪声；内燃机外露部分应安装隔声罩，排气噪声应安装降低噪声的消声器；调整施工工艺，如在市区等处可安装配电设备的地方，将反循环钻机及其辅助设备（空压机、泵等）的动力机械换成电动机，可大大降低噪声，也可用装有卷扬机的固定式塔架代替提升钻管用的吊车；用波型钢板围在施工现场的周围，如果使用带有防噪材料的隔声板，效果更好；

2）设计科学合理的施工工艺。钻孔机、吊装机、振动棒、混凝土运输搅拌车待机时等都会产生噪声，所以距环境的敏感点较近地方施工时，必须事前调查并考虑噪声限制法及防治公害的规定，调查施工现场周围的环境，有无学校、医院、疗养院、居民区当公共设施。除此之外，还要充分掌握在震动范围的地下构造物、危险品储藏库或者有精密仪器的建筑物位置等。在灌注施工前，还要调查记录附近住宅的裂缝、倾斜等状况，还要调查施工现场有无产生公害的现有噪声和振动。调查完成做出科学合理的施工工艺，尽量避免夜间施工。

（2）运营期间噪声污染的治理措施

运营期间噪声主要由车辆动力噪声和轮胎噪声构成，因此降低声源噪声辐射就应从降低车辆动力噪声和轮胎噪声入手。目前，降低车辆动力噪声的办法较为成功，而轮胎噪声的降低主要靠采用低噪声路面来解决。控制噪声传播途经，是降低交通噪声的主要方式，所采用的主要措施为控制路线距环境敏感点的距离和在噪声传播途中设置声屏使其产生衰减。为减少公路噪声的污染，可采取下列措施：

1）制订噪声控制法令条例。我国发布了一系列的噪声污染防治的法律、法规及标准，如《中华人民共和国环境噪声污染防治条例》、《城市环境噪声控制法》、《城市区域环境噪声标准》等，这些法律法规为噪声污染控制提供了法律依据及行政保障，并使之得到实施。表 10.1 为我国机动车辆允许噪声标准，既是车辆产品的噪声标准，又是城市机动车辆噪声管理检查的依据。

表 10.1　机动车辆允许噪声标准

车辆种类		1990 年噪声标准/dB	1988 年噪声标准/dB
载重汽车	8～15t	92	89
	3.5～8t	90	86
	<3.5t	99	84
轻型越野车		89	84
公共汽车	4～11t	89	86
	<4t	88	83
摩托车		90	84
轿车		84	82
轮式拖拉机（45kW 以下）		91	86

表 10.2 为 1982 年颁布的国家城市区域环境标准 GB3096—1982，表 10.3 是国际环境噪声标准，我们应严格贯彻执行。

表 10.2　中华人民共和国国家标准城市区域环境噪声标准 Lep（dB）

适用区域	昼间	夜间
特殊住宅区	45	35
居民、文教区	50	40
一类混合区	55	45
二类混合区、商业中心区	60	50
工业集中区	65	55
交通干道两侧	70	55

注：特殊住宅：指特别需要安静的住宅区。

居民、文教区：指纯居民区和文教、机关区。

一类混合区：指一般商业与居民混合区。

二类混合区：指工业、商业、少量交通与居民混合区。

工业集中区：指一个城市或区域内规划明确确定的工业区。

商业中心：指商业集中的繁华地区；

交通干道两侧：指交通量大于 100 辆/h 的道路两侧。

表 10.3　国际标准组织制订的环境噪声标准

性　质	标准 Lep/dB	性　质	标准 Lep/dB
寝　室	20~50	生活室	30~60
办公室	25~60	工　厂	70~75

此外，多数城市实行市区禁鸣，禁止卡车进入市区，车辆限速等，这些对降低城市环境噪声都有较大的作用。国际上，美、日等国还制定了道路交通噪声标准，用来控制公路沿线两侧不同区域的允许噪声级，对公路建设的声环境保护从法律上做了规定。

2）控制噪声源。针对我国车辆状况，首先是改善机动车辆的构造，对进气排气采用高效率消声器；对发动机用附加隔声罩。还可采用电气车辆来降低噪声；开发其他类型的车辆如磁浮式、气垫式等高效低噪声型的车辆或某些新型热机车辆。

3）改善运行状况。采用合理的交通管制与自动控制系统，使交通通畅。合理地控制交通流量，特别是限制载货车的流量，可有效地降低交通噪声。在限制车流量的同时，还应限制车速，使之尽可能地减少加速、减速、按喇叭、制动的噪声。改善路况，提高路面平整度，以减低振动与摩擦噪声。

4）调整路网规划。在进行路网规划时，应注意不同功能道路之间的配合，应避免主要干道穿越市中心和文教、住宅区。对噪声特别严重的载重车宜辟专用道，以便集中采取隔声措施。对于住宅区、居民文教区等特别区域，应与交通干线保持一定距离（图 10.5），利用环境自然衰减来降低噪声，必要时还可采用土丘或路堑以减少噪声（图 10.6、图 10.7）。对于流量大的一些地区，可采用立体交叉和自动信号控制，以保持车辆匀速行驶，降低噪声。

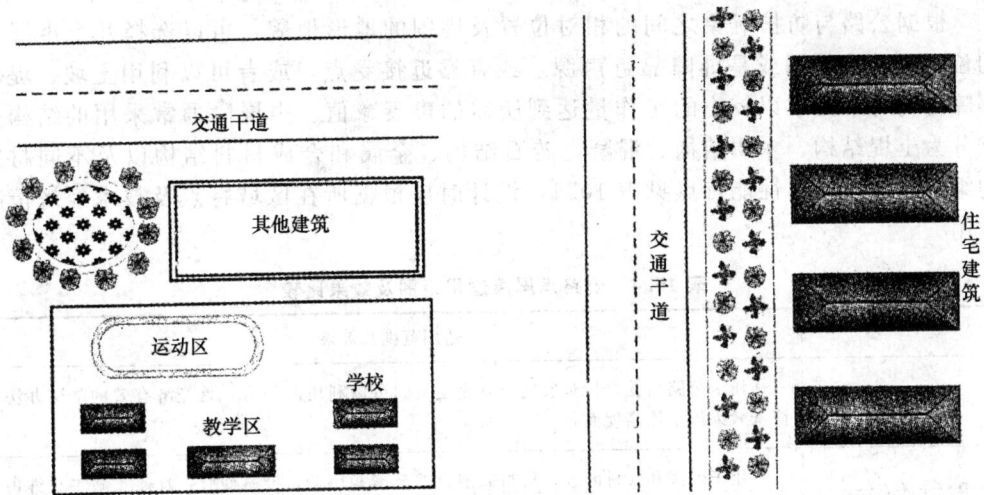

图 10.5　公路与建筑的合理布置示意图

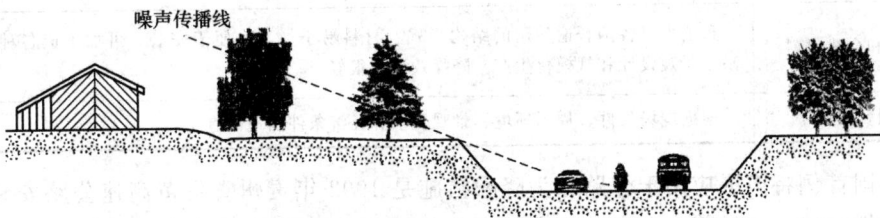

图 10.6　利用土丘作声障示意图

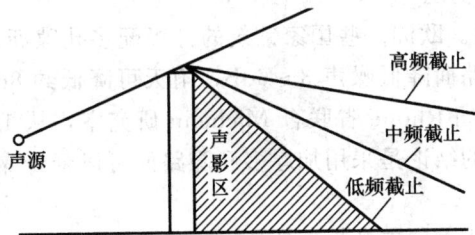

图 10.7　声屏障的隔声原理图

　　5）设置防声屏障。声屏障是用来遮挡声源和接收者之间直达声的设施，它对交通噪声的衰减作用主要是通过噪声吸收和隔声来达到的。吸声是靠吸声材料来实现的，而隔声主要是靠增加噪声的传播距离达到的，噪声传播路径的不同是噪声衰减的原因。声屏障隔声的原理与光照射一样，当噪声遇到障碍物尺寸远大于声波波长时，则大部分声能被反射，一部分被衍射，于是在障碍物背后一定距离内形成"声影区"，如果设保护点处于声影区，等效声级可降低 8～15dB。

　　根据公路与防护对象之间的相对位置及周围的地形地貌，可以选择几个声屏障的位置。选取原则或是屏障靠近声源，或者靠近接受点，或者可以利用土坡、堤坝等障碍物等，力求以较小的工作量达到所需的声衰减值。声屏障通常采用的结构可以分为土堤结构、木质结构、混凝土砖石结构、金属和合成材料结构以及不同材料的组合结构等。其性能特点见表 10.4，设计时应根据所在区域特点及技术经济情况选用。

表 10.4　公路声屏障适用范围及效果比较

类　　型	适用范围及效果
土堤结构	适用于公路与受保护对象之间有充足空间可以利用的场合，是经济有效的降噪办法，降噪效果依土堤高度而异
混凝土砖石结构	适用于郊区和农村区域，易与周围自然环境相协调，价格便宜，且便于施工与维护。降噪效果约 10～13dB
木质结构	适用于农村、郊区个人住宅或院落且木材资源比较丰富的地区的噪声防护，降噪效果约 6～14dB
金属和合成材料	目前世界各国普遍使用的结构形式。材料易于加工，便于安装。可加工成各种形状，易于景观设计和规模化生产。降噪效果也很好
组合结构	根据现场条件、周围环境、景观要求和经济条件因地制宜

　　我国首例将声屏应用于公路作为降噪措施是 1992 年贵州省贵黄高速公路安装的百米试验性声屏障。目前，上海、北京、广州等城市的高架桥及许多新建高速公路经过学校、医院和居住区等环境敏感路段也都安装有声屏障。公路声屏障的研究、设计与应用在我国已开始发挥作用。

　　6）修建低噪声路面。欧洲一些国家铺筑的开级配多孔隙沥青路面试验路段测得的结果，比传统的密级配路面降低噪声 3～6dB，雨天可降低约 8dB。试验路面层的孔隙率大多为 20%左右。法国 Rhone 省联合 Michelin 研究室，从 1988 年起对低噪声路面的理论进行研究，得出的结论是采用加厚多孔隙路面可以降低噪声在 10dB 以内，但最大不会超过 10dB。

　　在公路交通噪声干扰人们正常生活的地方修筑低噪声路面，它的使用价值表现在：在城市人口密集区，特殊安静区等地使用，既可保护声环境，又可保持环境风貌，建成的试验路已受到当地民众的欢迎；可以取消声屏障，至少可以降低屏障高度，从而美化了环境，减少了造价；可以降低行车道内的噪声，从而降低了车内噪声，增加了司乘人员的舒适性。

　　7）栽植隔声绿化带。隔声绿化带的降噪原理是当声波通过高于声线 1m 以上的密集植物丛时，植物的吸收屏障效应，即会因植物阻挡而产生声衰减，可达到降低噪声的目的，尤其是绿化在人们对噪声的心理感觉上有良好的效果。

　　绿化带的降噪效果因声波频率、树林密度和深度而异。由于树叶的吸收作用是在树叶的周长接近或大于声波波长时，才有较大的效果，所以要得到绿化降噪的良好效果，树要种的密，林带要相当宽，一般认为矮的乔木比高的乔木防噪效果好，阔叶树比针叶树好，几条窄林带比一层稠密林带效果好，但林带很窄或为灌木时，效果就很差。

试验表明：40m 宽的林带，可降低噪声 10～15dB；30m 宽的林带，可降低噪声 6～8dB；20m 宽的多层行道树，可降低噪声 8～10dB；12m 宽的悬铃木树冠，可降低噪声 3～5dB；窄的绿化带的实际降噪效果并不明显，仅有心理作用。

实训3

调查空气、水、噪声的控制标准。

小　结

本单元主要介绍环境、生态环境与环境保护和公路交通环境保护的概念，以及公路交通对环境的影响，施工期间与运营期间公路交通对生态环境的保护以及对自然环境的污染和防治。

相关链接

1. 中华人民共和国环境保护部网站 http：//www.zhb.gov.cn/
2. 水处理工程—2003 年北京市精品课程 http：//www.gcszx.com/readWTuMB 13871MBtidMB38691.html
3. 大气污染控制工程—2004 年北京市精品课程、2004 年国家级精品课程 http：//qcourse.tsinghua.edu.cn
4. 环境保护与可持续发展—2006 年北京市精品课程、2006 年国家级精品课程 http：//qcourse.tsinghua.edu.cn
5. 环境监测—2007 年北京市精品课程 http：//qcourse.tsinghua.edu.cn

思考与练习

1. 叙述环境、生态环境、环境保护、公路交通环境保护的含义。
2. 公路交通对生态环境有哪些影响？保护措施有哪些？
3. 公路交通大气污染物的危害及防治方法有哪些？
4. 公路交通水污染的危害及防治方法有哪些？
5. 公路交通噪声污染的危害及防治方法有哪些？

主要参考文献

陈方烨，李绪梅. 2007. 公路勘测设计. 北京：人民交通出版社.

陈忠达. 1999. 公路挡土墙设计. 北京：人民交通出版社.

邓学钧. 2005. 路基路面工程. 2 版. 北京：人民交通出版社.

高红宾，舒国明. 2007. 公路概论. 北京：人民交通出版社.

高红宾. 2005. 公路概论. 北京：人民交通出版社.

高速公路丛书编委会. 1999. 高速公路交通工程及沿线设施. 北京：人民交通出版社.

郭发忠. 2005. 桥涵工程. 北京：人民交通出版社.

国家职业分类大典和职业资格工作委员会. 1999. 中华人民共和国职业分类大典. 北京：中国劳动社
　会保障出版社.

韩雪峰. 2004. 交通环境保护. 北京：人民交通出版社.

何兆益. 2001. 路基路面工程. 重庆：重庆大学出版社.

黄成光. 2001. 公路隧道施工. 北京：人民交通出版社.

姜志青. 2000. 道路建筑材料. 北京：人民交通出版社.

交通运输部公路司. 2008. 农村公路测设技术通俗读本. 北京：人民交通出版社.

况世华. 2009. 隧道工程技术. 北京：高等教育出版社.

李峻利. 2001. 交通工程设施设计. 北京：人民交通出版社.

李清立. 2010. 建设工程项目管理. 北京：机械工业出版社.

李毅，王林. 2008. 土木工程概论. 武汉：华中科技大学出版社.

刘伊生. 2006. 全国造价工程师执业资格考试培训教材. 北京：中国计划出版社.

马荣国，杨立波. 2002. 交通工程设计理论与方法. 北京：人民交通出版社.

钱东升. 2005. 公路隧道施工技术. 北京：人民交通出版社.

孙家驷，李松青. 2002. 道路设计资料集路基设计. 北京：人民交通出版社.

孙家驷. 2001. 道路设计资料集（2）路线测设. 北京：人民交通出版社.

田平，钟建民，钱小鸥. 2008. 公路环境保护工程. 北京：人民交通出版社.

王毅才. 2006. 隧道工程. 北京：人民交通出版社.

翁小雄. 1999. 高速公路机电系统. 北京：人民交通出版社.

伍必庆，张青喜. 2008. 道路建筑材料. 北京：清华大学出版社，北京大学出版社.

项海帆，沈祖炎，范立础. 2008. 土木工程概论. 北京：人民交通出版社.

杨俭存. 2003. 公路施工手册路基分册. 北京：人民交通出版社.

中国公路学会《交通工程手册》编委会. 1998. 交通工程手册. 北京：人民交通出版社.

中国公路学会《交通工程手册》编委会. 2001. 交通工程手册. 北京：人民交通出版社.

中华人民共和国交通部. 2007. 公路工程基本建设项目设计文件编制办法. 北京：人民交通出版社.

中华人民共和国交通部. 2004. 公路隧道设计规范［JTG D70—2004］. 北京：人民交通出版社.

中华人民共和国行业标准. 1999. 道路交通标志和标线（GB 5768—1999）. 北京：新华出版社.

中华人民共和国行业标准. 2006. 公路交通安全设施设计规范（JTG D81—2006）. 北京：人民交通出
　版社.

中华人民共和国行业标准. 2003. 公路工程技术标准（JTJ B01—2003）. 北京：人民交通出版社.

中华人民共和国行业标准. 2004. 公路路线设计规范（JTJ D30—2004）. 北京：人民交通出版社.

中华人民共和国行业标准. 2006. 公路交通安全设施设计细则（JTG/T D81—2006）. 北京：人民交通出版社.

中华人民共和国行业标准. 2006. 公路交通安全设施施工规范（JTG F71—2006）. 北京：人民交通出版社.

中华人民共和国行业标准. 2006. 环境保护术语（JT/J 60—2006）. 北京：人民交通出版社.

中华人民共和国行业标准. 2004. 公路沥青路面设计规范.（JTG D50）. 北京：人民交通出版社.

中华人民共和国行业标准. 2004. 公路沥青路面施工技术规范.（JTG F40—2004）. 北京：人民交通出版社.

中华人民共和国行业标准. 2006. 公路路基施工技术规范.（JTG F10—2006）. 北京：人民交通出版社.

中华人民共和国行业标准. 2002. 公路水泥混凝土路面设计规范.（JTG D40—2002）. 北京：人民交通出版社.

中华人民共和国行业标准. 2003. 公路水泥混凝土路面施工技术规范.（JTG F30—2003）北京：人民交通出版社.

中交第二公路勘察设计研究院. 2004. 公路路基设计规范（JTG D30—2004）. 北京：人民交通出版社.